The AntiChrist

아더핑크의

적그리스도

아더 핑크가 13년 동안이나 연구하며 풀어낸 성경속 적그리스도의 정체

그리스도를 대적하며 그리스도를 가장하는 Anti-Christ

아더핑크의 적그리스도

1판 1쇄 발행 2023년 8 월 01 일

펴 낸 이 | 윤득남
디 자 인 | 디자인캐슬
펴 낸 곳 | 도디드
출판등록 | 2010년 07년 16일
전　　화 | 010-3036-6283
주　　소 | 충북 증평군 증평읍 초중6길 8, 103-804
문　　의 | gibor31@naver.com
facebook | http://www.facebook.com/dodidbooks
Youtube | www.youtube.com/@moduebible
쇼 핑 몰 | dodidbook.imweb.me

ISBN 979-11-7100- 0012-(03230)

가격: 18,000원

The AntiChrist

아더핑크의 적그리스도

아더 핑크가 13년 동안이나 연구하며 풀어낸 성경속 적그리스도의 정체

그리스도를 대적하며 그리스도를 가장하는 Anti-Christ

ARTHUR PINK

CONTENTS

역자 서문

아더 핑크의 적그리스도는 저자가 무려 13년 동안 연구하며 집필한 책입니다. 아더 핑크가 상당히 공을 들여 수고한 작품입니다. 그런데 놀랍게도 한국에는 아직 이 책이 출판되지 않고 있었다는 게 놀랍습니다. 수개월 동안 번역에 매달렸는 데 적그리스도에 대해서 성경을 통시적으로 관통하면서 제시하는 식견에 놀랐습니다.

적그리스도에서 아더 핑크는 로마 교황청 체제가 적그리스도라는 생각의 발전 과정을 보여주며, 중세 기독교인들에 대한 교황청의 박해에서 비롯된 오류임을 입증합니다. 그는 박해의 강렬함 때문에 박해받는 기독교인들이 적그리스도의 정체를 한 개인이 아닌 하나의 시스템으로 간주하게 되었다고 주장합니다. 이러한 오류에 맞서 핑크는 성경에서 적그리스도의 프로필을 구성합니다. 그는 강해 설교를 시연하고 성경이 어떻게 해석되는지에 대한 명확한 예를 제시합니다. 이 책은 1913년에서 1923년 사이에 그가 행한 강의 모음집입니다. 그의 주장은 서론에 나와 있습니다. 다음 두 장은 그가 로마 교황이 적그리스도가 될 수 없다고 믿는 이유를 보여주고, 3장부터 7장까지는 적그리스도의 정체에 대해 설명하며, 8장부터 17장까지는 성경을 통해 이 주제를 설명합니다. 이 모든 것을 통해 핑크의 건조한 유머가 흐릅니다.

아서 핑크는 1886년 영국에서 태어나 1952년 스코틀랜드에서 사망했습니다. 그는 6주 동안 무디 성경 연구소에 다녔고, 그곳에서 참을성이 없어져 콜로라도로 이주하여 교회 목회를 시작했습니다. 그는 미국과 호주에서 교회를 목회한 후 영국으로 돌아갔습니다. 그가 죽은 후 그의 저술은 미국 복음주의 교회에 영향을 미쳤습니다. 그는 개신교, 칼빈주의, 전천년 세대주의 및 복음주의 사상의 영향을 받았습니다. 미국 주류 개신교 교회에서는 핑크에 대한 이야기를 많이 듣지 못하는데, 아마도 그가 주요 제도권 교회에서 인정을 받지 못했고 학문적 혈통이 부족했기 때문일 것입니다. 핑크는 칼빈과 함께 최근 한 근본주의 단체에 의해 '불신임'을 받았습니다. 그는 "아웃사이더"였습니다. 그의 목회 기간은 약 2년으로 짧았습니다. 그는 아내 베라와 함께 스코틀랜드 헤브리디스 제도에서 말년을 보냈으며 그곳에서 글쓰기 사역을 즐겼습니다. 그는 약 1,000명의 구독자가 있는 뉴스레터를 발행하여 폭넓은 서신 교환을 즐겼습니다. 항구 도시인 스토노웨이에서의 생활은 핑크에게 교구 목회자들에게는 쉽게 누릴 수 없는 사색과 고독을 동시에 선사했습니다. 그곳에서 그는 지속적인 학습과 때때로 자신의 견해를 바꿀 수 있는 자유를 모두 누렸습니다. 이 책에 참고 문헌이 포함되어 있지 않은 것은 유감입니다. 성경 팬이라면 그의 참고 문헌을 확인해 보세요. 미국 주류 목회자라면 아마도이 책을 좋아하지 않을 것입니다. 당신에게 상대주의는 아마도 선악에 대한 실용적인 신학을 대체했을 것입니다. 근본주의 설교자라면 아마 이 책이 마음에 들지 않을 것입니다. 루터와 청교도들이 교황권에 대해 틀렸다는 생각은 아마도 견디기 어려울 것입니다. 그리고 온라인에서 종말에 대해 추측하는 것을 좋아하는 인터넷 중독자라면 이 책이 마음에 들지 않을 것입니다. 너무 지적이고 학문적으로 느껴질 수 있으며 유머러스한 부분도 그리울 것입니다.

그러나 대다수의 기독교인, 성경 팬, 기독교인이 믿는 바를 알고 싶어하는 사람들에게는 이 책이 꼭 필요한 책입니다. 논리적 흐름이 흠잡을 데 없고, 성경에 역사적 사상을 더한 것이 흥미로우며, 신앙의 확실성은 이 불확실한 시대에 반가운 위안이 됩니다. 적그리스도에 대한 많은 글들이 오늘날에 쏟아져 있습니다. 그 가운데 성경적 근거를 제시하며, 적그리스도의 정체와 실상에 대해서 말하는 책들은 많지 않은 것으로 여겨집니다. 아더 핑크의 적그리스도는 종말의 시대를 살아가는 성도들에게 올바른 종말의식을 갖게하며 살아가는 데 도움이 되는 책이라고 생각합니다. 또한 이 책에 대해서 원수 사탄은 분명히 싫어할 것이라고 생각합니다. 왜냐하면 자신의 정체를 너무나도 잘 드러내준 글이기 때문입니다.

2023년 8월 즈음에
유난히 더운 여름 증평골에서...

서문

이 책의 내용은 저자가 처음으로 “성경 컨퍼런스”에서 발표한 후 현재의 형태로『성경 연구』에 실렸습니다. 이 책이 다루는 주제인 적그리스도는 예언을 공부하는 학생들에게 매우 중요하고, 적그리스에 대해 출판된 것이 거의 없기 때문에(아더 핑크가 살았던 그 시대를 말함, 우리의 시대에는 적그리스도에 관한 글들이 무수히 많은 편임. 역자 주), 필자는 그것들을 완전한 책 형태로 발행하는 것이 바람직하다고 생각했습니다. 필자가 알고 있는 한, 이 특정 주제에 대해서는 비교적 간단한 소책자와 에세이가 2~3개 밖에 나오지 않았지만, 그것들이 다룬 내용들이 많은 도움이 되는 제안을 받았기에 감사드립니다.

필자의 목표는 분량이 허용하는 한 포괄적인 개요를 제시하는 것이었습니다. 필자가 발전시키고 다룬 내용들 대부분은 의심할 여지 없이 대다수의 독자들에게 새로운 것일으로 예상합니다. 종종 필자는 앞서 이 문제를 다룬 사람들의 해석에서 벗어나야 했습니다. 그럼에도 불구하고 발전되고 필자가 다룬 모든 것에 대해 명확한 증거의 본문을 제공하려고 노력했으며 독자들에게 부지런하고 공정하게 검토할 것을 정중하게 촉구합니다.

적그리스도라는 이 주제는 말할 수 없을 정도로 엄숙합니다. 각 장을 시작하기 전에 필자는 하나님을 두려워하는 마음으로 글을 쓰기 위해 하나님께 마음을 높였습니다. 성경의 진리에 대해 단지 추측만 하는 것은 불경스러움의 극치입니다. 하나님이 우리에게 그분의 마음을 알려주지 않으셨을 때에는우리의 무지를 겸손하게 인정하는 것이 단지 추측하는 것에 비해 훨씬 더 낫습니다. 하나님의 빛 안에서만 우리는 빛을 볼 수 있습니다. 은밀한 일은 주께 속하였거니와 성경에 계시된 것은 우리와 우리 자녀들의 것이니라. 그러므로 영감으로 된 다른 모든 주제와 마찬가지로 적그리스도라는 주제에 대해 하나님께서 우리에게 말씀하시기를 기뻐하신 것을 주의 깊게 기도하는 마음으로 연구하는 것은 우리의 의무이자 거룩한 특권입니다.

우리는 "적그리스도에 대한 주제"가 결코 없어지지 않았음을 완전히 의식하고 있습니다. 죄의 사람 즉 적그리스도의 등장이 가까워 짐에 따라 하나님께서는 곧 일어날 일을 알려주는 말씀들에 대해서 더 완전하고 더 나은 이해를 보증하기를 기뻐하실 것입니다. 이 책을 통하여 적그리스도에 대해서 다른 사람들이 더 철저한 탐구를 하도록 이 책이 사용되는 것이 필자의 간절한 소망이며, 하나님께서 이 일을 촉진하기 위해 이 책을 사용하시기를 기뻐하시는 것이 필자의 기도입니다.

이 책에서 하나님의 말씀과 일치하는 것은 무엇이든지 하나님의 영광을 위해 사용하시고 그 안에 있는 것이 무엇이든지 하나님을 불쾌하시게 하는 것은 땅에 떨어뜨리기를 원하십니다.

아서 W. 핑크,

Swengel, Pa. 1923년 10월

들어가는 말

예언으로 묘사된 다양한 구절과 장면을 가로질러 위압적이면서 동시에 불길한 인물의 그림자가 드리워집니다. 범죄자의 가명과 같은 다양한 이름으로 그의 성격과 활동이 우리 앞에 제시되어 있습니다. 인간의 사악함의 완전한 화신이자 사탄의 신성모독의 최종 현시가 될 이 사람에 관한 일련의 글을 쓰는 것이 필자의 의도입니다. 많은 다른 이들이 이 신비한 인물을 언급했지만 일반적이 주석에 불과했습니다. 필자는 이 주제에 관한 문헌을 가능한 한 철저하게 살피려고 노력했지만, 이 어둠의 황태자(prince)에 대한 완전한 묘사를 제공하는 시도들이 거의 없었음을 발견했습니다. 제가 알기로는 적그리스도라는 주제에 대해서 철저하게 다룬 책이나 문헌을 거의 없는 것으로 압니다. 이러한 이유로 또한 미래에 나타날 죄의 화신인 적그리스도의 성격과 이력에 관해 많은 사람들이 마음의 혼란이 거의 없고 이와 관련된 연구들은 성경을 연구하는 사람들의 주의를 끌지 않았습니다.

12년 이상 동안 필자는 성경이 “가짜 그리스도”에 관해 가르치는 것을 기도하는 마음으로 부지런히 연구했습니다. 이러한 연구를 더 깊이 수행할수록 필자는 성경에서 이 멸망의 아들에게 주어진 탁월한 위치에 더욱 놀랐습니다. 성경에는 주의깊게 수집되고 정리된 이제 곧 나타나서 세상의 정권을 차지할 인물의 생생한 전기를 제공하는 놀라운 세부 사항들이 있습니다. 성령께서 적그리스도라는 주제에 대해 많은 것을 기록하게 하셨다는 바로 그 사실이 그러한 중요성을 나타냅니다. 예언서에 나오는 적그리스도의 탁월함은 그 이후에 이어서 나오는 성경 구절들을 참조하여 보면 즉시 나타납니다.

성경의 맨 처음 예언인 창세기는 그를 주목합니다. 창세기 3장 15절에서 뱀의 씨에 대한 직접적인 언급이 있기 때문입니다. 출애굽에서는 하나님을 모독하는 바로에게서 적그리스도의 두드러진 예표가 나타나 있습니다. 당신의 백성을 잔인하게 대했던 인물, 남자 아이들을 모두 죽이라고 명령하여 이스라엘을 한 나라에서 끊어 버리려고 했던 인물인 데, 결국 하나님의 손에 가혹한 최후를 맞이한 자입니다. 발람의 예언에서 적그리스도는 앗수르라는 이름으로 언급됩니다(민 24:22).

그러나 가인이 쇠약하리니 나중에는 앗수르의
포로가 되리로다 하고(민 24:22)

앞으로의 장에서 앗수르와 적그리스도가 동일인물임을 증명하는 증거가 주어질 것입니다. 구약의 역사서 안에서도 죄의 사람인 적그리스도의 또 다른 놀라운 유형들이 많이 발견됩니다. 그것들을 살펴 볼 별도의 장을 할애할 것이기 때문에 지금은 넘어가도록 하겠습니다. 욥기에서 적그리스도는 "날렵한 뱀"(욥 26:13)으로 언급됩니다.

그의 입김으로 하늘을 맑게 하시고 손으로
날렵한 뱀을 무찌르시나니(욥 26:13)

위의 구절과 비교되어야 하는 구절은 이사야 27장 1절입니다. 여기에서는 "날렵한 뱀"은 용과 구별되어 있지만 연결되어 있습니다.

그 날에 여호와께서 그의 견고하고 크고 강한 칼로 날랜 뱀 리워야단 곧
꼬불꼬불한 뱀 리워야단을 벌하시며 바다에 있는 용을 죽이시리라(사 27:1)

시편에서도 또한 적그리스도에 대한 많은 언급이 발견됩니다.

거짓말하는 자들을 멸망시키시리이다 여호와께서는 피 흘리기를 즐기는 자와
속이는 자를 싫어하시나이다(시 5:6)

악인들이 스올로 돌아감이여 하나님을 잊어버린 모든 이방 나라들이
그리하리로다(시 9:17)

고아와 압제 당하는 자를 위하여 심판하사 세상에 속한 자가 다시는
위협하지 못하게 하시리이다(시 10:18)

포악한 자여 네가 어찌하여 악한 계획을 스스로 자랑하는가 하나님의 인자하심은
항상 있도다(시 52:1)

하나님이여 대적이 언제까지 비방하겠으며 원수가 주의 이름을 영원히
능욕하리이까(시 74:10)

뭇 나라를 심판하여 시체로 가득하게 하시고 여러 나라의 머리를 쳐서
깨뜨리시며(시 110:6)

여호와여 악인에게서 나를 건지시며 포악한 자에게서 나를 보전하소서(시 140:1)

성경연구자들은 특별히 시편 10, 52, 55편에 주의를 기울여야 합니다. 필자가 이에 더 나아가 선지서를 살피면 이 불의의 괴물에 대한 언급이

너무 많아서 논평을 생략하더라도 그것들을 모두 인용한다면 서론의 적절한 범위를 훨씬 넘어서게 될 것입니다. 따라서 더 두드러진 몇 가지만 더 살펴보도록 하겠습니다..

이사야는 적그리스도를 언급합니다. 먼저 "앗수르인" 그리고 “하나님의 진노의 막대기"(사 10:5)로 묘사합니다. 또한 "악한 자"(사 11:4)로 언급하며 그런 다음 "바벨론의 왕"(사 14:11-20 및 cf 30:31-33)으로 말합니다. 또한 "파괴자(사 16:4)”로 설명합니다. 예레미야는 그를 "이방의 파괴자"(렘 4:7)라고 불렀습니다.

사자가 그 수풀에서 올라왔으며 나라들을 멸하는 자가 나아 왔으되 네 땅을 황폐하게 하려고 이미 그의 처소를 떠났은즉 네 성읍들이 황폐하여 주민이 없게 되리니(렘 4:7)

"대적", "잔인한 자" 및 "악인"(렘 30:14, 23)으로 언급됩니다. 에스겔은 그를 "이스라엘의 세속적인 사악한 왕"(겔 21:25)으로 말하고, 또한 "두로의 왕"(겔 28:2-10)이라는 인물로 그리고 또한 메섹과 두발 지파(겔 38:2)의 수장으로 언급합니다.

다니엘은 적그리스도의 성품에 대한 온전한 설명을 제공하고 그의 이력에 대한 전체적인 개요를 제공했습니다. 적그리스도를 왕들의 왕(단 8:10)으로, 그리고 손에 기만 즉 속임수의 저울이 있고 압제하기를 좋아하는 상인(단 12:7)이라고 말합니다. 요엘은 그를 큰 일을 행하기 위하여 자기를 크게 하였기 때문에 무너질 북방 군대의 우두머리로 묘사합니다(욜 2:20).

내가 북쪽 군대를 너희에게서 멀리 떠나게 하여 메마르고 적막한 땅으로 쫓아내리니

그 앞의 부대는 동해로, 그 뒤의 부대는 서해로 들어갈 것이라 상한 냄새가 일어나고 악취가 오르리니 이는 큰 일을 행하였음이니라 하시리라(욜 2:20)

아모스는 그를 대적이라고 불렀습니다. 그는 이스라엘의 힘을 꺾고 그 궁궐들을 노략할 것입니다(암 3:11). 미가는 미가 5장에서 적그리스도를 언급합니다(참조 미 5:6).

그들이 칼로 앗수르 땅을 황폐하게 하며 니므롯 땅 어귀를 황폐하게 하리라 앗수르 사람이 우리 땅에 들어와서 우리 지경을 밟을 때에는 그가 우리를 그에게서 건져내리라(미 5:6)

나훔은 그를 "벨리알(히브리어)"이라는 이름으로 언급하고 그의 멸망에 대해 이야기합니다(나훔 1:15). 하박국은 그를 "욕망을 지옥 같이, 사망 같이 넓힌 교만한 사람"이라고 말합니다. 만족할 줄 모르고 만국을 그에게로 모으고 만민을 그에게로 모으는 인물입니다(합 2:5). 스가랴는 그를 "못된 목자"로 묘사한다. 그에게 하나님의 저주와 심판이 내려옵니다(슥 11:17).

화 있을진저 양 떼를 버린 못된 목자여 칼이 그의 팔과 오른쪽 눈에 내리리니 그의 팔이 아주 마르고 그의 오른쪽 눈이 아주 멀어 버릴 것이라 하시니라(슥 11:17)

우리가 이 두려운 인물을 만나는 것은 구약에서만이 아닙니다. 우리 주님은 친히 그를 "자기 이름으로 올 인물" 또한 이스라엘이 "영접할 인물"(요 5:43)이라고 말씀하셨습니다. 사도 바울은 데살로니가후서 2장에서 그에 대해서 충분히 설명합니다. 여기서 그는 "죄의 사람, 멸망의 아들"이라고 불리며, "사단의 역사를 따라 모든 능력과 표적과 거짓 기적을 행하며 올 것"이라고 말합니다. 사도 요한은 적그리스도의 이름을 언급하며 그가 아버지와 아들을 모두 부인할 것이라고 선언합니다(요일 2:22).

> **거짓말하는 자가 누구냐 예수께서 그리스도이심을 부인하는 자가 아니냐 아버지와 아들을 부인하는 그가 적그리스도니(요일 2:22)**

성경의 마지막 책인 계시록에서, 이 모든 예언의 내용은 "짐승"으로 모아지는 것으로 밝혀져 있다. 그 짐승은 궁극적으로 거짓 선지자와 함께 불못에 던져지게 되고, 또한 일 천년 후 마귀와 함께 궁극적으로 하나님께서 준비하신 그 불 속에서 영원히 고통을 당하게 되어 있습니다.

적그리스도의 출현은 가장 끔찍하고 중대한 주제입니다. 이전의 많은 저술가들은 이미 다양한 간격으로 나타난 적그리스도(an Antichrist)와 혼동함으로써 이러한 임박한 사건의 무서움와 중요한 의미의 많은 부분을 놓쳐버렸습니다. 최후의 적그리스도(The Anti-Christ)는 벨리알의 모든 아들들 위에 자기를 우뚝 세울 신비스러운 존재인데 이는 즉 사탄의 모조품입니다. 즉, 하나님의 모든 아들들보다 한없이 높으신 하나님의 그리스도를 대적하는 자입니다. 그것은 사탄의 이익을 조장하여 세상이 다가오는 엄청난 능력의 존재에 대해 무지하게 한다. 사탄은 이러한 주제의 연구가 일반적으로 소홀하게 되는 것에 대한 책임이 있는 존재입니다. 적그리스도에 대하여 상충되게 말하고 쓰는 사람도 그에 대한 책임이 있습니다. 적그리스도에 관한 예언을 해석하는 사람들 중에는 세 학파가 있습니다.

첫째는 적그리스도에 관한 예언을 과거의 사람들, 수세기 동안 이미 무덤 속에 있었던 사람들에게 적용했습니다.

둘째는 적그리스도에 관한 예언을 현재에 적용하여 지금 현재 존재하는 교황이 적그리스도라고 생각하고 그 직분안에서 성취된 것으로 봅니다.

셋째는 적그리스도가 미래에 나타날, 아직 도래하지 않은 무서운 존재로 보는 것입니다.

광범위하게 나뉘어져 있는 각각의 견해에도 진실의 요소가 있음을 필자는 확신합니다. 대다수는 아닐지라도 많은 예언들이, 즉 적그리스도에 관한 것일 뿐만 아니라 예언의 다른 두드러진 대상들에 관한 것들에 있어서도, 적어도 이중으로 또는 삼중으로 성취됩니다. 예언은 지역적으로 즉각적으로 성취되기도 합니다. 또한 지속적이고 점진적인 성취를 하기도 합니다. 또한 예언은 최종적으로 완전한 성취를 이루기도 합니다. 사도 요한은 요한일서 2장에서 다음과 같이 말합니다.

아이들아 지금은 마지막 때라 적그리스도가 오리라는 말을 너희가 들은 것과 같이 지금도 많은 적그리스도가 일어났으니 그러므로 우리가 마지막 때인 줄 아노라(요일 2:18)

위의 구절과 엄격하게 조화를 이루면서 사도 바울은 "불법의 비밀"이 그의 시대에 "이미" 활동하고 있다고 단언했습니다(살후 2:7). 이것은 놀랄 일이 아닙니다. 사도들 이전 이미 수세기 전에 지혜자는 다음과 같이 선언했습니다.

이미 있던 것이 후에 다시 있겠고 이미 한 일을 후에 다시 할지라 해 아래에는 새 것이 없나니(전 1:9)

역사는 순환적으로 작동하지만 각 순환이 완료될 때마다 우리는 역사의 목표와 완성에 더 가까워집니다. 적그리스도는 그때에도 있었고 지금도 존재하지만 이것은 아직 나타나지 않은 존재에 대한 많은 예고와 그림자에 불과합니다. 그러나 우리가 적그리스도 중 하나(an antichrist)와 진정한 적그리스도(the Antichrist)를 분명히 구별하는 것이 무엇보다 중요합니다. 필자가 말했듯이 이미 많은 적그리스도(an antichrist)가 있었지만 진정한 적그리스도(the Antichrist)의 출현은 아직 미래입니다.

위에 언급된 첫번째의 학파는 적그리스도에 관한 예언을 성취한 사람으로 안티오쿠스 에피파네스를 조명했습니다. 요세푸스 시대까지 이 견해는 옹호자들로부터 열렬한 지지를 얻었습니다. 그가 취한 칭호는 이러한 견해에 대한 호소력이 있었습니다. 그는 여호와를 경배하는 것을 대적했습니다. 그는 놀라운 군사적 업적을 이루었습니다. 그는 외교적 술수에 능했습니다. 그는 성전을 더럽히고 모욕했습니다. 지성소에서 돼지 한 마리를 제물로 바쳤습니다. 그는 우상을 세웠습니다. 그리고 유대인을 아주 잔인한 대우했습니다. 그럼에도 불구하고 안티오쿠스 에피파네스가 적그리스도가 아님을 보여주는 결정적인 이유들이 많이 있습니다. 그가 이 다가오는 괴물같은 존재가 할 바로 그 많은 일들을 예고한 점에서 그는 의심할 여지 없이 여러 면에서 적그리스도를 닮은 눈에 띄는 예표였습니다. 하지만, 안티오쿠스 에피파네스는 바울이 데살로니가후서 2장을 기록했을 때 이미 100년 이상 무덤에 있었다는 사실을 지적하는 것으로 충분합니다.

적그리스도가 이미 나타나 그의 행로를 마쳤다고 믿는 사람들이 지목한 또 다른 눈에 띄는 인물은 네로입니다. 그리고 여기에서도 분명히 예표적인 유형과 원형 사이에 현저한 유사점이 많이 있습니다. 그는 로마의 황제의 지위를 가지고 있었습니다. 그는 끔찍하게 불경했습니다. 그는 아주 지나치게 이기주의자였습니다. 그는 피에 굶주린 본성을 드러냈습니다. 그리고 하나님의 백성에 대한 네로의 사납고 사악한 박해에서 우리는 적그리스도로서 사악한 자의 특징이 될 바로 그 혈통의 일부를 발견합니다. 그러나 이 악명 높은 기억의 사람인 네로도 사탄의 악으로 네로를 훨씬 능가할 존재를 예고하는 것 뿐이라는 것이 다시 밝혀질 것입니다. 네로가 적그리스도가 아니라는 확실한 증거는 요한이 요한계시록 13장을 쓰기 전에 그가 이미 무덤에 있었다는 사실에서 찾을 수 있습니다.

위에서 언급한 두 번째 학파는 적그리스도에 관한 예언을 교황 제도에 적용하고 죄의 사람, 적그리스가 교황으로 계승되고 성취된 것으로 봅니다. 하나님의 은혜의 복음에 대한 로마 카톨릭의 증오에 주의가 요구됩니다. 카톨릭은 정치를 혼합시키고 교회통치도 결합시켜버립니다. 카톨릭은 오만한 주장을 계속하고 이에 감히 반대하는 모든 사람에게 압제적인 저주를 쏟아부었습니다. 교활하고 음모를 꾸미고 서약을 잘 깨버립니다. 마지막으로 카톨릭에 저항했던 자들에 대해서 수 많은 사람들을 죽여 순교자들을 만들었습니다. 우리가 인지하는 바와 같이 교황은 하나님의 아들의 지위와 특권을 찬탈했으며, 그의 오만, 불경건, 무오성에 대한 주장, 개인 예배에 대한 요구 등 이 모든 것이 멸망의 아들에 대해 가정된 것과 정확히 일치합니다. 하지만 적그리스도적인 로마 카톨릭도 여전히 의심할 여지없이 괴물 같은 악의 제도 조차도 미래의 짐승이 이끌게 될 제도에는 미치지 못합니다. 필자는 적그리스도의 성격과 이력을 설명하는 예언과 교황권을 주의 깊게 비교하는 데 별도의 장을 할애할 것입니다.

세 번째 학파는 이러한 무법자에 관한 예언이 아직 성취되지 않았으며 현재의 구원의 날이 끝날 때까지 그렇게 될 수 없다고 믿습니다. 지금 현재 이곳에서 불법의 비밀의 최종적인 성취를 막고 계시는 하나님의 성령은 사탄이 하나님을 대적하는 기만과 대적의 걸작을 내놓기 전에 이 세상에서 사라질 것입니다. 다시 말해 적그리스도가 이 땅에 도래하기 전에 성령님은 이 땅에 계시지 않는 다는 것입니다(역자 주). 적그리스도의 나타남은 아직 미래이며, 이러한 것들은 우리의 미래에 우리 앞에 올 것이라고 분명히 가르치는 성경구절들이 많이 있습니다. 지금 시점에 우리는 독자들을 이 주제의 중요성과 현재의 질문들에 대한 시대의 제한이 없음을 강조해야 합니다.

적그리스도에 대한 연구는 선풍적인 인기몰이만 사랑하는 사람들의 관심일 뿐만 아니라, 세대주의적 진리를 올바르게 이해하는 데 매우 중요합니다. "죄악의 화신(적그리스도)"에 관한 예언에 대한 참된 이해는 성취되지 않은 예언의 광대한 영역에 대한 적절한 연구를 위해 절대적으로 필요합니다. 성경의 한 구절이 이것을 증명할 것입니다.

만일 독자가 데살로니가후서 2장의 시작하는 부분을 읽는 다면, 그는 데살로니가 교회의 성도들이 하나님의 아들이 하늘로부터 재림하심을 기다리고 있다는 것을 알게 될 것입니다. 그 날은 바로 주의 날입니다. 그러나 그들의 믿음은 흔들렸고 그들의 소망은 흔들렸습니다. 어떤 사람들은 그 날이 도래했다고 잘못된 가름침을 받아서 공중에서 주님을 만나기 위해 들리워질 것이라는 그들의 기대가 실망하고 말았습니다. 바울이 성령의 감동을 받아 데살로니가 교회에 보낸 두 번째 서한을 쓴 것은 이러한 믿는 자들의 고통을 덜어주고 그들을 방해한 자들의 잘못을 책망하기 위함이었습니다.

[1]형제들아 우리가 너희에게 구하는 것은 우리 주 예수 그리스도의 강림하심과 우리가 그 앞에 모임에 관하여 [2]영으로나 또는 말로나 또는 우리에게서 받았다 하는 편지로

나 주의 날이 이르렀다고 해서 쉽게 마음이 흔들리거나 두려워하거나 하지 말아야 한다는 것이라 [3]누가 어떻게 하여도 너희가 미혹되지 말라 먼저 배교하는 일이 있고 저 불법의 사람 곧 멸망의 아들이 나타나기 전에는 그 날이 이르지 아니하리니 [4]그는 대적하는 자라 신이라고 불리는 모든 것과 숭배함을 받는 것에 대항하여 그 위에 자기를 높이고 하나님의 성전에 앉아 자기를 하나님이라고 내세우느니라 [5]내가 너희와 함께 있을 때에 이 일을 너희에게 말한 것을 기억하지 못하느냐 [6]너희는 지금 그로 하여금 그의 때에 나타나게 하려 하여 막는 것이 있는 것을 아나니 [7]불법의 비밀이 이미 활동하였으나 지금은 그것을 막는 자가 있어 그 중에서 옮겨질 때까지 하리라 [8]그 때에 불법한 자가 나타나리니 주 예수께서 그 입의 기운으로 그를 죽이시고 강림하여 나타나심으로 폐하시리라 [9]악한 자의 나타남은 사탄의 활동을 따라 모든 능력과 표적과 거짓 기적과 [10]불의의 모든 속임으로 멸망하는 자들에게 있으리니 이는 그들이 진리의 사랑을 받지 아니하여 구원함을 받지 못함이라 [11] 이러므로 하나님이 미혹의 역사를 그들에게 보내사 거짓 것을 믿게 하심은 [12] 진리를 믿지 않고 불의를 좋아하는 모든 자들로 하여금 심판을 받게 하려 하심이라(데후 2:1-12)

주의 재림의 날은 휴거(1절), 배도(3절), 죄의 사람의 등장 전(3절)까지는 올 수 없음을 보여 주기 위해 이 구절을 길게 인용했습니다. 여기서 적그리스도의 성격과 이력은 여기에서는 간략하지만 개략적으로 이미지화되어 있습니다.

적그리스도는 모든 믿는 자들이 이 땅에서 사라진 후, 비할 데 없는 사악함으로 자신의 이력을 쌓아 갈 것입니다. 적그리스도는 모든 불경건한 무리의 지도자로서 그의 아래에서 그 무리들은 하나님의 즉결 심판으로 소집되어 그들의 운명을 맞이할 것이기 때문입니다. 그러면 그 사악한 자가 드러났습니까? 아니면 바울이 그의 시대에 말했듯이 "불의의 신비"가 지금도 작용하고 있지만 적그리스도가 나타나야 할 무엇을 막는(제지하는) 것이 있다고 우리가 여전히 말해야 합니까? 이러한 질문에 대한 답변의 생생한 중요성은 데살로니가후서 2장에 있는 적그리스도에 대한 설명과 연결하여 그의 행로를 성취하는 정확한 시간을 알려주는 다른 예언과 연결될 때 더욱 드러날 것입니다. 우리가 이렇게 말하는 이유는 아직 성취되지 않은 대부분의 예언이 적그리스도가 이 땅의 중심인물이 되는 시대에 이루어질 것이기 때문입니다. 더욱이, 적그리스도와 그의 군대의 멸망은 주님께서 당신의 왕국을 세우기 위해 다시 오실 때에 뱀과 여자의 씨 사이의 오랜 싸움의 웅대한 피날레가 될 것입니다.

종교 개혁 시대 이후로 개신교도들이 유지해 온 지배적인 견해는 적그리스도에 관한 많은 예언들이 교황권의 흥망성쇠를 묘사한다는 것입니다. 이러한 오류는 다른 사람들에게 영향을 미쳤고 기독교 전체에 널리 퍼져 있던, 예언적 해석의 체계라는 것을 생기게 만들었습니다. 적그리스도에 관한 예측들이 비유화될 때,모든 관련된 그리고 부수적 예측들도 일관성이 있어야 했습니다. 특히 그의 운명과 관련된 예언, 그리고 그의 권세가 전복된 후에 세워질 왕국과 관련된 예측들도 말입니다. 적그리스도의 예정된 기간을 교황 제도의 전체 기간으로 생각했을 때, 로마교회의 주교가 서방교회의 수장으로 인정된 때부터 관련된 일들에 대한 예상들이 유럽 역사에 적용되어야 한다는 것은 자연스럽게 뒤따랐다.

후기 천년왕국에 관한 전체 근대의 해석체계에 책임이 있는 적그리스도에 관한 예언을 로마 카톨릭에 적용한 것은 루터와 동시대 사람들의 실수였습니다. 종교 개혁자들은 교황권이 치명타를 입었다는 사실에 만족했고, 그것이 지속되기는 했지만 16세기의 개신교도들은 교황권이 결코 회복될 수 없다고 확신했습니다. 로마 카톨릭의 운명이 인봉되었고 사탄의 왕국이 그 기초 위에서 흔들리고 있으며 짧은 기간 동안 완전한 전복이 목격될 것이라고 믿고 그들은 즉시 그리스도의 왕국의 수립을 선언하는 예언을 붙잡았습니다. 그리고 그것을 개신교에 적용했습니다. 그 중 일부가 잘 맞지 않는 것 같았던 것도 사실이지만, 인간의 독창성은 곧 이러한 어려움을 극복할 방법을 찾았습니다.

사탄의 왕국이 무너지고 멸망된 후에 그리스도의 왕국이 즉각적으로 세워질 것이라고 선언한 그 예언들이 제시한 장애물은 사탄의 왕국이 무너질 때 제공된 비유에 대한 호소로 극복되었습니다. 만약에 이것이 지루한 과정이라면,완료하는 데 시간이 필요했던 점진적인 것으로 말입니다. 다른 경우 즉 개신교의 경우 그렇게 하지 않는 이유는 무엇입니까? 급격히 약해지는 교황권의 권력이 그것의 궁극적인 종말을 보장해 주는 것이라면, 왜 종교개혁의 진전이 그리스도를 위해서 세상을 궁극적으로 정복하는 것을 예고하지 않는 이유는 무엇입니까?

종교 개혁자들이 보기에 교황은 죄의 사람이고 성 베드로(교황)가 그리스도의 자리와 특권을 찬탈한 진정한 성전이라면 이러한 전제가 성립되고 다른 모든 결론은 그들의 예언적 해석 체계를 논리적으로 따라가야 합니다. 이러한 전제를 확립하기 위해서, 첫 번째 일이 먼저 진행되어야 했고, 일단 이론이 확고한 확신이 되자 그들의 견해를 확증하는 것으로 보이는 성경구절을 찾는 것은 어려운 일이 아니었습니다. 그러한 길에서 가장 큰 어려움은 적그리스도의 생애의 마지막 단계를 42개월, 즉 1260일로 제한한 예언을 처리하는 것이었습니다. 이것은 1260일 각각의 하루를 예언의 날로 간주하여 즉 1260년으로 간주하는 "연중일(year-day)" 이론으로 알려진 것에 의해 성취되었으며, 따라서 로마 카톨릭의 오랜기간의 역사를 허용하기에 충분한 공간이 제공되었습니다.

더 자세한 내용으로 들어가지 않더라도, 적그리스도에 관한 예언에 대한 이러한 비유적 해석이 잘못된 것으로 판명될 수 있다면, 후천년설과 "역사적 해석 구조" 전체가 무너지고 수천 개의 방대한 지난 350년 동안 발표된 예언에 대한 설명들은 기발하지만 근거가 없는 추측으로 여겨져

한 쪽으로 치워지게 됩니다. 이것 자체로 필자가 하는 현재 연구의 중요성을 입증하기에 충분합니다.

적그리스도라는 주제의 중요성은 하나님의 말씀에서 그것에게 주어진 두드러진 위치에 의해 강조될 뿐만 아니라, 적그리스도에 대한 올바른 이해가 여전히 성취되기를 기다리는 많은 예언들을 올바르게 해석하는 주요 열쇠 중 하나라는 사실에 의해 그 가치가 확립된다. 이러한 질문이 항상 중요한 것은 성령께서 적그리스도의 나타나심을 배도와 연관시키셨다는 사실에 주목함으로써 발견됩니다.

누가 어떻게 하여도 너희가 미혹되지 말라 먼저 배교하는 일이 있고 저 불법의 사람 곧 멸망의 아들이 나타나기 전에는 그 날이 이르지 아니하리니(살후 2:3)

두 가지가 여기에서 함께 연결되어 있으며 배도가 이미 훨씬 많이 진행되었음을 나타낼 수 있다면 멸망의 아들이 나타나는 것이 멀리 있을 수 없다고 확신할 수 있습니다. 우리가 여기서 배교가 이미 진행되었다는 보여주기 위하여 장황하게 쓰고 배도의 증거를 선택해서 보여줄 필요가 거의 없습니다. 우리가 이야기하고 있는 대다수의 사람들은 이미 거의 모든 면에 존재하는 그리스도를 불명예스럽게 하는 상태를 분별할 눈을 가지고 있습니다. 우리 눈앞에서 일어나고 있는 가라지를 묶음으로 언급하는 것으로 충분할 것입니다.

그러나 성령이 밝히 말씀하시기를 후일에 어떤 사람들이 믿음에서 떠나 미혹하는 영과 귀신의 가르침을 따르리라 하셨으니(딤전 4:1)

경건의 모양은 여전히 존재합니다. 그러나 슬프게도 대부분의 경우 능력을 부인합니다. 이 땅에서 로마 카톨릭의 놀라운 발전과 성장, 그리고 그리스도의 이름을 지닌 대부분의 사람들이 이에 대한 무기력한 무관심을 보입니다. 성도들에게 전해진 신앙의 모든 기본 교리를 부인하고 있습니다. 이러한 것들이 지금은 모든 교단의 수많은 강단에서 들리고 있습니다. 주 예수의 임박한 재림을 가르치는 사람들이 항상 직면하는 것이 있습니다. 바로 비웃는 것입니다. 지금 기독교의 분위기는 바로 라오디게아 교회의 분위기입니다.

그것으로부터 완전히 자유로운 사람은 주님의 백성 중 거의 없다고 해도 과언이 아닐 수 있습니다. 악한 일을 저지하는 성령님이 사라진 후에 그리고 주 예수께서 이 땅에 재림하시고 그의 왕국을 세우시기 전에, 사탄이 하나님께 대한 최후의 반역을 이끌기 위해 그의 아들(짐승)을 데려올 때가 매우 가까웠음에 틀림없습니다. 그러므로 이러한 일들은 "곧 일어나야 할 일"에 대해 하나님께서 계시하신 것을 기도하는 마음으로 검토할 필요가 있음을 보여줍니다. 사탄이 최선을 다해 고안한 걸작이 나타날 때가 빠르게 다가오고 있다는 바로 그 사실은 현재 연구의 중요성과 적시성에 대한 추가적인 증거를 제공합니다.

이러한 예비 고려 사항의 실질적인 가치는 즉각적으로 명백해야 합니다. 곧 나타날 이러한 사탄의 성육신과 관련하여 필자가 쓴 것은 무질서한 상상의 산물이 아니라 하나님의 계시의 주제입니다. 적그리스도의 출현은 경보를 울리는 자들의 두려움이 아니라, 성경에 비추어 볼 때 감각을 사용하는 모든 사람에게 중대한 의미가 있는 시대의 징조에 의해 요구되는 것이라는 경고가 주어졌습니다. 선악을 분별하는 것, 죄의 사람의 현현이 가까운 장래의 사건이라는 많은 증거는 하나님 자신의 자녀들에게 구주의 재림을 준비하도록 촉구하는 많은 증거입니다. 왜냐하면 멸망의 아들이 나타나기 전에 주님 자신이 먼저 공중으로 내려와 이 곳에서 자신의 피로 사신 백성들을 벗어나게 해서 자신에게로 이끌 것이기 때문입니다. 그러므로 우리 각자는 우리의 부르심과 택하심을 굳게 해야 합니다.

[35]허리에 띠를 띠고 등불을 켜고 서 있으라 [36]너희는 마치 그 주인이 혼인 집에서 돌아와 문을 두드리면 곧 열어 주려고 기다리는 사람과 같이 되라(눅 12:35-36)

제1장
교황은 적그리스도가 아니다

나는 내 아버지의 이름으로 왔으매 너희가 영접하지 아니하나 만일 다른 사람이 자기 이름으로 오면 영접하리라(요 5:43)

이 말씀은 주 예수 그리스도께서 하신 말씀이며, 그 말씀이 언급된 사건과 그 말씀이 연결되는 상황에 따라 특별히 엄숙하게 고려해야 합니다. 이 사건은 베데스다 못 옆에 누워 있는 무능한 사람을 고치시는 예수님을 묘사하는 것으로 시작됩니다. 이것은 안식일에 일어났고 그리스도의 원수들은 그것을 악의적인 공격의 기회로 삼았습니다.

그러므로 안식일에 이러한 일을 행하신다 하여 유대인들이 예수를 박해하게 된지라(요 5:16)

안식일에 이 기적을 행하신 자신을 입증하시면서 예수님은 다음과 같이 말씀하셨습니다.

예수께서 그들에게 이르시되 내 아버지께서 이제까지 일하시니 나도 일한다 하시매(요 5:17)

그러나 이 말씀은 예수에 대한 그들의 적의를 더욱 강화시키는 역할을 했을 뿐입니다.

유대인들이 이로 말미암아 더욱 예수를 죽이고자 하니 이는 안식일을 범할 뿐만 아니라 하나님을 자기의 친 아버지라 하여 자기를 하나님과 동등으로 삼으심이러라(요 5:18)

이에 대한 반응으로, 그리스도께서는 당신의 신성한 영광을 자세히 나타내셨습니다. 결론적으로 그분은 자신의 신성을 증언하는 다양한 증인과 증거에 호소하셨습니다. 그 증거들은 아버지 그 분(32절), 침례 요한(33절), 자신의 행함(36절) 그리고 성경말씀(39절)입니다. 이에 그를 대적하는 자들에게 돌이켜 다음과 같이 말씀하셨습니다:

40그러나 너희가 영생을 얻기 위하여 내게 오기를 원하지 아니하는도다

42다만 하나님을 사랑하는 것이 너희 속에 없음을 알았노라

43나는 내 아버지의 이름으로 왔으매 너희가 영접하지 아니하나 만일 다른 사람이 자기 이름으로 오면 영접하리라

그리고 바로 다음과 같은 진지한 질문이 이어졌습니다.

44너희가 서로 영광을 취하고 유일하신 하나님께로부터 오는 영광은 구하지 아니하니 어찌 나를 믿을 수 있느냐

여기에 이 주제를 시작하는 엄숙한 선언의 핵심이 있습니다. 이 유대인들은 서로 영광을 받았습니다. 그들은 그것을 하나님께 구하지 아니하였습니다. 왜냐하면 그들 속에 하나님을 향한 사랑이 없었기 때문입니다. 그러므로 아버지의 이름으로 그들에게 오셨고 사람의 영광을 받지 아니하시는(41절) 분이 그들에게 버림을 받은 것입니다. 그리고 하와가 하나님의 진리의 말씀을 거부하여 뱀의 거짓말을 받아들이도록 그녀 자신을 열어 놓았듯이, 참 메시아를 거부한 이스라엘은 도덕적으로 거짓 메시야를 영접하도록 그들을 준비시켰습니다. 왜냐하면 그는 자기 이름으로 올 것이기 때문입니다. 자신의 기쁨을 위해 일하고, 사람에게 영광을 받을 것입니다. 이와같이 그는 육에 속한 사람의 부패한 마음에 철저히 호소력을 발휘할 것입니다. 그러므로 그의 이름으로(즉 적그리스도의 이름) 등장할 이 사람의 미래가 도래할 것을 주님께서 친히 알려 주셨습니다. 적그리스도는 유대인들뿐 아니라 온 세상 사람들이 영접할 것입니다. 세상의 머리와 통치자로 인정되고 받아들여 질것입니다. 그리고 오늘날의 국제 연맹(세계의 위대한 합중국)을 세우려는 노력과 함께 교회 연합과 기독교의 연합을 가져오려는 현대의 모든 탄원과 운동은 구약과 신약 모두에 묘사된 것과 같은 인물을 나타냅니다.

참 그리스도와 거짓 그리스도 사이에 놀라운 일치가 많이 있을 것이지만, 하나님의 아들과 멸망의 아들 사이에는 훨씬 더 두드러진 대조가 있을 것입니다. 주 예수님은 하늘에서 내려오셨지만 적그리스도는 무저갱에서 올라올 것입니다(계 11:7).

그들이 그 증언을 마칠 때에 무저갱으로부터 올라오는 짐승이 그들과 더불어 전쟁을 일으켜 그들을 이기고 그들을 죽일 터인즉(계 11:7)

주 예수님은 아버지의 이름으로 오셔서 자신의 영광을 비우고 하나님을 절대적으로 의지하며 사셨고 사람의 영광 받기를 거절하셨습니다. 그러나 죄의 사람인 적그리스도는 그리스도를 사칭하며 자신의 이름으로 올 것이며, 마귀의 모든 교만을 구현하고, 참 하나님뿐만 아니라 그의 이름을 지닌 모든 것에 대항하여 자신을 대적하고 높입니다. 그의 가장 깊은 갈망은 사람에게서 영예와 경의를 받는 것입니다. 이렇듯 평행을 이루는 뚜렷한 대조와 함께 요한복음 5장 43절에서 주님께서 직접 또한 묘사해 주셨습니다.

나는 내 아버지의 이름으로 왔으매 너희가 영접하지 아니하나 만일 다른 사람이 자기 이름으로 오면 영접하리라(요 5:43)

적그리스도가 그리스도처럼 확실하게 한 개인이 될 것이라는 증거가 얼마나 결정적입니까? 이에 대한 추가적인 증거로 요한일서 2장 18절을 인용할 수 있습니다:

아이들아 지금은 마지막 때라 적그리스도가 오리라는 말을 너희가 들은 것과 같이 지금도 많은 적그리스도가 일어났으니 그러므로 우리가 마지막 때인 줄 아노라(요일 2:18)

여기에서 적그리스도는 그의 길을 준비하는 많은 다른 이들과 분명히 구별됩니다. 여기에서 "오다"라는 동사는 놀라운 것인데, 이는 주 예수 그리스도께서 초림과 재림과 관련하여 사용하신 바로 그 단어이기 때문입니다. 따라서 적그리스도는 "오는 존재" 또는 "다가올 사람"이기도 합니다. 이것은 "그 오시는 분"이 하나님의 그리스도와 그의 교회의 관계를 정의하는 것처럼 세상과 그의 관계를 정의합니다.

또한 이것은 다가오는 적그리스도가 한 개인이 될 것이라는 증거를 결코 소진시키지 않습니다. 사도 바울이 데살로니가후서 2장에서 사용한 표현들은 모두 한 개인을 분명히 말하고 있습니다.

"저 죄의 사람"

"멸망의 아들"

"대적하여 자기를 높이는 자"

"악인은 주께서 그 입의 영으로 진멸하시리라"

"사탄의 역사를 좇아 오심이라"

이 모든 것은 구약의 메시아에 관한 예언이 우리 주 예수 그리스도를 가리키는 것과 같이 한 개인을 분명히 지적하고 있습니다. 위의 본문들과 조화를 이루는 많은 다른 본문들에 따르면, 처음 6세기의 모든 기독교 저술가들(주제를 언급한 모든 사람들)이 적그리스도를 실제의 인물, 특정한 개인으로 간주했음을 발견합니다. 그들의 글의 발췌한 내용을 가지고 많은 페이지를 채울 수 있지만 세 가지면 충분합니다.

첫번째는 아마도 2세기 초로 거슬러 올라가는 "사도들의 가르침"이라는 아주 오래된 문서입니다.

말일에 거짓 선지자들과 멸망시키는 자들의 수가 많아지며 양들이 변하여 이리가 되며 사랑이 미움이 됨이 되리라 불법이 더하여 그들이 서로 미워하고 핍박하며 넘겨주리니 그 때에 세상을 꾀는 일이 하나님의 아들로 사칭하여 나타나리니 그는 표적과 기사를 행할 것이요 세상은 그의 손에 넘기우매 그가 창세 이후로 지금까지 없었던 무법한 일을 하리라. 그 때에 인류는 시험의 불 속에 들어가리니 많은 사람이 걸려 넘어지며 멸망하려니와 오직 자기의 믿음을 지키는 자는 그 저주 아래에서 구원을 받으리라.

두번째 인용할 글은 4세기에 예루살렘의 주교였던 '시릴(Cyril)'의 저술입니다.

이렇게 예고된 적그리스도는 로마제국의 주권의 때가 차고 세상의 종말이 가까웠을 때 나타날 것입니다. 열명의 로마왕들이 아마도 동시에 다른 곳에서 일어날 것입니다. 그 후에 열한번째인 적그리스도가 나타나 그의 마술과 악한 솜씨로 로마의 권세를 폭력적으로 차지하게 될 것입니다. 적그리스도는 자기보다 먼저 앞에 다스린 세 명의 왕을 정복시킬 것입니다. 다른 일곱 왕은 자신에게 복종시킬 것입니다. 처음에는 온유한 성품(지혜롭고 슬기 있는 자와 같이)을 취하여 절제와 박애를 가장하며 속입니다. 적그리스도의 마법적인 속임수에서 나오는 거짓말과 비범함에 유대인들은 속임을 당합니다. 마치 그가 유대인들이 고대하던 메시아인 것처럼 가장합니다. 그 후에 그는 모든 악과 잔혹함에 빠지게 될것이며 그 결과로 그 앞에서 나타났던 불의하고 공정하지 못한 모든 사람들을 능가하는 악을 행사하게 됩니다. 그는 불의하고 불경한 자 피가 흐르고 잔인하고 가차 없는 마음을 가지고 있습니다. 모든 사람을, 특히 믿는 자를 대적하는 간계가 가득합니다. 그는 삼 년 육 개월 동안 감히 이런 일을 행하다가 하나님의 진정한 독생자, 우리 주 곧 구주이신 참 메시야가 하늘로부터 영광스럽게 다시 오심으로 말미암아 멸망을 당할 것입니다. 참된 그리스도는 입에서 나오는 영으로 적그리스도를 멸하고 그를 불타는 게헨나에 던지실 것입니다.

세번째, 마지막으로 인용할 글은 서기 6세기 말에 쓴 투어(Tours)의 그레고리우스가 쓴 글입니다.

세상의 종말에 관해서는 나의 앞에 있었던 이들로부터 배우는 것을 나는 믿는다. 자기를 그리스도라 하여 할례를 행하고 또 자기에게 경배할 신상을 예루살렘 성전에 세울 것이니 이는 주께서 너희가 멸망의 가증한 것이 거룩한 곳에 선 것을 보리라 하심과 같으니라

이러한 인용을 하는 필자의 목적은 고대의 목소리가 어느 정도 권위 있는 것으로 간주하기 때문이 아닙니다. 그것과는 완전히 거리가 멉니다. 유일한 권위는 "성경이 무엇을 말하느냐?"입니다. 또한 필자는 이러한 견해를 고대의 흥미로운 유물로 제시하지 않았습니다. 과거 시대의 일부 주요 정신을 사로잡았던 사상을 발견하는 것이 흥미로워서도 아닙니다. 필자의 목적은 초기 기독교 저술가들이 적그리스도가 실존하는 사람, 유대인,

참 그리스도를 모방하고 반대하는 사람이 될 것이라고 한결같이 주장했음을 보여 주는 것이었습니다. 그러한 교리는 중세 암흑시대라고 불린 시대가 도래할 때까지 일반적으로 받아들여진 교리였습니다.

14세기에 이르러서야(필자가 알고 있는 한) 초기 기독교인들이 획일적인 신념에서 처음으로 현저한 일탈하는 것을 발견하게 됩니다. 그것은 왈도파였습니다. 그들은 거의 모든 교리에 대한 믿음이 매우 훌륭하고 건전하였습니다. 왈도파 사람들은 수세기 동안 가장 무자비한 박해로 완전히 지쳐 1350년경에 교황의 제도가 적그리스와 같다는 것을 증명하기 위한 논문을 출판했습니다. 이 사람들을 기리기 위해서라도 서기 1100년경에 출판된 "고귀한 교훈"이라는 제목의 초기 책을 기억해야 합니다. 거기에서 적그리스도는 어떤 조직이 아니라 한 개인이라고 가르쳤습니다.

왈도파가 지지한 새로운 견해에 따라, 얼마 지나지 않아 후스파, 위클리프파, 롤라드파(로마에 의해 맹렬하게 박해를 받은 기독교인의 다른 무리)가 그 생각을 열렬히 받아들이고 교황이 죄의 사람이고 교황제도가 성경이 말하는 짐승이라고 선언했습니다. 그들로부터 그것은 곧 이러한 새로운 종말론을 체계화하려는 진지한 시도는 종교 개혁의 지도자들의 손에 넘겨졌습니다. 인간의 믿음은 그들 자신의 생애의 사건과 징조에 의해 형성되는 경향이 아주 강하며 인간에게 이보다 더 강력한 예는 거의 없을 것입니다. 적그리스도의 예언을 교황제도 또한 교황의 계통에 맞추려 시도하다보니, 원래 의미에서 어느 것도 남지 않을 정도로 그들은 씨름해야 했습니다.

미래에 도래할 죄의 사람은 긴 시간에 걸쳐 승계받는 사람으로 변화되어야 했습니다. 적그리스도가 존재하는 시간은 하나님이 마흔두 달(계

13:5), 또는 3년 반으로 정확하고 명확하게 언급되어 있습니다. 이는 교황의 가계에 비해 너무 짧기 때문에 독창적으로 가장 보증할 수 없는 과정을 거쳐서 연장해야 했습니다. 이 과정에서는 처음에는 며칠 단위로 그 문제를 해결하다가, 오늘날에는 몇 년 단위로 전환해야 했습니다.

계시록 13장에서 첫 번째 짐승 또는 세속 권력이 최고이고 두 번째 짐승 또는 교회권력이 종속된다는 사실을 무시해야 했습니다. 왜냐하면, 그러한 배열은 로마 카톨릭의 모든 전통들과 배치되기 때문입니다. 또한 둘째 짐승이 제사장이 아니라 선지자라는 상황을 배경으로 삼을 수밖에 없었는데, 이는 로마 교회가 제사장을 높이고 선지자를 거의 돌보지 않았기 때문입니다. 짐승과 그의 우상에게 경배하고 그의 이마나 손에 그의 표를 받는 모든 자(계 13장)에 대한 죽음을 모든 로마 카톨릭 신자에게 적용하기에는 너무 끔찍해 보였고, 설명을 제거하거나 억제해야 했습니다(GH Pember).

그럼에도 불구하고 종교 개혁자들은 공통적으로 동의했습니다. 적그리스도의 성격, 이력 및 운명을 다루는 예언을 교황에 적용했으며, 그를 "죄의 사람, 멸망의 아들, 바빌론의 왕 그리고 짐승"이라고 부르는 수많은 이름들이 로마 카톨릭의 수장에게 적용되었습니다. 그러나 대부분의 청교도들도 지지한 이 견해는 우리의 은혜로우신 하나님께서 우리 손에 맡기신 단 하나의 오류도 없는 진리의 표준인 성경으로부터 검증을 받아야 합니다. 이것이 그러한 가 그렇지 않은 가를 알아보기 위해 우리는 성경을 상고해야 합니다.

필자는 교황에 대해 간단하게만 설명을 하지 않을 것입니다. 그가 수장인 그 해로운 조직인 로마 카톨릭 제도에 대해서도 좋은 말을 하지 않을 것입니다. 오히려 필자는 교황이 그리스도의 무오한 대리자라는 노골적인 가정을 신성 모독이라고 비난하는 데 주저함이 없습니다. 또한 필자는 교황제도가 오랜 역사를 통틀어 불경스러운 오만, 끔찍한 우상숭배, 형언할 수 없는 잔혹함으로 얼룩져 왔다고 선언하는 것을 주저하지 않습니다. 그러나 그럼에도 불구하고 우리가 교황권과 적그리스도가 동일하다고 믿게 하는 것을 가로막는 많은 성경구절들이 있습니다. "멸망의 아들"은 티베료의 파도에서 튀어나온 모든 괴물을 무색하게 만들 것입니다. 성경은 우리에게 힐데브란트나 레오보다 더 무시무시한 인물을 찾으라고 분명히 가르치고 있습니다.

의심할 여지 없이 적그리스도와 교황 사이에는 많은 유사점이 있으며, 이에 교황 제도는 다가오는 적그리스도의 성격과 이력을 현저한 정도로 예표했습니다. 그들 사이의 유사점 중 일부는 이전 장에서 필자가 이미 지적했으며 여기에 더 많은 것이 추가될 수 있습니다. 로마 카톨릭 제도가 미래에 나타날 적그리스도의 가장 두드러진 모형이자 선구자임이 분명할 뿐만 아니라 진리의 대의를 위해 우리는 교황권이 의심할 여지 없이 가장 악마적이며 적그리스도적임을 확인해야 합니다. 그러나 필자는 다시 한 번 말하지만 로마 카톨릭은 최종적인 적그리스도가 아닙니다. 우리 독자들 중 많은 사람들이 교황과 최종 적그리스도가 동일하다는 믿음으로 교육을 받았을 가능성이 높기 때문에, 필자는 그것이 사실이 아님을 보여주는 수많은 증거 중 일부를 계속 드러낼 것입니다. 교황이 최종 적그리스도가 될 수 없다는 것은 다음과 같은 이유입니다.

1. 적그리스도라는 용어는 단수형이든 복수형이든 상관없이 한 사람 또는 사람들을 가리키거나 결코 조직이 아닙니다.

우리가 기독교 조직을 언급할 수 있는 것처럼, 기독교 체계에 대해서도 올바른 용어로 말할 수 있습니다. 그러나 어떤 체계나 조직을 "하나의 적그리스도(an antichrist)" 또는 "최종 적그리스도(the Antichrist)"라고 부르는 것은 어떤 기독교 체계나 조직을 "그리스도(the Christ)" 또는 "그리스도(a Christ)"라고 부르는 것과 마찬가지로 용납될 수 없고 잘못된 것입니다. 그리스도가 한 사람으로서 하나님의 아들이라는 칭호인 것처럼, 적그리스도는 한 사람, 곧 사탄의 아들이 될 것입니다.

2. 적그리스도는 유대인이며 아브라함의 직계 후손이 될 것이다.

다음 장에서 추가적으로 더설명할 것입니다. 순수한 혈통의 유대인 외에는 누구도 오랫동안 기다려온 메시아로서 유대 민족에게 환영받을 것을 결코 기대할 수 없었다고 말하는 것으로 충분합니다. 이것은 교황이 죄의 사람이라고 믿는 사람들이 한 번도 부딪혀 본 적이 없는 주장인 것입니다. 필자가 아는 한, 어떤 이스라엘 사람도 교황청을 점령한 적이 없으며, 확실히 7세기 이후로 아무도 그렇게 한 적이 없습니다.

3. 앞의 논쟁과 연결하여, 스가랴 11장 16, 17절을 살펴보겠습니다.

[16]보라 내가 한 목자를 이 땅에 일으키리니 그가 없어진 자를 마음에 두지 아니하며 흩어진 자를 찾지 아니하며 상한 자를 고치지 아니하며 강건한 자를 먹이지 아니하고 오히려 살진 자의 고기를 먹으며 또 그 굽을 찢으리라 [17]화 있을진저 양 떼를 버린 못된 목자여 칼이 그의 팔과 오른쪽 눈에 내리리니 그의 팔이 아주 마르고 그의 오른쪽

눈이 아주 멀어 버릴 것이라 하시니라(슥11:16-17)

여기에서의 땅은 물론 이 표현과 함께 성경에서 항상 그렇듯이 팔레스타인을 의미합니다. 이것은 교황의 가계에 적용될 수 없습니다.

4. 데살로니가후서 2장 4절에서 우리는 죄의 사람이 하나님의 성전에 앉을 것을 봅니다.

이에 로마에 있는 성 베드로 성당을 가지고 그렇게 부를 수 없습니다. 적그리스도가 앉을 성전은 재건된 유대인의 성전이 될 것이며, 그 성전은 이탈리아가 아니라 예루살렘에 위치할 것입니다. 이후 장에서 오마르의 모스크는 주님이 이 땅에 재림하시기 전에 유대인 성전으로 대체될 것임을 보여 주는 것입니다.

5. 적그리스도는 유대인들에게 받아들여질 것이다. 이것은 이 장의 첫 단락의 서두에서 분명히 언급했습니다.

나는 내 아버지의 이름으로 왔으매 너희가 영접지 아니하나
만일 다른 사람이 자기 이름으로 오면 영접하리라

그러나 유대인들은 아직까지 어떤 교황에게도 충성을 맹세한 적이 없습니다.

6. 적그리스도는 유대인들과 계약을 맺을 것입니다. 다니엘 9장 27절입니다.

그가 장차 많은 사람들과 더불어 한 이레 동안의 언약을 굳게 맺고 그가 그 이레의 절반에 제사와 예물을 금지할 것이며 또 포악하여 가증한 것이 날개를 의지하여 설 것이며 또 이미 정한 종말까지 진노가 황폐하게 하는 자에게 쏟아지리라 하였느니라 하니라(단 9:27)

여기에서 이 7년 언약을 맺는다고 하는 사람은 앞 절의 "오실 군주", 즉 열 나라의 머리가 될 적그리스도입니다. 그 나라의 왕은 다니엘의 백성과 언약을 맺을 것입니다. 그것은 다니엘 5장 24절에서 분명합니다. 그러나 어느 교황도 유대교와 7년 계약을 맺었다는 역사 기록이 없습니다.

7. 다니엘서 11장 45절입니다.

그가 장막 궁전을 바다와 영화롭고 거룩한 산 사이에 세울 것이나
그의 종말이 이르리니 도와 줄 자가 없으리라(단 11:45)

여기서 언급된 사람은 또한 적그리스도이며, 이 장의 이 부분이 시작되는 다니엘 5장 36절으로 돌아가 보면 알 수 있습니다.

그 왕은 자기 마음대로 행하며 스스로 높여 모든 신보다 크다 하며 비상한 말로 신들의 신을 대적하며 형통하기를 분노하심이 그칠 때까지 하리니 이는 그 작정된 일을 반드시 이루실 것임이라(단 5:36)

이것은 다니엘 11장의 마지막 절에서 언급된 것을 확실히 식별하기에 충분합니다. 적그리스도는 "바다 사이", 즉 지중해와 홍해 사이에 그의 궁전 장막을 세울 것입니다. 교황의 궁전인 바티칸은 수도 이탈리아에 있기 때문에 어떤 독창성으로도 이를 교황에게 적용할 수는 없습니다.

8. 적그리스도는 그리스도의 신비한 몸과 성령님이 이 땅에서 사라질 될 때까지 나타날 수 없습니다.

이것은 데살로니가후서 2장에서 분명해집니다. 2장의 3절에서 바울은 "죄의 사람"이 등장할 것을 언급합니다. 4절에서 바울은 적그리스도의 지독한 불경함을 묘사합니다. 5절에서는 바울이 데살로니가 성도들과 함께 있을 때에 이러한 것들을 어떻게 가르쳤는지를 상기시켜 줍니다. 그리고 나서, 6절에서 바울은 다음과 같이 선언합니다.

너희는 지금 그로 하여금 그의 때에 나타나게 하려 하여
막는 것이 있는 것을 아나니(살후 2:6)

그러므로 "그의 때"가 올 때까지 적그리스도의 출현을 방해하거나 막고 있는 두 가지가 매체가 있습니다. 전자는 대명사 "what"으로, 후자는 "He"로 표시됩니다. 전자는 그리스도의 신비한 몸이고 후자는 하나님의 성령입니다.

휴거 시에 둘 다 "이 세상에서 사라지게"되고 죄의 사람이 나타날 것입니다. 그렇다면 적그리스도가 성도들의 휴거와 성령을 거두어가시기 전에 나타날 수 없다면, 적그리스도가 아직 나타나지 않았다는 확실한 증거가 여기에 있습니다.

9. 앞의 주장과 매우 유사한 것은 꽤 많은 성경 구절이 확정적으로 마지막 때로 알려진 그 시기에 적그리스도의 출현을 언급하고 있다는 사실입니다.

다니엘 7장과 8장은 적그리스도가 이 시대의 맨 마지막(휴거 때 끝날 것이기 때문에 이 "경륜의 시대"라고 말하지 않음), 즉 대환란 동안에 즉 '야곱의 고난'의 시대에 그의 활동을 활발히 할 것임을 분명히 합니다. 다니엘 7장 21-23절입니다.

[21]내가 본즉 이 뿔이 성도들과 더불어 싸워 그들에게 이겼더니 [22]옛적부터 항상 계신 이가 와서 지극히 높으신 이의 성도들을 위하여 원한을 풀어 주셨고 때가 이르매 성도들이 나라를 얻었더라 [23]모신 자가 이처럼 이르되 넷째 짐승은 곧 땅의 넷째 나라인데 이는 다른 나라들과는 달라서 온 천하를 삼키고 밟아 부서뜨릴 것이며(단 7:21-23)

다니엘 8장 19절은 그의 행로(단 8:23-25 참조)를 "분노의 마지막 끝", 즉 이스라엘과 이방인들에 대한 하나님의 진노의 끝으로 두고 있습니다. 다니엘 9장은 칠십 "이레"의 끝이 시작될 때 그가 유대인들과 칠 년 동안의 계약을 맺을 것임을 알려 줍니다. 그것은 이스라엘의 죄를 끝내고 허물을 마치는 것입니다(9:24). 적그리스도의 출현 시기가 아직 미래라면 로마는 적그리스도가 될 수 없다는 것이 필연적입니다.

10. 적그리스도는 아버지와 아들을 모두 부인할 것입니다.

거짓말하는 자가 누구냐 예수께서 그리스도이심을 부인하는 자가 아니냐 아버지와 아들을 부인하는 그가 적그리스도니(요일 2:22)

이 성경 구절은 가상이 아니라 실제적이고 공식적인 부인에 대해 말하고 있습니다. 그러나 로마 카톨릭은 신앙과 예배의 상징인 공의회와 신조에서 항상 신격에 세 위격이 있다고 주장해 왔습니다. 로마 카톨릭이 성경의 가르침에서 떠나는 일이 수없이 많았고 비참했습니다. 하지만 트리엔트 공의회(1563년) 이후로 모든 로마 카톨릭은 "나는 아버지 하나님과 주 예수 그리스도와 성령님을 믿습니다... ... 성령님은 주님이시고 생명을 주시는 분이시며 아버지와 아들 앞에서 행하십니다"라고 고백하고 있습니다.

로마 카톨릭은 사제 시스템입니다. 사제는 하나님과 죄인 사이에 개입합니다. 고백이 그와 은혜의 보좌 사이에 있습니다. 참회가 그와 경건한 슬픔 사이에 있습니다. 미사가 그와 그리스도 사이에 있습니다. 연옥이 그와 천국 사이에 있습니다. 교황은 아버지와 아들을 모두 인정합니다. 교황은 자신이 하나님의 종이자 그분의 숭배자임을 고백합니다. 그는 자신의 이름이 아니라 거룩한 삼위일체의 이름으로 백성을 축복합니다.

11. 적그리스도는 대적하는 자료 묘사됩니다.

그는 대적하는 자라 신이라고 불리는 모든 것과 숭배함을 받는 것에 대항하여 그 위에 자기를 높이고 하나님의 성전에 앉아 자기를 하나님이라고 내세우느니라(살후 2:4)

이러한 것은 교황이 한 번도 하지 않은 일입니다. 레오조차도 감히 자신을 신격화하거나 하나님을 대신하지 않았습니다. 교황은 스스로에 대해 거짓되고 불경한 주장을 많이 했습니다. 그럼에도 불구하고 그들이 말하는 것은 하나님의 "대리인" 또는 그리스도의 "대리인"으로서 말합니다. 이에 자신들보다 높은 하나님의 능력을 인정하는 것입니다.

12. 요한계시록 13장 2-4절입니다.

[2]내가 본 짐승은 표범과 비슷하고 그 발은 곰의 발 같고 그 입은 사자의 입 같은데 용이 자기의 능력과 보좌와 큰 권세를 그에게 주었더라 [3]그의 머리 하나가 상하여 죽게 된 것 같더니 그 죽게 되었던 상처가 나으매 온 땅이 놀랍게 여겨 짐승을 따르고 [4]용이 짐승에게 권세를 주므로 용에게 경배하며 짐승에게 경배하여 이르되 누가 이 짐승과 같으냐 누가 능히 이와 더불어 싸우리요 하더라(계 13:2-4)

이 구절들을 요한계시록 12장 9절과 비교함으로써 우리는 용이 다름 아닌 사탄임을 알게 됩니다. 거의 공통적으로 동의하듯이 계시록 13장의 이 첫 번째 짐승은 적그리스도입니다. 만일 로마 카톨릭이 적그리스도라면, 여기서 요한계시록 13장 4절에서 읽은 것에 대한 답을 찾기 위하여 움직여야 할 것이다.

용이 짐승에게 권세를 주므로 용에게 경배하며 짐승에게 경배하여 이르되 누가 이 짐승과 같으냐 누가 능히 이와 더불어 싸우리요 하더라(계 13:4)

13. 계시록 13장은 적그리스도(첫 번째 짐승)가 "거짓 선지자"(계 19:20)라고 불리는 두 번째 짐승의 도움을 받을 것이라고 알려 줍니다.

그가 먼저 나온 짐승의 모든 권세를 그 앞에서 행하고 땅과 땅에 사는 자들을 처음 짐승에게 경배하게 하니 곧 죽게 되었던 상처가 나은 자니라(계 13:12)

첫 번째 짐승이 교황이라면 "땅과 그 안에 거하는 자들로 하여금 그녀에게 경배하게 하는" 거짓 선지자는 누구입니까?

14. 우리는 이 거짓 선지자가 땅에 거하는 자들에게 "칼에 상하였다가 살아난 짐승을 위하여 우상을 만들라"(계 13:14)고 말할 것이라고 듣습니다.

[14]짐승 앞에서 받은 바 이적을 행함으로 땅에 거하는 자들을 미혹하며 땅에 거하는 자들에게 이르기를 칼에 상하였다가 살아난 짐승을 위하여 우상을 만들라 하더라 [15]그가 권세를 받아 그 짐승의 우상에게 생기를 주어 그 짐승의 우상으로 말하게 하고 또 짐승의 우상에게 경배하지 아니하는 자는 몇이든지 다 죽이게 하더라(계 13:14-15)

위와 유사한 점을 교황의 어디에서 찾을 수 있습니까?

15. 다니엘 9장 27절에서는 적그리스도가 "제사와 예물을 금지할 것"이라고 말합니다.

그가 장차 많은 사람들과 더불어 한 이레 동안의 언약을 굳게 맺고 그가 그 이레의 절반에 제사와 예물을 금지할 것이며 또 포악하여 가증한 것이 날개를 의지하여 설 것이며 또 이미 정한 종말까지 진노가 황폐하게 하는 자에게 쏟아지리라 하였느니라 하니라(단 9:27)

그리고 또한 다니엘 8장 11절에서 "그가 만군의 군주를 대적하기까지 스스로를 크게 하여 매일 드리는 제사를 없앤다고"고 읽습니다. 로마 카톨릭이 적그리스도라면 어떻게 이 성경 구절들이 자주 반복되는 "미사 제사"와 일치할 수 있겠습니까?

16. 적그리스도의 지배는 전 세계적일 것이다.

도래할 "죄의 사람: 적그리스도"는 감히 누구에게도 도전받지 않고 또한 세계적인 최고의 권세를 주장할 것입니다.

그의 머리 하나가 상하여 죽게 된 것 같더니 그 죽게 되었던 상처가 나으매 온 땅이 놀랍게 여겨 짐승을 따르고(계 13:3)

이교도는 말할 것도 없고 기독교의 절반이 로마 카톨릭의 영역 밖에 있으며 교황권의 주장에 적대적이라는 점은 거의 지적할 필요가 없습니다.

누구든지 이 표를 가진 자 외에는 매매를 못하게 하니 이 표는 곧 짐승의 이름이나 그 이름의 수라(계시록 13:17)

우리는 질문합니다. 어떤 교황이 그의 허락 없이는 아무도 매매할 수 없게 상업적인 주권을 행사한 적이 있었습니까?

17. 적그리스도의 활동 기간은 그의 정체가 나타난 후 마흔두 달로 제한될 것입니다.

다양한 표현으로 이 시간 제한을 확인하는 6개 이상의 성경구절이 있습니다.

그가 장차 지극히 높으신 이를 말로 대적하며 또 지극히 높으신 이의 성도를 괴롭게 할 것이며 그가 또 때와 법을 고치고자 할 것이며 성도들은 그의 손에

붙인 바 되어 한 때와 두 때와 반 때를 지내리라(단 7:25)

그 여자가 광야로 도망하매 거기서 천이백육십 일 동안 그를 양육하기 위하여 하나님께서 예비하신 곳이 있더라(계 12:6)

그 여자가 큰 독수리의 두 날개를 받아 광야 자기 곳으로 날아가 거기서 그 뱀의 낯을 피하여 한 때와 두 때와 반 때를 양육 받으매(계 12:14)

또 짐승이 과장되고 신성모독을 말하는 입을 받고 또 마흔두 달 동안 일할 권세를 받으니라(계 13:5)

어떤 정직한 계산 방법으로도 이것을 로마 카톨릭의 오랜 역사와 조화시키는 것은 완전히 불가능합니다.

18. 요한계시록 13장 7, 8절입니다.

[7]또 권세를 받아 성도들과 싸워 이기게 되고 각 족속과 백성과 방언과 나라를 다스리는 권세를 받으니 [8]죽임을 당한 어린 양의 생명책에 창세 이후로 이름이 기록되지 못하고 이 땅에 사는 자들은 다 그 짐승에게 경배하리라(계 13:7-8)

여기서 분명히 적그리스인 짐승을 숭배하지 않는 사람들은 어린양의 생명책에 그들의 이름이 기록된 사람들이라고 명시적으로 말합니다. 만일 교황이 적그리스도라면, 그를 경배하지 않는 모든 사람은 어린 양의 생명책에 그들의 이름이 기록되어야 합니다. 이것은 말이 되질 않습니다. 왜냐하면 그것은 지난 천 년 동안 로마 카톨릭의 영역 밖에 있던 모든 이교도, 무신론자, 불신자들이 구원을 받았다고 말하는 것과 같기 때문입니다.

19. 데살로니가후서 2장 11, 12절입니다.

[11]이러므로 하나님이 미혹의 역사를 그들에게 보내사 거짓 것을 믿게 하심은 [12]진리를 믿지 않고 불의를 좋아하는 모든 자들로 하여금 심판을 받게 하려 하심이라(살후 2:11-12)

여기서의 문맥은 "거짓말을 믿는 것"이 적그리스도의 주장을 받아들이는 것을 의미함을 보여줍니다. 그의 주장을 믿는 사람들은 그를 영접할 것이며(요 5:43), 뿐만 아니라 그들은 그를 "예배할 것"(계 13:8)입니다. 데살로니가후서 2장 12절에서는 이것을 행하는 모든 사람이 정죄를 받을 것이라고 선언합니다.

교황이 적그리스도라면, 그의 거짓 주장을 믿었던 모든 사람, 그를 그리스도의 대리자로 영접한 모든 사람, 그를 숭배했던 모든 사람이 영원히 멸망할 것이라는 결론이 필연적으로 따라옵니다. 그러나 필자는 지금 시점에서 그러한 전면적인 주장을 하지 않을 것입니다. 그는 수천 명의 다른 사람들과 함께 수세기 동안 많은 무지와 미신에도 불구하고 그리스도의 피에 대한 믿음을 실천한 많은 로마 카톨릭 신자들이 있었고, 그 가운데에는 그리스도의 완성된 사역은 그들이 하나님 앞에 받아들여질 수 있는 유일한 근거이며, 이로 인해 주님과 영원히 함께 할 수 있습니다.

20. 적그리스도와 교황이 완전히 구별된다는 것은 요한계시록 17장에 의해 명백해집니다.

이 장에 의하면 "짐승과 함께"(12절) 통치하고 그와 협력하여 활동할 열명의 왕들이 있을 것임을 배웁니다(13, 16절). 그런 다음 우리는 "이 사람들이 창녀(교황)를 미워하여 그녀를 황폐하고 벌거벗게 만들고 그녀의 살을 먹고 불사르리라"(16절)는 말을 듣게 됩니다. 적그리스도와 교황이 동일한 것이 아니라 전자가 후자를 멸망시킬 것이라는 것입니다. 반면 적그리스도는 그리스도 그 분에 의해 멸망될 것입니다(살후 2:8 참조).

아마도 우리는 교황권이 적그리스도가 아니라는 많은 증거들을 제시하면서 왜 그렇게 장황한 세부 사항에 들어갔는지에 대해 설명이 필요할 것입니다. 그렇게 하는 주된 이유는 이 글을 읽을 많은 사람들이 종교개혁자들의 가르침을 일반적으로 받아왔고 종교혁 이후 일반적으로 널리 퍼져 있는 믿음안에서 자라온 사람들이 대부분이기 때문입니다.

다음 장은 보다 일반적인 관심사 중 하나가 될 것입니다. 다음 장에서 우리는 적그리스도의 인격에 대해 논의할 것입니다. 적그리스도는 누구이며, 어디서부터 나올 것이며, 그를 식별하는 데 어떤 표시가 도움이 될 것인지를 살펴보겠습니다.

제2장

적그리스도는 어떤 사람인가?

앞의 장에서 필자는 적그리스도가 악한 조직도 아니고, 그리스도를 대적하는 조직이 아니라 한 개인이요, 아직 나타나지 않은 미래에 도래할 사람이라는 점을 지적했습니다. 이를 뒷받침해주는 말씀은 요한복음 5장 43절입니다.

나는 내 아버지의 이름으로 왔으매 너희가 영접하지 아니하나 만일 다른 사람이 자기 이름으로 오면 영접하리라(요 5:43)

여기서 예수님께서는 죄의 사람 즉 적그리스도를 자신과 비교하고 또한 대조하십니다. 비교의 요점은 구주처럼 그가 이스라엘에게 자신을 나타낼 것이라는 점입니다. 차이점은 유대인들에게 버림받은 참된 그리스도와 달리 거짓 메시아는 유대인들이 영접할 것이라는 점입니다. 그렇다면, 적그리스도가 하나님의 그리스도와 비교되고 대조될 수 있다면, 적그리스도 역시 인격체, 한 사람의 개인임에 틀림없습니다. 또한 우리는 데살로니가후서 2장에서 사도 바울이 사용한 표현에 주의를 기울여야 합니다.

죄의 사람

멸망의 아들

대적하여 자기를 높이는 자

악한 자 곧 주께서 그의 입의 영으로 멸하실 자

사탄의 역사를 따라 행하는 자

이 모든 것은 구약의 메시아에 관한 예언이 우리 주 예수 그리스도의 인격을 예표한 것처럼 분명히 한 개인을 가리킵니다. "적그리스도"가 특정한 개인을 의미한다는 사실을 주지하고 나서, 필자의 다음 관심은 성경으로 돌아가 하나님이 이 “악의 의인화(Personification of Evil)”에 관하여 드러내시기를 기뻐하신다는 것을 배우는 것입니다.

I. 적그리스도는 유대인입니다

적그리스도는 유대인이 될 것이지만, 그의 인맥, 그의 통치의 지위, 그의 통치 영역은 결코 그를 이스라엘 백성에게 국한되지 않을 것입니다. 그러나 이 대담한 반역자인 적그리스도가 "유대인"이 될 것이라는 것은 성경에 그렇게 많은 힌트가 있는 것은 아닙니다. 성경에서 그것에 대해서 많은 언급으로 명시되어 있지 않다는 점을 지적해야 합니다. 그럼에도 불구하고 주어진 힌트는 너무나 분명하고 성경의 어떤 진술에서 이끌어내야 하는 결론은 너무나 명백하며 사건의 요구 사항은 너무나 불가피하여 우리는 적그리스도가 유대인임에 틀림없다고 믿을 수밖에 없습니다. 이제 이러한 '힌트', '결론' 및 '요구 사항'에 대해 살펴보겠습니다.

1. 에스겔 21장 25-27절에서는 다음과 같이 기록되어 있습니다.

[25]너 극악하여 중상을 당할 이스라엘 왕아 네 날이 이르렀나니 곧 죄악의 마지막 때이니라 [26]주 여호와께서 이같이 말씀하셨느니라 관을 제거하며 왕관을 벗길지라 그대로 두지 못하리니 낮은 자를 높이고 높은 자를 낮출 것이니라 [27]내가 엎드러뜨리고 엎드러뜨리고 엎드러뜨리려니와 이것도 다시 있지 못하리라 마땅히 얻을 자가 이르면 그에게 주리라(겔 21:25-27)

이 구절이 말하는 장소와 범위는 결정하기가 어렵지 않습니다. 기한은 에스겔 5장 25절에 나와 있습니다. "불법이 끝날 때"입니다. "반역이 충만하여 질 때입니다"(단 8:23 및 참조 11:36). 즉 세상 시대의 끝이라고 볼 수 있는 것은 마지막 때인 것입니다. 그 때에 이스라엘에게 한 왕이 있으니 곧 면류관을 쓴 왕이요(26절), 죄악이 끝나는 날이 오리라 하는 왕이 있을 것입니다. 이제 이 왕이 누구인지에 관해서는 의심할 여지가 없습니다. 그 날에 이스라엘이 갖게 될 유일한 왕은 멸망의 아들이며, 그가 메시아로 속일 것이기 때문에 여기에서는 그들의 왕이라고 부릅니다(참조. 단 9:25).

또 다른 확실한 식별 표시가 여기에 있습니다. 그는 명백히 "불경한 사악한 군주"라고 칭해집니다. 그는 하나님을 대적하여 자기를 높일 불경건한 죄의 사람임이 확실합니다. 특히 주목해야 할 것은 이 타락한 사악한 인물이 여기에서 이스라엘의 왕라고 칭해진다는 것입니다. 그러므로 그는 아브라함의 후손인 유대인이어야 합니다.

2. 에스겔 28장 2-10절에는 "두로 왕"이라는 비유로 적그리스도에 대한 놀라운 묘사가 나와 있습니다. 12-19절에서도 "두로 왕"이라는 상징 아래 사탄에 대한 가장 두드러진 묘사가 있었습니다. 다음 장에서 우리는 의심할 여지 없이 이 장의 첫 번째 부분에서 우리가 살피는 사람이 적그리스도라는 것을 보여주기를 희망합니다. 이제 우리가 이 구절에서 지적할 것은 단 한 가지입니다. 10절에서 그에 대해 "할례받지 않은 자들의 죽음을

당할 것이요"라고 말하고 있는데, 이것은 그가 할례받은 민족에 속했기 때문에 할례받지 않은 자 같은 죽음을 당해서는 안 된다는 매우 강력한 암시입니다.

이 구절이 적그리스도에게 적용될 수 없다고 한다면, 왜냐하면 적그리스도는 그리스도께서 오실 때 그분에 의해 멸망될 것이기 때문이다. 이에 반대하는 의견은 계시록 13:14절을 참조함으로써 쉽게 처리할 수 있습니다.

짐승 앞에서 받은 바 이적을 행함으로 땅에 거하는 자들을 미혹하며 땅에 거하는 자들에게 이르기를 칼에 상하였다가 살아난 짐승을 위하여 우상을 만들라 하더라(계 13:14)

적그리스도는 칼로 상처를 입지만 죽음에서 살아납니다. 하지만 이후에 예수님의 손에 의해서 최종적 멸망을 당합니다.

3. 다니엘서 11장 36, 37절입니다.

[36]그 왕은 자기 마음대로 행하며 스스로 높여 모든 신보다 크다 하며 비상한 말로 신들의 신을 대적하며 형통하기를 분노하심이 그칠 때까지 하리니 이는 그 작정된 일을 반드시 이루실 것임이라 [37]그가 모든 것보다 스스로 크다 하고 그의 조상들의 신들과 여자들이 흠모하는 것을 돌아보지 아니하며 어떤 신도 돌아보지 아니하고(단 11:36-37)

분명히 이 구절은 미래에 나타날 적그리스도를 언급하고 설명하고 있습니다. 그러나 우리가 특별히 주목하고 싶은 것은 마지막 문장의 "그 조상들의 하나님"이라는 표현입니다. 이 표현을 무엇으로 이해해야 할까요? 적그리스도가 유대인이자 이스라엘인이라는 것이 확실합니다. 육신을 따라 적그리스도의 조상이 아브라함, 이삭, 야곱인 이유는 무엇입니까? 구약성경 전체에 걸쳐 조상이라는 단어의 변함없는 의미가 있기 때문입니다.

4. 마태복음 12:43-45절에는 이 장의 뒷부분에서 간단히 고려할 또 다른 놀라운 구절이 있습니다.

43더러운 귀신이 사람에게서 나갔을 때에 물 없는 곳으로 다니며 쉬기를 구하되 쉴 곳을 얻지 못하고 44이에 이르되 내가 나온 내 집으로 돌아가리라 하고 와 보니 그 집이 비고 청소되고 수리되었거늘 45이에 가서 저보다 더 악한 귀신 일곱을 데리고 들어가서 거하니 그 사람의 나중 형편이 전보다 더욱 심하게 되느니라 이 악한 세대가 또한 이렇게 되리라(마 12:43-45)

여기서 "더러운 영"은 다름 아닌 "멸망의 아들"임을 보여 주고자 합니다. 그리고 그가 나갔다가 다시 들어가는 "집"은 이스라엘 민족입니다. 이것이 확립될 수 있다면 그가 유대인이라는 또 다른 증거가 있습니다. 이 "집"은 이스라엘입니다. 여기서 적그리스도는 '나의 집'으로 명명되었습니다. 솔로몬이 "다윗의 집"에 속했던 것처럼 적그리스도는 이스라엘의 집에 속하게 될 것이다.

5. 요한복음 5장 43절에는 이 나타날 자의 국적을 정하는 데 도움이 되는 추가 단어가 있습니다.

나는 내 아버지의 이름으로 왔으매 너희가 영접하지 아니하나 만일 다른 사람이 자기 이름으로 오면 영접하리라(요 5:43)

예수님은 거짓 메시아에 대해 말씀하시면서 “다른 이가 자기 이름으로 오리라”고 말씀하셨습니다. 헬라어 원문에는 "또 다른" 이라는 4개의 다른 단어가 있습니다. 그 중에 하나는 한번 사용되었고 두 번째 단어는 5번 사용되었습니다. 나머지 두 단어는 자주 사용되며 그 두 단어 사이는 분명한 구분이 있습니다.

첫 번째 단어 “다른: allos”는 같은 종류지만 다른 것을 말하는 것이다. 마태복음 10:23; 13:24; 26:71 등을 참조하십시오. 두 번째인 "헤테로스(heteros)"는 완전히 다른 종류의 "다른 것"을 의미한다. 마가복음 16:12; 누가복음 14:31; 사도행전 7:18; 로마서 7:23 등을 참조하십시오.

놀라운 사실은 요한복음 5장 43절에서 주님께서 사용하신 단어가 "알로스(allos)"라는 단어로, 전혀 다른 종류의 다른 것을 나타내는 단어인 "헤테로스(heteros)"가 아니라 같은 종류의 “다른”을 나타내는 “알로스”라는 단어라는 것입니다. 아브라함의 자손이요 다윗의 자손이신 그리스도께서 자신을 이스라엘에게 나타내셨으나 그들은 그를 거절하였습니다. 그러나 동일한 아브라함 계통의 "또 다른" 사람이 그들에게 올 것이며, 그들은 그를 받아들일 것이라는 것입니다. 미래에 나타날 적그리스도가 이방인이었다면 주님은 "헤테로스"라는 단어를 사용하셨을 것입니다. 그가 "알로스"를 사용했다는 사실은 그가 유대인임을 보여줍니다.

6. 적그리스도라는 이름 자체가 그가 유대인이라는 것을 강력하게 말합니다. 적그리스도라는 칭호는 이중적인 의미를 갖는다. 그 명칭은 적그리스도가 그리스도에게 대적(against)이 될 사람, 곧 그의 적이 될 사람이 될 것임을 의미합니다. 그러나 그것은 또한 그가 가짜 그리스도(instead of),

그리스도의 모방, 그리스도를 흉내냄, 사이비 그리스도가 될 것이라는 것을 말해줍니다. 그것은 그가 그리스도를 흉내낼 것임을 암시합니다. 그는 이스라엘의 진정한 메시아로 가장할 것입니다. 그러한 경우 그는 유대인이어야 합니다.

7. 이 가짜 그리스도는 이스라엘에 의해 영접을 받을 것입니다. 유대인들은 그에게 미혹될 것입니다. 유대인들은 적그리스도가 그들이 참으로 오랫동안 기다려온 메시아로 믿게 될 것입니다. 그들은 그를 그렇게 받아들일 것입니다. 이에 대한 증거는 다음 장에서 제공될 것입니다. 그러나 만일 이 사이비, 거짓 그리스도가 유대인들에게 그들의 진정한 메시아로 내세우는 데 성공한다면, 그는 유대인임에 틀림없습니다. 왜냐하면 유대인들이 이방인에게 속는 것은 생각할 수 없기 때문입니다.

다음 요점으로 넘어가기 전에, 우리는 서기 4세기 동안 기독교인들 사이에서 적그리스도가 단지파에서 나올 것이라는 일반적인 믿음이었다고 덧붙일 수 있습니다. 이것이 사실인지 아닌지, 우리는 알 수 없습니다. 창세기 49장 17, 18절은 이 멸망의 아들에 대한 최종 언급을 암시할 수 있습니다.

[17]단은 길섶의 뱀이요 샛길의 독사로다 말굽을 물어서 그 탄 자를 뒤로 떨어지게 하리로다 [18]여호와여 나는 주의 구원을 기다리나이다(창 49:17-18)

확실히 단은 열두 지파 중 가장 신비로운 지파입니다.

8. 적그리스도는 사탄의 아들일 것이다. 사탄이 아들을 갖게 될 것이라는 사실에 우리는 놀라지 말아야 합니다. 마귀는 흉내내는 데 있어서 최고의

경지에 있습니다. 마귀가 사람을 속이는 데 성공한 대부분은 하나님의 것을 위조한 그의 놀라운 능력 덕분입니다. 다음은 그가 모방한 목록들입니다: 우리는 그리스도께서 "좋은 씨"(마 13:24)를 뿌리러 가시는 것을 봅니다. 이에 반해 원수도 자기의 "가라지", 즉 가짜 밀(마 13:25)을 뿌리러 나갑니다.

24예수께서 그들 앞에 또 비유를 들어 이르시되 천국은 좋은 씨를 제 밭에 뿌린 사람과 같으니 25사람들이 잘 때에 그 원수가 와서 곡식 가운데 가라지를 덧뿌리고 갔더니(마 13:24-25)

"하나님의 자녀"도 있고 "악한 자의 자녀"(마 13:38)도 있습니다.

밭은 세상이요 좋은 씨는 천국의 아들들이요 가라지는 악한 자의 아들들이요

하나님이 그의 자녀들 안에서 "그의 기쁘신 뜻을 위하여 뜻을 행하게 하시고 행하게 하시려고"(빌 2:13) 일하시는 것을 볼 수 있습니다. 마찬가지로 또한 공중의 권세 잡은 자도 불순종의 아들들 안에서(엡 2:2) 영으로 역사합니다.

그 때에 너희는 그 가운데서 행하여 이 세상 풍조를 따르고 공중의 권세 잡은 자를 따랐으니 곧 지금 불순종의 아들들 가운데서 역사하는 영이라(엡 2:2)

그리스도의 참된 복음이 있는 데 사탄은 또한 다른 복음을 가지고 있습니다.

6그리스도의 은혜로 너희를 부르신 이를 이같이 속히 떠나 다른 복음을 따르는 것을 내가 이상하게 여기노라 7다른 복음은 없나니 다만 어떤 사람들이 너희를 교란하여 그리스도의 복음을 변하게 하려 함이라(갈 1:6-7)

그리스도께서 사도들을 임명하신 것처럼, 사탄도 자신의 사도들을 가지고 있습니다 (고후 11:13).

그런 사람들은 거짓 사도요 속이는 일꾼이니 자기를 그리스도의 사도로 가장하는 자들이니라(고후 11:13)

"성령은 모든 것, 참으로 하나님의 깊은 것까지도 통달하시느니라"(고전 2:10)라는 말씀을 우리가 압니다. 사탄도 그의 "깊은 것"이 있습니다 (계 2:24의 헬라어 참조).

두아디라에 남아 있어 이 교훈을 받지 아니하고 소위 사탄의 깊은 것을 알지 못하는 너희에게 말하노니 다른 짐으로 너희에게 지울 것은 없노라(계 2:24)

우리는 하나님이 그의 천사를 통해 그의 종들의 이마에 "인"치실 것이라는 말씀을 들었습니다(계 8:3). 또한 사탄은 그의 사자들에 의해 그의 신봉자들의 이마에 표를 표시할 것입니다(계 13:16).

아버지께서는 자신을 "예배하는 자들"을 찾으시며(요 4:23), 사탄도 자신을 숭배할 자들을 찾고 있습니다(계 13:4).

용이 짐승에게 권세를 주므로 용에게 경배하며 짐승에게 경배하여 이르되 누가 이 짐승과 같으냐 누가 능히 이와 더불어 싸우리요 하더라(계 13:4)

그리스도께서는 성경말씀을 인용하시는 거처럼, 사탄도 말씀을 사용합니다(마 4:6). 그리스도는 세상의 빛이신 것처럼, 사탄도 자신을 "빛의 천사"로 가장합니다(고후 11:14). 그리스도는 "유다 지파의 사자"(계 5:5)이며, 마귀는 "울부짖는 사자"(벧전 5:6)라고 불립니다. 그리스도와 그의 천사들(마 24:31)을 있고 마귀와 그의 사자들(마 25:41)이 있습니다. 그리스도께서 이적을 행하셨듯이 사탄도 이적을 행할 것입니다(살후 2:9). 그리스도께서 "보좌"에 앉아 계시는 것과 같이 사탄도 그럴 것입니다(계 2:13, 헬라어).

네가 어디에 사는지를 내가 아노니 거기는 사탄의 권좌가 있는 데라 네가 내 이름을 굳게 잡아서 내 충성된 증인 안디바가 너희 가운데 곧 사탄이 사는 곳에서 죽임을 당할 때에도 나를 믿는 믿음을 저버리지 아니하였도다(계 2:13)

그리스도에게 교회가 있고 사탄에게도 그의 회당이 있습니다(계 2:9). 그리스도에게 신부가 있다면 사탄에게는 그의 음녀가 있습니다(계 17:16). 하나님에게 그의 "포도나무"가 있고 사탄도 마찬가지입니다(계 14:19).

천사가 낫을 땅에 휘둘러 땅의 포도를 거두어 하나님의 진노의 큰 포도주 틀에 던지매(계 14:19)

하나님께는 새 예루살렘이라는 도시가 있고 사탄에게는 바벨론이라는 도시가 있습니다(계 17:5, 18:2). "경건의 비밀"(딤전 3:16)이 있고, "불법의 비밀"(살후 2:7)도 있습니다. 하나님은 독생자를 가지고 계십니까? 사탄은 "멸망의 아들"(살후 2:3)이 있습니다. 그리스도가 "여자의 씨"라고 불렸을 때 적그리스도는 "뱀의 씨"가 될 것입니다(창 3:15). 하나님의 아들은 또한 “사람의 아들(인자)”이며, 사탄의 아들은 또한 "죄의 사람"이 될 것입니다(살후 2:3).

거룩한 삼위일체가 있는가 하면 악한 삼위일체도 있습니다(계 20:10). 이 악의 삼위일체에서 사탄 자신이 최고이며, 복되신 삼위일체에서 성부 하나님이 최고이십니다. 사탄이 여러 번 아버지로 언급된다는 점에 유의

하십시오(요 8:44 등).

너희는 너희 아비 마귀에게서 났으니 너희 아비의 욕심대로 너희도 행하고자 하느니라 그는 처음부터 살인한 자요 진리가 그 속에 없으므로 진리에 서지 못하고 거짓을 말할 때마다 제 것으로 말하나니 이는 그가 거짓말쟁이요 거짓의 아비가 되었음이라 (요 8:44)

그리스도가 하나님으로부터 모든 권세와 능력을 받으시고 그것을 아버지의 영광을 위해 사용하시는 것처럼 사탄은 자신의 아들인 적그리스도에게 그를 대신하여 행동하도록 권세와 능력을 부여합니다(계 13:4). 악한 삼위일체는 용(사탄)과 짐승(적그리스도) 그리고 거짓 선지자로 구성됩니다. 악한 삼위일체의 세번째 위격인 거짓 선지자는 거룩한 삼위일체의 성령님이 그리스도의 인격과 사역을 증거하시며 그에게 영광돌리듯이 적그리스도의 인격과 사역을 증거하고 영광을 돌립니다(계 13: 11-14)

[11]내가 보매 또 다른 짐승이 땅에서 올라오니 어린 양 같이 두 뿔이 있고 용처럼 말을 하더라 [12]그가 먼저 나온 짐승의 모든 권세를 그 앞에서 행하고 땅과 땅에 사는 자들을 처음 짐승에게 경배하게 하니 곧 죽게 되었던 상처가 나은 자니라 [13]큰 이적을 행하되 심지어 사람들 앞에서 불이 하늘로부터 땅에 내려오게 하고 [14]짐승 앞에서 받은 바 이적을 행함으로 땅에 거하는 자들을 미혹하며 땅에 거하는 자들에게 이르기를 칼에 상하였다가 살아난 짐승을 위하여 우상을 만들라 하더라(계 13:11-14)

적그리스도는 사람으로 나타날 것입니다. 그러나 그리스도가 사람이시며 사람 이상의 존재이신 것처럼 적그리스도도 사람 이상의 존재일 것입니다. 적그리스도는 지금도 세상이 말하고 있고 고대하고 있는 '슈퍼맨'이 될 것입니다. 곧 나타날 악인은 초자연적인 인물이 될 것이며 사탄의 아들이 될 것입니다. 그의 이중적 본성은 데살로니가후서 2장 3절에서 "저 죄의 사람, 멸망의 아들"로 명백히 선언되어 있습니다. 이러한 주장을 증명하기 위해 우리는 다음 사항에들에 관심을 기울일 것을 요청합니다.

1. 창세기 3장 15절입니다.

내가 너로 여자와 원수가 되게 하고 네 후손도 여자의 후손과 원수가 되게 하리니 여자의 후손은 네 머리를 상하게 할 것이요 너는 그의 발꿈치를 상하게 할 것이니라 하시고(창 3:15)

여기에 이중적인 "적의"가 언급되어 있음을 주목해야 합니다. 하나님은 "내가 너와 여자 사이에 원수가 되게 하리라"고 말씀하셨습니다. 사탄과 이스라엘 사이를 말합니다. 이스라엘은 그리스도를 낳은 여자였기 때문이다(계 12장). 그리고 또 언급되는 것은 “사탄의 씨와 그녀의 씨 사이에” 원수가 된다는 것입니다.

특히 여기에서 두 개의 "씨"가 언급되었음을 주목하십시오. "너의 씨"(분명히 뱀임)와 "그녀의 씨" 즉 여자의 씨입니다. 여자의 씨는 그리스도이시고 뱀의 씨는 적그리스도가 될 것입니다. 그러면 적그리스도는 사람 자체 이상의 존재일 것이다. 그 옛 뱀 마귀의 실제적이고 문자적인 씨가 될 것입니다. 그리스도가 육신을 따라 실제적이고 문자적인 여자의 씨였던 것처럼 사탄의 씨인 "너의 씨"는 특정한 개인을 가리킵니다. 마치 "그녀의 씨"가 특정한 개인을 가리키는 것과 같습니다.

2. 이사야 27장 1절입니다.

그 날에 여호와께서 그의 견고하고 크고 강한 칼로 날랜 뱀 리워야단 곧 꼬불꼬불한 뱀 리워야단을 벌하시며 바다에 있는 용을 죽이시리라(사 27:1)

이것의 의미를 이해하기 위해서 우리는 문맥에 주의를 필요가 있습니다. 불행히도 그 장의 구분은 깨어져 있습니다. 이사야 26장의 마지막 구절입니다.

내 백성아 갈지어다 네 밀실에 들어가서 네 문을 닫고 분노가 지나기까지 잠깐 숨을 지어다(사 26:20)

이 말씀은 이스라엘의 선택된 남은 자들에게 하신 말씀입니다. 이 말씀은 결국 마지막 시대에 땅에 남아있는 자들에게 적용될 것입니다. 왜냐하면 지금은 하나님의 진노하심의 때이기 때문입니다(cf. 단 8:19 및 11:36). 지금은 아래와 같은 시대입니다.

보라 여호와께서 그의 처소에서 나오사 땅의 거민의 죄악을 벌하실 것이라 땅이 그 위에 잦았던 피를 드러내고 그 살해 당한 자를 다시는 덮지 아니하리라(사 26:21)

여기서 '죄악'은 단수 단어로 쓰였습니다. '죄악들'이 아닌 것에 주의를 기울이십시오. 이것이 구체적으로 말하는 것은 "사탄의 사람: 적그리스도"에 대한 그들의 숭배입니다. 곧 이어서 다음 구절이 등장합니다

그 날에 여호와께서 그의 견고하고 크고 강한 칼로 날랜 뱀 리워야단 곧 꼬불꼬불한 뱀 리워야단을 벌하시며 바다에 있는 용을 죽이시리라(사 27:1)

그러므로 이러한 연결은 하나님께서 간교한 뱀, 곧 적그리스도를 징벌하실 것이 천년왕국 직전이라는 것을 분명히 합니다. 이제 사악한 자가 여기에서 "꿰뚫고 구부러진 뱀"으로 명명되었다는 바로 그 사실은 그가 "그 늙은 뱀, 마귀"의 아들이 될 것임을 강력하게 암시합니다.

3. 에스겔 28장의 처음 두 섹션에서는 두 명의 주목할 만한 인물이 등장합니다. 12-19절에 기술된 두 번째 인물은 지난 두 세대의 성경을 연구하는 이들로부터 상당한 주목을 받았습니다.

[12]인자야 두로 왕을 위하여 슬픈 노래를 지어 그에게 이르기를 주 여호와의 말씀에 너는 완전한 도장이었고 지혜가 충족하며 온전히 아름다웠도다 [13]네가 옛적에 하나님의 동산 에덴에 있어서 각종 보석 곧 홍보석과 황보석과 금강석과 황옥과 홍마노와 창옥과 청보석과 남보석과 홍옥과 황금으로 단장하였음이여 네가 지음을 받던 날에 너를 위하여 소고와 비파가 준비되었도다 [14]너는 기름 부음을 받고 지키는 그룹임이여 내가 너를 세우매 네가 하나님의 성산에 있어서 불타는 돌들 사이에 왕래하였도다 [15]네가 지음을 받던 날로부터 네 모든 길에 완전하더니 마침내 네게서 불의가 드러났도다 [16]네 무역이 많으므로 네 가운데에 강포가 가득하여 네가 범죄하였도다 너 지키는 그룹아 그러므로 내가 너를 더럽게 여겨 하나님의 산에서 쫓아냈고 불타는 돌들 사이에서 멸하였도다 [17]네가 아름다우므로 마음이 교만하였으며 네가 영화로우므로 네 지혜를 더럽혔음이여 내가 너를 땅에 던져 왕들 앞에 두어 그들의 구경거리가 되게 하였도다 [18]네가 죄악이 많고 무역이 불의하므로 네 모든 성소를 더럽혔음이여 내가 네 가운데에서 불을 내어 너를 사르게 하고 너를 보고 있는 모든 자 앞에서 너를 땅 위에 재가 되게 하였도다 [19]만민 중에 너를 아는 자가 너로 말미암아 다 놀랄 것임이여 네가 공포의 대상이 되고 네가 영원히 다시 있지 못하리로다 하셨다 하라(겔 28:12-19)

고 G. H. 펨버(Pember)는 거기에 있는 "두로 왕"에 대해 설명은 지상의 왕이나 단순한 인간일 수 없으며, 사탄 자신(그가 타락하기 전) 외에는 누구도 이러한 특성에 부합되지 않는다고 주장했습니다. 이 견해는 대부분의 주요 성경 교사들에 의해 채택되었습니다. 그러나 이 장의 처음 십절에 걸쳐 묘사된 인물에 대해서는 거의 주의를 기울이지 않았습니다.

[1]또 여호와의 말씀이 내게 임하여 이르시되 [2]인자야 너는 두로 왕에게 이르기를 주 여호와께서 이같이 말씀하시되 네 마음이 교만하여 말하기를 나는 신이라 내가 하나님의 자리 곧 바다 가운데에 앉아 있다 하도다 네 마음이 하나님의 마음 같은 체할지라도 너는 사람이요 신이 아니거늘 [3]네가 다니엘보다 지혜로워서 은밀한 것을 깨닫지 못할 것이 없다 하고 [4]네 지혜와 총명으로 재물을 얻었으며 금과 은을 곳간에 저축하였으며 [5]네 큰 지혜와 네 무역으로 재물을 더하고 그 재물로 말미암아 네 마음이 교

만하였도다 [6]그러므로 주 여호와께서 이같이 말씀하셨느니라 네 마음이 하나님의 마음 같은 체하였으니 7그런즉 내가 이방인 곧 여러 나라의 강포한 자를 거느리고 와서 너를 치리니 그들이 칼을 빼어 네 지혜의 아름다운 것을 치며 네 영화를 더럽히며8또 너를 구덩이에 빠뜨려서 너를 바다 가운데에서 죽임을 당한 자의 죽음 같이 바다 가운데에서 죽게 할지라 9네가 너를 죽이는 자 앞에서도 내가 하나님이라고 말하겠느냐 너를 치는 자들 앞에서 사람일 뿐이요 신이 아니라 10네가 이방인의 손에서 죽기를 할례 받지 않은 자의 죽음 같이 하리니 내가 말하였음이니라 주 여호와의 말씀이니라 하셨다 하라(겔 28:1-10)

에스겔 28장에서 "두로 왕"이 전적으로 사탄에게 적용되는 것처럼 "두로의 황태자(prince)"는 분명히 적그리스도를 말하는 것입니다. 여기에서 말하는 것과 멸망의 아들을 묘사하는 다른 성경구절에서 발견한 것 사이의 유사점은 너무나 많고 명백하기 때문에 우리는 여기에서 고려되는 사람이 동일인이라는 결론을 내릴 수밖에 없습니다.

전체 구절에 대한 완벽한 설명을 지금 시도할 수 없지만 이후 설명할 수 있기를 바라며 하지만 그 정체를 알려주는 눈에 띄는 몇 가지 표시에 주의를 기울일 것입니다.

첫째, 하나님은 이 사람이 교만하다고 말하십니다.

그는 대적하는 자라 신이라고 불리는 모든 것과 숭배함을 받는 것에 대항하여 그 위에 자기를 높이고 하나님의 성전에 앉아 자기를 하나님이라고 내세우느니라(살후 2:4)

둘째, 그는 속임수에 능합니다.

이 네 나라 마지막 때에 반역자들이 가득할 즈음에 한 왕이 일어나리니 그 얼굴은 뻔뻔하며 속임수에 능하며(단 8:23)

내가 그 뿔을 유심히 보는 중에 다른 작은 뿔이 그 사이에서 나더니 첫 번째 뿔 중의 셋이 그 앞에서 뿌리까지 뽑혔으며 이 작은 뿔에는 사람의 눈 같은 눈들이 있고 또 입이 있어 큰 말을 하였더라(단 7:8)

이것은 적그리스도가 비범한 예지를 소유하게 될 것임을 암시합니다.

세 번째, 이 인물에대해성경은 "네 지혜와 총명으로 재물을 얻었으며 금과 은을 곳간에 저축하였으며" 라고 말합니다(cf. 시 52:7; 단 11:38). 우리는 이 "두로의 황태자"은 다가오는 적그리스도의 명백한 특징을 분명히 드러낸다고 보며, 식별할 수있는 충분한 증거를 보여주었다고 확신합니다. 이 부분에서 우리가 특별히 지적하고자 하는 것은 사탄이 "두로 왕"으로 칭해졌기 때문에 이 장의 두 번째 부분에서 적그리스도가 "두로의 황태자"으로 언급된다는 것입니다. 그러므로 적그리스도는 "왕"이 "왕자"와 관계가 있는 것처럼, 즉 아들이 아버지와 관계가 있는 것처럼 사탄과 관계가 있습니다.

4. 마태복음 12장 43절에서 적그리스도는 단순히 더러운 영 중 하나(an unclean spirit)가 아니라 "그 더러운 영(The Unclean Spirit)"로 불립니다.

더러운 귀신이 사람에게서 나갔을 때에 물 없는 곳으로 다니며 쉬기를 구하되 쉴 곳을 얻지 못하고(마 12:43)

우리는 여기서 이것이 적그리스도라는 증거라는 연구를 중단하고 제출할 수 없습니다. 왜냐하면 이것은 우리가 이후 장에서 주의 깊게 고려할 또 다른 구절이기 때문입니다. 그러나 필자의 생각에는 여기서 보여지는 것은 짐승 외에 다른 것으로 볼 수 없다는 것에 의심의 여지가 없습니다. 만일 이것이 사실이라면 미래에 나타날 적그리스도는 단순한 사탄이 깃든 사람이 아니라 타락한 천사, 악한 영, 마귀가 성육신한 존재가 될 것이라는 더 많은 증거가 있습니다.

5. 너희는 너희 아비 마귀에게서 났으니 너희 아비의 욕심대로 너희도 행하고자 하느니라 그는 처음부터 살인한 자요 진리가 그 속에 없으므로 진리에 서지 못하고 거짓을 말할 때마다 제 것으로 말하나니 이는 그가 거짓말쟁이요 거짓의 아비가 되었음이라(요 8:44)

여기에 적그리스도가 사탄의 자손인 초인간적 사람(Super Man)이라는 또 다른 증거가 있습니다. 헬라어에는 "거짓말(the lie)"이라는 단어 앞에 정관사가 있습니다. 신약성경에 "그 거짓말(the lie)"라고 언급된 또 다른 구절이 있습니다.

이러므로 하나님이 미혹의 역사를 그들에게 보내사 거짓 것을 믿게 하심은(살후 2:11)

데살로니가후서 2장 11절에서 또한 정관사가 발견됩니다. 정확한 참조입니다. 적그리스도를 이렇듯, "그 거짓(the Lie)"이라고 불러야 하는 이유에 대해 세 가지 이유가 제시될 수 있습니다.

첫째, 진짜 그리스도에 대한 그의 거짓되고 기만적인 주장은 인류에게 행한 가장 큰 거짓이 될 것이기 때문입니다.

둘째, 그는 "진리"(요 14:6) 그 자체이신 실제 그리스도와 직접적인 대조를 이루기 때문입니다.

셋째, 거짓의 원조, 사단의 아들이기 때문입니다. 요한복음 8장 44절로 다시 돌아가서 살펴보겠습니다.

너희는 너희 아비 마귀에게서 났으니 너희 아비의 욕심대로 너희도 행하고자 하느니라 그는 처음부터 살인한 자요 진리가 그 속에 없으므로 진리에 서지 못하고 거짓을 말할 때마다 제 것으로 말하나니 이는 그가 거짓말쟁이요 거짓의 아비가 되었음이라 (요 8:44)

그(악마)가 거짓에 대해 말할 때, 그는 “자신의 것(his own)”을 말합니다. 그 자신의 것은 무엇을 말합니까? 그 자신의 아들을 말합니다. 나머지 절에서 그것을 분명히 말해 줍니다.

이는 그가 거짓말쟁이요 거짓의 아비가 되었음이라

“그 거짓(The Lie)”는 사탄의 아들입니다.

6. **누가 어떻게 하여도 너희가 미혹되지 말라 먼저 배교하는 일이 있고 저 불법의 사람 곧 멸망의 아들이 나타나기 전에는 그 날이 이르지 아니하리니(살후 2:3)**

이보다 더 명확할 수는 없습니다. 여기에서 적그리스도는 "멸망의 아들"인 초인간적 인물이라고 명시적으로 선언되어 있습니다. 그리스도가 하나님의 아들인 것처럼 적그리스도는 사탄의 아들이 될 것입니다. 그리스도께서 신격의 모든 충만을 육체로 거하시고 그리스도께서 "나를 본 자는 아버지를 보았다"고 말씀하실 수 있었던 것처럼 적그리스도는 마귀의 완전하고 최종적인 화신이 될 것입니다. 그는 마귀의 화신일 뿐만 아니라 마귀의 사악함과 능력의 완성이 될 것입니다.

7. 내가 보니 바다에서 한 짐승이 나오는데 뿔이 열이요 머리가 일곱이라 그 뿔에는 열 왕관이 있고 그 머리들에는 신성모독 하는 이름들이 있더라(계 13:1)

바다의 모래위에 그 짐승이 서 있다는 것은 그가 열방을 차지하게 된다는 것에 대한 비유적 표현이다. 여기에서 이러한 것들이 어떻게 원인과 결과로 연결되어 있는지를 알아내는 것이 매우 중요합니다. 짐승(적그리스도)의 출현은 즉각적으로 용과 연결된다! 그러나 이것이 전부는 아닙니다. 여기에서 짐승에게 주어진 묘사들을 주목해야 합니다. 그 짐승은 열 뿔(권능이 충만함)과 일곱 머리(온전한 지혜)가 있습니다. 그리고 이것은 요한계시록 12장 3절에서 사탄이 정확하게 묘사된 바로 그 방식입니다.

하늘에 또 다른 이적이 보이니 보라 한 큰 붉은 용이 있어 머리가 일곱이요 뿔이 열이라 그 여러 머리에 일곱 왕관이 있는데(계 12:3)

이러한 성경구절들은 적그리스도가 사탄 그 자체의 정확한 복제물이 될 것임을 의심할 여지 없이 증명하고 있습니다. 그러나 우리가 살펴보고 고려해야 할 놀라운 일이 한 가지 더 있습니다.

III. 적그리스도는 다시 성육신한 유다가 될 것입니다.

1. 시편 55편에는 적그리스도가 이스라엘과 관련되어 있다는 말이 많이 나옵니다.

그의 입은 우유 기름보다 미끄러우나 그의 마음은 전쟁이요 그의 말은 기름보다 유하나 실상은 뽑힌 칼이로다(시 55:21)

이 슬픈 탄원의 이유는 앞 절에 나와 있습니다.

그는 손을 들어 자기와 화목한 자를 치고 그의 언약을 배반하였도다(시 55:20)

위의 말씀은 적그리스도가 유대인과 맺은 7년 언약을 깨는 것을 나타냅니다(참조. 단 9:27; 11:21-24). 이제 이것을 염두에 두고 시편 55편 전체를 읽으면 이 구절들이 이스라엘의 슬픔과 마지막 때에 남은 경건한 자의 탄식을 나타내고 있음을 알 수 있습니다. 그러나 놀라운 것은 우리가 11-14절을 읽을 때에 나타납니다.

[11]악독이 그 중에 있고 압박과 속임수가 그 거리를 떠나지 아니하도다 [12]나를 책망하는 자는 원수가 아니라 원수일진대 내가 참았으리라 나를 대하여 자기를 높이는 자는 나를 미워하는 자가 아니라 미워하는 자일진대 내가 그를 피하여 숨었으리라 [13]그는 곧 너로다 나의 동료, 나의 친구요 나의 가까운 친우로다 [14]우리가 같이 재미있게 의논하며 무리와 함께 하여 하나님의 집 안에서 다녔도다(시 55:11-14)

11-14절에는 이중 적용과 성취가 있습니다. 이 구절은 그리스도에 대한 유다의 비열한 배반을 설명할 뿐만 아니라 유다가 다시 적그리스도로 환생하여 이스라엘을 배반하고 버리는 방식도 알려줍니다. 적그리스도와 이스라엘의 관계는 처음의 유다와 그리스도의 관계와 정확히 동일할 것입니다. 적그리스도는 처음에는 유대인의 친구인 척 하지만 나중에는 본연의 모습을 나타낼 것입니다. 환난의 시대에 이스라엘 민족은 '친밀한 벗'으로 가장한 자의 배신과 버림의 쓰라림을 맛보게 될 것이다. 그러므로 우리는 적그리스도가 유다 지파에서 다시 성육신한 인물이라는 첫 번째

힌트를 알게 됩니다.

2. 너희가 사망과 더불어 세운 언약이 폐하며 스올과 더불어 맺은 맹약이 서지 못하여 넘치는 재앙이 밀려올 때에 너희가 그것에게 밟힘을 당할 것이라(사 28:18)

여기에 언급된 언약은 다니엘 9장 27절에 언급된 “7년의 언약”입니다. 그러나 여기에서 이 언약을 맺은 사람을 "죽음과 지옥"이라고 합니다. "부활과 생명"이 참 그리스도의 칭호인 것처럼 “죽음과 지옥”은 바로 적그리스도의 칭호입니다. 또한 이사야서 28장 18절이 멸망의 아들이 그렇게 명명된 유일한 구절이 아닙니다. 요한계시록 6장에는 적그리스도에 대한 4중의 이미지가 등장합니다. 이는 복음서에 나오는 주 예수의 4중 이미지와 대조됩니다.

[1]내가 보매 어린 양이 일곱 인 중의 하나를 떼시는데 그 때에 내가 들으니 네 생물 중의 하나가 우렛소리 같이 말하되 오라 하기로 [2]이에 내가 보니 흰 말이 있는데 그 탄 자가 활을 가졌고 면류관을 받고 나아가서 이기고 또 이기려고 하더라 [3]둘째 인을 떼실 때에 내가 들으니 둘째 생물이 말하되 오라 하니 [4]이에 다른 붉은 말이 나오더라 그 탄 자가 허락을 받아 땅에서 화평을 제하여 버리며 서로 죽이게 하고 또 큰 칼을 받았더라 [5]셋째 인을 떼실 때에 내가 들으니 셋째 생물이 말하되 오라 하기로 내가 보니 검은 말이 나오는데 그 탄 자가 손에 저울을 가졌더라 [6]내가 네 생물 사이로부터 나는 듯한 음성을 들으니 이르되 한 데나리온에 밀 한 되요 한 데나리온에 보리 석 되로다 또 감람유와 포도주는 해치지 말라 하더라 [7]넷째 인을 떼실 때에 내가 넷째 생물의 음성을 들으니 말하되 오라 하기로 [8]내가 보매 청황색 말이 나오는데 그 탄 자의 이름은 사망이니 음부가 그 뒤를 따르더라 그들이 땅 사분의 일의 권세를 얻어 검과 흉년과 사망과 땅의 짐승들로써 죽이더라(계 6:1-8)

여기에서 적그리스도는 다른 색깔의 말을 탄 자로 그려집니다. 그 말들은 적그리스도의 끔찍한 이력을 우리 앞에 네 단계로 보여줍니다. 마지막 단계에 이르렀을 때 성령은 우리에게 그의 진정한 정체성을 말씀해 주심으로 그를 드러내십니다.

내가 보매 청황색 말이 나오는데 그 탄 자의 이름은 사망이니
음부가 그 뒤를 따르더라

"지옥" 또는 "하데스"는 죽은 자의 영혼을 받는 곳이며, 여기서 이 무서운 이름이 적그리스도에게 적용되었다는 사실은 그가 그곳에서 왔다는 것을 암시합니다.

3. 앞에서 필자는 적그리스도가 초인적 존재, 타락하고 "그 더러운 영"이 될 것임을 증명하기 위해 마태복음 12장 41-43절을 인용했습니다. 우리는 사탄의 다가오는 이 화신(성육신)이 이전에 지상에 있었다는 것을 보여주기 위해 그것을 다시 살펴봅니다. 이 "더러운 영"의 역사는 세 단계로 나뉩니다.

첫째, 더러운 영은 "사람" 안에 거주해왔습니다.

둘째, 사람에게서 나가 마른 곳으로 다니되 쉼을 구하되 얻지 못하고 있습니다. 이것은 그가 두 번 세상에 나타났던 중간 기간에 해당되며 현재의 상태를 가리킵니다.

셋째, 이 더러운 영은 이제 "나는 내 집으로 돌아가겠다"고 말하고 있습니다. 그것은 이 더러운 영은 이미 여기 있었지만, 지금은 안식할 곳도 없는 곳에 있는 데, 다시 오겠다는 의미입니다.

4. 요한복음 17장 12절에는 적그리스도가 다시 성육신한 유다가 될 것임을 더 분명하게 보여주는 말씀이 있습니다. 여기서 그는 그리스도에 의해

"멸망의 아들"이라고 불리기 때문입니다.

내가 그들과 함께 있을 때에 내게 주신 아버지의 이름으로 그들을 보전하고 지키었나이다 그 중의 하나도 멸망하지 않고 다만 멸망의 자식뿐이오니 이는 성경을 응하게 함이니이다(요 17:12)

그러나 먼저 "가룟 유다"에 관한 성경의 가르침을 고려해 봅시다. 그는 누구였습니까? 그는 "사람"이었습니다(마 26:24). 그러나 그는 사람 이상의 존재였습니까? 성경이 그것에 답하도록 합시다.

예수께서 대답하시되 내가 너희 열둘을 택하지 아니하였느냐 그러나 너희 중의 한 사람은 마귀(Devil)니라 하시니(요 6:70)

헬라어에는 "Devil"와 "demon"에 대한 두 가지 다른 단어가 있습니다. demon은 많지만 Devil은 단 하나만 존재합니다. 더욱이 다른 어떤 구절에서도 "Devil"라는 단어는 사탄 자신 외에는 누구에게도 적용되지 않습니다. 주 예수님이 성육신하신 하나님이셨던 것처럼 유다도 마귀의 성육신이었습니다. 그리스도께서 친히 그렇게 말씀하셨으므로 우리는 그의 말씀을 감히 의심하지 않습니다.

요한복음 17장 12절에서 그리스도는 유다를 "멸망의 아들"이라고 부르셨고 데살로니가후서 2장 3절에서는 적그리스도가 비슷하게 "저 죄의 사람, 멸망의 아들이 나타나리라"고 불린다는 것을 알 수 있습니다. 이것이 성경 전체에서 그의 이름이 나오는 유일한 두 곳이며, 그리스도께서 유다를 "멸망의 아들" 중 하나가 아니라 "그 멸망의 아들"이라고 불렀다는 사실과 "죄의 사람"이 그의 이름이 또한 그렇게 되었다는 사실은 그들이 하나의 동일한 사람임을 증명합니다. 그렇다면 단순하고 편견이 없는 성서 독자가 어떤 다른 결론에 도달하겠습니까?

5. 요한계시록 11장 7절에서 짐승에 대한 첫 번째 언급이 있습니다.

그들이 그 증언을 마칠 때에 무저갱으로부터 올라오는 짐승이 그들과 더불어 전쟁을 일으켜 그들을 이기고 그들을 죽일 터인즉(계 11:7)

적그리스도는 무저갱에서 올라옵니다. 무저갱(bottomless pit)은 무엇입니까? 그것은 잃어버린 영들의 거처이며 투옥과 고통의 장소입니다. 요한계시록 20:1-3, 누가복음 8:31을 참조하십시오. 무저갱은 바닥이 없는 심연을 나타냅니다(역자 주).

[1]또 내가 보매 천사가 무저갱의 열쇠와 큰 쇠사슬을 그의 손에 가지고 하늘로부터 내려와서 [2]용을 잡으니 곧 옛 뱀이요 마귀요 사탄이라 잡아서 천 년 동안 결박하여 [3]무저갱에 던져 넣어 잠그고 그 위에 인봉하여 천 년이 차도록 다시는 만국을 미혹하지 못하게 하였는데 그 후에는 반드시 잠깐 놓이리라(계 20:1-3)

[30]예수께서 네 이름이 무엇이냐 물으신즉 이르되 군대라 하니 이는 많은 귀신이 들렸음이라 [31]무저갱으로 들어가라 하지 마시기를 간구하더니(눅 8:30-31)

"깊음"은 "무저갱"입니다. 자연스럽게 질문이 생깁니다. 그는 어떻게 거기에 갔습니까? 그리고 그는 언제 그곳으로 보내졌습니까? 필자는 가룟 유다가 죽었을 때라고 답을 제시합니다. 적그리스도는 환생한 가룟 유다입니다. 이것에 대한 증거로 필자는 사도행전 1장 25절을 제시합니다.

봉사와 및 사도의 직무를 대신할 자인지를 보이시옵소서 유다는 이 직무를 버리고 제 곳으로 갔나이다 하고(행 1:25)

성경 전체에서 다른 사람은 죽을 때 "자기의 장소로" 갔다고 말한 적이 없습니다. 이 두 성경 구절을 합치십시오: 유다는 "자기 곳으로" 갔고, 짐승은 무저갱에서 올라왔습니다.

6. 요한계시록 17장 8절에는 다음과 같이 기록되어 있습니다.

네가 본 짐승은 전에 있었다가 지금은 없으나 장차 무저갱으로부터 올라와 멸망으로 들어갈 자니 땅에 사는 자들로서 창세 이후로 그 이름이 생명책에 기록되지 못한 자들이 이전에 있었다가 지금은 없으나 장차 나올 짐승을 보고 놀랍게 여기리라(계 17:8)

이 구절은 일반적으로 부활한 로마제국을 가리키는 것으로 이해되며, 그러한 적용이 정당하다고 인정하면서도 이것으로 제한하는 것은 실수라고 주장하는 사람들도 있습니다. 계시록에서 로마 제국과 그 최종적이며 마귀적인 우두머리는 매우 밀접하게 연결되어 있어서 때때로 그것들을 구별하기 어렵습니다. 그러나 요한계시록 17장에서는 그것들을 구별할 수 있습니다. 계시록 17장 8절에서는 그 짐승이 "무저갱에서 올라올 것이며" 그는 멸망에 들어갈 것이라고 말했고, 요한계시록 17장 11절에서는 "전에 있었다가 지금 없어진 짐승은 여덟째 왕이니 일곱 중에 속한 자라 그가 멸망으로 들어가리라"라고 말합니다. 거의 모든 주석가들은 요한계시록 17장 11절의 짐승이 "여덟째" 군림자라는것에 동의합니다.

그런데 왜 17장 8절의 동일한 명칭을 인정하지 않는가? 둘 다 "짐승"이라는 명칭이 동일하며 둘 다 "멸망에 들어간다"는 것으로 성경은 말하고 있다. 그러므로 필자는 계시록 17:8에서 "짐승"에 대해 예언된 것이 로마 제국과 로마 제국의 마지막 머리인 적그리스도 모두에게 해당되는 것으로 간주합니다.

그것을 적그리스도의 선언으로 볼 때, 그것은 우리에게 그에 대해 무엇을 말합니까? 네 가지입니다.

첫째, 그는 "~~~였다."
둘째, 그는 " 현재 ~~그렇지 않다".
셋째, 그는 " 미래에 무저갱에서 올라올 것"입니다.
넷째, 그는 "멸망에 들어갈 것"입니다.

여기에서의 다양한 시간 표시는 땅에 대한 짐승의 관계에 관한 것입니다.

첫째, 그는 "있었다", 즉 땅에 있었다.
둘째, 그는 "없다", 즉 지금 지상에 있다(cf.창 5:24, "에녹은 하나님이 그를 데려가시니 즉 더 이상 땅에 없었다).
셋째, 그는 "무저갱에서 올라올 것"입니다. 계시록 11장 7절과 일치합니다.
넷째, 그는 "멸망에 들어갈 것"입니다.

계시록이 기록될 당시 그 짐승은 땅에 "있지 않았으나" 전에 거기에 있었다는 것을 알게됩니다. 더욱이 우리는 요한의 시대에 그 짐승이 무저갱에 있었지만 미래에 그곳에서 올라와야 한다는 것을 알게 됩니다. 여기에서도 적그리스도가 전에 지상에 있었고 미래에 도래한 인물이라는 추가적인 증거가 나타나는 것입니다.

7. 계시록 19장 20절입니다.

짐승이 잡히고 그 앞에서 표적을 행하던 거짓 선지자도 함께 잡혔으니 이는 짐승의 표를 받고 그의 우상에게 경배하던 자들을 표적으로 미혹하던 자라 이 둘이 산 채로

유황불 붙는 못에 던져지고(계 19:20)

이것은 적그리스도에 관한 성경의 마지막 말씀입니다. 적그리스도를 기다리고 있는 끔찍한 운명을 보여줍니다. 적그리스도와 그의 무리들은 산채로 불못에 떨어질 것입니다. 이것은 매우 충격적이며 또한 위에서 말한 것, 즉 적그리스도는 땅에 나타나는 자가 될 것이며 그가 땅으로 돌아오기 전에 이미, 중간기간 동안 "무저갱"에 있었던 자임을 확인시켜 줍니다. 계시록 19장 20절이 이것을 확증해 줍니다. 적그리스도는 천년왕국의 마지막 즈음에 사탄이 있게 될 것처럼(계 20:1-3) 무저갱에 던져지는 것이 아니라 저주받은 자들의 마지막 거처인 불못에 결국 던져질 것입니다. 적그리스도가 그리스도의 재림 때에 무저갱에 던져지지 아니하는 이유는 무엇입니까? 왜냐하면 적그리스도는 이미 거기에 있었기 때문일 것입니다. 그러므로 그에게 내려진 심판은 천 년 후에 마귀의 심판과 마찬가지로 최종적이고 취소할 수 없습니다(계 20:10 참조).

다음 장은 성경 안에서 적그리스도에게 주어진 많은 이름과 칭호를 조사하고 고찰할 것입니다. 필자는 성경을 연구하는 모든 이들에게 스스로 이것을 성경 안에서 찾아볼 것을 촉구합니다. 아마도 20개이상 될 것입니다.

제3장

적그리스도의 명칭과 직함들

하나님의 말씀에는 이름들을 다루는 체계인 "명명법:nomenclature" 라는 독특한 과학이 있습니다. 아마도 성경에 나오는 모든 이름에는 역사적, 상징적, 영적 의미가 있을 것입니다. 이름은 이야기와 떼려야 뗄 수 없는 관계로, 고유명사의 의미가 중요한 구절의 열쇠가 되는 경우가 종종 있습니다. 성령께서는 이름을 느슨하고 부주의하게 사용하신 것이 아니라 (물론 그렇지는 않습니다!) 분명한 의도로 이름을 사용하셨습니다. 단조로운 반복을 방지하기 위해 동일한 개인에 대해 다양한 이름을 부여하지 않고 각각의 개별 명칭의 의미가 주어진 경우에 기록된 내용을 가장 잘 표현하기 때문입니다. '악마'와 '사탄'은 동의어가 아니며, 아무렇게나 사용되는 것도 아니고, 하나님은 그것들을 구별하셔서 사용하셨습니다. 성경에서 발견되는 이름의 의미는 전체적인 해석의 계획에 달려 있습니다. 이름이 나오는 순서조차 우연이 아니라 설계된 것이며, 가르치는 각 교훈이나 제시된 각 진리의 일부를 구성합니다.

여기에 우리가 연구할 수 있는 열려있는 넓은 분야가 있습니다. 그 분야에 대해서 탐구하려고 진지한 노력을 기울인 사람이 거의 없습니다. 그것이 그렇게 소홀히 여겨진 것은 이상합니다. 왜냐하면 성령께서는 거듭거듭 이름의 중요성과 의미에 주의를 환기시키시기 때문입니다.

성경의 첫 번째 책인 창세기에서 우리는 인물과 장소들의 이름이 많은 의미를 가지고 주어지는 것을 보게 됩니다. 그것이 그렇게 불려지는 것은 사건들, 경험들 그리고 관심이 있고 중요한 것들의 특징들을 더 기억하기 위하여 그렇게 명명합니다. 예를 들어 사람이나, 장소, 경험 또는 상황이 일어난 경우에 이름이 바뀌는 예들이 있습니다. 아브람과 사래가 즉시 마음에 떠오를 것입니다. 또한 한 장소의 예는 '루스'입니다. 그것은 벧엘 즉 '하나님의 집'으로 이름이 바뀌었습니다. 왜냐하면 그곳에서 야곱이 환상을 보았기 때문입니다. 야곱의 이름은 이스라엘로 바뀝니다. 그리고 신약에서 시므온은 베드로로 이름이 바뀝니다. 히브리서 7장 1, 2절에서 성령님은 멜기세덱과 살렘(예루살렘)이라는 이름의 의미에 주의를 환기시킵니다. 위의 예들은 이 연구가 왜 중요한 지 보여주기에 충분합니다.

이름은 성경에서 놀랍도록 구별되어 사용됩니다. 이것으로 필자는 성경의 언어적 영감을 처음으로 느끼게 되었습니다. 성서에 사용된 이름의 정확성은 하나님의 칭호와 관련하여 특히 두드러집니다. 엘로힘과 여호와라는 이름은 구약성경에 수천 번이나 등장하지만 결코 느슨하게 또는 서로 교차적으로 사용되지 않습니다. 예수 그리스도께는 300개가 넘는 이름과 칭호가 주어졌으며 각각 고유한 의미가 있으며 사용된 이름과 칭호를 다른 것으로 대체하는 것은 발견되는 모든 구절의 아름다움과 완전성을 파괴할 것입니다.

이름은 특성이나 성격을 표현하는 데 사용됩니다. 직함은 관계를 나타내는 데 사용됩니다. 우리가 주 예수 그리스도의 다양하고 수많은 이름과 칭호를 주의 깊게 연구할 때에만 그분의 무한한 탁월성과 그분이 유지하시는 다양한 관계를 감사할 수 있는 자리에 있을 수 있습니다.

반대의 관점에서 보면 이것은 적그리스도도 마찬가지입니다. 우리가 적그리스도에게 주어진 다양한 이름과 칭호에 주의를 기울일 때, 우리는 성령께서 이 사악한 괴물의 인격, 성품, 경력에 대해 얼마나 놀랍도록 완전한 묘사를 주셨는가를 발견하게 됩니다. 그에게 부여된 매우 다양한 이름에 대해 어떤 이들은 그것들이 각각 별개의 인물을 칭하는 것으로 생각한 것은 불행한 일입니다. 그것으로 인해서는 혼란만 생길 수 있습니다.

마귀와 사탄을 다른 인격체로 만들 수 있는 근거는 짐승과 적그리스도를 별개의 존재로 생각하게하는 것만큼이나 많습니다. 마귀와 사탄이 동일체의 이름이고, 짐승과 적그리스도가 동일체임을 증명하는 것은, 같은 성품이 이 두 존재 안에 다 있다는 것입니다. 이러한 이름을 다른 존재에게 할당하는 대신에 그러한 다른 이름들은 동일한 인물을 단지 다른 관계에서 말합니다. 또는 우리에게 그의 성격의 다양한 국면을 제공하는 것으로 지칭하는 것으로 보아야 합니다.

어떤 사람이 악마(Devil)라는 이름이 그의 성격을 가장 암시한다고 말했습니다. "d"를 빼면 악(evil)만 남습니다. "e"가 제거되면 비열한 것(vile)이 남습니다. "v"를 빼면 병(ill)이 남습니다. 그리고 "i"를 빼고 목구멍에서 나는 거친 숨소리를 가미하면, 지옥(hell)을 알려준다. 적그리스도도 마찬가지입니다. 적그리스도의 이름은 그의 성품을 드러내고 그의 사악함을 드러내며 그가 하는 일과 운명을 예언합니다.

적그리스도에게 주어진 이름과 칭호는 일반적으로 생각되는 것보다 훨씬 많습니다. 필자는 가능한 완전한 그 이름들의 목록을 제공하고 그 의미들에 대한 몇 가지 설명을 할려고 합니다. 필자는 그 이름이나 명칭에 대해 같은 길이로 설명하지 않을 것입니다. 왜냐하면 그것은 필요하지 않기 때문입니다. 대신에 필자는 중요하거나 모호성 때문에 더 자세한 설명이 필요한 이름들에 대해 가장 많이 설명을 할 것입니다.

1. 적그리스도

거짓말하는 자가 누구냐 예수께서 그리스도이심을 부인하는 자가 아니냐 아버지와 아들을 부인하는 그가 적그리스도니(요일 2:22)

이 이름은 하나님의 말씀에서 가장 엄숙하고 불길한 주제 중 하나를 우리에게 소개합니다. 그것은 악의 삼위일체에 있는 위격 중 하나를 우리 앞에 불러옵니다. 모든 점에서 적그리스도는 진짜 그리스도의 대척점입니다. 적그리스도(AntiChrist)라는 단어는 이중적인 중요성을 가지고 있습니다. 적그리스도의 일차적인 의미는 그리스도를 반대하는 자입니다. 그리고 그것의 이차적인 의미는 그리스도 대신하는 자이다.

ANTI(헬라어)
1)against
2)instead of

이것은 그의 활동의 두 단계와 일치하기 때문에 이상하게 생각하지 마십시오. 처음에 그는 종교의 상징으로 가장하여 참 그리스도인 척 활동할 것입니다. 그러나 나중에 그는 변장을 벗고 자신의 진정한 성품으로 서서 하나님과 그의 그리스도를 대적하는 자로 자처할 것입니다.

적그리스도는 그리스도를 대적하는 자를 나타낼 뿐만 아니라 그리스도를 대신하고자 하는 자를 가리킵니다. 이 단어는 "다른 그리스도, 그리스도를 닮은 자, 그리스도의 대체자, 또는 그리스도의 이름을 가장하는 자"를 나타냅니다. 적그리스도는 자신을 참 그리스도로 보이게 하며 참 그리스도로 내세울 것입니다. 그는 악마의 모조품이 될 것입니다. 마귀가 하나님의 대적일 뿐만 아니라 예배를 요구하는 하나님의 지위와 특권을 찬탈하는 하나님의 대체자가 되고자 하는 것과 동일합니다. 그러므로 멸망의 아들은 적그리스도가 될 것입니다. 그리스도의 적대자이자 반대자일 뿐만 아니라 그의 경쟁자가 될 것입니다. 자신을 하나님의 아들의 모든 권리와 영예에 대한 정당한 주장자로 가장하는 것입니다.

2. 죄의 사람, 멸망의 아들

누가 어떻게 하여도 너희가 미혹되지 말라 먼저 배교하는 일이 있고 저 불법의 사람 곧 멸망의 아들이 나타나기 전에는 그 날이 이르지 아니하리니(살후 2:3)

여기에서의 적그리스도의 이중적인 명칭은 아마도 성경 전체에서 적그리스도에게 주어진 가장 끔찍하고, 가장 중요하고, 가장 계시적인 칭호일 것입니다. 적그리스도의 인성을 진단하고 그의 끔찍한 성격을 드러냅니다. 그것은 그가 이중적인 본성을 소유할 것이라고 우리에게 말해줍니다. 그는 사람이 될 것이지만 사람이상의 존재입니다. 그는 “하나님이시며 사람”이신 참 그리스도에 대한 사탄의 패러디가 될 것입니다. 비유적 인물이 될 것입니다. 그는 악마의 성육신이 될 것입니다. 오늘날 세상은 슈퍼

맨에 대해 이야기하고 찾고 있습니다. 이것이 바로 적그리스도가 될 것입니다. 그는 뱀의 걸작이 될 것입니다.

저 죄악의 사람

이 얼마나 무서운 이름입니까? 사람의 죄는 "죄의 사람인 적그리스도"에게서 절정에 달할 것입니다. 하나님의 그리스도는 죄가 없으셨습니다. 사탄의 그리스도는 죄가 있을 뿐만 아니라 죄 그 자체인, 죄의 사람이 될 것입니다. "죄의 사람"은 그가 악의 모든 형태와 성격의 살아 있고 활동적인 구체화가 될 것임을 암시합니다. "죄의 사람"은 그가 죄 자체를 의인화된 존재임을 의미합니다. "죄의 사람"은 그가 가지 않을 악의 길이 없고, 모든 악의 모양이나 형태에 있어서 그는 나그네가 아닌 전문가가 될 것이고, 그가 바닥을 치지 않을 깊은 부패도 없을 것임을 나타냅니다. 그는 모든 죄악을 끝을 치닫을 것입니다.

멸망의 아들

그리고 다시 우리는 외치지 않을 수 없습니다. 얼마나 무서운 이름입니까? 적그리스도는 타락한 일뿐만 아니라 용의 자손입니다. 최악의 인간일 뿐만 아니라 마귀가 성육신한 존재입니다. 모든 죄인 중 가장 타락한 죄인일 뿐만 아니라 구덩이 자체에서 나온 분출물입니다. "멸망의 아들"은 그가 사탄의 간계와 권세의 정점이자 완성이 될 것임을 의미합니다. 뱀의 모든 사악함, 악의, 교활함, 힘이 이 끔찍한 괴물에 구현될 것입니다.

3. 불법한 자

그 때에 불법한 자가 나타나리니 주 예수께서 그 입의 기운으로 그를 죽이시고 강림하여 나타나심으로 폐하시리라(살후 2:8)

이것은 그의 무서운 성품을 드러내는 적그리스도의 또 다른 이름입니다. 적그리스도의 각각의 이름은 그를 참된 그리스도의 대립자로 보여줍니다. 주 예수님은 의로운 분이셨습니다. 이에 반해 죄의 사람은 무법자가 될 것입니다. 예수님은 "율법 아래에서 나셨습니다"(갈 4:4). 적그리스도는 자기 자신이 법이 되어 모든 법을 반대할 것입니다. 예수께서 이 세상에 오셨을 때 "하나님이여 내가 주의 뜻을 행하러 왔나이다"(히 10:9)라고 말씀하셨습니다. 그러나 적그리스도에 대해서는 "왕이 그 뜻대로 행하시리니"(단 11:36)라고 기록되어 있다. 적그리스도는 하나님과 인간의 모든 권위에 직접적으로 대적하고 나설 것입니다.

4. 짐승

그들이 그 증언을 마칠 때에 무저갱으로부터 올라오는 짐승이 그들과 더불어 전쟁을 일으켜 그들을 이기고 그들을 죽일 터인즉(계 11:7)

이 이름은 적그리스도의 무서운 본성과 성격을 드러내고 그를 참 그리스도와 날카로운 대조를 이루는 또 다른 이름입니다. "짐승"은 요한계시록에서 적그리스도가 가장 자주 불려지는 칭호입니다. 계시록에서 짐승으로 적그리스도를 언급하는 언급이 최소한 30번 이상 있습니다. 헬라어 원어로 이 단어는 야수(Wild Beast, 사나운 짐승)를 의미합니다. 짐승이라는 이름은 적그리스도와 "어린 양"이신 참 그리스도를 대조합니다.

예수님를 가리켜 어린양으로 명명하는 대부분이 계시록에서 발견된다는 것은 중요한 사실입니다. "어린양"은 죄인의 구세주입니다. 이에 반해 "짐승"은 성도들을 박해하고 죽이는 자입니다. "어린양"은 그리스도의 온유하심을 강조하며 "야수"는 적그리스도의 포악함을 말해줍니다. "어린 양"은 그리스도를 "해가 없으신 분"으로 나타냅니다(히 7:26). 반면에 "야수, 짐승"은 적그리스도를 잔인하고 무자비한 자로 나타냅니다. 율법 아래서 어린 양은 의식적으로 깨끗하고 희생 제물로 사용되었지만 짐승은 부정하고 희생 제물에 적합하지 않습니다.

거룩한 삼위일체 안에 있는 위격과 악의 삼위일체 안에 있는 위격 사이에 또 하나의 매우 현저한 대조가 있음을 주목하는 것은 흥미로운 일입니다. 주님의 침례 때 성령은 비둘기의 형태로 그 위에 강림하셨고 성경에서 성령에 대한 첫 번째 언급은 아담 이전의 땅을 덮었던 물 위를 비둘기처럼 운행하시는 분으로 나타납니다(창 1:2).

"어린 양"과 "비둘기"라는 상징이 참으로 놀랍습니다! 매나 독수리가 아닌 비둘기입니다. 부드럽고 무해한 비둘기입니다. 이와 대조적으로 악마는 "용"이라고 불립니다. 비둘기와 어린양, 용과 짐승은 참으로 대조적입니다!

5. 피를 흘리고 속이는 사람

거짓말하는 자들을 멸망시키시리이다 여호와께서는 피 흘리기를 즐기는 자와 속이는 자를 싫어하시나이다(시 5:6)

위의 시편 구절은 환난 기간 동안 경건한 유대인 남은 자들이 드린 기도가 들어 있습니다. 이것을 증거로 시편 5장 2절에서 하나님은 "왕"으로 불리우신다는 것에 주목 하십시오.

나의 왕, 나의 하나님이여 내가 부르짖는 소리를 들으소서
내가 주께 기도하나이다(시 5:2)

시편 5장 7절에 보면 예루살렘 성전이 "멸망의 가증한 자"로 말미암아 더럽혀졌을 때에 그 성전에서 돌이켜서 "그러나 나는 주의 집에 들어가리라"고 했습니다.

오직 나는 주의 풍성한 사랑을 힘입어 주의 집에 들어가 주를 경외함으로 성전을 향하여 예배하리이다(시 5:7)

시편 5편 10절에서 우리는 그들이 시편 6편 10절과 평행을 이루며 원수의 멸망을 위해 기도하는 것을 발견합니다.

하나님이여 그들을 정죄하사 자기 꾀에 빠지게 하시고 그 많은 허물로 말미암아 그들을 쫓아내소서 그들이 주를 배역함이니이다(시 5:10)

내 모든 원수들이 부끄러움을 당하고 심히 떪이여 갑자기
부끄러워 물러가리로다(시 6:10)

그 기간동안 남겨진 충성된 자들은 다음과 같이 부르짖을 것입니다.

거짓말하는 자들을 멸망시키시리이다 여호와께서는 피 흘리기를 즐기는 자와
속이는 자를 싫어하시나이다(시 5:6)

피를 흘리고 속이는 사람은 적그리스도가 유대인과 관련하여 행하는 것입니다. 공식적으로 사람들 앞에 나타나 활동하는 초기 단계에서 적그리스도는 유대인들의 친구이자 후원자로 가장합니다. 적그리스도는 독립된 국가로서 이스라엘의 권리를 인정하고 그들의 자치권을 보호하기를 열망하는 것처럼 보이게 행동합니다. 적그리스도는 유대인들과 공식적인 계약을 맺습니다(단 9:27).

그가 장차 많은 사람들과 더불어 한 이레 동안의 언약을 굳게 맺고 그가 그 이레의 절반에 제사와 예물을 금지할 것이며 또 포악하여 가증한 것이 날개를 의지하여 설 것이며 또 이미 정한 종말까지 진노가 황폐하게 하는 자에게 쏟아지리라 하였느니라 하니라(단 9:27)

이스라엘의 평화와 안전이 보장된 것처럼 보입니다. 하지만 몇년 후 적그리스도는 본연의 모습을 드러냅니다. 그의 공정했던 연설과 우정의 고백은 거짓으로 드러나게 됩니다. 그는 언약을 깨뜨리고(시 55:20) 유대인들을 분노하게 합니다. 이스라엘의 후원자였던 자가 이제 그들의 최악의 적입니다. 그들의 이익을 보호하는 자가 이제 이스라엘을 약속의 땅에서 한 민족이 되지 못하게 하는 것을 목표로 삼고 있습니다(시 83:4). 따라서 적그리스도는 유대인들에 의해 "피를 흘리고 속이는 사람"으로 정확하게 불리게 되었습니다.

6. 사악한 자

[2]악한 자가 교만하여 가련한 자를 심히 압박하오니 그들이 자기가 베푼 꾀에 빠지게 하소서 [3]악인은 그의 마음의 욕심을 자랑하며 탐욕을 부리는 자는 여호와를 배반하여 멸시하나이다 [4]악인은 그의 교만한 얼굴로 말하기를 여호와께서 이를 감찰하지 아니

하신다 하며 그의 모든 사상에 하나님이 없다 하나이다(시 10:2-4)

위의 시편 전체는 사악한 자에 관해 말하고 있습니다. 위의 시편을 시작하는 구절은 하나님의 경륜의 시대 범위에 대한 열쇠를 제공합니다. 여기에는 "환난의 때"(참조, 렘 30:7)라고 불리는 대환란 기간 동안에 유대인 남은 자들이 부르짖는 것이 포함되어 있다. 참 이스라엘의 상황이 너무나 절망적이어서 여호와께서 그들을 버리신것처럼 보이게 됩니다.

여호와여 어찌하여 멀리 서시며 어찌하여 환난 때에 숨으시나이까(시 10:1)

곧 이어서 참 이스라엘의 대적, 사악한 자에 대하여 눈에 띄게 완전히 자세히 묘사되어 등장한다.

[1]여호와여 어찌하여 멀리 서시며 어찌하여 환난 때에 숨으시나이까 [2]악한 자가 교만하여 가련한 자를 심히 압박하오니 그들이 자기가 베푼 꾀에 빠지게 하소서 [3]악인은 그의 마음의 욕심을 자랑하며 탐욕을 부리는 자는 여호와를 배반하여 멸시하나이다 [4]악인은 그의 교만한 얼굴로 말하기를 여호와께서 이를 감찰하지 아니하신다 하며 그의 모든 사상에 하나님이 없다 하나이다 [5]그의 길은 언제든지 견고하고 주의 심판은 높아서 그에게 미치지 못하오니 그는 그의 모든 대적들을 멸시하며 [6]그의 마음에 이르기를 나는 흔들리지 아니하며 대대로 환난을 당하지 아니하리라 하나이다 [7]그의 입에는 저주와 거짓과 포악이 충만하며 그의 혀 밑에는 잔해와 죄악이 있나이다 [8]그가 마을 구석진 곳에 앉으며 그 은밀한 곳에서 무죄한 자를 죽이며 그의 눈은 가련한 자를 엿보나이다 [9]사자가 자기의 굴에 엎드림 같이 그가 은밀한 곳에 엎드려 가련한 자를 잡으려고 기다리며 자기 그물을 끌어당겨 가련한 자를 잡나이다 [10]그가 구푸려 엎드리니 그의 포악으로 말미암아 가련한 자들이 넘어지나이다 [11]그가 그의 마음에 이르기를 하나님이 잊으셨고 그의 얼굴을 가리셨으니 영원히 보지 아니하시리라 하나이다 [12]여호와여 일어나옵소서 하나님이여 손을 드옵소서 가난한 자들을 잊지 마옵소서 [13]어찌하여 악인이 하나님을 멸시하여 그의 마음에 이르기를 주는 감찰하지 아니하리라 하나이까 [14]주께서는 보셨나이다 주는 재앙과 원한을 감찰하시고 주의 손으로 갚으려 하시오니 외로운 자가 주를 의지하나이다 주는 벌써부터 고아를 도우시는 이시니이다 [15]악인의 팔을 꺾으소서 악한 자의 악을 더 이상 찾아낼 수 없을 때까지 찾으소서 [16]여호와께서는 영원무궁하도록 왕이시니 이방 나라들이 주의 땅에서 멸망하였나이다 [17]여호와여 주는 겸손한 자의 소원을 들으셨사오니 그들의 마음을 준비하시며

귀를 기울여 들으시고 [18]고아와 압제 당하는 자를 위하여 심판하 사 세상에 속한 자가 다시는 위협하지 못하게 하시리이다(시 10:1-18)

그의 교만(2절)

그의 타락, 부패성: 그가 여호와를 미워하도다(3절)

그의 신성모독: 그의 모든 생각은 다 이루되 하나님이 없느니라(4절)

그의 비참한 길(5절)

소모적인 이기주의(6절)

기만성(7절)

그의 배신(8절)

잔인함(8절) 9,10)

그의 안일한 교만(11절)

위의 설명이후에 남은 자들은 아래와 같이 외칩니다.

12 여호와여 일어나옵소서 하나님이여 손을 드옵소서 가난한 자들을 잊지 마옵소서

15 악인의 팔을 꺾으소서 악한 자의 악을 더 이상 찾아낼 수 없을 때까지 찾으소서

시편 10편은 전체를 주의깊게 연구해야 합니다.

7. 땅의 사람

고아와 압제 당하는 자를 위하여 심판하사 세상에 속한 자가 다시는 위협하지 못하게 하시리이다(시 10:18)

악인이라는 명칭은 적그리스도의 성격을 말해주고 땅의 사람이라는 것은 그가 서있는 위치를 말해줍니다. 악인이라는 것은 적그리스도의 끔찍한 타락의 깊이에 대해서 알려줍니다. 땅의 사람이라는 것은 적그리스도가 미치는 광대한 영역에 대해서 말해줍니다. 적그리스도가 다스리는 활동 영역은 단순한 지역이 아니라 세계 전체를 다스리는 황제가 될 것입니다. 적그리스도는 이 땅의 만왕의 왕이요 만주의 주가 될 것입니다(계 13:7).

또 권세를 받아 성도들과 싸워 이기게 되고 각 족속과 백성과 방언과 나라를 다스리는 권세를 받으니(계 13:7)

참 그리스도께서 이 땅에 나타나실 때 사탄은 만일 그리스도가 그에게 엎드려 경배한다면 "천하 만국과 그 영광"을 그에게 주겠다고 했습니다. 거짓 그리스도께서 나타날 때에도 이 제안이 반복되고 조건이 충족되고 유혹의 선물이 주어질 것입니다(계 13:2). 그 결과 그는 "이 땅의 사람"이 될 것입니다. 후에 그리스도는 "온 땅의 왕"이 되실 것입니다(슥 14:7).

8. 권능의 사람

포악한 자여 네가 어찌하여 악한 계획을 스스로 자랑하는가 하나님의 인자하심은 항상 있도다(시 52:1)

시편 52편은 적그리스도의 무서운 성격을 묘사하는 또 다른 시편입니다. 여기서 다시 우리는 적그리스도의 다음과 같은 특징들을 보게 됩니다.

그의 자랑(1절)

그의 속임수(2절)
그의 타락(3절)
그의 이기심(4절)
그의 운명(5절)
그의 부(7절)

힘센 사람, 용사(Mighty Man), 권능의 사람이라는 이 칭호는 적그리스의 막대한 부와 소유물을 말합니다. 그리고 일반적으로 사람들이 소유주에게 부여하는 힘을 나타냅니다. 그것은 또한 현저한 대조를 보여줍니다. 그리스도는 머리 둘 곳이 없는 겸손한 사람이셨습니다. 적그리스도는 힘센 사람이 될 것이며, 그에 대해 시편 기자는 다음과 같이 말합니다.

이 사람은 하나님을 자기 힘으로 삼지 아니하고 오직 자기 재물의 풍부함을 의지하며 자기의 악으로 스스로 든든하게 하던 자라 하리로다(시 52:7)

9. 원수

이는 원수의 소리와 악인의 압제 때문이라 그들이 죄악을 내게 더하며 노하여 나를 핍박하나이다(시 55:3)

'원수'라는 칭호는 적그리스도와 이스라엘과 관련하여 사용된 또 다른 칭호로, 시편과 선지자 모두에서 여러 번 반복되는 칭호입니다. '형제보다 더 친밀한' 친구와 대조를 보인다. 적그리스도는 이스라엘의 원수로 그들을 심하게 압제합니다. 그의 이중성과 배신은 여기에서 언급됩니다. 적그리스에 대해 이스라엘은 다음과 같이 외칠 것입니다.

[2]네 혀가 심한 악을 꾀하여 날카로운 삭도 같이 간사를 행하는도다 [3]네가 선보다 악을 사랑하며 의를 말함보다 거짓을 사랑하는도다 (셀라) [4]간사한 혀여 너는 남을 해치는 모든 말을 좋아하는도다(시 52:2-4)

연구자들은 원수를 언급하는 구약성경의 구절을 찾아보는 것이 유익할 것입니다.

10. 대적하는 사람

[8] 그들이 마음속으로 이르기를 우리가 그들을 진멸하자 하고 이 땅에 있는 하나님의 모든 회당을 불살랐나이다 [9] 우리의 표적은 보이지 아니하며 선지자도 더 이상 없으며 이런 일이 얼마나 오랠는지 우리 중에 아는 자도 없나이다 [10] 하나님이여 대적이 언제까지 비방하겠으며 원수가 주의 이름을 영원히 능욕하리이까(시 74:8-10)

이 칭호는 몇 가지 중요한 구절에서 나타납니다.

서쪽에서 여호와의 이름을 두려워하겠고 해 돋는 쪽에서 그의 영광을 두려워할 것은 여호와께서 그 기운에 몰려 급히 흐르는 강물 같이 오실 것임이로다(사 59:19)

예레미야애가 4장 11, 12절은 분명히 마지막 때를 말하는 또 다른 성경입니다.

[11]여호와께서 그의 분을 내시며 그의 맹렬한 진노를 쏟으심이여 시온에 불을 지르사 그 터를 사르셨도다 [12]대적과 원수가 예루살렘 성문으로 들어갈 줄은 세상의 모든 왕들과 천하 모든 백성이 믿지 못하였었도다(애 4:11-12)

그러므로 주 여호와께서 이와 같이 말씀하시되 이 땅 사면에 대적이 있어 네 힘을 쇠하게 하며 네 궁궐을 약탈하리라(암 3:11)

이 칭호는 적그리스도가 사탄에서 기원했다는 것을 암시하는 칭호입니다. 왜냐하면 악마에 대한 헬라어 원어의 의미는 대적을 의미하기 때문입니다.

11. 여러 나라의 머리

뭇 나라를 심판하여 시체로 가득하게 하시고 여러 나라의 머리를 쳐서 깨뜨리시며(시 110:6)

여기의 문맥은 여기에 나타나는 인물이 적그리스도임이 틀림없다는 것을 보여줍니다. 시편 110편은 성부께서 성자에게 원수들이 그의 발등상이 될 때까지 그의 우편에 앉으라고 권하시는 것으로 시작됩니다.

여호와께서 내 주에게 말씀하시기를 내가 네 원수들로 네 발판이 되게 하기까지 너는 내 오른쪽에 앉아 있으라 하셨도다(시 110:1)

그런 다음 여호와께서 예루살렘에서 자신의 능력을 나타내시며 그의 권능의 날에 그의 백성 이스라엘이 자원하게 하실 것이라는 확언이 뒤따릅니다.

[1]여호와께서 내 주에게 말씀하시기를 내가 네 원수들로 네 발판이 되게 하기까지 너는 내 오른쪽에 앉아 있으라 하셨도다 [2]여호와께서 시온에서부터 주의 권능의 규를 내보내시리니 주는 원수들 중에서 다스리소서 [3]주의 권능의 날에 주의 백성이 거룩한 옷을 입고 즐거이 헌신하니 새벽 이슬 같은 주의 청년들이 주께 나오는도다 [4]여호와는 맹세하고 변하지 아니하시리라 이르시기를 너는 멜기세덱의 서열을 따라 영원한 제사장이라 하셨도다 [5]주의 오른쪽에 계신 주께서 그의 노하시는 날에 왕들을 쳐서 깨뜨리실 것이라 [6]뭇 나라를 심판하여 시체로 가득하게 하시고 여러 나라의 머리

를 쳐서 깨뜨리시며 [7]길 가의 시냇물을 마시므로 그의 머리를 드시리로다(시 110:1-7)

그런 다음, 그리스도가 멜기세덱의 반차를 따라 영원한 제사장이라는 여호와의 맹세가 나옵니다. "그의 진노의 날"은 환난기의 마지막 부분입니다. 그는 많은 나라에 이 머리를 상하게 했습니다. 많은 나라의 머리는 죄의 사람을 메시아 왕국이 설립되기 전 마지막 세계 제국의 가이사라고 말합니다.

12. 폭력의 사람

여호와여 악인에게서 나를 건지시며 포악한 자에게서 나를 보전하소서(시 140:1)

이것은 "야곱의 환난의 때"에 경건한 남은 자의 간절한 간구를 표현한 또 다른 시편입니다. 적그리스도는 폭력적인 사람으로 세 번이나 나타납니다. 시편 140편 1절에서 남은 자들은 그에게서 구원받기를 기도합니다. 시편 140편 4절에서 간구는 반복됩니다. 시편 140편 11절에는 그의 운명이 예언되어 있습니다.

여호와여 악인에게서 나를 건지시며 포악한 자에게서 나를 보전하소서(시 140:1)

여호와여 나를 지키사 악인의 손에 빠지지 않게 하시며 나를 보전하사 포악한 자에게서 벗어나게 하소서 그들은 나의 걸음을 밀치려 하나이다(시 140:4)

악담하는 자는 세상에서 굳게 서지 못하며 포악한 자는 재앙이 따라서 패망하게 하리이다(시 140:11)

시편 기자는 이 피비린내 나는 박해자를 하나님께서 복수해 주시기를

탄원합니다:

[10]뜨거운 숯불이 그들 위에 떨어지게 하시며 불 가운데와 깊은 웅덩이에 그들로 하여금 빠져 다시 일어나지 못하게 하소서 [11]악담하는 자는 세상에서 굳게 서지 못하며 포악한 자는 재앙이 따라서 패망하게 하리이다

폭력의 사람은 그의 짐승같은 성격과 완전히 일치하는 이름입니다. 그의 포악함과 탐욕을 말해줍니다.

13. 앗시리아인

5 앗수르 사람은 화 있을진저 그는 내 진노의 막대기요 그 손의 몽둥이는 내 분노라

12 그러므로 주께서 주의 일을 시온 산과 예루살렘에 다 행하신 후에 앗수르 왕의 완악한 마음의 열매와 높은 눈의 자랑을 벌하시리라(사 10:5, 12)

필자는 여기서 이 구절들이 나오는 중요한 구절에 대한 설명을 자세히 하지는 않겠다. 다음 장에서 시편의 적그리스도와 선지자의 적그리스도에 대해 자세히 다룰 것입니다. 다만 마지막 때(12,20절 참조), 그리고 죄의 사람의 주요 특성은 여기에서 앗수르에 대해 말한 것에서 분명히 식별될 수 있습니다. 예언서를 연구하는 거의 모든 사람들은 이사야 30장 33절의 왕은 적그리스도이지만, 앞의 두 구절에서 이 "왕"은 "앗수르인"과 동일시 된다는 데 동의합니다.

14. 바빌론의 왕

너는 바벨론 왕에 대하여 이 노래를 지어 이르기를 압제하던 자가 어찌 그리 그쳤으며 강포한 성이 어찌 그리 폐하였는고(사 14:4)

필자는 나중에 길게 자세히 논의할 내용을 지금 깊이 다루고 싶지 않습니다. 성경은 과거에 있었던 바빌론의 중요성과 영광을 가리는 또 다른 바빌론이 미래에 있을 것이라고 분명히 가르친다는 필자의 확고한 확신입니다. 그리고 바빌론은 적그리스도의 본부 중 하나가 될 것입니다. 적그리스도는 세 곳의 본부를 가지게 될 것입니다. 예루살렘은 적그리스도의 종교적인 본부가 될 것이고 로마는 정치적인 본부, 바빌론은 그의 상업적인 본부가 될 것입니다. 이것을 자세히 살펴보고 싶은 사람들은 다음의 본문을 살펴보기를 추천합니다: 이사야 10, 11, 13, 14장; 예레미야 49:51; 스가랴 5장, 요한계시록 18장 등입니다.

15. 아침의 아들

너 아침의 아들 계명성이여 어찌 그리 하늘에서 떨어졌으며 너 열국을 엎은 자여 어찌 그리 땅에 찍혔는고(사 14:12)

"루시퍼"는 "새벽별"을 의미하는 라틴어 단어입니다. "모든 고대 버전과 랍비들은 이 단어를 밝은 별, 더 구체적으로는 밝은 별을 나타내는 명사로 만들었습니다. 샛별 또는 대낮의 선구자"(Dr. J. A. Alexander) 등으로 말했습니다. 이 용어 "루시퍼"는 일반적으로 사탄의 이름 중 하나로 간주되어 왔으며, 여기에서 샛별(the Morning Star)로 말하는 것은 그의 배도를 설명하는 것으로 간주했습니다. 이러한 해석에 반대하여 필자가 특별히 할 말은 없습니다. 필자는 이러한 해석에 만족한다는 점을 언급하는 것 외에는 할 말이 없습니다. 이 놀라운 성구를 다 설명하지 않아도 됩니다. 자세한 설명은 후에 하도록 하겠습니다.

이사야서 14장이 먼 과거를 회고하고 있다는 점을 지적하기에 충분합니다. 사탄은 교만 때문에 원래의 지위에서 떨어졌고, 적그리스도는 분명히 다가오는 날을 고대합니다. 이에 적그리스도에 대한 또 다른 그림을 제시합니다. 동일한 구절에서 "루시퍼"는 "땅을 떨게 한 사람"(5절)이라고 불립니다(16절). 그는 신성모독적인 교만한 말을 합니다.

내가 지극히 높으신 분과 같으리라(14절)

그를 데살로니가후서 2장 3,4절의 죄의 사람과 동일시하는 데 어려움이 없습니다. 이 특별한 칭호 "새벽별"은 계시록 22장 16절과 비교함으로써 알 수 있습니다. 거기에서 이 칭호는 “하나님이시며 사람이신 분”의 칭호 중 하나임을 알게 됩니다. "새벽별"은 이 땅에 위대한 안식의 날을 알리기 위해 오실 그리스도에 대해 말하고 있습니다. 이 불경스러운 속임수로 사탄은 거짓 천년왕국을 인도하기 위해 가짜 메시아를 보낼 것입니다.

16. 파괴자

[4]나의 쫓겨난 자들이 너와 함께 있게 하되 너 모압은 멸절하는 자 앞에서 그들에게 피할 곳이 되라 대저 토색하는 자가 망하였고 멸절하는 자가 그쳤고 압제하는 자가 이 땅에서 멸절하였으며 [5]다윗의 장막에 인자함으로 왕위가 굳게 설 것이요 그 위에 앉을 자는 충실함으로 판결하며 정의를 구하며 공의를 신속히 행하리라(사 16:4-5)

적그리스도가 파괴자로 언급된 구절이 메시아 왕국이 설립되고 보좌가 확립되고 있음을 말하는 구절 바로 앞에 온다는 것에 주목 하십시오.

이 두 가지는 동시에 일어납니다. 적그리스도의 멸망과 진정한 메시아 통치의 시작이 동시에 일어나는 것입니다. 따라서 여기에서 "파괴자가 그친다"라고 말하고 있습니다. 파괴자라는 이러한 칭호 아래 죄의 사람에 대한 추가적인 언급은 예레미야 6장 26절에서 찾아볼 수 있습니다.

딸 내 백성이 굵은 베를 두르고 재에서 구르며 독자를 잃음 같이 슬퍼하며 통곡할지어다 멸망시킬 자가 갑자기 우리에게 올 것임이라(렘 6:26)

파괴자, 멸망시킬자라는 칭호는 적그리스도를 이스라엘과 관련짓는 또 다른 칭호입니다. 많은 유대인들이 팔레스타인으로 돌아온 후, 그리고 그들의 권리가 실권자들에 의해 소유되고 그들의 안전과 성공이 보장된 것처럼 보입니다. 사탄의 악의로 가득 찬 그들의 원수는 그러한 것들의 진멸을 추구할 것입니다. "멸망자"는 위대한 회복자이신 주 예수와 대조됩니다(시 69:4 참조).

17. 못(The Nail)

만군의 여호와께서 이르시되 그 날에는 단단한 곳에 박혔던 못이 삭으리니 그 못이 부러져 떨어지므로 그 위에 걸린 물건이 부서지리라 하셨다 하라 나 여호와의 말이니라(사 22:25)

이사야 22 장의 마지막 10절은 주의 깊게 읽어야 합니다.

15주 만군의 여호와께서 이르시되 너는 가서 그 국고를 맡고 왕궁 맡은 자 셉나를 보고 이르기를 16네가 여기와 무슨 관계가 있느냐 여기에 누가 있기에 여기서 너를 위하여 묘실을 팠느냐 높은 곳에 자기를 위하여 묘실을 팠고 반석에 자기를 위하여 처소를 쪼아내었도다 17나 여호와가 너를 단단히 결박하고 장사 같이 세게 던지되 18반드시 너를 모질게 감싸서 공 같이 광막한 곳에 던질 것이라 주인의 집에 수치를 끼치

는 너여 네가 그 곳에서 죽겠고 네 영광의 수레도 거기에 있으리라 [19]내가 너를 네 관직에서 쫓아내며 네 지위에서 낮추리니 [20]그 날에 내가 힐기야의 아들 내 종 엘리아김을 불러 [21]네 옷을 그에게 입히며 네 띠를 그에게 띠워 힘 있게 하고 네 정권을 그의 손에 맡기리니 그가 예루살렘 주민과 유다의 집의 아버지가 될 것이며 [22]내가 또 다윗의 집의 열쇠를 그의 어깨에 두리니 그가 열면 닫을 자가 없겠고 닫으면 열 자가 없으리라 [23]못이 단단한 곳에 박힘 같이 그를 견고하게 하리니 그가 그의 아버지 집에 영광의 보좌가 될 것이요 [24]그의 아버지 집의 모든 영광이 그 위에 걸리리니 그 후손과 족속 되는 각 작은 그릇 곧 종지로부터 모든 항아리까지니라 [25] 만군의 여호와께서 이르시되 그 날에는 단단한 곳에 박혔던 못이 삭으리니 그 못이 부러져 떨어지므로 그 위에 걸린 물건이 부서지리라 하셨다 하라 나 여호와의 말이니라(사 22: 15-25)

그 구절들은 마지막 때의 놀라운 예표를 보여주고 있습니다. 셉나는 이스라엘에 대해 어떤 직분을 맡고 있었습니다. 이사야 22장 21절에서 말하는 "통치정부"에 주목하십시오. 분명히 그는 약탈자였습니다. 하나님은 그가 부끄러움을 당하고 하나님이 택한 사람 엘리아김이 그 자리를 차지할 것이라고 선언하셨습니다. 이 역사적 인물은 예언적 인물로 합쳐집니다. 이사야서 22장 22절에 보면 "다윗의 집 열쇠를 그의 어깨에 두리니 그가 열면 닫을 자가 없고 닫으면 열 자가 없으리라"고 말씀하셨습니다. 요한계시록 3장 7절에서 알 수 있듯이 이것은 다름 아닌 주 예수를 가리키는 것을 알 수 있습니다.

못이 단단한 곳에 박힘 같이 그를 견고하게 하리니 그가 그의 아버지 집에 영광의 보좌가 될 것이요(사 22:23)

그런 다음 22장의 마지막 구절은 다음과 같이 말합니다:

만군의 여호와께서 이르시되 그 날에는 단단한 곳에 박혔던 못이 삭으리니 그 못이 부러져 떨어지므로 그 위에 걸린 물건이 부서지리라 하셨다 하라 나 여호와의 말이니라(사 22: 25)

엘리아김이 그리스도를 예표한 것처럼 셉나는 적그리스도를 예표했습니다. 이사야서 22장 23절에서 메시아 왕국의 건설을 알리는 예언이 있는 것처럼 이사야서 22장 25절에서도 거짓 메시아 왕국의 전복을 예언했습니다.

18. 끔찍한 것들의 가지(branch)

마른 땅에 폭양을 제함 같이 주께서 이방인의 소란을 그치게 하시며 폭양을 구름으로 가림 같이 포학한 자의 노래를 낮추시리이다(사 25:5)

이사야 25 장의 처음 다섯 구절은 적의 요새인 바벨론을, 나머지 부분은 천년왕국 시대의 축복을 묘사합니다.

1여호와여 주는 나의 하나님이시라 내가 주를 높이고 주의 이름을 찬송하오리니 주는 기사를 옛적에 정하신 뜻대로 성실함과 진실함으로 행하셨음이라 2주께서 성읍을 돌무더기로 만드시며 견고한 성읍을 황폐하게 하시며 외인의 궁성을 성읍이 되지 못하게 하사 영원히 건설되지 못하게 하셨으므로 3강한 민족이 주를 영화롭게 하며 포학한 나라들의 성읍이 주를 경외하리이다 4주는 포학자의 기세가 성벽을 치는 폭풍과 같을 때에 빈궁한 자의 요새이시며 환난 당한 가난한 자의 요새이시며 폭풍 중의 피난처시며 폭양을 피하는 그늘이 되셨사오니 5마른 땅에 폭양을 제함 같이 주께서 이방인의 소란을 그치게 하시며 폭양을 구름으로 가림 같이 포학한 자의 노래를 낮추시리이다(사 25:1-5)

다섯 번째 구절에서 적그리스도의 전복이 선언됩니다.

두려운 자들의 가지가 낮아지리라

이 구절은 이사야 14장 19절과 비교되어야 하는 데, 거기에서 루시퍼는 "

너는 가증한 가지처럼 네 무덤에서 쫓겨났다"라고 말해지고 있다. 이것은 또 다른 대조를 나타냅니다. "가지"는 메시아 이름 중 하나입니다.

보라 그 가지라 이름하는 사람(슥 6:12)

이사야서 4장 2절과 이사야서 14장 19절을 함께 보면 그 대조가 더 분명해질 것입니다. 그리스도에 관해서는 "주의 가지가 아름답고 영화로우리라"라고 되어 있습니다. 적그리스도는 "가증한 가지"라고 불립니다. 그리스도는 "주의 가지"입니다. 적그리스도는 "두려운 자들의 가지"입니다.

19. 불경하고 사악한 이스라엘 왕

[25]너 극악하여 중상을 당할 이스라엘 왕아 네 날이 이르렀나니 곧 죄악의 마지막 때이니라 [26]주 여호와께서 이같이 말씀하셨느니라 관을 제거하며 왕관을 벗길지라 그대로 두지 못하리니 낮은 자를 높이고 높은 자를 낮출 것이니라 [27] 내가 엎드러뜨리고 엎드러뜨리고 엎드러뜨리려니와 이것도 다시 있지 못하리라 마땅히 얻을 자가 이르면 그에게 주리라(겔 21:25-27)

여기서 불경하고 사악한 이스라엘 왕은 정말로 다름 아닌 적그리스도입니다. 이는 적그리스도의 날에 죄악이 끝날 것이라고 우리가 분명히 들었기 때문입니다. 물론 이것은 이스라엘의 죄악을 가리킵니다. 그들은 죄악은 메시야가 등장할 때 끝을 맺을 것입니다(cf. 단 9:24). 그 때는 "예수님이 왕위에 앉은 제사장이 되실 때입니다."(슥 6:13)

에스겔에서 우리는 멸망의 아들이 어떻게 하나님의 그리스도를 가장할 것인지를 봅니다. 적그리스도도 제사장 겸 왕이 될 것이기 때문입니다. " 왕관을 제거하다"는 그의 제사장직의 휘장을 의미합니다(이 일이 나오는 구약의 다른 모든 곳에서 여기에서 "왕관"으로 번역된 히브리어 단어는 "mitre"로 번역되는 데 이것은 이스라엘의 대제사장이 쓰는 것을 말합니다). "왕관을 벗는다"는 것은 그의 왕권을 상징합니다.

20. 작은 뿔

내가 그 뿔을 유심히 보는 중에 다른 작은 뿔이 그 사이에서 나더니 첫 번째 뿔 중의 셋이 그 앞에서 뿌리까지 뽑혔으며 이 작은 뿔에는 사람의 눈 같은 눈들이 있고 또 입이 있어 큰 말을 하였더라(단 7:8)

이 칭호 아래 적그리스도에 대한 자세한 설명은 다니엘 7:8-11, 21-26; 8:9-12, 23-25 등을 살펴보십시요. 필자는 이 구절들에 대한 논평을 다음 장에서 할 것입니다. "작은 뿔"은 적그리스도의 낮은 정치적 기원을 말하며, 그것은 적그리스도가 정부의 패권을 차지하기 전의 모습을 묘사합니다.

21. 미래에 도래할 황태자

예순두 이레 후에 기름 부음을 받은 자가 끊어져 없어질 것이며 장차 한 왕의 백성이 와서 그 성읍과 성소를 무너뜨리려니와 그의 마지막은 홍수에 휩쓸림 같을 것이며 또 끝까지 전쟁이 있으리니 황폐할 것이 작정되었느니라(단 9:26)

이 칭호는 적그리스도와 마지막 시대에 로마 제국의 모습으로 연결하고 그를 마지막 시저(Caesar)로 제시합니다.

22. 사악한 사람

또 그의 왕위를 이을 자는 한 비천한 사람이라 나라의 영광을 그에게 주지 아니할 것이나 그가 평안한 때를 타서 속임수로 그 나라를 얻을 것이며(단 11:21)

이것은 적그리스도와 "이스라엘의 거룩하신 자"를 대조시킵니다. 그가 누구인지는 그에 대해 예언된 것에 주의를 기울임으로써 알 수 있습니다.

23. 자기 마음대로 행하는 왕

그 왕은 자기 마음대로 행하며 스스로 높여 모든 신보다 크다 하며 비상한 말로 신들의 신을 대적하며 형통하기를 분노하심이 그칠 때까지 하리니 이는 그 작정된 일을 반드시 이루실 것임이라(단 11:36)

적그리스도는 세상 모든 종교의 대제사장일 뿐만 아니라 그 세상 정부의 수장으로서 최고의 왕이 될 것입니다.

24. 우상의 목자

[16]보라 내가 한 목자를 이 땅에 일으키리니 그가 없어진 자를 마음에 두지 아니하며 흩어진 자를 찾지 아니하며 상한 자를 고치지 아니하며 강건한 자를 먹이지 아니하고 오히려 살진 자의 고기를 먹으며 또 그 굽을 찢으리라 [17]화 있을진저 양 떼를 버린 못된 목자여 칼이 그의 팔과 오른쪽 눈에 내리리니 그의 팔이 아주 마르고 그의 오른쪽 눈이 아주 멀어 버릴 것이라 하시니라(슥 11:16-17)

우상의 목자는 양들을 위해 목숨을 바친 선한 목자와는 분명히 대조됩니다. 속임수를 쓴 이스라엘의 우상의 목자는 자신이 괴물과 같은 파괴자임을 보일 것이며, 적그리스도는 이스라엘 민족이 겪을 가장 심각한 환난을 그 백성에게 가져올 것입니다.

25. 무저갱의 사자

그들에게 왕이 있으니 무저갱의 사자라 히브리어로는 그 이름이 아바돈이요 헬라어로는 그 이름이 아볼루온이더라(계 9:11)

"아바돈"과 "아폴리온"은 파괴자를 의미합니다. 이사야 16:4절의 "망치는 자(Spoiler)"는 예레미야 4장 7절의 '파괴자"입니다. 적그리스도의 이름이 여기에서 히브리어와 헬라어로 모두 주어졌다는 것은 그가 유대인과 이방인 모두와 연관이 있을 것임을 보여줍니다. 성경을 연구하는 학생들이 살펴볼 수 있는 적그리스도의 다른 이름들은 다음과 같습니다:

하나님의 진노의 막대기(사 10:12)
더러운 영(마 12:43)
거짓말(살후 2:11)
별(계 8:10 및 9:1)
땅의 포도나무(계 14:18)

필자는 다음 장에서 우리는 적그리스도의 천재성을 다룰 것이며, 적그리스도와 하나님의 그리스도 사이의 많은 놀라운 비교와 대조를 말하고자 합니다. 성경의 연구자들은 얼마나 많은 유사점과 반대점을 찾을 수 있는

지 살펴보아야 할 것이다.

제4장

적그리스도의 천재성과 성격

지난 6천년 동안 사탄은 타락한 인간의 본성을 연구하여 인간의 가장 약한 부분을 발견하고 인간이 그의 명령을 따르게 하는 최선의 방법을 터득할 충분한 기회를 가졌습니다. 악마는 권력의 매력으로 사람을 현혹시키는 방법과 공포 앞에서 움츠러드는 메추라기를 만드는 방법을 잘 알고 있습니다. 그는 지식에 대한 갈망를 만족시키는 방법과 세련미와 교양에 대한 취향을 만족시키는 방법을 알고 있으며, 선율적인 음악으로 귀를 즐겁게 하고 황홀한 아름다움으로 눈을 즐겁게 할 수 있습니다. 사탄이 한 순간에 예수님을 광야에서 산으로 옮기고 천하 만국과 그 영광을 그에게 보여줄 수 있다면, 그는 오늘날 그의 희생자들로 삼고 있는 사람들 앞에 매혹적인 것들을 보여주는 기교에 있어서 그는 초보자가 아닙니다. 그는 에너지를 자극하는 방법을 알고, 궁금해하는 것에 대해서 방향을 제시할 줄도 알며, 신비한 것에 대한 갈망을 만족시켜주는 방법도 알고 있습니다. 그는 사람들을 세상의 위대함과 명성의 현기증나는 높이로 높여주는 방법과 또한 그러한 위대함을 제어하여 하나님과 그의 백성을 대적하는 방법을 알고 있습니다.

지금까지 사탄의 권세가 억제되어 있고, 그의 활동이 하나님의 영에 의해 억제되고 자주 상쇄되는 것이 사실입니다. 마귀는 자기가 발할 수 있는 가장 밝은 불을 타오르게 할 수 있다. 하지만 하나님께서 천상의 빛의 권능을 그것의 주위에 비추신다면, 그것은 희미하게 타오를 수 밖에 없습니다.

사탄은 그의 기만적인 광채와 빛을 완전한 힘으로 발하기 위해서는 완전히 캄캄한 밤의 어둠이 필요합니다. 그리고 그 때가 오고 있다. 하나님의 말씀에 의하면 성령이 통제해 주시며 하나님이 어둠을 억제해 주시는 것들이 제거될 날이 멀지 않았다는 사실을 계시합니다. 하나님의 빛이 사라지고 거두어질 것입니다. 그리고 나서 "어둠이 땅을 덮고 캄캄한 흑암이 백성을 덮을 것"(사 60:2)입니다. 죄악의 미스터리가 온전히 발전하는 것을 저지하던 것이 제거될 뿐만 아니라 하나님께서는 거짓말을 믿게 하는 강한 미혹을 그들에게 보내실(살후 2:13)것 입니다. 사탄은 이것을 이용할 것입니다. 그런 다음 사탄은 지난 6천년 동안 얻은 모든 지식을 최대한 활용할 것입니다.

사탄은 성육신하여 인간의 모습으로 이 땅에 나타날 것입니다. 필자가 이전 장들에서 보여주었듯이 적그리스도는 죄의 사람일 뿐만 아니라 "멸망의 아들", 곧 뱀의 씨가 될 것입니다. 적그리스도는 마귀의 걸작(masterpiece)이 될 것입니다.

적그리스도 안에 마귀의 모든 충만이 육체로 거합니다. 적그리스도는 사탄의 역사의 정점이자 완성이 될 것입니다. 세상은 현재 초월적인 인물(Super-Man)에 대해 이야기하고 찾고 바라고 있습니다. 마귀는 곧 세상에 적그리스도를 그에 부합하는 인물로 제시할 것입니다. 적그리스도는 평범한 사람이 아니라 비범한 재능을 가진 사람이 될 것입니다. 그는 초인적인 능력을 부여받을 것입니다. 하나님이시며 사람이신 예수님을 제외하고 그는 인류 역사상 가장 주목할만한 인물이 될 것이다. 그의 특징을 기술하면 다음과 같을 것이다.

I. 그는 지적인 천재가 될 것이다

그는 비범한 지능을 소유하게 될 것입니다. 적그리스도는 "지혜와 지식의 모든 보화가 그 안에 감추어진"(골 2:3) 복되신 분이신 예수님을 마귀가 흉내낸 모조품입니다. 이 멸망의 아들은 지혜 면에서 솔로몬을 능가할 것입니다. 다니엘 7장 20절에서 그는 "눈 있는 뿔"로 묘사됩니다.

또 그것의 머리에는 열 뿔이 있고 그 외에 또 다른 뿔이 나오매 세 뿔이 그 앞에서 빠졌으며 그 뿔에는 눈도 있고 큰 말을 하는 입도 있고 그 모양이 그의 동류보다 커 보이더라(단 7:20)

이중적인 상징입니다. "뿔"은 힘을 상징합니다. "눈"은 지능을 말합니다. 또한 다니엘 8장 23절에서 그는 "용모가 사나운 왕"으로 언급됩니다. 그는 이해하기 어려운 어두운 문장을 이해할 것입니다. 다른 사람들을 당황하게 하는 것 조차도 그에게는 단순할 것이다. 여기에서 "어두운 문장"으로 번역된 히브리어 단어는 열왕기상 10장 1절에서 "어려운 질문"으로 번역된 단어와 동일합니다. 스바 여왕이 솔로몬의 지혜를 시험하기 위해 "어려운 질문"을 가지고 솔로몬에게 오는 것을 읽습니다. 그것은 또한 사사기 14장에 있는 삼손의 수수께끼에 사용된 단어입니다. 그것은 적그리스도가 심오한 학문의 모든 비밀의 주인이 될 것임을 나타냅니다.

에스겔 28장 3절은 그를 가리켜 “보라 네가 다니엘보다 지혜로우니 그들이 네게서 숨길 은밀한 것이 없느니라”고 선언합니다. 이것은 그의 가장 매혹적인 매력 중 하나가 될 것입니다. 적그리스도의 이러한 모든 것을 통달한 지혜는 지적인 세계를 매료시킬 것입니다. 그의 놀라운 지식 축적, 자연의 비밀에 대한 지식, 초인적인 지각 능력은 그를 최고의 지적 천재로 각인시킬 것입니다.

Ⅱ. 그는 웅변적 천재가 될 것이다.

다니엘서 7장 20절에서는 “그가 심히 큰 일을 말한 입"을 가졌다고 기록되어 있습니다. 언어의 마법사로서 그는 데모스테네스(Demosthenes)를 능가할 것입니다. 여기서도 마귀는 사람이 말한 적이 없는 것을 말씀하신 분을 흉내낼 것입니다. 사람들은 그리스도의 교리에 "놀랐고"(마 7:28) "이 사람의 이 지혜가 어디서 났느냐"고 말했습니다(마 13:54). 예수님을 감히 흉내래고자하는 위조자도 마찬가지일 것입니다.

그는 입으로 아주 위대한 것을 말할 것입니다. 그는 완벽한 구사력과 언어의 흐름을 갖게 될 것입니다. 그의 웅변술은 주목을 받을 뿐만 아니라 존경을 받을 것입니다. 요한계시록 13장 2절은 그의 입이 "사자의 입 같다"고 선언하는데, 이것은 그의 목소리가 가져오는 효과와 그것이 일으키는 위엄과 경외심을 말하는 상징적 표현입니다. 사자의 목소리는 다른 어떤 짐승보다 뛰어납니다. 따라서 적그리스도는 고대와 현대의 경쟁적인 웅변가들을 제압할 것입니다.

III. 그는 정치적 천재가 될 것입니다

적그리스도는 희미한 이름없는 사람에서 등장할 것이지만 그는 외교적 기술로 그는 존경을 받고 정치 세계의 협동을 강요할 것입니다. 그의 활동 초기 단계에서 그는 "작은 뿔"(또는 권력)로 나타나지만 얼마 지나지 않아 그는 명성의 사다리를 오르고 화려한 정치가를 통해 최고의 자리에 오르게 됩니다. 대다수의 정치인처럼 그는 의심스러운 방법을 사용하는 데 주저하지 않을 것입니다. 사실 그는 외교적 교활함과 음모에 의해 빠른 성공을 거둘 것입니다. 다니엘서 11장 21절은 사람들이 처음에는 적그리스도에게 나라의 영광을 주지 아니할 것이라고 합니다. 속임수로 그 나라를 얻을 것이라고 합니다.

또 그의 왕위를 이을 자는 한 비천한 사람이라 나라의 영광을 그에게 주지 아니할 것이나 그가 평안한 때를 타서 속임수로 그 나라를 얻을 것이며(단 11:21)

그가 권력을 장악하면 누구도 감히 그의 권위에 도전하지 않을 것입니다. 왕들은 그의 졸이 되고 왕자들은 그의 장난감이 될 것입니다.

IV. 그는 상업적 천재가 될 것입니다.

그가 꾀를 베풀어 제 손으로 속임수를 행하고 마음에 스스로 큰 체하며 또 평화로운 때에 많은 무리를 멸하며 또 스스로 서서 만왕의 왕을 대적할 것이나 그가 사람의 손으로 말미암지 아니하고 깨지리라(단 8:25)

그의 정권 아래서 모든 것이 국유화될 것이며 아무도 그의 허락 없이 매매할 수 없을 것이다(계 13:17). 모든 상업은 그의 개인적인 통제 하에 있을 것이며, 이것은 그의 이익을 위해 사용될 것입니다. 세상의 부는 그의 마음대로 될 것입니다. 이에 주의를 환기시키는 여러 성구들이 있습니다.

이 사람은 하나님을 자기 힘으로 삼지 아니하고 오직 자기 재물의 풍부함을 의지하며 자기의 악으로 스스로 든든하게 하던 자라 하리로다(시 52:7)

그 대신에 강한 신을 공경할 것이요 또 그의 조상들이 알지 못하던 신에게 금 은 보석과 보물을 드려 공경할 것이며(단 11:38)

그가 권세로 애굽의 금 은과 모든 보물을 차지할 것이요 리비아 사람과 구스 사람이 그의 시종이 되리라(단 11:43)

다니엘 11장의 마지막 절에서 적그리스도의 "궁전"에 대해 언급합니다. 그는 크레수스보다 부자가 될 것입니다.

4네 지혜와 총명으로 재물을 얻었으며 금과 은을 곳간에 저축하였으며 5네 큰 지혜와 네 무역으로 재물을 더하고 그 재물로 말미암아 네 마음이 교만하였도다(겔 28:4-5)

그리하여 그는 재정적 권력의 홀을 휘두를 수 있고 그의 모든 영광으로 솔로몬을 능가할 수 있을 것입니다.

V. 그는 군사적 천재가 될 것입니다.

적그리스도는 가장 비범한 능력을 부여받을 것입니다.

그 권세가 강할 것이나 자기의 힘으로 말미암은 것이 아니며 그가 장차 놀랍게 파괴 행위를 하고 자의로 행하여 형통하며 강한 자들과 거룩한 백성을 멸하리라(단 8:24)

그의 착취로 알렉산더와 나폴레옹의 명성은 잊혀질 것입니다. 아무도 그의 앞에 맞서 설 수 없을 것입니다. 적그리스도는 "앞으로 나아가서 이기고 이기려고"(계 6:2) 할 것입니다. 적그리스도는 그의 앞에서 모든 것을 쓸어버리어 세상이 다음과 같이 외치게 할 것입니다.

용이 짐승에게 권세를 주므로 용에게 경배하며 짐승에게 경배하여 이르되 누가 이 짐승과 같으냐 누가 능히 이와 더불어 싸우리요 하더라(계 13:4)

그의 군사적 공적은 한 구석에 그치지 않고 대규모로 이루어질 것이다. 그는 "나라들을 진동시키고" "땅을 진동하게 할"(사 14:16) 사람으로 언급됩니다.

VI. 그는 통치의 천재가 될 것입니다.

그는 적대 세력을 하나로 묶을 것입니다. 그는 충돌하는 기관을 통합할 것입니다. 그의 기술적이며 기교적인 통솔의 강력한 힘 아래 세계의 강국이 하나가 될 것입니다. 그러면 국제연맹의 꿈이 실현될 것입니다. 동양과 서양은 더 이상 나누어지지 않을 것이다. 이에 대한 기이한 상징적 그림이 계시록 13장 1, 2절에 나와 있습니다.

[1]내가 보니 바다에서 한 짐승이 나오는데 뿔이 열이요 머리가 일곱이라 그 뿔에는 열 왕관이 있고 그 머리들에는 신성모독 하는 이름들이 있더라 [2]내가 본 짐승은 표범과 비슷하고 그 발은 곰의 발 같고 그 입은 사자의 입 같은데 용이 자기의 능력과 보좌와 큰 권세를 그에게 주었더라(계 13:1-2)

여기에서 우리는 로마, 그리스, 메대-페르시아, 바빌로니아 제국의 세력이 하나로 합쳐진 것을 볼 수 있습니다. 그는 최종 형태로 세계의 정치적 권위를 개인적으로 구체화할 것입니다. 세계는 짐승이 던지는 최면 마법에 완전히 휘둘려 로마 제국의 열 왕이 궁극적인 형태로 "그 나라를 그에게 줄 것"(계 17:17)이 될 것입니다. 그는 마지막 위대한 카이사르가 될 것입니다.

VII. 그는 종교적 천재가 될 것입니다

적그리스도는 자신이 하나님이라고 선포하고 그에게 하나님의 신성한 영예를 돌리고 성전에 앉아 자신이 하나님이라고 나타낼 것을 요구할 것입니다(살후 2:4). 그는 놀라운 일이나 이적을 행할 것이며 하나님이 직접 보호하지 않으시면 택하신 자들도 그에게 미혹을 받을 것입니다. 죄의 사람인 적그리스도는 인류의 모든 다양한 천재적인 모든 능력을 자기 안에 결합할 것이며, 게다가 그는 사탄의 모든 지혜와 능력을 부여받을 것입니다. 그는 자연의 모든 힘에 대해 잘 알고 있는 과학의 대가가 되어 그것들이 오랫동안 간직해 온 비밀을 포기하도록 강요합니다. 사람들은 말할 것입니다.

사탄의 최고의 걸작인 적그리스도에게는 모든 지적인 위대함, 주권적인 능력 그리고 인간의 영광이 모아질 것입니다. 그런데 이것은 모든 종류의 악, 교만, 폭정, 방종, 속임수 그리고 신성모독 등이 결합된 형태로 될 것입니다. 이것은 안티오쿠스 에피파네스, 무함마드, 모든 시대의 교황, 무신론자, 세상의 모든 시대의 이성을 한 개인으로 실패한 그것이 한 인물로 구체화된 것이다.

그의 머리 하나가 상하여 죽게 된 것 같더니 그 죽게 되었던 상처가 나으매 온 땅이

놀랍게 여겨 짐승을 따르고(계 13:3)

적그리스도는 죽은 자처럼 되었다가 자신을 일으켜 세울 것이요, 사람들은 이 엄청난 경이로움에 놀라 그에게 기꺼이 신성한 경의를 표할 것입니다. 사람들의 눈에 적그리스도의 능력은 너무도 눈부시게 커서 사람들이 그의 형상에 경배할 것입니다(계 13:14,15).

[14]짐승 앞에서 받은 바 이적을 행함으로 땅에 거하는 자들을 미혹하며 땅에 거하는 자들에게 이르기를 칼에 상하였다가 살아난 짐승을 위하여 우상을 만들라 하더라 [15]그가 권세를 받아 그 짐승의 우상에게 생기를 주어 그 짐승의 우상으로 말하게 하고 또 짐승의 우상에게 경배하지 아니하는 자는 몇이든지 다 죽이게 하더라(계 13:14-15)

사탄의 천재적인 재능에 대해 생각해 보았으므로 이제 그의 성품을 살펴보겠습니다. 그렇게 함으로써 우리는 주 예수님의 성품에 비추어 적그리스도를 살펴보게 될 것입니다. 그리스도는 모든 성품을 점검할 수 있는 신성한 다림줄이요 측정기준이십니다.

필자는 이전 장에서 미래에 나타날 초인적인 인물의 구별되는 칭호인 적그리스도가 그리스도를 대신하는 자이자 그리스도의 반대자라는 점에서 두 가지 의미를 가지고 있다고 말했습니다. 그러므로 그의 성품을 연구하면서 우리는 거짓 그리스도와 참 그리스도 사이에 그려진 일련의 비교와 대조를 발견합니다. 그리고 이것들을 이제 독자들 앞에 제시할 것입니다.

VIII. 그리스도와 적그리스도의 비교

사탄은 위조의 대가이며 다음 행보에서보다 그를 더 두드러지게 나타나는 것은 없습니다. 그는 이제 신성한 성육신을 모독하는 모조품으로 나올 절정의 산물을 위한 무대를 준비하고 있습니다. "멸망의 아들"이 나타날 때 그는 하나님의 그리스도로 가장할 것이며 그의 변장이 너무 완벽할 것이며 하나님께서 그들에게 특별한 조명을 주시지 않는다면 택함을 받은 자들도 기만당할 것입니다. 성경이 제공하는 다양한 유사점을 지적하면서 우리가 지금 살펴보고자 하는 것은 바로 이 위장, 참 그리스도를 가장한 것입니다:

1) 그리스도는 구약의 예언의 주제였습니다. 적그리스도도 마찬가지입니다. 적그리스도가 나타날 것을 묘사하는 많은 예언이 있습니다. 특히 다니엘 11장 21-45절을 보십시오.

[21]또 그의 왕위를 이을 자는 한 비천한 사람이라 나라의 영광을 그에게 주지 아니할 것이나 그가 평안한 때를 타서 속임수로 그 나라를 얻을 것이며 [22]넘치는 물 같은 군대가 그에게 넘침으로 말미암아 패할 것이요 동맹한 왕도 그렇게 될 것이 [23]그와 약조한 후에 그는 거짓을 행하여 올라올 것이요 소수의 백성을 가지고 세력을 얻을 것이며 [24]그가 평안한 때에 그 지방의 가장 기름진 곳에 들어와서 그의 조상들과 조상들의 조상이 행하지 못하던 것을 행할 것이요 그는 노략하고 탈취한 재물을 무리에게 흩어 주며 계략을 세워 얼마 동안 산성들을 칠 것인데 때가 이르기까지 그리하리라 [25]그가 그의 힘을 떨치며 용기를 다하여 큰 군대를 거느리고 남방 왕을 칠 것이요 남방 왕도 심히 크고 강한 군대를 거느리고 맞아 싸울 것이나 능히 당하지 못하리니 이는 그들이 계략을 세워 그를 침이니라 [26]그의 음식을 먹는 자들이 그를 멸하리니 그의 군대가 흩어질 것이요 많은 사람이 엎드러져 죽으리라 [27]이 두 왕이 마음에 서로 해하고자 하여 한 밥상에 앉았을 때에 거짓말을 할 것이라 일이 형통하지 못하리니 이는 아직 때가 이르지 아니하였으므로 그 일이 이루어지지 아니할 것임이니라 [28]북방 왕은 많은 재물을 가지고 본국으로 돌아가리니 그는 마음으로 거룩한 언약을 거스르며 자기 마음대로 행하고 본토로 돌아갈 것이며 [29]작정된 기한에 그가 다시 나와서 남방에 이를 것이나 이번이 그 전번만 못하리니 [30]이는 깃딤의 배들이 이르러 그를 칠 것임이라 그가 낙심하고 돌아가면서 맺은 거룩한 언약에 분노하였고 자기 땅에 돌아가서는 맺은 거룩한 언약을 배반하는 자들을 살필 것이며 [31]군대는 그의 편에 서

서 성소 곧 견고한 곳을 더럽히며 매일 드리는 제사를 폐하며 멸망하게 하는 가증한 것을 세울 것이며 [32] 그가 또 언약을 배반하고 악행하는 자를 속임수로 타락시킬 것이나 오직 자기의 하나님을 아는 백성은 강하여 용맹을 떨치리라 [33]백성 중에 지혜로운 자들이 많은 사람을 가르칠 것이나 그들이 칼날과 불꽃과 사로잡힘과 약탈을 당하여 여러 날 동안 몰락하리라 [34]그들이 몰락할 때에 도움을 조금 얻을 것이나 많은 사람들이 속임수로 그들과 결합할 것이며 [35]또 그들 중 지혜로운 자 몇 사람이 몰락하여 무리 중에서 연단을 받아 정결하게 되며 희게 되어 마지막 때까지 이르게 하리니 이는 아직 정한 기한이 남았음이라 [36]그 왕은 자기 마음대로 행하며 스스로 높여 모든 신보다 크다 하며 비상한 말로 신들의 신을 대적하며 형통하기를 분노하심이 그칠 때까지 하리니 이는 그 작정된 일을 반드시 이루실 것임이라 [37]그가 모든 것보다 스스로 크다 하고 그의 조상들의 신들과 여자들이 흠모하는 것을 돌아보지 아니하며 어떤 신도 돌아보지 아니하고 [38]그 대신에 강한 신을 공경할 것이요 또 그의 조상들이 알지 못하던 신에게 금 은 보석과 보물을 드려 공경할 것이며 [39]그는 이방신을 힘입어 크게 견고한 산성들을 점령할 것이요 무릇 그를 안다 하는 자에게는 영광을 더하여 여러 백성을 다스리게도 하며 그에게서 뇌물을 받고 땅을 나눠 주기도 하리라 [40] 마지막 때에 남방 왕이 그와 힘을 겨룰 것이나 북방 왕이 병거와 마병과 많은 배로 회오리바람처럼 그에게로 마주 와서 그 여러 나라에 침공하여 물이 넘침 같이 지나갈 것이요 [41]그가 또 영화로운 땅에 들어갈 것이요 많은 나라를 패망하게 할 것이나 오직 에돔과 모압과 암몬 자손의 지도자들은 그의 손에서 벗어나리라 [42]그가 여러 나라들에 그의 손을 펴리니 애굽 땅도 면하지 못할 것이니 [43]그가 권세로 애굽의 금 은과 모든 보물을 차지할 것이요 리비아 사람과 구스 사람이 그의 시종이 되리라 [44]그러나 동북에서부터 소문이 이르러 그를 번민하게 하므로 그가 분노하여 나가서 많은 무리를 다 죽이며 멸망시키고자 할 것이요 [45]그가 장막 궁전을 바다와 영화롭고 거룩한 산 사이에 세울 것이나 그의 종말이 이르리니 도와 줄 자가 없으리라(단 11:20-45)

2) 주 예수님은 아벨, 요셉, 모세, 다윗 등과 같은 구약의 많은 인물들로 모형화되셨습니다. 적그리스도도 그러할 것입니다. 가인, 파라오, 압솔롬, 사울 등과 같은 인물들은 죄의 사람인 적그리스도를 예표합니다. 필자는 우리 주제에서 가장 흥미롭고 완전히 무시된 이 부분에 대해 별도의 장을 할애할 것입니다.

3) 그리스도는 하나님께서 정하신 때에만 나타나셨습니다. 적그리스도의 경우에도 그러할 것입니다.

때가 차매 하나님이 그 아들을 보내사 여자에게서 나게 하시고
율법 아래에 나게 하신 것은(갈 4:4)

너희는 지금 그로 하여금 그의 때에 나타나게 하려 하여 막는 것이 있는 것을
아나니(살후 2:6)

4) 그리스도는 사람이셨고 실제 사람이셨습니다. "사람이신 그리스도 예수"(딤전 2:5); 적그리스도도 그러할 것입니다. "죄의 사람"입니다(살후 2:3).

5) 그러나 그리스도는 사람 이상이었습니다. 그는 하나님이시며 사람이셨다. 또한 적그리스도도 그러합니다. 그는 초월적인 인간, 즉 슈퍼맨이 될 것입니다.

6) 그리스도는 육신으로는 유대인이셨습니다(롬 1:3). 적그리스도도 그러할 것입니다. 이 책의 제3장 섹션 1을 참조하십시오.

7) 그리스도께서 이스라엘과 언약을 맺으실 것이다(히 8:8). 적그리스도도 이스라엘과 언약을 맺을 것입니다(단 9:27).

8) 그리스도는 우리의 "위대한 대제사장"이십니다. 또한 적그리스도도 이스라엘의 위대한 대제사장이 될 것입니다(겔 21:26).

9) 그리스도는 유대인의 왕이셨고 앞으로도 그러할 것입니다(마 2:1). 적그리스도도 그러할 것이다(단 11:36).

10) 그리스도는 만왕의 왕이 되실 것이다(계 17:14). 적그리스도도 그러

할 것이다(계 17:12, 13).

11) 그리스도께서는 기적을 행하셨습니다. 그분에 대해서는 "이적과 기사와 표적으로 너희 가운데서 하나님께 인정을 받은"(행 2:22); “사단의 역사를 따라 모든 능력과 표적과 거짓 기사를 행하는 자”(살후 2:9)라고 기록된 적그리스도도 그러할 것입니다.

12) 그리스도의 공적 사역은 3년 반으로 제한되었습니다. 적그리스도의 마지막 사역도 그러할 것입니다(계 13:5).

13) 그리스도는 백마를 타고 우리에게 나타나십니다(계 19:11). 적그리스도도 그러합니다(계 6:2).

14) 그리스도는 평강의 왕으로 이 땅에 재림하실 것입니다(사 9:6, 7). 적그리스도도 평화의 시대를 오게 할 것입니다(단 11:21). 데살로니가전서 5장 3절이 직접적으로 언급하는 것이 바로 이것입니다.

15) 그리스도는 새벽별(계 22:16)이라는 칭호를 받았다. 적그리스도도 그러합니다(사 14:12).

16) 그리스도는 "이전에도 있었고 지금도 있고 장차 오실 자"(계 4:8)로 언급됩니다. 적그리스도는 "전에 있었다가 현재 없고 사라졌다가 무저갱에서 올라올 자"(계 17:8) 로 언급된다.

17) 그리스도는 죽으시고 다시 살아나셨습니다. 적그리스도도 그러할 것이다(계 13:3).

18) 그리스도는 우주적 예배의 대상이 되실 것이다(빌 2:10). 적그리스도도 그러할 것이다(계 13:4).

19) 어린 양을 따르는 사람들에게 주님은 그들의 이마에 인을 칠 것입니다(계 7:3; 14:1). 짐승의 추종자들도 그러할 것이다(계 13:16, 17).

20) 그리스도는 사람들로 하여금 당신을 경배하게 하는 성령이 따르셨습니다. 그래서 적그리스도는 사람들로 하여금 짐승에게 경배하게 할 적대적인 영, 즉 거짓 선지자가 뒤따를 것입니다(계 13:12).

이 놀라운 상응에 대해 우리가 논평할 필요가 없습니다. 그것들이 저절로 말해주고 있습니다. 이 구절들은 하나님께서 사탄이 주 예수를 흉내내도록 허용하신 놀라운 길이를 보여줍니다. 이제 다음 사항을 고려하도록 하겠습니다.

IX. 그리스도와 적그리스도의 대조

1. 각각의 명칭에서

한 분은 그리스도라고 합니다(마 16:16). 다른 하나는 적그리스도(요일 4:3).

한 사람은 슬픔의 사람이라고 합니다(사 53:3). 다른 하나는 죄의 사람(살후 2:3).

한 분은 하나님의 아들이라고 합니다(요한복음 1:34). 다른 하나는 멸망의 아들(살후 2:3).
한 사람은 여자의 씨라고 합니다(창 3:15). 다른 하나는 뱀의 씨(창 3:15).

하나는 어린양이라고 합니다(사 53:7). 다른 이는 짐승입니다(계 11:7).

한 분은 거룩하신 분이라고 합니다(막 1:24). 다른 하나는 악한 자입니다(살후 2:8).

하나는 진리라고 합니다(요 14:6). 다른 하나는 거짓입니다(요 8:44).

하나는 평강의 왕이라 불린다(사 9:6). 다른 하나는 사악하고 속된 왕이라고 불린다(겔 21:25).

하나는 영광스러운 가지라고 불린다(사 4:2). 다른 하나는 가증한 가지입니다(사 14:19).

하나는 전능의 사자라고 합니다(계 10:1). 다른 하나는 무저갱의 사자라 불린다(계 9:11).

한 사람은 선한 목자라고 합니다(요한복음 10:11). 다른 하나는 우상의 목자라 불린다(슥 11:17).

하나는 그의 이름("예수"의 gematria)의 숫자가 888 이며 다른 하나는 그의 이름을 위하여 666을 가지고 있다(계 13:18).

II. 각자의 이력에서

그리스도는 하늘에서 내려오셨습니다(요 3:13). 적그리스도는 무저갱에서 올라옵니다(계 11:7).

그리스도는 다른 사람의 이름으로 오셨습니다(요 5:43). 적그리스도는 자기 이름으로 올 것이다(요 5:43).

그리스도는 아버지의 뜻을 행하기 위해 오셨습니다(요 6:38). 적그리스도는 자기 뜻을 행할 것이다(단 11:36).

그리스도는 성령으로 힘을 얻으셨습니다(눅 4:14). 적그리스도는 사탄에 의해 힘을 얻을 것입니다(계 13:4).

그리스도께서는 자신을 하나님께 복종시키셨습니다(요 5:30). 적그리스도는 하나님을 대적합니다(살후 2:4).

그리스도께서는 자신을 낮추셨습니다(빌 2:8). 적그리스도는 자신을 높인다(단 11:37).

그리스도께서는 그의 조상들의 하나님을 영화롭게 하셨습니다(눅 4:16). 적그리스도는 그렇게 하기를 거절합니다(단 11:37).

그리스도께서 성전을 깨끗하게 하셨습니다(요 2:14,16). 적그리스도는 성전을 더럽힙니다(마 24:15).

그리스도는 궁핍한 자들을 돌보셨습니다(사 53:7). 적그리스도는 가난한 사람들의 것을 강탈합니다(시 10:8,9).

그리스도는 사람들에게 버림을 받으셨습니다(이사야 53:7). 적그리스도는 사람들에게 받아들여질 것입니다(계 13:4).

그리스도께서 양무리를 인도하십니다(요 10:3). 적그리스도는 양무리를 떠납니다(슥 11:17).

그리스도는 백성을 위해 죽임을 당하셨습니다(요 11:51). 적그리스도는 백성을 죽입니다(사 14:20).

그리스도는 땅에서 하나님께 영광을 돌리셨고(요 17:4), 적그리스도는 하늘에서 하나님의 이름을 훼방하였습니다(계 13:6).

그리스도는 하늘로 올려지셨다(눅 24:51). 적그리스도는 불못으로 내려갑니다(계 19:20).

제5장
적그리스도의 이력

이제 우리가 다루고 있는 주제에서 가장 흥미롭지만 가장 어려운 부분에 도달했습니다.

적그리스도는 언제 나타날 것인가?
그는 어디에 나타날 것인가?
그는 무엇을 할 것인가?

이 장의 주제에 대해 생각해 본 모든 사람에게 쉽게 발생하는 질문입니다. 나태한 호기심을 만족시키는 것이 우리의 목적이 아니며, 센세이셔널한 것을 사랑하는 사람들을 만족시키는 것도 아닙니다. 필자는 이 장의 주제가 호기심 많은 사람들에게 강하게 호소하는 주제라는 것을 잘 알고 있으며, 필자가 가지는 질문의 중요성이 아니었다면 그대로 두었을 것입니다. 그러나 다가오는 초인적인 인물인 적그리스도의 인격과 위치에 대한 적절한 고려 없이는 구약이나 신약의 종말론을 이해하는 것은 불가능합니다.

가장 큰 어려움은 적그리스도를 다루는 많은 구절을 연대기적 순서로 배열하는 것입니다. “죄의 사람”에 관한 예언이 성취되는 정확한 순서를 찾아가는 것은 결코 쉬운 일이 아닙니다. 이와 관련해서는 기도하는 마음으로 많은 연구가 필요합니다. 필자는 현재 필자가 가지고 있는 빛에 따라서만 글을 쓸 수 있으며, 이에 독자들도 또한 성경에 비추어 필자가 말하는 것을 스스로 점검해야 합니다. 어떤 예언이 성취되어야 할 정확한 시기를 말씀 자체가 분명히 밝히지 않음에도 불구하고 독단적인 태도를 취하는 것은 누구에게나 좋지 않습니다.

이 장에서 필자는 다소 불리한 위치에 있습니다. 왜냐하면 여기서 잠시 멈추고 각 해석에 대한 증거나 이유를 제공하는 것이 불가능한 많은 성구에 대해서 간략한 설명을 해야 하기 때문입니다. 예를 들어, 이사야서 10장의 앗수르 사람, 이사야서 14장의 바빌론 왕, 다니엘서 7장의 작은 뿔, 다니엘서 8장의 작은 뿔, 계시록 13장의 첫 번째 짐승이 각각, 다른 관계에 있는 적그리스도 자신이라는 것이 필자의 확신입니다. 이 점에 대해 필자에게 문제를 제기하고 이 장에서 필자가 그것을 증명하려고 노력하지 않고 주장을 하기 때문에 불평할 수 있는 일부 성경을 연구하는 분들이 있습니다. 필자는 이것을 유감스럽게 생각하지만 인내심을 가지고 필자에게 참을 것을 요청합니다. 이 책의 뒷부분에서 필자는 시편, 예언서, 복음서와 서신, 계시록에서의 적그리스도에 대해 따로 연구할 것입니다. 각 구절을 개별적으로 검토하고 채택된 모든 해석에 대해 성경적 증거를 제시하려고 노력할 것입니다.

적그리스도에 관한 각 예언을 적절한 연대기적 위치에 맞추는 것은 분명히 어렵고 아마도 불가능할 것이지만, 우리는 그들 대부분의 상대적인 위치를 결정할 수 있습니다. 적그리스도의 활동이력은 두 부분으로 나뉘며, 두 부분 사이에는 명확하게 정의된 구분선이 있습니다. 앞의 장에서 필자는 "적그리스도"라는 이름이 그리스도를 따라하는 사람과 그리스도를 대적하는 사람을 나타내는 이중적인 의미가 있음을 지적했습니다. 그의 이름에 대한 이 이중적인 의미는 그의 경력에서 두 가지 주요 부분과 정확히 일치합니다. 첫째, 그는 참 그리스도로 가장하여 참으로 이스라엘의 메시아라고 주장합니다. 이 주장은 가장 위풍당당한 자격으로 뒷받침될 것이며, 하나님의 택하신 자들을 제외한 모든 사람들은 기만당할 것입니다. 그는 성전(예루살렘에 재건된 성전)에 앉아 자신을 하나님으로 나타낼 것이며 하나님의 영예를 받을 것입니다. 그러나 나중 단계에서 그는 가면을 벗고 그리스도를 대적하고 하나님을 대적하는 그의 진정한 성품으로 나타날 것입니다. 그런 다음 그는 유대인과 친구가 되는 대신에 그들에게 등을 돌리고 땅에서 그들을 근절하려고 할 것입니다. 따라서 적그리스도의 인물과 경력을 설명하는 많은 성경구절에서 그 구절이 적그리스도 역사의 첫 번째 단계에 속하는지 아니면 두 번째 단계에 속하는지 결정하는 것은 비교적 쉬운 문제입니다. 그러나 이것을 넘어서면 어렵습니다. 최소한 몇 가지 고려할 성경이 있습니다.

먼저 적그리스도가 나타날 때를 고려할 것입니다. 적그리스도(the Antichrist)가 아직 나타나지 않았다는 것을 보여주기 위해 우리가 긴 논쟁을 할 필요는 거의 없습니다. 많은 적그리스도(an antichrist)가 이미 왔다가 사라졌으며 일부는 지금도 세상에 있습니다. 성경에 예언된 많은 거짓 선지자들도 마찬가지입니다. 그러나 이 모든 것들은 아직 온전히 나타나지 않았으며 주 예수께서 이 땅에 재림하실 때 최후의 멸망을 받게 될 적그리스도와 거짓 선지자에 대한 예언과 예표일 뿐입니다.

적그리스도가 나타나기 전에 성령님은 이 세상에서 옮겨지셔야 합니다(살후 2:7). 작은 뿔이 두각을 나타내기 전(단 7:24)에 옛 로마 제국이 부활하고 열명의 왕들로 나뉘어져야 하고 최종 형태를 취해야 합니다. 이스라엘은 자신들의 땅을 회복해야 하고 성전이 재건되어야 하는 등등이 있습니다.

지금은 "불법의 미스테리"가 최고점으로 치닫는 것이 저지되고 있습니다. 하나님의 백성은 세상의 소금이며, 그들의 존재는 "주검"의 부패를 막아내고 있습니다(마 24:28—"주검"는 그리스도의 "몸"의 반대입니다).

주검이 있는 곳에는 독수리들이 모일 것이니라(마 24:28)

성도는 세상의 빛이니 성도가 세상에 있는 동안에는 흑암이 땅을 온전히 덮고 흑암이 백성을 덮을 수 없습니다(사 60:2). 하나님의 영은 믿는 자들에게 내주하며 여기에 계시며 그분의 거룩한 임재는 사탄의 계획이 최종적으로 성취되는 지를 점검합니다. 그러나 이 시대의 모든 신자가 "공중에서 주를 영접하기 위하여 들리워지고"(살전 4:16), 성령이 땅에서 떠나실 때 모든 억제가 제거되고 사탄이 그의 거짓 메시야를 내는 것이 허용될 것이다. 적그리스도는 마침내 "그의 때에 나타날(살후 2:6)" 것이고 심지어 하나님께서 이미 사탄에게 그의 사악한 노력의 끔찍한 완성을 위한 행동들의 무대를 준비하도록 허락하셨다는 것을 보여주고자 하는 징조가 없는 것 같이 보일것입니다. 의심할 여지 없이 마귀는 이보다 훨씬 전부터 멸망의 아들을 드러내고자 하여 그를 통하여 온 세상을 굴복시키려고 했다는 것입니다. 이제까지 하나님의 억제하는 손이 그를 막았습니다. 하지만 그것이 곧 제거될 것입니다.

그렇다면 적그리스도가 나타날 때는 이러한 현재의 은혜의 시대가 끝난 후입니다. 그리스도의 신비한 몸이 완성된 후입니다. 하나님의 백성의 온 무리가 공중에서 주님을 영접하기 위해 끌어 올려진 후입니다. 성령이 세상을 떠나가신 후입니다. 그러한 것들이 일어난 후 얼마나 빠른 시간 안에 적그리스도가 나타날 지는 확실히 말할 수는 없습니다. 대부분의 예언자들은 마지막 위대한 카이사르가 성도들의 휴거 직후에 두각을 나타낼 것이라고 생각하는 것 같습니다. 개인적으로 필자는 둘 사이에 길거나 짧은 간격이 있을 것이라고 믿습니다. 주 예수께서 탄생하신 후 공생애가 시작되기까지 30년의 기간, 즉 침묵의 기간이 있었던 것처럼 휴거와 적그리스도의 계시 사이에도 비슷한 기간이 있을 수 있습니다.

적그리스도는 다니엘의 칠십째 이레가 시작되기 전에 공식적인 업무의 장에 들어갈 것입니다. 왜냐하면 다니엘의 칠십째 이레가 시작되기 전에 그가 유대인들과 그들의 땅에서 7년 계약을 맺기 때문입니다. 그러나 그 시점에서 그는 세계 정치의 독재자가 될 것입니다. 적어도 정치적인 관점에서 보면 적그리스도는 정치적인 행보를 시작하면서 정치적 패권에 점진적으로 상승하는 데 일정 시간(아마도 몇 년)이 허용되어야 합니다. 주님께서 친히 천년왕국을 알리기 위해 이 땅에 강림하실 때까지 그의 급격한 상승은 끝나지 않을 것입니다. 사울의 통치가 다윗의 통치보다 앞선 것처럼 적그리스도의 통치가 참 그리스도의 통치보다 앞설 것입니다.

이제 필자는 적그리스도가 나타난 장소를 살펴보기로 합니다. 필자가 알고 있는 한 이 점에 대해 직접적인 정보를 제공하는 성경구절은 단 두 군데 뿐이며 각각 다니엘의 예언에서 찾을 수 있습니다. 먼저 "작은 뿔"에 대해 말하는 구절을 살펴보겠습니다.

[7]내가 밤 환상 가운데에 그 다음에 본 넷째 짐승은 무섭고 놀라우며 또 매우 강하며 또 쇠로 된 큰 이가 있어서 먹고 부서뜨리고 그 나머지를 발로 밟았으며 이 짐승은 전의 모든 짐승과 다르고 또 열 뿔이 있더라 [8]내가 그 뿔을 유심히 보는 중에 다른 작은

뿔이 그 사이에서 나더니 첫 번째 뿔 중의 셋이 그 앞에서 뿌리까지 뽑혔으며 이 작은 뿔에는 사람의 눈 같은 눈들이 있고 또 입이 있어 큰 말을 하였더라(단 7:7-8)

이 네 번째 짐승은 메시아 왕국이 세워지기 전의 마지막으로 세계를 장악한 제국입니다. 이 제국은 처음에 열 왕을 통해서 통치가 진행될 것이다. 즉 다니엘 7:7의 "열 뿔"과 다니엘 7:24의 열 왕을 말하는 것이다. 그들 후에 또 다른 "왕"을 의미하는 "작은 뿔"이 일어날 것입니다(다니엘 7:24 참조). 그 단계에서 그의 왕국이 다른 왕국에 비해 작기 때문에 그가 "작은 뿔"이라고 불립니다. 그의 권세가 열왕과 비교하여 아직 크지 않습니다. 그러나 적그리스도는 오랫동안 약하고 중요하지 않은 채로 남아있지 않습니다. 머지않아 이 열한번째 왕이 되는 적그리스도에게 열왕들이 충성할 것입니다(See 계 17:12, 13)

[12]네가 보던 열 뿔은 열 왕이니 아직 나라를 얻지 못하였으나 다만 짐승과 더불어 임금처럼 한동안 권세를 받으리라 [13]그들이 한 뜻을 가지고 자기의 능력과 권세를 짐승에게 주더라(계 17:12-13)

후에 다룰 장들을 위해서 여기 '작은 뿔'이 적그리스도라는 증거들을 남겨두도록 하겠습니다. 독자들에게 다니엘 7:8, 20-27; 8:9-12, 23-25 구절 안에서 그에 대해 묘사된 것들을 주의깊게 연구할 것을 권면합니다. 다니엘 7장의 작은 뿔이 적그리스도라는 사실을 (현재로서는) 당연하게 여기면 그에 대해 언급된 내용이 그가 등장할 지역을 결정하는 데 어떻게 도움이 되는지 알아보겠습니다. 다니엘 7장 7절에서 "넷째 짐승"이 묘사되며 다니엘 7장 23절에서는 다음과 같이 말합니다:

모신 자가 이처럼 이르되 넷째 짐승은 곧 땅의 넷째 나라인데 이는 다른 나라들과는 달라서 온 천하를 삼키고 밟아 부서뜨릴 것이며(단 7:23)

이 왕국은 과거의 로마제국이 최종적인 형태로 부활하여 동로마제국과 서로마제국으로 나뉘어진 것처럼 될 것이라고 믿습니다. 이 네 번째 왕국은 모든 영토를 차지할 것이며 이전에 있었던 다른 세 왕국, 즉 바빌로니아, 메디아-페르시아, 그리스의 모든 지배적 특성을 존속시킬 것입니다. 다니엘 7장 8절입니다:

내가 그 뿔을 유심히 보는 중에 다른 작은 뿔이 그 사이에서 나더니 첫 번째 뿔 중의 셋이 그 앞에서 뿌리까지 뽑혔으며 이 작은 뿔에는 사람의 눈 같은 눈들이 있고 또 입이 있어 큰 말을 하였더라(단 7:8)

적그리스도는 고대 로마 제국의 한계 내에서 부활할 것입니다. 이것은 우리의 탐구 범위를 상당히 좁혀줍니다. 다음 질문은 그가 로마제국의 어느 부분(동로마 제국 또는 서로마 제국)에서 나올지 결정할 수 있는 가 하는 것입니다. 다니엘 8장은 이 점에 빛을 비추어 줍니다. 다니엘 8장 8-9절입니다:

[8]숫염소가 스스로 심히 강대하여 가더니 강성할 때에 그 큰 뿔이 꺾이고 그 대신에 현저한 뿔 넷이 하늘 사방을 향하여 났더라 [9]그 중 한 뿔에서 또 작은 뿔 하나가 나서 남쪽과 동쪽과 또 영화로운 땅을 향하여 심히 커지더니(단 8:8-9)

같은 장의 다니엘 8:21절은 "털이 많은 염소는 헬라의 왕(왕국)"이라고 말합니다. 22절까지 살펴보아야 합니다.

[21]털이 많은 숫염소는 곧 헬라 왕이요 그의 두 눈 사이에 있는 큰 뿔은 곧 그 첫째 왕이요 [22]이 뿔이 꺾이고 그 대신에 네 뿔이 났은즉 그 나라 가운데에서 네 나라가 일어나되 그의 권세만 못하리라(단 8:21-22)

이것은 알렉산더 대왕이 프톨레마이오스, 카산드로스, 리시마코스, 셀레우코스라는 그의 4명의 위대한 장군 아래에서 자신의 왕국을 그리스,

이집트, 시리아 및 나머지 터키 영토의 네 부분으로 나눈 행위를 의미합니다. 이것은 다시 우리의 탐구 범위를 눈에 띄게 좁혀줍니다. 다니엘 7장은 우리에게 작은 뿔이 고대 로마 제국이 차지한 영토의 일부에서 일어날 것이라고 알려줍니다. 다니엘 8장에서 우리는 작은 뿔이 그리스 제국이 포함되었던 다시 부활한 로마 제국의 지역에서 다시 일어날 것임을 알게 됩니다. 그러나 다니엘 8장이 우리에게 말하는 것은 이것이 전부가 아닙니다.

여기에서의 그리스 제국은 네 부분 또는 왕국으로 분열된 것으로 간주됩니다. 그러면 그것이 마케도니아, 이집트, 시리아 또는 트라키아를 생성할 것으로 기대할 수 있는 것일까요? 필자는 이러한 질문이 다니엘 8장에서 답을 얻었다고 믿습니다. 거기에서 우리는 작은 뿔이 "남쪽과 동쪽과 아름다운 땅을 향하여 심히 뻗는 다"는 기록을 봅니다. 실질적으로 모든 연구자들은 여기에서 "남쪽"은 이집트를, "동쪽"은 페르시아와 그리스를, "즐거운 땅"은 팔레스타인을 가리키는 데 동의합니다. 따라서 적그리스도가 처음 나타날 나라는 시리아인 것 같습니다. 다니엘 8장 9절에는 작은 뿔이 북쪽을 향하여 “크게 뻗치다”라는 언급이 없고 필자는 그 이유가 그가 일어날 곳이 바로 그곳이기 때문이라고 믿습니다. 이 사실에 주목해야 합니다.

그 중 한 뿔에서 또 작은 뿔 하나가 나서 남쪽과 동쪽과 또 영화로운 땅을 향하여 심히 커지더니(단 8:9)

이것은 이사야 10장 12절에서 "앗수르 왕"이 다름 아닌 적그리스도라는 사실에서 확언을 얻는 다. 우리는 이것이 주후 10세기에 걸친 예언에 대한 기독교 작가들의 견해라고 말할 수 있다. W. B. 뉴튼은 “ Aids to the

Study of Prophetic Inquiry"에서 고대 시대에 다뤄졌던 다양한 주장을 다음과 같이 간결하게 요약했습니다.

먼저 니므롯 곧 바벨의 창시자 곧 바벨론 망대 곧 야만적인 폭군이요 사람을 잔혹하게 압제한 자가 하나님에 대하여 전면전을 선포했습니다. 이와 같이 같은 바벨론 도시에서, 성도를 마지막으로 가장 가혹하게 핍박하는 자 곧 적그리스도가 일어날 것입니다. 또한 느부갓네살과 안티오코스 에피파네스와 같은 두 괴물을 보면 압도적인 멸망의 권세로 하나님의 백성을 쳐부수고 구약의 하나님의 적그리스도가 되었습니다. 또한 장차 나타날 적그리스도의 현저한 모형이 되었습니다. 이러한 독재자들이 바벨론에서 다스렸으니 신약의 진정한 적그리스도도 같은 바벨론에서 나오는 것이 합당하다고 필자는 주장합니다. 게다가 바벨론보다 적그리스도의 탄생에 더 합당하다고 지정할 수 있는 도시는 없습니다. 바벨론은 마귀의 도성으로하나님의 도성으로 간주되는 예루살렘과 정반대되는 도성이다. 모든 종류의 혼란, 우상 숭배, 불경건, 모든 더러운 오염, 범죄, 불법의 광대한 웅덩이, 참 하나님에 대한 숭배에서 스스로 단절된 세계 최초의 도시, 우주적인 악덕의 도시이다. 성경의 기록에 따르면 영원한 불의의 신비를 짊어지고 그녀의 이마에 하나님의 이름에 대한 신성 모독의 비문을 새기고 있습니다. 그러므로 불경건의 완결판인 적그리스도의 재현으로 바빌론보다 더 적합한 곳에서 나올 수 없었습니다.

적그리스도가 나타날 시간과 장소에 대해 어느 정도 오래 다루었기에, 이제 적그리스도의 생애에서 주요 사건에 대한 간략한 개요를 제시하려고 합니다. 필자는 적그리스도가 일어날 장소을 결정하는 데 도움이 되는 성경구절에서 "작은 뿔"이라는 칭호로 그에 대해 말하는 것을 살펴보았습니다. 그런데 이 칭호가 나타내는 첫 번째는 그가 한 왕, 앗수르의 왕이라는 것입니다. 틀림없이 어떤 사람들은 유대인이 어떻게 시리아의 왕좌를 차지할 수 있을지 의아해할 것입니다.

하지만 예를 들어, 성공적인 쿠데타를 주도하는 것과 같은 몇 가지 대답이 제안될 수 있습니다. 이름없는 평민이 빠르게 나라의 독재자의 지위에까지 오르는 광경을 러시아 등에서 우리는 보았습니다. 그러나 이 부분에 대하여 우리는 오직 추측에만 의지하지 않습니다. 다니엘 11장 21절은

"악한 자"가 평화롭게 와서 아첨으로 나라를 얻을 것이라고 말합니다. 이것은 계시록 6장 2절과 일치하는데, 적그리스도는 흰 군마를 타고 손에는 활을 들고 있지만 화살은 맞지 않습니다. 이 구절의 상징은 무혈 승리를 암시합니다.

이에 내가 보니 흰 말이 있는데 그 탄 자가 활을 가졌고 면류관을 받고 나아가서 이기고 또 이기려고 하더라(계 6:2)

적그리스도는 시리아의 왕좌을 얻자마자 그 외 영토를 빠르게 확장할 것입니다. 요한계시록 6장 2절이 말하듯이 적그리스도는 나아가서 이기고 또 이기려고 할 것입니다. 하박국 2장 5절입니다:

그는 술을 즐기며 거짓되고 교만하여 가만히 있지 아니하고 스올처럼 자기의 욕심을 넓히며 또 그는 사망 같아서 족한 줄을 모르고 자기에게로 여러 나라를 모으며 여러 백성을 모으나니(합 2:5)

이 부분과 관련하여 "작은 뿔"에 관하여 예언된 첫 번째 것은 "그가 세 왕을 복종시키리라"(단 7:24)는 것입니다. 이 왕들이 누구인지에 관해서는 설명해 주는 것은 다니엘 8장 9절입니다.

그 중 한 뿔에서 또 작은 뿔 하나가 나서 남쪽과 동쪽과 또 영화로운 땅을 향하여 심히 커지더니(단 8:9)

그는 남쪽으로 크게 확장합니다. 그것은 아마도 이집트로 원정하여 승리하는 것을 말하는 것입니다. 다음으로, 그는 동쪽으로 이동하여 페르시아와 그리스의 지배권을 축소시키는 것으로 보입니다. 그 이후에 마침내 그는 아름다운 땅 팔레스타인을 향하여 얼굴을 돌립니다. 필자는 적그리스도가 정복한 세 왕이 이집트, 페르시아, 그리스의 왕이라고 제안합니다.

적그리스도의 군사적 용맹함으로 그 세 왕을 정복한 후 적그리스도와 함께 "연합"이 만들어지게 됩니다(참조 다니엘 11:23). 아마도 부활한 로마 제국의 나머지 일곱 왕과 적그리스도가 폐위시킨 왕을 대신하여 적그리스도의 세 신하들이 이 "작은 뿔" 또는 "아시리아 왕"과 함께 이 동맹에 합류했을 것입니다. 그러나 적그리스도는 간사한 꾸미며 작은 백성과 함께 강해질 것이다(단 11:23). 그가 너무 강해져서 짧은 시간에 정치적 우위를 차지하게 되었고, 열 왕 모두가 "그들의 왕국을 짐승에게 줄 것"입니다(계 17:17). 그리고 그는 황제로 인정될 것입니다. 따라서 그는 왕 중의 왕으로서 유럽과 아시아를 다스릴 것입니다.

작은 뿔은 바빌론, 메디아-페르시아, 그리스, 로마의 모든 영광을 그 자신 안에서 의인화하여 소생시킬 것입니다. 그리고 이것을 놀라운 사건으로 간주하지 마십시오. 우리는 적그리스도가 사탄의 걸작임을 기억해야 합니다. 십자가의 굴욕으로 왕권을 얻은 자의 손에서 홀을 빼앗아 가므로 영향력과 부의 모든 것을 갖추었습니다. 따라서 그는 '신들의 하나님을 대적'할 것이라고 한다. 따라서 각 왕의 후계자가 지속적으로 축적되고 회복된 명예는 이 마지막이자 가장 위대한 이방인 군주의 이마에 면류관을 씌우는 것입니다. 그리하여 그는 돌이신 예수님이 그와 그의 권세를 쳐서 모든 것을 가루로 만들 때까지 비할 데 없는 위엄으로 서 있을 것입니다(Mrs. G. Needham).

적그리스도가 이 땅의 정치적 주권을 획득한 후에 그는 자신이 하나님의 그리스도라고 주장하고 신적인 영예를 요구하면서 자신의 종교적 역할을 수행할 것이다. 언뜻 보기에는 군사 독재자가 종교적 사기꾼의 성격을 띠고 있다는 것이 부적절하지는 않더라도 이상하게 보입니다. 그러나 역사는 한 인물이 다른 인물로 쉽게 병합되는 지점이 있음을 보여줍니다. 성공에 도취된 정치적 야망은 자기 영광에서 자기 신격화로 가는 쉬운 단계이며 대중의 열광은 폭군을 비열하게 찬사하다가 신처럼 숭배하는 것으로 쉽게 넘어갑니다. 종교적 사기꾼은 그가 인간의 마음을 지배하게 된 지배력에 고무되어 세속 권력의 홀을 쥐고 가장 독단적인 독재자가 됩니다. 요한계시록 13장 4절은 적그리스도의 군사적 용맹이 사람들로 하여금 먼저 그에게 신성한 경의를 표하도록 유도함을 분명히 합니다.

용이 짐승에게 권세를 주므로 용에게 경배하며 짐승에게 경배하여 이르되 누가 이 짐승과 같으냐 누가 능히 이와 더불어 싸우리요 하더라(계 13:4)

그러나 평범한 명예로는 충분하지 않습니다. 그의 종교적 야망은 정치적인 야망만큼이나 탐욕스럽습니다. 왜냐하면 그는 "대적하여 범사에 일컫는 하나님이나 숭배함을 받는 자 위에 뛰어나 자존하여 하나님과 같이 하나님 성전에 앉아 자기를 나타내어 하나님이라"(살후 2:4)라고 나타내는 자이기 때문입니다. 성육신한 하나님 자신이라는 이 주장은 신임장을 부과함으로써 뒷받침될 것입니다. 왜냐하면 적그리스도가 나타남은 "사단의 역사를 따라 모든 능력과 표적과 거짓 기사로"(살후 2:9) 등장할 것이기 때문입니다. 이러한 기적은 단순한 가식이 아니라 능력의 신동이 될 것입니다.

이미 이전에 팔레스타인으로 돌아가 예루살렘에 재건된 성전을 가지고 있던 유대인들은 이 멸망의 아들을 오랫동안 기다리고 약속된 메시아로 영접할 것입니다(요 5:43). 이 땅에 재림하실 때 "이스라엘 집과 유다 집에 새 언약을 세우실"(히 8:8, 예레미야 31장과 에스겔 36장 비교) 참된 그리스도를 따라하면서, 적그리스도는 유대인들과 언약을 맺을 것이다(참조. 단 9:27, 11:22). 7년 간의 언약에 따라, 그리고 우정의 모습으로 가장하여 적그리스도는 예루살렘에서 권력을 잡을 것이며, 나중에야 가면을 벗고 언약을 깨뜨릴 것입니다. 약 7개월 후, 다니엘 9장 27절의 "군주"(즉, 로마 제국)인 적그리스도가 유대인들과 언약을 맺고 예루살렘에서 통치하기 시작합니다(단 8:24).

그가 장차 많은 사람들과 더불어 한 이레 동안의 언약을 굳게 맺고 그가 그 이레의 절반에 제사와 예물을 금지할 것이며 또 포악하여 가증한 것이 날개를 의지하여 설 것이며 또 이미 정한 종말까지 진노가 황폐하게 하는 자에게 쏟아지리라 하였느니라 하니라(단 9:27)

그 권세가 강할 것이나 자기의 힘으로 말미암은 것이 아니며 그가 장차 놀랍게 파괴 행위를 하고 자의로 행하여 형통하며 강한 자들과 거룩한 백성을 멸하리라(단 8:24)

다니엘 8장 14절의 이천삼백일에 대한 설명은 많은 주석가들을 당황하게 만들었습니다. 이천삼백일은 거짓 메시아가 예루살렘에서 행하고 성소를 다스리는 권세를 가질 전체 기간이다. 이천삼백일은 칠년에서 칠개월 십일을 뺀 것입니다. 그곳에서 적그리스도는 예루살렘에서 하나님의 그리스도, 평강의 왕으로 가장할 것입니다. 세상은 오랫동안 기다려온 천년왕국이 도래했다고 생각할 것입니다. 간절히 바라던 황금 시대가 마침내 도래했다는 모든 징후가 있을 것입니다. 유럽과 아시아의 강대국은 열왕국 제국 아래 하나로 통합될 것입니다. 국제연맹이 지구의 평화를 보장할 것으로 기대됩니다. 어떤 기간 동안 고요함과 우애함이 성행할 것입니다. 그 누구도 감히 강력한 황제에게 대항하지 못할 것입니다. 그러나 이 무시무시한 전쟁 유령이 자신을 오랫동안 숨기지는 않을 것입니다. 머지않아 계시록 6장에 나오는 "백마"가 그의 색조를 바꾸게 될 것입니다. "붉은 말"이 나올 것이며, 그 후에 땅에서 평화가 빼앗길 것입니다(계 6장).

그 때에 세상은 모든 것이 잘되었다고 스스로 자축하고 있으며 그 시대의 슬로건은 평화와 안전일 것입니다. 바로 그때 갑작스러운 멸망이 저희에게 닥칩니다(살전 5:3).

7년의 중간에 적그리스도는 가면을 벗고 이스라엘과 맺은 언약을 깨뜨리고 이 땅을 밟았던 가장 대담한 우상 숭배자로 서게 될 것입니다. 그가 2년 5개월 동안 예루살렘에서 성전에서 매일 드리는 제사(단 8:11; 9:27)를 제거하고 그 자리에 거룩한 곳에서 자기를 위하여 우상을 세울 것입니다. 이것은 그리스도께서 언급하신 "멸망의 가증한 것"입니다(마 24:15 참조).

이것은 이 장의 시작 부분에서 언급한 그의 경력에서 큰 분깃점으로 우리를 이끕니다. 참 그리스도로 가장하는 것에서 하나님을 공개적으로 반항하는 자로 이렇게 놀라운 변화를 일으키는 것이 무엇인지를 확인하는 것은 관심의 대상일 뿐만 아니라 상당한 중요성을 지닌 요점입니다. 이 점을 밝혀주는 여러 성구들이 있습니다. 사탄은 죽임을 당하고 죽은 자 가운데서 다시 살아나면서 죄의 사람이 하나님의 그리스도를 대담하게 본받는 면류관을 쓰게 할 것입니다.

구약과 신약은 모두 적그리스도의 죽음을 언급하고 있으며 칼로 죽을 것이라고 말합니다. 요한계시록 13장 14절에서 거짓 선지자가 땅에 거하는 자들에게 이르기를 칼에 상하였다가 살아난 짐승을 위하여 우상을 만들라 하는 것을 우리는 봅니다.

용이 짐승에게 권세를 주므로 용에게 경배하며 짐승에게 경배하여 이르되 누가 이 짐승과 같으냐 누가 능히 이와 더불어 싸우리요 하더라(계 13:4)

이것과 일치하는 스가랴 11장 16-17절이 있습니다.

[16]보라 내가 한 목자를 이 땅에 일으키리니 그가 없어진 자를 마음에 두지 아니하며 흩어진 자를 찾지 아니하며 상한 자를 고치지 아니하며 강건한 자를 먹이지 아니하고 오히려 살진 자의 고기를 먹으며 또 그 굽을 찢으리라 [17]화 있을진저 양 떼를 버린 못된 목자여 칼이 그의 팔과 오른쪽 눈에 내리리니 그의 팔이 아주 마르고 그의 오른쪽 눈이 아주 멀어 버릴 것이라 하시니라(슥 11:16-17)

"칼이 그에게 임할 것"이라는 말씀 전에 그가 "양 떼를 버리고"라는 말씀이 있고, 앞 절에서는 그가 "땅에서" 일으킴을 받았다고 알려줍니다. 그것은 적그리스도가 팔레스타인에서 통치하고 있었다는 것을 의미합니다. 그러므로 그가 칼에 찔려 죽음을 당하기 전에 팔레스타인 땅을 떠날 것이 분명합니다. 이것과 또한 완벽하게 일치하는 것이 이사야서 37장 6, 7절입니다. 다음 장에서 우리는 회복된 미래의 바벨론, 적그리스도와 그것의 연결, 그리고 이사야 37장과 38장의 전형적이고 예언적인 의미를 다룰 것입니다.

[6]이사야가 그들에게 이르되 너희는 너희 주에게 이렇게 말하라 여호와께서 이같이 말씀하시되 너희가 들은 바 앗수르 왕의 종들이 나를 능욕한 말로 말미암아 두려워하지 말라 [7]보라 내가 영을 그의 속에 두리니 그가 소문을 듣고 그의 고국으로 돌아갈 것이며 또 내가 그를 그의 고국에서 칼에 죽게 하리라 하셨느니라 하니라(사 37:6-7)

팔레스타인을 떠나 적그리스도는 "자신의 땅으로 돌아갈 것"입니다. 즉 그의 출생지인 아시리아로 돌아갈 것입니다. 그곳에서 적그리스도는 자신의 땅에서 칼에 엎드러질 것입니다. 아마도 그는 자신의 권력을 부러워하고 거만한 독재 정권 아래서 마찰을 일으킨 정치적 적들에게 그곳에서 살해당할 것입니다. 그는 죽을 때 미움과 불명예를 당할 것이며 심지어 장

례도 치르지 못할 것이다. 이에 대해 이사야 14장(바벨론 왕에 관해 말함, 4절 참조)은 다음과 같이 말합니다.

[19]오직 너는 자기 무덤에서 내쫓겼으니 가증한 나무 가지 같고 칼에 찔려 돌구덩이에 떨어진 주검들에 둘러싸였으니 밟힌 시체와 같도다 [20]네가 네 땅을 망하게 하였고 네 백성을 죽였으므로 그들과 함께 안장되지 못하나니 악을 행하는 자들의 후손은 영원히 이름이 불려지지 아니하리로다 할지니라(사 14:19-20)

그러나 그의 원수들은 갑자기 놀라움과 감탄으로 가득 차게 될 것입니다. 왜냐하면 칼에 죽임을 당한 이 자가 놀랍게도 죽은 자 가운데서 살아나고 그의 치명적인 상처가 나을 것이기 때문입니다. 이것이 이사야서 14장 25절에서 어떻게 암시되어 있는지 주목하십시오. 적그리스도는 다시 한 번 그 땅에서 주님 자신의 손에서 그의 마지막 운명을 맞이하게 되어 있습니다.

내가 앗수르를 나의 땅에서 파하며 나의 산에서 그것을 짓밟으리니 그 때에 그의 멍에가 이스라엘에게서 떠나고 그의 짐이 그들의 어깨에서 벗어질 것이라(사 14:25)

계시록 13장 3, 4절에서도 이러한 놀라운 적그리스도의 부활을 언급합니다:

[3]그의 머리 하나가 상하여 죽게 된 것 같더니 그 죽게 되었던 상처가 나으매 온 땅이 놀랍게 여겨 짐승을 따르고 [4]용이 짐승에게 권세를 주므로 용에게 경배하며 짐승에게 경배하여 이르되 누가 이 짐승과 같으냐 누가 능히 이와 더불어 싸우리요 하더라(계 13:3-4)

그의 부활에 대한 자세한 내용은 요한계시록 9장에 나와 있습니다. 여기서 우리는 그리스도께서 하나님 아버지에 의해 죽은 자 가운데서 살리신 것과 같이 적그리스도도 그의 아버지 마귀에 의해 죽은 자 가운데서 다시 살아날 것임을 알게 됩니다. 계시록 9장 1절을 살펴 보십시요.

다섯째 천사가 나팔을 불매 내가 보니 하늘에서 땅에 떨어진 별 하나가 있는데 그가 무저갱의 열쇠를 받았더라(계 9:1)

여기서 "하늘에서 떨어진 별"은 사탄을 가리키고, '무저갱의 열쇠'를 받고 거기서 나오는 신비한 '메뚜기들'이 왕으로 삼는 파괴자가 적그리스도입니다(11절).

그들에게 왕이 있으니 무저갱의 사자라 히브리어로는 그 이름이 아바돈이요 헬라어로는 그 이름이 아볼루온이더라(계 9:11)

적그리스도의 부활, 곧 그가 무저갱에서 나옴에 대한 추가적인 언급은 계시록 17장 8절에서 볼 수 있습니다.

네가 본 짐승은 전에 있었다가 지금은 없으나 장차 무저갱으로부터 올라와 멸망으로 들어갈 자니 땅에 사는 자들로서 창세 이후로 그 이름이 생명책에 기록되지 못한 자들이 이전에 있었다가 지금은 없으나 장차 나올 짐승을 보고 놀랍게 여기리라(계 17:8)

위의 사실에 주목해야 합니다. 짐승은 세상 사람들에게 죽은 자 가운데서 다시 살아난 사람의 놀라운 광경으로 보여지고 여겨질 것입니다. 적그리스도가 활동한 이력과 놀라운 발전을 사람들은 열렬히 지켜보았기 때문에 모두 그를 알고 있습니다. 적그리스도의 놀라운 업적과 군사적 성취는 매일의 관심 주제였습니다. 그의 탁월한 천재성은 그들의 감탄을 불러일으켰습니다. 그들은 그의 죽음을 목격했습니다. 그들은 틀림없이 이 만왕의 왕의 몰락에 경외감에 휩싸였습니다. 그리고 이제 그는 살아났습니다. 그의 죽음의 상처가 치유되었습니다. 온 세상이 그를 경외하고 경배합니다.

악의 삼위일체에 나오는 3인칭 '거짓 선지자'(계 13:11-16)가 등장할 시간이 이 때 즈음 인것으로 분명해 보인다. 많은 성경구절을 통하여 보면 적그리스도가 그의 이력의 마지막 3년 반 동안을 팔레스타인에서만 모든 시간을 보내지는 않을 것임이 분명합니다. 그 기간의 중간 이후에 짐승은 다시 얼굴을 바벨론으로 향하고 거짓 선지자를 그를 대신하는 통치자로 두어 예루살렘에 있는 모든 사람이 죽음의 고통 가운데서 짐승의 형상을 숭배하게 할 것 같습니다(계 13:15). 하박국 2장 5절입니다:

그는 술을 즐기며 거짓되고 교만하여 가만히 있지 아니하고 스올처럼 자기의 욕심을 넓히며 또 그는 사망 같아서 족한 줄을 모르고 자기에게로 여러 나라를 모으며 여러 백성을 모으나니(합2:5)

적그리스도가 바빌론으로 돌아온 이유는 그리 먼 곳에 있지 않습니다. 종교적 가식의 가면을 벗고 그는 이제 하나님을 모독하는 자로서 서 있습니다. 이제 그의 첫 번째 조치는 하나님의 이름을 지닌 모든 것을 땅에서 없애는 것입니다. 이 목적을 성취하기 위해 유대 민족은 완전히 근절되어야 하며, 이를 위해 적그리스도는 이스라엘을 지면에서 쓸어버리기 위해 모든 힘을 다할 것입니다. 그는 성도들(유대 성도들)과 전쟁을 하여 그들을 이길 것입니다(단 7:21; 8:24). 이것은 계시록 6장 4절의 "붉은 말"이 하는 일입니다. 남아 있는 경건한 남은 자들은 "산으로 도망"(마 24:16), 그곳에서 자고새처럼 사냥을 당할 것입니다.

그 때에 유대에 있는 자들은 산으로 도망할지어다(마 24:16)

그때 그들은 다음과 같이 외칠 것입니다.

[1]하나님이여 침묵하지 마소서 하나님이여 잠잠하지 마시고 조용하지 마소서 [2]무릇 주의 원수들이 떠들며 주를 미워하는 자들이 머리를 들었나이다 [3]그들이 주의 백성을 치려 하여 간계를 꾀하며 주께서 숨기신 자를 치려고 서로 의논하여 [4]말하기를 가서 그들을 멸하여 다시 나라가 되지 못하게 하여 이스라엘의 이름으로 다시는 기억되지 못하게 하자 하나이다(시 83:1-4)

그리고 그날에 많은 유대인들이 바벨론에 거주하고 있는 것이 발견될 것이기 때문에(참조 렘 50:8; 51:6, 45; 계 18:4) 적그리스도는 그들에게 복수하기 위해 그곳으로 갈 것입니다. 그러나 머지 않아 적그리스도는 신성모독과 피비린내 나는 행로를 계속하게 될 것입니다. 머지 않아 하늘이 이스라엘의 충실한 남은 자들의 부르짖음에 응답할 것이며 남은 자들의 최후의 원수에게 가해질 형벌은 끔찍할 것입니다. 그러나 이것은 우리가 적그리스도의 마지막 날과 운명을 다룰 다음 장에서 고려하도록 남겨두도록 하겠습니다.

제6장
적그리스도의 운명

적그리스도의 생애의 여러 모습와 단계를 묘사하는 예언들의 배치와 설명에 어느 정도 어려움이 있다면, 끝이 가까워짐에 따라 구름이 거두워집니다. 그리고 이러한 것들은 시대의 마지막 날에 관련된 다른 많은 것들과 완전히 일치합니다. 우리 주님이 이 땅에 재림하시는 복된 사건에 가까울수록 하나님은 재림 직전의 일들에 더 많은 빛을 비추어주시는 것 같습니다. 처음에는 하나님이 대략적인 윤곽만 제공하시다가 궁극적으로 우리를 위해 세부 사항을 채우시는 것과 같습니다. 적그리스도의 종말도 이와 같습니다. 성령께서는 멸망의 아들의 생애에서 마지막 장면에 대한 가장 포괄적이고 생생한 묘사를 우리에게 기꺼이 제공해 주셨습니다. 우리가 배우도록 이렇게 기록된 것을 뒤돌아보고 숙고하는 것이 뒤섞인 느낌입니다.

죄의 사람이 가고 있는 끔찍한 행로는 우리에게 충격을 주지 않을 수 없습니다. 이 사악한 괴물의 무시무시한 위선, 충격적인 이중성과 배신, 끔찍한 잔학성, 놀랍도록 불경건함은 "멸망에 합당한 진노의 그릇"을 많이 오래 참으심으로 견디시는 하나님의 관용에 경탄하게 만듭니다. 그러나 우리가 마지막 장면에 이르러 적그리스도가 공개적으로 하늘에 도전하고 공개적으로 하나님을 모독하고 주 예수께서 이 땅에 재림하시는 것을 막기 위해 고의적이고 단호한 노력을 기울이는 것을 볼 때, 우리는 상상할 수 없는 길이로 죄가 치닫는 것에 거의 할 말을 잃게 됩니다. 다른 한편으로, 이 모든 것이 그리스도의 날인 천년왕국을 앞둔 길고 암울한 밤의 끝이라는 것을 알게 됩니다. 그것이 하나님이시며 사람이신 분의 영광을 더욱 생생하게 인도하는 어두운 배경에 불과하다는 것을 알게 됩니다. 적그리스도의 멸망은 온 땅에 평화와 축복을 가져올 메시야 왕국의 설립이 즉시 뒤따를 것입니다. 그리고 이것을 묵상하는 것은 우리를 기쁨과 감사로 채우지 않을 수 없습니다.

죄의 사람의 종말은 믿는 하나님의 자녀들에게 숭고한 관심의 시대를 표시합니다. 그것은 우리의 승리가 나타나는 날이자 모든 피조물의 희년이 될 것입니다. 그날, 오, 할렐루야! 사탄의 교만의 면류관이 두들겨 맞을 것이다. 그의 영광이 티끌에 질식할 것이다. 사탄이 하던 오래 지속되고 끈질긴 유혹과 시험이 끝날 것이다. 사탄의 권세가 영원히 회복되지 않을 큰 상처를 당할 것이다. 참된 권리를 가진 분이 통치하실 그 복되고 복된 날이 올 것이다. 이스라엘 나라가 다시는 넘어지고 욕을 당하지 아니할 것이다. 세상이 그 많은 무리의 조롱과 채찍질과 결박과 갇힌 것과 고난과 고통을 받는 달콤한 날이로다 합당하지 않은 자는 영원히 성가심을 그치며 온 땅이 쉬고 기쁨으로 나아오리라(Mrs. E. Needham).

그러나 그 복된 날이 오기 전에 그리스도께서 부재하시는 밤의 마지막 시간이 진행되어야 하며, 가장 어두운 시간이 새벽보다 앞서듯이 이 "밤"의 마지막 시간은 모든 것 중에서 가장 전조가 클 것입니다. 그리스도께서 이 땅에 재림하시기 직전의 기간은 역사상 가장 두려운 사건을 목격하게 될 것입니다. 다니엘이 말했습니다.

그 때에 네 민족을 호위하는 큰 군주 미가엘이 일어날 것이요 또 환난이 있으리니 이는 개국 이래로 그 때까지 없던 환난일 것이며 그 때에 네 백성 중 책에 기록된 모든 자가 구원을 받을 것이라(단 12:1)

예수님이 하신 말씀입니다.

[19]이는 그 날들이 환난의 날이 되겠음이라 하나님께서 창조하신 시초부터 지금까지 이런 환난이 없었고 후에도 없으리라 [20]만일 주께서 그 날들을 감하지 아니하셨더라면 모든 육체가 구원을 얻지 못할 것이거늘 자기가 택하신 자들을 위하여 그 날들을 감하셨느니라(막 13:19-20)

이것은 온 천하에 닥칠 시험의 때(계 3:10)인 것입니다. 비할 데 없는 사악함의 시대가 될 것이며 전례 없는 고통의 시대가 될 것입니다. 하나님께서 그의 아들을 죽인 것에 대한 복수를 하실 시간이 될 것이다. 그 때 하나님은 오랫동안 자신의 말씀을 멸시하고 그의 계명을 발로 짓밟은 세상을 처벌하실 것입니다. 바로 적그리스도가 하나님의 복수의 도구 중 하나로 하나님의 진노의 막대기가 될 것입니다(사 10:5).

사람이 하나님의 진리의 사랑을 받지 못하였기 때문입니다. 하나님은 사람들이 마귀의 거짓말을 믿도록 강한 미혹을 그들에게 보낼 것입니다. 사람들이 불의를 기뻐함으로 불법한 자에게 미혹될 것입니다. 이스라엘이 아버지의 이름으로 오시는 이 복되신 자를 거절하였으므로 자기 이름으로 오시는 자를 영접할 것입니다. 이러므로 적그리스도는 한동안 번영하도록 허락받을 것이며 명백히 하나님을 뻔뻔하게 대적할 것이나 하나님께서 그를 사용하여 자신의 기쁨을 이루신 후에는 그의 왕국과 그의 백성들에게 진노의 병을 비우실 것입니다. 하나님이 바다의 경계를 정하셨으니 네가 여기까지는 가고 더 이상 가지 말라 하신 것과 같이 적그리스도가 가는 한계를 정하셨습니다. 그 한계에 이르면 멸망의 아들은 마치 벌레가 코끼리 발 아래에 있는 것처럼 하나님이 명하신 것을 넘어서는 것이 무력한 자신을 발견하게 될 것입니다.

필자는 앞장 끝에서 적그리스도가 유대 민족에게 등을 돌리고 그들을 한 국가라는 지위를 박탈하려는 지점까지 적그리스도의 행적을 따라가 보았습니다. 유대인들에 대한 적그리스도의 공격이 두렵고 그들의 통곡이 쓰라릴 것입니다. 그 때에 남은 자들은 다음과 같이 부르짖을 것입니다:

[1]하나님이여 주께서 어찌하여 우리를 영원히 버리시나이까 어찌하여 주께서 기르시는 양을 향하여 진노의 연기를 뿜으시나이까 [2]옛적부터 얻으시고 속량하사 주의 기업의 지파로 삼으신 주의 회중을 기억하시며 주께서 계시던 시온 산도 생각하소서 [3]영구히 파멸된 곳을 향하여 주의 발을 옮겨 놓으소서 원수가 성소에서 모든 악을 행하였나이다 [4]주의 대적이 주의 회중 가운데에서 떠들며 자기들의 깃발을 세워 표적으로 삼았으니 [5]그들은 마치 도끼를 들어 삼림을 베는 사람 같으니이다 [6]이제 그들이 도끼와 철퇴로 성소의 모든 조각품을 쳐서 부수고 [7]주의 성소를 불사르며 주의 이름이 계신 곳을 더럽혀 땅에 엎었나이다 [8]그들이 마음속으로 이르기를 우리가 그들을 진멸하자 하고 이 땅에 있는 하나님의 모든 회당을 불살랐나이다 [9]우리의 표적은 보이지 아니하며 선지자도 더 이상 없으며 이런 일이 얼마나 오랠는지 우리 중에 아는 자도 없나이다 [10]하나님이여 대적이 언제까지 비방하겠으며 원수가 주의 이름을 영원히 능욕하리이까 [11]주께서 어찌하여 주의 손 곧 주의 오른손을 거두시나이까 주의 품에서 손을 빼내시어 그들을 멸하소서(시 74:1-11)

이때에 아모스 8장의 예언이 최종적으로 성취될 것입니다:

[7]여호와께서 야곱의 영광을 두고 맹세하시되 내가 그들의 모든 행위를 절대로 잊지 아니하리라 하셨나니 [8]이로 말미암아 땅이 떨지 않겠으며 그 가운데 모든 주민이 애통하지 않겠느냐 온 땅이 강의 넘침 같이 솟아오르며 애굽 강 같이 뛰놀다가 낮아지리라 [9]주 여호와의 말씀이니라 그 날에 내가 해를 대낮에 지게 하여 백주에 땅을 캄캄

하게 하며 [10]너희 절기를 애통으로, 너희 모든 노래를 애곡으로 변하게 하며 모든 사람에게 굵은 베로 허리를 동이게 하며 모든 머리를 대머리가 되게 하며 독자의 죽음으로 말미암아 애통하듯 하게 하며 결국은 곤고한 날과 같게 하리라 [11]주 여호와의 말씀이니라 보라 날이 이를지라 내가 기근을 땅에 보내리니 양식이 없어 주림이 아니며 물이 없어 갈함이 아니요 여호와의 말씀을 듣지 못한 기갈이라 [12]사람이 이 바다에서 저 바다까지, 북쪽에서 동쪽까지 비틀거리며 여호와의 말씀을 구하려고 돌아다녀도 얻지 못하리니 [13]그 날에 아름다운 처녀와 젊은 남자가 다 갈하여 쓰러지리라(암 8:7-13)

시편 74편은 아모스 글을 아주 놀랍게 해석합니다. 경건한 남은 자가 여호와의 말씀을 구하여 왕래하여도 얻지 못하는 이유와 여호와의 말씀을 듣지 못하는 기근의 뜻은 그 땅의 모든 회당이 불살랐음이기 때문입니다. 그러나 이 두려운 박해가 오래가지 않을 것입니다.

[24]그러므로 주 만군의 여호와께서 이르시되 시온에 거주하는 내 백성들아 앗수르가 애굽이 한 것처럼 막대기로 너를 때리며 몽둥이를 들어 너를 칠지라도 그를 두려워하지 말라 [25]내가 오래지 아니하여 네게는 분을 그치고 그들은 내 진노로 멸하리라 하시도다(사 10:24-25)

적그리스도가 이스라엘을 공격하면 그의 날이 계수되어집니다. 왜냐하면 이스라엘을 건드리는 것은 하나님의 눈동자를 건드리는 것과 같기 때문입니다(슥 2:8).

만군의 여호와께서 채찍을 들어 그를 치시되 오렙 바위에서 미디안을 쳐죽이신 것 같이 하실 것이며 막대기를 드시되 바다를 향하여 애굽에서 하신 것 같이 하실 것이라(사 10:26)

이 재앙이 무엇인지 우리는 다니엘 11장 40절에서 배우게 됩니다.

마지막 때에 남방 왕이 그와 힘을 겨룰 것이나 북방 왕이 병거와 마병과 많은 배로 회오리바람처럼 그에게로 마주 와서 그 여러 나라에 침공하여 물이 넘침 같이 지나갈 것이요(단 11:40)

적그리스도와 힘을 겨루는 남방 왕이 바로 애굽 왕입니다. 여기서 북방 왕, 즉 앗수르라고 하는 적그리스도는 바빌론을 출발하여, 즉각적인 행동을 준비한 그의 제국 군대를 소집하여 회오리바람처럼 이집트의 왕을 대적할 것입니다. 그의 움직임의 신속함과 그의 군대의 광대함은 "그가 여러 나라에 들어가며 넘칠 것이며 건너가리라"라는 말에서 암시되고 있습니다. 그가 진격하는 것은 산에서 일어나는 압도적인 급류와 같을 것입니다. 이 급류는 그 땅에 퍼지고 모든 것을 그 앞에 짊어질 것입니다.

그가 또 영화로운 땅에 들어갈 것이요 많은 나라를 패망하게 할 것이나 오직 에돔과 모압과 암몬 자손의 지도자들은 그의 손에서 벗어나리라(단 11:41)

바빌론에서 이집트로 가는 경로는 곧 온 땅의 영광이 될 땅인 팔레스타인을 통과할 것입니다. 아직까지 이 구절에서는 그가 그곳에서 무엇을 할 것인지 말하지 않았지만 의심의 여지없이 그의 손은 그가 전복시킬 다른 많은 나라들과 마찬가지로 무거운 손이 될 것입니다.

그가 또 영화로운 땅에 들어갈 것이요 많은 나라를 패망하게 할 것이나 오직 에돔과 모압과 암몬 자손의 지도자들은 그의 손에서 벗어나리라(단 11:41)

이 세 민족은 그의 진노를 피할 것이다. 그들이 피한 이유는 이중적입니다. 조금 더 이른 시기의 사건을 묘사하는 시편 83편입니다.

[3]그들이 주의 백성을 치려 하여 간계를 꾀하며 주께서 숨기신 자를 치려고 서로 의논하여 [4]말하기를 가서 그들을 멸하여 다시 나라가 되지 못하게 하여 이스라엘의 이름으로 다시는 기억되지 못하게 하자 하나이다 [5]그들이 한마음으로 의논하고 주를 대적하여 서로 동맹하니 [6]곧 에돔의 장막과 이스마엘인과 모압과 하갈인이며 [7]그발과 암몬과 아말렉이며 블레셋과 두로 사람이요 [8]앗수르도 그들과 연합하여 롯 자손의 도움이 되었나이다 (시 83:3-8)

세 민족은 유대 민족을 완전히 멸절시키려는 단호한 노력을 기울이면서 적그리스도와 협력하여 행동했음을 알 수 있습니다. 이에 적그리스도는 다른 나라들을 전복시키기 위해 진군할 때 이러한 복종적인 동맹국들을 남겨 두는 것입니다.

인간적인 면에서는 "이 사람들 곧 에돔과 모압과 암몬 자손의 우두머리가 그의 손에서 피하리로다"는 이유가 무엇인지에 대한 것입니다. 그러나 하나님의 측면에서의 이유가 있습니다. 이 민족들은 나중에 하나님께서 친히 다루시고 처리하시도록 남겨둔 것입니다. 여호와께서는 이방 선지자 발람을 통해 이렇게 선언하셨습니다.

[17]내가 그를 보아도 이 때의 일이 아니며 내가 그를 바라보아도 가까운 일이 아니로다 한 별이 야곱에게서 나오며 한 규가 이스라엘에게서 일어나서 모압을 이쪽에서 저쪽까지 쳐서 무찌르고 또 셋의 자식들을 다 멸하리로다 [18]그의 원수 에돔은 그들의 유산이 되며 그의 원수 세일도 그들의 유산이 되고 그와 동시에 이스라엘은 용감히 행동하리로다(민 24:17, 18)

이것은 천년왕국이 시작될 바로 직전 일 것입니다. 이스라엘도 오래된 원수들에 대한 이 심판의 일에서 하나님에 의해 사용될 도구가 될 것입니다.

그들이 서쪽으로 블레셋 사람들의 어깨에 날아 앉고 함께 동방 백성을 노략하며 에돔과 모압에 손을 대며 암몬 자손을 자기에게 복종시키리라(사 11:14)

[42]그가 여러 나라들에 그의 손을 펴리니 애굽 땅도 면하지 못할 것이니 [43]그가 권세로 애굽의 금 은과 모든 보물을 차지할 것이요 리비아 사람과 구스 사람이 그의 시종이 되리라(단 11:42,43)

이후에 이러한 승리로 기세등등한 그 왕은 바벨론에서 이집트로 행군하는 동안 전복된 나라들을 차지할 것입니다. 다니엘 11장의 앞부분에 언급된 북방 왕들에게 완전히 정복된 적이 없는 이 땅의 왕과 신하들은 이제 그의 철장 앞에 절해야 합니다. 그는 금, 은, 귀한 것들의 보물의 주인이 됩니다. 이집트의 동맹국이었던 리비아인과 에티오피아인은 어쩔 수 없이 그에게 복종해야 합니다. 그리하여 그는 이 이집트의 반란을 진압하고 다시 한 번 그의 군사력을 보여줄 것입니다. 그러나 그가 하늘을 모독하는 것이 오랫동안 허용되지는 않을 것입니다.

그러나 동북에서부터 소문이 이르러 그를 번민하게 하므로 그가 분노하여 나가서 많은 무리를 다 죽이며 멸망시키고자 할 것이요(단 11:44)

이러한 끔찍한 징조는 예레미야 51장에서 볼 수 있습니다. 적그리스도의 바빌론 본부에 심각한 공격이 있을 것입니다. 적그리스도가 그곳에 없는 동안 아라랏, 민니, 아스케나스의 세왕은 틀림없이 이집트가 불복종하자 그것으로 대담해져서 바빌론을 포위할 것입니다. 그리고 수도의 한쪽 끝을 점령할 것입니다. 하나님께서 그 마귀의 성을 완전히 멸망시키실 때가 가까웠고 이에 대한 예비 경고가 주어진 것입니다.

[24]너희 눈 앞에서 그들이 시온에서 모든 악을 행한 대로 내가 바벨론과 갈대아 모든 주민에게 갚으리라 여호와의 말씀이니라 [25]여호와의 말씀이니라 온 세계를 멸하는 멸망의 산아 보라 나는 네 원수라 나의 손을 네 위에 펴서 너를 바위에서 굴리고 너로 불 탄 산이 되게 할 것이니 [26]사람이 네게서 집 모퉁잇돌이나 기촛돌을 취하지 아니할 것이요 너는 영원히 황무지가 될 것이니라 여호와의 말씀이니라(렘 51:24-26)

이 목적의 시작으로 여호와께서는 다음과 같이 말씀하십니다:

[27]땅에 깃발을 세우며 나라들 가운데에 나팔을 불어서 나라들을 동원시켜 그를 치며 아라랏과 민니와 아스그나스 나라를 불러 모아 그를 치며 사무관을 세우고 그를 치되 극성스런 메뚜기 같이 그 말들을 몰아오게 하라 [28]뭇 백성 곧 메대 사람의 왕들과 그 도백들과 그 모든 태수와 그 관할하는 모든 땅을 준비시켜 그를 치게 하라 [29]땅이 진동하며 소용돌이치나니 이는 여호와께서 바벨론을 쳐서 그 땅으로 황폐하여 주민

이 없게 할 계획이 섰음이라 [30]바벨론의 용사는 싸움을 그치고 그들의 요새에 머무르나 기력이 쇠하여 여인 같이 되며 그들의 거처는 불타고 그 문빗장은 부러졌으며(렘 51:27-30)

이 불길한 소식, 즉 다니엘 11장 44절에서 그를 괴롭히는 소식이 바빌론 왕의 귀에 들리고 이집트에는 전달되지 않았습니다.

그러나 동북에서부터 소문이 이르러 그를 번민하게 하므로 그가 분노하여 나가서 많은 무리를 다 죽이며 멸망시키고자 할 것이요(단 11:44)

성읍의 일부가 이미 파괴되었다는 놀라운 소식은 그를 격렬하게 노하게 만듭니다. 왜냐하면 우리는 "그가 크게 분노하여 나아가서 많은 사람을 멸하며 진노하여 멸하리라"(단 11:44)고 들었기 때문입니다.

그가 수도에 가까이 옴에 따라... ...

[31]보발꾼은 보발꾼을 맞으려고 달리며 전령은 전령을 맞으려고 달려가 바벨론의 왕에게 전하기를 그 성읍 사방이 함락되었으며 [32]모든 나루는 빼앗겼으며 갈대밭이 불탔으며 군사들이 겁에 질렸더이다 하리라(렘 51:31,32)

끝은 멀지 않았습니다:

만군의 여호와 이스라엘의 하나님께서 이와 같이 말씀하시되 딸 바벨론은 때가 이른 타작 마당과 같은지라 멀지 않아 추수 때가 이르리라 하시도다(렘 51:33)

하나님은 아직도 그 도시, 바벨론에 거주하는 유대인들에게 자신의 맹렬한 진노의 폭풍에 휘말리지 않도록 즉시 떠나라고 촉구하십니다:

나의 백성아 너희는 그 중에서 나와 각기 여호와의 진노를 피하라(렘 51:45)

바벨론의 멸망에 대한 생생한 묘사는 예레미야 51장의 말미와 계시록 18장에도 나옵니다. 바벨론의 멸망에 대한 적그리스도의 분노는 끝이 없을 것입니다. 상실감에 분노하고 하나님께 분개한 그는 이제 팔레스타인을 향하여 얼굴을 돌릴 것입니다. 그의 광대한 군대의 선두에 서서 영광의 땅, 가나안을 무너뜨릴 것입니다. 그럼에도 불구하고 그와 그의 눈먼 자들을 인도하고 있는 것은 하나님이시며, 적그리스도로 하여금 이스라엘에 대한 심판에 관한 사역을 마치도록 하시고 적그리스도 그 자신의 무서운 운명에 이르게 하는 것입니다. 하박국은 바빌론 왕과 그의 군대가 팔레스타인 거주자들에게 닥칠 정신에 대해 두려운 묘사를 하고 있습니다.

[5]여호와께서 이르시되 너희는 여러 나라를 보고 또 보고 놀라고 또 놀랄지어다 너희의 생전에 내가 한 가지 일을 행할 것이라 누가 너희에게 말할지라도 너희가 믿지 아니하리라 [6]보라 내가 사납고 성급한 백성 곧 땅이 넓은 곳으로 다니며 자기의 소유가 아닌 거처들을 점령하는 갈대아 사람을 일으켰나니 [7] 그들은 두렵고 무서우며 당당함과 위엄이 자기들에게서 나오며 [8]그들의 군마는 표범보다 빠르고 저녁 이리보다 사나우며 그들의 마병은 먼 곳에서부터 빨리 달려오는 마병이라 마치 먹이를 움키려 하는 독수리의 날음과 같으니라 [9] 그들은 다 강포를 행하러 오는데 앞을 향하여 나아가며 사람을 사로잡아 모으기를 모래 같이 많이 할 것이요 [10]왕들을 멸시하며 방백을 조소하며 모든 견고한 성들을 비웃고 흉벽을 쌓아 그것을 점령할 것이라 [11]그들은 자기들의 힘을 자기들의 신으로 삼는 자들이라 이에 바람 같이 급히 몰아 지나치게 행하여 범죄하리라(합 1:5-11)

이들의 맹공은 너무나도 끔찍합니다:

여호와가 말하노라 이 온 땅에서 삼분의 이는 멸망하고
삼분의 일은 거기 남으리니(슥 13:8)

이사야는 그의 예언서 10장에서 그의 행로를 생생하게 묘사하고 있습니다.

[28]그가 아얏에 이르러 미그론을 지나 믹마스에 그의 장비를 두고 [29]산을 넘어 게바에서 유숙하매 라마는 떨고 사울의 기브아는 도망하도다 [30]딸 갈림아 큰 소리로 외칠지어다 라이사야 자세히 들을지어다 가련하다 너 아나돗이여 [31] 맛메나는 피난하며 게빔 주민은 도망하도다 [32]아직 이 날에 그가 놉에서 쉬고 딸 시온 산 곧 예루살렘 산을 향하여 그 손을 흔들리로다(사 10:28-32)

놉은 그날을 위한 적그리스도의 야영지이며, 그곳에서 그는 "거룩하고 거룩한 산 바다 사이에 있는 그의 궁전의 장막을 세울 것"입니다(단 11:45). 놉은 서쪽에서 멀리 예루살렘을 볼 수 있는 높이임에 틀림없다. 적그리스도는 그날 밤 산 위에 서서 거룩한 성을 바라볼 것이다.

아직 이 날에 그가 놉에서 쉬고 딸 시온 산 곧 예루살렘 산을 향하여 그 손을 흔들리로다(사 10:32)

이제 마지막 폐막 장면에 도달합니다. 다음날 아침 적그리스도는 그의 군대를 유명한 아마겟돈으로 이끌고 그곳에서 예루살렘을 공격하기 전에 그의 군대의 마지막 증원을 기다리고 있습니다. 요엘이 이에 대하여 다음과 같이 말합니다:

[9]너희는 모든 민족에게 이렇게 널리 선포할지어다 너희는 전쟁을 준비하고 용사를 격려하고 병사로 다 가까이 나아와서 올라오게 할지어다 [10]너희는 보습을 쳐서 칼을 만들지어다 낫을 쳐서 창을 만들지어다 약한 자도 이르기를 나는 강하다 할지어다 [11]사면의 민족들아 너희는 속히 와서 모일지어다 여호와여 주의 용사들로 그리로 내려오게 하옵소서 [12]민족들은 일어나서 여호사밧 골짜기로 올라올지어다 내가 거기에 앉아서 사면의 민족들을 다 심판하리로다 [13]너희는 낫을 쓰라 곡식이 익었도다 와서 밟을지어다 포도주 틀이 가득히 차고 포도주 독이 넘치니 그들의 악이 큼이로다 [14]사람이 많음이여, 심판의 골짜기에 사람이 많음이여, 심판의 골짜기에 여호와의 날이 가까움이로다(욜 3:9-14)

미가는 이에 대해 다음과 같이 언급한다:

[10]딸 시온이여 해산하는 여인처럼 힘들여 낳을지어다 이제 네가 성읍에서 나가서 들에 거주하며 또 바벨론까지 이르러 거기서 구원을 얻으리니 여호와께서 거기서 너를 네 원수들의 손에서 속량하여 내시리라 [11]이제 많은 이방 사람들이 모여서 너를 치며 이르기를 시온이 더럽게 되며 그것을 우리 눈으로 바라보기를 원하노라 하거니와(미 4:10,11)

그러나 전투가 벌어지는 곳은 골짜기가 아니라 예루살렘 주변입니다. 그곳에서 짐승과 그의 군대는 구원자가 나타나기 전에 그 도시에 대한 하나님의 심판의 마지막 일격을 가합니다. 하나님은 이사야를 통해서 다음과 같이 말씀하셨습니다:

[5]앗수르 사람은 화 있을진저 그는 내 진노의 막대기요 그 손의 몽둥이는 내 분노라 [6]내가 그를 보내어 경건하지 아니한 나라를 치게 하며 내가 그에게 명령하여 나를 노하게 한 백성을 쳐서 탈취하며 노략하게 하며 또 그들을 길거리의 진흙 같이 짓밟게 하려 하거니와 [7]그의 뜻은 이같지 아니하며 그의 마음의 생각도 이같지 아니하고 다만 그의 마음은 허다한 나라를 파괴하며 멸절하려 하는도다 [8]그가 이르기를 내 고관들은 다 왕들이 아니냐 [9]갈로는 갈그미스와 같지 아니하며 하맛은 아르밧과 같지 아니하며 사마리아는 다메섹과 같지 아니하냐 [10]내 손이 이미 우상을 섬기는 나라들에 미쳤나니 그들이 조각한 신상들이 예루살렘과 사마리아의 신상들보다 뛰어났느니라 [11]내가 사마리아와 그의 우상들에게 행함 같이 예루살렘과 그의 우상들에게 행하지 못하겠느냐 하는도다 [12]그러므로 주께서 주의 일을 시온 산과 예루살렘에 다 행하신 후에 앗수르 왕의 완악한 마음의 열매와 높은 눈의 자랑을 벌하시리라(사 10:5-12)

적그리스도는 결국 주님의 도구일 뿐입니다. 모세가 뱀이 된 지팡이를 손에 들고 잡은 것처럼 이 뱀의 후손도 하나님의 손에 휘둘러 미리 정해진 계획을 성취하게 될 것입니다. 그러나 다시 한 번 짐승은 성공한 것으로 보입니다. 예루살렘은 여호와께서 예언하신 대로 그의 맹공격 앞에 함락됩니다.

내가 이방 나라들을 모아 예루살렘과 싸우게 하리니 성읍이 함락되며 가옥이 약탈되

며 부녀가 욕을 당하며 성읍 백성이 절반이나 사로잡혀 가려니와 남은 백성은 성읍에서 끊어지지 아니하리라(슥 14:2)

그들의 성공에 취하여 열방이 일어나며 백성이 헛된 일을 생각합니다.

2 세상의 군왕들이 나서며 관원들이 서로 꾀하여 여호와와 그의 기름 부음 받은 자를 대적하며 3 우리가 그들의 맨 것을 끊고 그의 결박을 벗어 버리자 하는도다(시 2:2-3)

그리고 대망의 마지막이 펼쳐진다. 하늘이 열리고 하늘로부터 만왕의 왕이요 만주의 주이신 그 분이 백마를 타고 그의 "불꽃 같은 눈"(계 19:11,12)으로 강림하실 것입니다. 하늘의 군대들도 백마를 타고 그를 뒤따르게 될 것입니다(계 19:14). 이러한 경외심을 불러일으키는 광경에 놀라기는 커녕, 짐승과 땅의 왕들과 그들의 군대들은 연합하여 "말 탄 자와 그의 군대를 치려"(계 19:19) 할 것이다.

[11]또 내가 하늘이 열린 것을 보니 보라 백마와 그것을 탄 자가 있으니 그 이름은 충신과 진실이라 그가 공의로 심판하며 싸우더라 [12]그 눈은 불꽃 같고 그 머리에는 많은 관들이 있고 또 이름 쓴 것 하나가 있으니 자기밖에 아는 자가 없고 [13]또 그가 피 뿌린 옷을 입었는데 그 이름은 하나님의 말씀이라 칭하더라 [14]하늘에 있는 군대들이 희고 깨끗한 세마포 옷을 입고 백마를 타고 그를 따르더라 [15]그의 입에서 예리한 검이 나오니 그것으로 만국을 치겠고 친히 그들을 철장으로 다스리며 또 친히 하나님 곧 전능하신 이의 맹렬한 진노의 포도주 틀을 밟겠고 [16]그 옷과 그 다리에 이름을 쓴 것이 있으니 만왕의 왕이요 만주의 주라 하였더라 [17]또 내가 보니 한 천사가 태양 안에 서서 공중에 나는 모든 새를 향하여 큰 음성으로 외쳐 이르되 와서 하나님의 큰 잔치에 모여 [18]왕들의 살과 장군들의 살과 장사들의 살과 말들과 그것을 탄 자들의 살과 자유인들이나 종들이나 작은 자나 큰 자나 모든 자의 살을 먹으라 하더라 [19]또 내가 보매 그 짐승과 땅의 임금들과 그들의 군대들이 모여 그 말 탄 자와 그의 군대와 더불어 전쟁을 일으키다가 [20]짐승이 잡히고 그 앞에서 표적을 행하던 거짓 선지자도 함께 잡혔으니 이는 짐승의 표를 받고 그의 우상에게 경배하던 자들을 표적으로 미혹하던 자라 이 둘이 산 채로 유황불 붙는 못에 던져지고 [21]그 나머지는 말 탄 자의 입으로부터 나오는 검에 죽으매 모든 새가 그들의 살로 배불리더라(계 19:11-21)

그 때에 여호와께서 나가사 그 이방 나라들을 치시되 이왕의 전쟁 날에 싸운 것 같이 하시리라(슥 14:3)

마침내 하나님의 그리스도와 사탄의 그리스도가 대적하게 될 것입니다. 그러나 갈등은 시작되는 순간 끝이 난다. 적은 마비되고 모든 저항이 중단됩니다. 성경은 거대한 여러 악인들의 종말을 엄숙하게 기록하고 있습니다:

어떤 이는 물에 빠져죽었습니다.
어떤 이는 화염에 휩싸였습니다.
어떤 이는 땅의 턱에 휩싸였습니다.
어떤 이는 역겨운 질병에 걸렸다.
어떤 이는 명예롭지 못하게 죽임을 당했습니다.
어떤 이는 교수형을 당했습니다.
어떤 이는 개가 먹었습니다.
어떤 이는 벌레가 먹었습니다.

그러나 아무도 적그리스도처럼 주 예수가 친히 인격적 나타나시는 광채로 소멸되는 무서운 구별로 임명되지 않았습니다. 적그리스도의 그러한 전례 없는 운명은 그의 비천한 기원, 그의 놀라운 이력, 그의 비할 데 없는 사악함과 적절하게 어울려 절정에 이를 것입니다. 지금까지 사단의 왕의 입에서는 교만한 자만심이 나왔습니다. 그러나 이제는 만왕의 왕에게서 내리는 번개를 맞아 무력하게 땅에 쓰러지게 됩니다. 그는 거짓 선지자와 함께 그의 셀 수 없는 군대의 목전 앞에서 주님의 천사들에게 붙잡혀 산 채로 불과 유황으로 타는 못에 던져집니다(G. H. Pember).

적그리스도의 멸망은 다음과 같이 묘사됩니다:

공의로 가난한 자를 심판하며 정직으로 세상의 겸손한 자를 판단할 것이며 그의 입의 막대기로 세상을 치며 그의 입술의 기운으로 악인을 죽일 것이며(사 11:4)

그가 꾀를 베풀어 제 손으로 속임수를 행하고 마음에 스스로 큰 체하며 또 평화로운 때에 많은 무리를 멸하며 또 스스로 서서 만왕의 왕을 대적할 것이나 그가 사람의 손으로 말미암지 아니하고 깨지리라(단 8:25)

그가 장막 궁전을 바다와 영화롭고 거룩한 산 사이에 세울 것이나 그의 종말이 이르리니 도와 줄 자가 없으리라(단 11:45)

그 때에 불법한 자가 나타나리니 주 예수께서 그 입의 기운으로 그를 죽이시고 강림하여 나타나심으로 폐하시리라(살후 2:8)

짐승이 잡히고 그 앞에서 표적을 행하던 거짓 선지자도 함께 잡혔으니 이는 짐승의 표를 받고 그의 우상에게 경배하던 자들을 표적으로 미혹하던 자라 이 둘이 산 채로 유황불 붙는 못에 던져지고(계 19:20)

대저 도벳은 이미 세워졌고 또 왕을 위하여 예비된 것이라 깊고 넓게 하였고 거기에 불과 많은 나무가 있은즉 여호와의 호흡이 유황 개천 같아서 이를 사르시리라(사 30:33)

또 그들을 미혹하는 마귀가 불과 유황 못에 던져지니 거기는 그 짐승과 거짓 선지자도 있어 세세토록 밤낮 괴로움을 받으리라(계 20:10)

적그리스도의 추종자들에게 닥칠 운명도 두려운 것입니다. 스가랴 14장입니다.

12예루살렘을 친 모든 백성에게 여호와께서 내리실 재앙은 이러하니 곧 섰을 때에 그들의 살이 썩으며 그들의 눈동자가 눈구멍 속에서 썩으며 그들의 혀가 입 속에서 썩을 것이요 13그 날에 여호와께서 그들을 크게 요란하게 하시리니 피차 손으로 붙잡으며 피차 손을 들어 칠 것이며(슥 14:12-13)

계시록에서도 추가적인 언급이 있습니다.

그 나머지는 말 탄 자의 입으로부터 나오는 검에 죽으매
모든 새가 그들의 살로 배불리더라(계 19:21)

제7장

시편에서의 적그리스도

시편에서 죄의 사람에 대한 언급은 대부분 다소 부수적인 것입니다. 드문 경우를 제외하고 적그리스도가 이스라엘과 관련이 있거나 그들의 재산에 영향을 미칠 때만 시야에 들어옵니다. 예언적 배경에 비추어 검토하지 않는 한 시편에서 적그리스도에 대해 언급된 것의 영향력을 평가할 수 없습니다. 적그리스도가 완전한 권세를 갖게 될 때는 대환란 시대입니다. 주의 깊은 조사와 연구를 통해 야곱의 환난의 때를 묘사하는 시편을 발견할 때까지 우리는 마지막 큰 환난을 일으키는 자를 어디에서 찾아야 하는지를 알수가 없습니다. 정치적으로나 교회적으로나 적그리스도는 세 가지 관계로 볼 수 있습니다.

첫째, 그는 이방인과 관련되어 있습니다.

둘째, 그는 배교한 유대 민족과 관련이 있습니다.

셋째, 그는 믿지 않는 형제들로부터 스스로를 분리한, 경건한 유대인 남은 자들과 관련이 있습니다.

시편에는 다른 두 관계보다 이 세 번째 관계에 대한 자세한 내용이 나와 있지만, 적그리스도와 이방인 및 유대 국가 전체와의 관계에 대한 암시가 가끔 있습니다. 시편 2편은 환난 기간이 어떻게 결말지어 질 것인가에 대한 짧지만 생생한 그림을 제공합니다. 적그리스도의 이름이 직접적으로 언급되지는 않지만, 다른 성경 구절이 그것에 비추는 빛은 거기에서 묘사된 반역을 이끄는 무서운 인물을 드러냅니다. 시편 2편은 그 성격이 예언적이며 대부분의(전부는 아닐지라도) 예언과 마찬가지로 이중적으로 성취됩니다.

[1]어찌하여 이방 나라들이 분노하며 민족들이 헛된 일을 꾸미는가 [2]세상의 군왕들이 나서며 관원들이 서로 꾀하여 여호와와 그의 기름 부음 받은 자를 대적하며 [3]우리가 그들의 맨 것을 끊고 그의 결박을 벗어 버리자 하는도다(시 2:1-3)

이 구절의 일부가 사도행전 4장에서 인용된 것을 볼 수 있지만 인용이 중단된 곳을 주목하면 놀라운 것을 발견할 수 있습니다. 베드로와 요한은 예수 그리스도의 이름으로 병자를 고쳤기 때문에 이스라엘의 종교 당국 앞에서 재판을 받았습니다. 사도들은 담대하고 신실하게 자기를 변호 하였고 훈계와 위협을 받은 후에는 자기 일행으로 가도록 허락을 받았습니다. 그리고 나서 그들이 한 행동입니다.

[24]그들이 듣고 한마음으로 하나님께 소리를 높여 이르되 대주재여 천지와 바다와 그 가운데 만물을 지은 이시요 [25]또 주의 종 우리 조상 다윗의 입을 통하여 성령으로 말씀하시기를 어찌하여 열방이 분노하며 족속들이 허사를 경영하였는고 [26]세상의 군왕들이 나서며 관리들이 함께 모여 주와 그의 그리스도를 대적하도다 하신 이로소이다(행 4:24-26)

그들이 시편 2편의 처음 두 구절만을 인용했고 그리고 이 구절이 이제 "성취되었다"고 성경은 말하지 않는 다는 것에 주목하십시오. 사도들은 다음과 같이 말했습니다:

[27]과연 헤롯과 본디오 빌라도는 이방인과 이스라엘 백성과 합세하여 하나님께서 기름 부으신 거룩한 종 예수를 거슬러 [28]하나님의 권능과 뜻대로 이루려고 예정하신 그것을 행하려고 이 성에 모였나이다(27-28)

그리스도와 유대인들과 이방인들의 권위 앞에서 당하는 시련들을 이해하는 데 있어서, 다윗을 통한 이 예언은 부분적으로 성취되었지만 최종적인 성취는 아직 미래에 놓여 있습니다. 시편 2편이 완전한 성취를 받을 시기는 중간 부분에 암시되어 있다. 그리스도께서 왕으로 이 땅에 재림하셔서 이방을 그의 기업으로 땅끝까지를 그의 소유로 받으실 때입니다. 즉, 천년왕국이 시작되기 직전, 즉 환난기가 끝나기 직전입니다. 계시록 16장 14절과 19장 19절에 비추어 시편 2편을 읽을 때 우리는 그것이 마지막 카이사르(적그리스도)의 뻔뻔하고 도전적인 이력에서 마지막 행동을 묘사하고 있음을 발견합니다.

그들은 귀신의 영이라 이적을 행하여 온 천하 왕들에게 가서 하나님 곧 전능하신 이의 큰 날에 있을 전쟁을 위하여 그들을 모으더라(계 16:14)

또 내가 보매 그 짐승과 땅의 임금들과 그들의 군대들이 모여 그 말 탄 자와 그의 군대와 더불어 전쟁을 일으키다가(계 19:19)

그것은 미친 듯한 절망의 행동입니다. 멸망의 아들은 그의 군대를 모아 그리스도께서 적그리스도의 땅의 유업에 들어가시는 것을 막기 위해 합심해서 노력을 기울일 것입니다. 우리가 믿는 이것은 시편 자체의 용어에서 분명합니다. 시편은 다음과 같은 질문으로 시작합니다.

"어찌하여 이방인(이방인)이 분노하여(더 나은 뜻으로 "소란스럽게 모이는"), 백성(이스라엘)이 헛된 것을 상상(묵상)하는가?"

이것을 질문의 형태로 두었다는 것은 독자의 주의를 더 빨리 사로잡기 위함이며, 뒤따르는 상상할 수 없는 불경함을 강조하기 위함입니다.

땅의 왕들이 나서며 관원들이 꾀하여 여호와와 그의 기름 부음을 받은 자를 대적하도다

이 반역은 하나님에 대한 것뿐만 아니라 그분의 "기름 부음받은 자", 즉 그분의 그리스도에 대한 것이기도 합니다. (적그리스도가 이끄는) 이러한 노력의 광기는 시편 2장 4절에 암시되어 있습니다.

하늘에 앉으신 이가 웃으실 것이요 여호와께서 그들을 비웃으시리로다

이러한 노력의 무익함은 시편 2장 6절에서 볼 수 있습니다.

(Yet) 내가 나의 왕을 내 거룩한 산 시온에 세웠다 하시리로다(시 2:6)

여기서 "아직"은 "그래도 불구하고"의 의미를 가지고 있습니다. 이것은 반란자들이 고려했던 목표와 목적, 즉 그리스도께서 천년 왕국을 세우기 위해 이 땅에 재림하시는 것을 막으려는 시도를 보여줍니다. 하늘의 응답은 시편 2장 5절에 기록되어 있습니다.

그 때에 분을 발하며 진노하사 그들을 놀라게 하여 이르시기를(시 2:5)

이것은 계시록 19장 20, 21절에서 확대되어 있습니다.

[20]짐승이 잡히고 그 앞에서 표적을 행하던 거짓 선지자도 함께 잡혔으니 이는 짐승의 표를 받고 그의 우상에게 경배하던 자들을 표적으로 미혹하던 자라 이 둘이 산 채로 유황불 붙는 못에 던져지고 [21]그 나머지는 말 탄 자의 입으로부터 나오는 검에 죽으매

모든 새가 그들의 살로 배불리더라(계 19:20-21)

그러므로 시편 2편은 우리를 적그리스도의 생애의 마지막으로 안내하고 그의 두려운 이력에서 마지막 사건만을 다루고 있습니다. 다른 시편들에서는 적그리스도의 이전 사건들을 언급하고 있으며 그가 유대인을 대하는 방식이 설명되어 있습니다. 적그리스도가 등장하는 다음은 시편 5편입니다.

[1]여호와여 나의 말에 귀를 기울이사 나의 심정을 헤아려 주소서 [2]나의 왕, 나의 하나님이여 내가 부르짖는 소리를 들으소서 내가 주께 기도하나이다 [3]여호와여 아침에 주께서 나의 소리를 들으시리니 아침에 내가 주께 기도하고 바라리이다 [4]주는 죄악을 기뻐하는 신이 아니시니 악이 주와 함께 머물지 못하며 [5]오만한 자들이 주의 목전에 서지 못하리이다 주는 모든 행악자를 미워하시며 [6]거짓말하는 자들을 멸망시키시리이다 여호와께서는 피 흘리기를 즐기는 자와 속이는 자를 싫어하시나이다 [7]오직 나는 주의 풍성한 사랑을 힘입어 주의 집에 들어가 주를 경외함으로 성전을 향하여 예배하리이다 [8]여호와여 나의 원수들로 말미암아 주의 의로 나를 인도하시고 주의 길을 내 목전에 곧게 하소서 [9]그들의 입에 신실함이 없고 그들의 심중이 심히 악하며 그들의 목구멍은 열린 무덤 같고 그들의 혀로는 아첨하나이다 [10]하나님이여 그들을 정죄하사 자기 꾀에 빠지게 하시고 그 많은 허물로 말미암아 그들을 쫓아내소서 그들이 주를 배역함이니이다 [11]그러나 주께 피하는 모든 사람은 다 기뻐하며 주의 보호로 말미암아 영원히 기뻐 외치고 주의 이름을 사랑하는 자들은 주를 즐거워하리이다 [12]여호와여 주는 의인에게 복을 주시고 방패로 함 같이 은혜로 그를 호위하시리이다(시5:1-12)

이 시는 이스라엘의 충실한 남은 자들이 환난 기간 동안 하나님께 드리는 간구를 설명합니다. 이 시편은 예언적 적용에 비추어 현재의 상황의 영역 안에서 이 시를 해석하려는 우리의 시도를 넘어서는 곳으로 우리를 데려갈 것입니다. 예언적 적용에 비추어 이 시편의 완전한 주석과 같은 것을 시도하는 것은 현재의 한계를 넘어 우리를 데려갈 것입니다. 일반화하는 것 이상을 할 것입니다. 대환란의 시대는 사탄에게 가장 자유를 주는 시대입니다. 불법이 넘치는 때입니다. 믿지 않는자들의 마음에 하나님이 그의 보좌를 비우신 것처럼 보이는 때입니다. 그러나 믿음의 눈을 가진 사람들의 눈은 여호와께서 하늘의 군대들 가운데서와 땅의 거민 가운데에서 여전히 통치하고 계시다는 사실을 인식합니다. 그러므로 시편 5:2에는 여호와를 "나의 왕 그리고 나의 하나님"이라고 부르고 있습니다. 가장 무서운 사악함과 반역이 주위에서 일어나고 있지만, 그들은 하나님께서 그 상황을 충분히 대처하실 수 있다는 것을 완전히 확신합니다.

[5]오만한 자들이 주의 목전에 서지 못하리이다 주는 모든 행악자를 미워하시며 [6]거짓말하는 자들을 멸망시키시리이다 여호와께서는 피 흘리기를 즐기는 자와 속이는 자를 싫어하시나이다

"피를 흘리고 속이는 것"은 분명히 죄의 사람의 특징입니다. 그는 그의 군사적 포악함 때문에 "피를 흘리는 사람"이라고 불립니다. 그는 정치적 이중성 때문에 "기만자"라고 불립니다. 그의 적들이 차례로 그의 앞에 쓰러질 것입니다. 그는 피의 바다를 통해 그의 제국의 왕좌에 올라갈 것입니다. 그의 말은 전적으로 신뢰할 수 없으며 그의 약속은 전혀 가치가 없고 의미가 없습니다. 적그리스도는 거짓의 아버지인 사탄의 명백한 화신이 될 것이다. 그는 유대인들을 가장 완벽하게 속일 것입니다. 처음에는 친구로 가장합니다. 하지만 나중에는 유대인의 최대의 적으로 우뚝 서게 됩니다. 피를 흘리고 속이는 이 사람의 정체에 대한 모든 의심은 적그리스도의 달변에 다 제거되고 맙니다.

이제 시편 5편에서 시편 7편으로 넘어가면 경건한 유대인의 남은 자들이 그들의 박해자들에 대하여 여호와께 부르짖는 것을 볼 수 있습니다. 그 박해자들의 우두머리는 적그리스도입니다.

[1]여호와 내 하나님이여 내가 주께 피하오니 나를 쫓아오는 모든 자들에게서 나를 구

원하여 내소서 [2]건져낼 자가 없으면 그들이 사자 같이 나를 찢고 뜯을까 하나이다 [3]여호와 내 하나님이여 내가 이런 일을 행하였거나 내 손에 죄악이 있거나 [4]화친한 자를 악으로 갚았거나 내 대적에게서 까닭 없이 빼앗았거든 [5]원수가 나의 영혼을 쫓아 잡아 내 생명을 땅에 짓밟게 하고 내 영광을 먼지 속에 살게 하소서 (셀라) 6여호와여 진노로 일어나사 내 대적들의 노를 막으시며 나를 위하여 깨소서 주께서 심판을 명령하셨나이다 [7]민족들의 모임이 주를 두르게 하시고 그 위 높은 자리에 돌아오소서 [8]여호와께서 만민에게 심판을 행하시오니 여호와여 나의 의와 나의 성실함을 따라 나를 심판하소서 [9] 악인의 악을 끊고 의인을 세우소서 의로우신 하나님이 사람의 마음과 양심을 감찰하시나이다 [10]나의 방패는 마음이 정직한 자를 구원하시는 하나님께 있도다 [11]하나님은 의로우신 재판장이심이여 매일 분노하시는 하나님이시로다
[12]사람이 회개하지 아니하면 그가 그의 칼을 가심이여 그의 활을 이미 당기어 예비하셨도다 [13]죽일 도구를 또한 예비하심이여 그가 만든 화살은 불화살들이로다 [14]악인이 죄악을 낳음이여 재앙을 배어 거짓을 낳았도다 [15]그가 웅덩이를 파 만듦이여 제가 만든 함정에 빠졌도다 [16]그의 재앙은 자기 머리로 돌아가고 그의 포악은 자기 정수리에 내리리로다 [17]내가 여호와께 그의 의를 따라 감사함이여 지존하신 여호와의 이름을 찬양하리로다(시 7:1-17)

이것은 복수에서 단수로의 변화가 매우 중요한 처음 두 구절에서 분명합니다.

[1]여호와 내 하나님이여 내가 주께 피하오니 나를 쫓아오는 모든 자들에게서 나를 구원하여 내소서 [2]건져낼 자가 없으면 그들이 사자 같이 나를 찢고 뜯을까 하나이다

남은 자들은 하나님 앞에서 그들의 결백을 변호하면서 만일 그들이 부당하게 행하였다면 원수의 저주를 자신들에게 쏟아부으시라고 요청한다.

[4]화친한 자를 악으로 갚았거나 내 대적에게서 까닭 없이 빼앗았거든 5원수가 나의 영혼을 쫓아 잡아 내 생명을 땅에 짓밟게 하고 내 영광을 먼지 속에 살게 하소서 (셀라) [6]여호와여 진노로 일어나사 내 대적들의 노를 막으시며 나를 위하여 깨소서 주께서 심판을 명령하셨나이다

이것은 시편 7편 2절에 나오는 사자처럼 자기 영혼을 찢는 사람을 식별

하는 데 도움이 됩니다. 우는 사자와 같이 돌아다니며 삼킬 자를 찾아다니는 무시무시한 인물과 친밀감이 있는 사람입니다. 그는 처음에는 평화였으나 이유없이 나의 적이 되었다는 언급에 주의를 기울이십시요(4절). 여기에서 볼 수 있는 사람은 분명히 적그리스도이며, 다니엘의 칠십 이레의 후반부에 나타난 바와 같이, 그는 그의 가면을 벗고 모든 두려움 가운데 드러날 것입니다. 12절은 계속해서 말합니다:

사람이 회개하지 아니하면 그가 그의 칼을 가심이여 그의 활을 이미 당기어 예비하셨도다

이것이 남은 자로 하여금 나의 하나님 여호와여 내가 의지하오니 나를 핍박하는 모든 자에게서 나를 구원하시고 건지소서라고 부르짖게 한 것입니다. 14절은 이스라엘의 마지막 때의 원수를 분명히 밝히고 그를 거짓의 아비의 합당한 아들로 다시 각인합니다.

악인이 죄악을 낳음이여 재앙을 배어 거짓을 낳았도다

16절에서 남은 자들은 적들의 확실한 운명에 대한 그들의 확신을 표현합니다.

그의 재앙은 자기 머리로 돌아가고 그의 포악은 자기 정수리에 내리리로다

시편 8편은 시편 7편과 밀접하게 연결되어 있습니다. 남은 자들은 다음과 같이 말합니다:

내가 여호와께 그의 의를 따라 감사함이여 지존하신 여호와의 이름을 찬양하리로다

이것은 그들이 무서운 원수에게서 구출될 때와 영광스러운 천년기가 도래할 때를 예상합니다. "지극히 높으신 주님"은 그분의 독특한 천년왕국 시대의 칭호입니다. 시편 8편은 아름다운 천년왕국의 모습을 보여줍니다.

[1]여호와 우리 주여 주의 이름이 온 땅에 어찌 그리 아름다운지요 주의 영광이 하늘을 덮었나이다 [2]주의 대적으로 말미암아 어린 아이들과 젖먹이들의 입으로 권능을 세우심이여 이는 원수들과 보복자들을 잠잠하게 하려 하심이니이다 [3]주의 손가락으로 만드신 주의 하늘과 주께서 베풀어 두신 달과 별들을 내가 보오니 [4]사람이 무엇이기에 주께서 그를 생각하시며 인자가 무엇이기에 주께서 그를 돌보시나이까 [5]그를 하나님보다 조금 못하게 하시고 영화와 존귀로 관을 씌우셨나이다 [6]주의 손으로 만드신 것을 다스리게 하시고 만물을 그의 발 아래 두셨으니 [7]곧 모든 소와 양과 들짐승이며 [8]공중의 새와 바다의 물고기와 바닷길에 다니는 것이니이다 [9]여호와 우리 주여 주의 이름이 온 땅에 어찌 그리 아름다운지요(시 8:1-8)

여호와의 이름이 온 땅에 탁월하기 때문에 경배를 받으십니다. 남은 자들은 계속해서 말합니다:

주의 대적으로 말미암아 어린 아이들과 젖먹이들의 입으로 권능을 세우심이여 이는 원수들과 보복자들을 잠잠하게 하려 하심이니이다

원수와 보복자, 더 문자적으로 "적과 복수자"는 적그리스도의 많은 이름 중 두 가지입니다. 시편 9편의 많은 부분은 또한 천년왕국의 상태를 보여주고 죄의 사람이 전복되는 것을 축하합니다.

[1]내가 전심으로 여호와께 감사하오며 주의 모든 기이한 일들을 전하리이다 [2] 내가 주를 기뻐하고 즐거워하며 지존하신 주의 이름을 찬송하리니 [3]내 원수들이 물러갈 때에 주 앞에서 넘어져 망함이니이다 [4]주께서 나의 의와 송사를 변호하셨으며 보좌에 앉으사 의롭게 심판하셨나이다 [5]이방 나라들을 책망하시고 악인을 멸하시며 그들의 이름을 영원히 지우셨나이다 [6]원수가 끊어져 영원히 멸망하였사오니 주께서 무너뜨린 성읍들을 기억할 수 없나이다 [7]여호와께서 영원히 앉으심이여 심판을 위하여 보좌를 준

비하셨도다 [8]공의로 세계를 심판하심이여 정직으로 만민에게 판결을 내리시리로다 [9]여호와는 압제를 당하는 자의 요새이시요 환난 때의 요새이시로다 [10]여호와여 주의 이름을 아는 자는 주를 의지하오리니 이는 주를 찾는 자들을 버리지 아니하심이니이다 [11]너희는 시온에 계신 여호와를 찬송하며 그의 행사를 백성 중에 선포할지어다 [12]피 흘림을 심문하시는 이가 그들을 기억하심이여 가난한 자의 부르짖음을 잊지 아니하시도다 [13]여호와여 내게 은혜를 베푸소서 나를 사망의 문에서 일으키시는 주여 나를 미워하는 자에게서 받는 나의 고통을 보소서 [14]그리하시면 내가 주의 찬송을 다 전할 것이요 딸 시온의 문에서 주의 구원을 기뻐하리이다 [15]이방 나라들은 자기가 판 웅덩이에 빠짐이여 자기가 숨긴 그물에 자기 발이 걸렸도다 [16]여호와께서 자기를 알게 하사 심판을 행하셨음이여 악인은 자기가 손으로 행한 일에 스스로 얽혔도다 (힉가욘, 셀라) [17]악인들이 스올로 돌아감이여 하나님을 잊어버린 모든 이방 나라들이 그리하리로다 [18]궁핍한 자가 항상 잊어버림을 당하지 아니함이여 가난한 자들이 영원히 실망하지 아니하리로다 [19]여호와여 일어나사 인생으로 승리를 얻지 못하게 하시며 이방 나라들이 주 앞에서 심판을 받게 하소서 [20]여호와여 그들을 두렵게 하시며 이방 나라들이 자기는 인생일 뿐인 줄 알게 하소서 (시 9:1-20)

남은 자들은 노래합니다:

[4]주께서 나의 의와 송사를 변호하셨으며 보좌에 앉으사 의롭게 심판하셨나이다 [5]이방 나라들을 책망하시고 악인을 멸하시며 그들의 이름을 영원히 지우셨나이다

악인 또는 무법자가 적그리스도라는 것은 다음 구절에서 분명합니다.

[6]원수가 끊어져 영원히 멸망하였사오니 주께서 무너뜨린 성읍들을 기억할 수 없나이다

필자는 다음 장에서 하나님께서 멸하실 "그들의 성읍들"이 적그리스도와 거짓 선지자의 성읍들 곧 바벨론과 로마임을 보여주고자 합니다. 또한 15, 16절입니다:

[15]이방 나라들은 자기가 판 웅덩이에 빠짐이여 자기가 숨긴 그물에 자기 발이 걸렸도다 [16]여호와께서 자기를 알게 하사 심판을 행하셨음이여 악인은 자기가 손으로 행한

일에 스스로 얽혔도다 (힉가욘, 셀라)

이것은 아마겟돈에서 적그리스도와 그의 군대의 멸망을 의미합니다. 시편 10편에서 우리는 다른 어느 시편보다도 적그리스도에 대한 가장 완전한 설명을 볼 수 있습니다.

[1]여호와여 어찌하여 멀리 서시며 어찌하여 환난 때에 숨으시나이까 [2]악한 자가 교만하여 가련한 자를 심히 압박하오니 그들이 자기가 베푼 꾀에 빠지게 하소서 [3]악인은 그의 마음의 욕심을 자랑하며 탐욕을 부리는 자는 여호와를 배반하여 멸시하나이다 [4]악인은 그의 교만한 얼굴로 말하기를 여호와께서 이를 감찰하지 아니하신다 하며 그의 모든 사상에 하나님이 없다 하나이다 [5]그의 길은 언제든지 견고하고 주의 심판은 높아서 그에게 미치지 못하오니 그는 그의 모든 대적들을 멸시하며 [6]그의 마음에 이르기를 나는 흔들리지 아니하며 대대로 환난을 당하지 아니하리라 하나이다 [7]그의 입에는 저주와 거짓과 포악이 충만하며 그의 혀 밑에는 잔해와 죄악이 있나이다 [8]그가 마을 구석진 곳에 앉으며 그 은밀한 곳에서 무죄한 자를 죽이며 그의 눈은 가련한 자를 엿보나이다 [9]사자가 자기의 굴에 엎드림 같이 그가 은밀한 곳에 엎드려 가련한 자를 잡으려고 기다리며 자기 그물을 끌어당겨 가련한 자를 잡나이다 [10]그가 구푸려 엎드리니 그의 포악으로 말미암아 가련한 자들이 넘어지나이다 [11]그가 그의 마음에 이르기를 하나님이 잊으셨고 그의 얼굴을 가리셨으니 영원히 보지 아니하시리라 하나이다 [12]여호와여 일어나옵소서 하나님이여 손을 드옵소서 가난한 자들을 잊지 마옵소서 [13]어찌하여 악인이 하나님을 멸시하여 그의 마음에 이르기를 주는 감찰하지 아니하리라 하나이까 [14]주께서는 보셨나이다 주는 재앙과 원한을 감찰하시고 주의 손으로 갚으려 하시오니 외로운 자가 주를 의지하나이다 주는 벌써부터 고아를 도우시는 이시니이다 [15]악인의 팔을 꺾으소서 악한 자의 악을 더 이상 찾아낼 수 없을 때까지 찾으소서 [16]여호와께서는 영원무궁하도록 왕이시니 이방 나라들이 주의 땅에서 멸망하였나이다 [17]여호와여 주는 겸손한 자의 소원을 들으셨사오니 그들의 마음을 준비하시며 귀를 기울여 들으시고 [18]고아와 압제 당하는 자를 위하여 심판하사 세상에 속한 자가 다시는 위협하지 못하게 하시리이다(시 10:1-18)

이 시는 네 부분으로 나뉩니다.

첫째, 남은 자의 부르짖음(시 10:1)
둘째, 적그리스도의 성품(시 10:2-11)
셋째, 남은 자의 부르짖음이 새롭게 됨(시 10:12-15)

넷째, 남은 자의 확신(시 10:16-18)

그 첫 구절에서 우리는 그 시대의 열쇠, 즉 "환난의 때"(참조, 예레미야 30:7)가 대환란임을 알 수 있습니다. 여기에서 악한 자에 대해 무엇이라고 말하는지 살펴보십시오.

[2]악한 자가 교만하여 가련한 자를 심히 압박하오니 그들이 자기가 베푼 꾀에 빠지게 하소서

"가난한"은 시편 10편에서 일곱 번 언급됩니다(시 10:2, 8, 9, 9, 10, 14). 시편 10:17에서 "겸손한"은 "가난한"을 의미합니다. 그것은 빈곤의 완전한 상태를 강조합니다. 그들은 짐승의 표를 받기를 거절한 충성스러운 남은 자들이며, 그 결과 매매도 하지 않고 고난을 받습니다(계 13:17 참조). 3, 4절입니다:

[3]악인은 그의 마음의 욕심을 자랑하며 탐욕을 부리는 자는 여호와를 배반하여 멸시하나이다 [4]악인은 그의 교만한 얼굴로 말하기를 여호와께서 이를 감찰하지 아니하신다 하며 그의 모든 사상에 하나님이 없다 하나이다

이것은 악인의 무서운 불경건함 즉 하나님에 대해 모독하는 것을 말하고 그가 사탄으로부터 온 자임을 말해 줍니다. 시편 10편 6절에는 그의 사악한 자기중심주의가 묘사되어 있습니다:

[6]그의 마음에 이르기를 나는 흔들리지 아니하며 대대로 환난을 당하지 아니하리라 하나이다

그런 다음 그의 무서운 사악함에 대한 설명이 나옵니다:

[7]그의 입에는 저주와 거짓과 포악이 충만하며 그의 혀 밑에는 잔해와 죄악이 있나이다 [8]그가 마을 구석진 곳에 앉으며 그 은밀한 곳에서 무죄한 자를 죽이며 그의 눈은 가련한 자를 엿보나이다

이 마지막 구절에서 "은밀한 장소"에 대한 언급을 주목하십시오. 우리 주님은 감람산 설교에서 그들에게 다음과 같이 말씀하셨습니다. "

그러면 사람들이 너희에게 말하되 보라 그리스도가 광야에 있다 하여도 나가지 말고 보라 골방에 있다 하여도 믿지 말라(마 24:26)

시편 10편 전체를 세세하게 연구하면 그만큼 충분한 가치가 있을 것입니다. 시편 14편의 첫 구절에서 우리가 의심하지 않는 것은 여기에서 "어리석은 자"라고 불리는 적그리스도에 대한 또 다른 언급입니다.

어리석은 자는 그의 마음에 이르기를 하나님이 없다 하는도다 그들은 부패하고 그 행실이 가증하니 선을 행하는 자가 없도다(시 14:1)

그는 노골적인 반항하며 마음 속으로 "하나님이 계시지 않는 다"라고 말하는 어리석은 사람입니다. 이 사람의 정체에 대한 상징은 시편 10:4절에서 다시 볼 수 있습니다:

죄악을 행하는 자는 다 무지하냐 그들이 떡 먹듯이 내 백성을 먹으면서 여호와를 부르지 아니하는도다

이것은 참된 그리스도와 적그리스도를 분명하게 대조시킵니다. 참된 그리스도는 “놀라운 모사”인데 반면에 적그리스도는 “어리석은 자”입니다. 남은 자들의 고백을 담고 있는 시편 17편(하나님 앞에서 그들의 결백을 간청함)에서 적그리스도에 대해 다시 언급합니다.

[1]여호와여 의의 호소를 들으소서 나의 울부짖음에 주의하소서 거짓 되지 아니한 입술에서 나오는 나의 기도에 귀를 기울이소서 [2]주께서 나를 판단하시며 주의 눈으로 공평함을 살피소서 [3]주께서 내 마음을 시험하시고 밤에 내게 오시어서 나를 감찰하셨으나 흠을 찾지 못하셨사오니 내가 결심하고 입으로 범죄하지 아니하리이다 [4]사람의 행사로 논하면 나는 주의 입술의 말씀을 따라 스스로 삼가서 포악한 자의 길을 가지 아니하였사오며 [5]나의 걸음이 주의 길을 굳게 지키고 실족하지 아니하였나이다 [6]하나님이여 내게 응답하시겠으므로 내가 불렀사오니 내게 귀를 기울여 내 말을 들으소서 [7]주께 피하는 자들을 그 일어나 치는 자들에게서 오른손으로 구원하시는 주여 주의 기이한 사랑을 나타내소서 [8]나를 눈동자 같이 지키시고 주의 날개 그늘 아래에 감추사 [9]내 앞에서 나를 압제하는 악인들과 나의 목숨을 노리는 원수들에게서 벗어나게 하소서 [10]그들의 마음은 기름에 잠겼으며 그들의 입은 교만하게 말하나이다 [11] 이제 우리가 걸어가는 것을 그들이 에워싸서 노려보고 땅에 넘어뜨리려 하나이다 [12]그는 그 움킨 것을 찢으려 하는 사자 같으며 은밀한 곳에 엎드린 젊은 사자 같으니이다 [13]여호와여 일어나 그를 대항하여 넘어뜨리시고 주의 칼로 악인에게서 나의 영혼을 구원하소서 [14]여호와여 이 세상에 살아 있는 동안 그들의 분깃을 받은 사람들에게서 주의 손으로 나를 구하소서 그들은 주의 재물로 배를 채우고 자녀로 만족하고 그들의 남은 산업을 그들의 어린 아이들에게 물려 주는 자니이다 [15]나는 의로운 중에 주의 얼굴을 뵈오리니 깰 때에 주의 형상으로 만족하리이다(시 17:1-15)

"하나님의 입술의 말씀을" 믿는 유대인들은 "파괴자의 길에서 지켜"질 것입니다. 이것은 대조를 나타내는 그의 또 다른 칭호입니다. 그리스도는 구세주이십니다. 적그리스도 파괴자입니다. 여기에서 볼 수 있는 사람이 적그리스도라는 것은 5절에 이어지는 내용에서 분명합니다.

나의 걸음이 주의 길을 굳게 지키고 실족하지 아니하였나이다

12, 13절입니다:

[12]그는 그 움킨 것을 찢으려 하는 사자 같으며 은밀한 곳에 엎드린 젊은 사자 같으니이다 [13]여호와여 일어나 그를 대항하여 넘어뜨리시고 주의 칼로 악인에게서 나의 영혼을 구원하소서

여기서 '악인'은 단수입니다. "은밀한 곳"에 대한 언급을 다시 주목하십시오. 마태복음 24장을 주해할 때 이 부분을 다시 설명할 것입니다. 마태복음 25, 26장은 복음서에서 적그리스도를 다루고 있습니다.

우리는 사악한 자에 대한 부수적인 암시가 포함된 여러 시편을 건너뛰고 이제 시편 36편으로 넘어갑니다. 첫 번째 구절의 표현은 다소 모호하며, 인접한 언어, 시리아어, 불가타어와 함께 살펴봐야 의미가 드러납니다. 그는 여호와를 무시하고 하나님을 두려워하지 않습니다:

[1]악인의 죄가 그의 마음속으로 이르기를 그의 눈에는 하나님을 두려워하는 빛이 없다 하니 [2]그가 스스로 자랑하기를 자기의 죄악은 드러나지 아니하고 미워함을 받지도 아니하리라 함이로다

교만한 자만심이 그를 채우나 결국은 뿌린 대로 거둡니다.

[3]그의 입에서 나오는 말은 죄악과 속임이라 그는 지혜와 선행을 그쳤도다

이것은 적그리스도가 유대인들을 속이며 배신적인 거래를 하는 것을 말하며 그의 이력에서 두 가지 큰 단계에 주목할 필요가 있습니다. 처음에는, 그가 이스라엘의 친구로 가장하지만, 나중에는 결국 그들의 적으로 그의 진정한 성품을 드러낼 것입니다. 4절은 그의 도덕적 성품에 대해 설명합니다:

[4]그는 그의 침상에서 죄악을 꾀하며 스스로 악한 길에 서고 악을 거절하지 아니하는도다

궁극적으로 환난기의 경건한 남은 자들과 관련이 있는 시편 37편에는 적그리스도에 대한 언급이 많이 포함되어 있습니다. 7절에서 남은 자에게 "주 안에서 안식하고 참을성 있게 그를 기다리라"(즉, 그의 친히 나타나심을 기다리라) 그리고 "자기 길이 형통한 자로 말미암아 근심하지 말라 악한 계교를 꾀하는 자로 말미암아 지나가게 한다." 이러한 것은 죄의 사람에 대한 명백한 암시입니다.

[7]여호와 앞에 잠잠하고 참고 기다리라 자기 길이 형통하며 악한 꾀를 이루는 자 때문에 불평하지 말지어다

10절에서 그들은 다음과 같이 확신합니다:

[10]잠시 후에는 악인이 없어지리니 네가 그 곳을 자세히 살필지라도 없으리로다

12, 13절을 입니다:

[12]악인이 의인 치기를 꾀하고 그를 향하여 그의 이를 가는도다 [13]그러나 주께서 그를 비웃으시리니 그의 날이 다가옴을 보심이로다

이것은 하나님의 백성에 대해서 적그리스도가 사탄의 악의를 불러일으키고, 또한 주님께서 그토록 대담하게 그에게 도전한 이 사람의 급박한 운명을 보시고 그를 멸시하시는 것을 나타냅니다. 악인의 종말은 시편 37편 35-36절에 기록되어 있습니다:

[35]내가 악인의 큰 세력을 본즉 그 본래의 땅에 서 있는 나무 잎이 무성함과 같으나 [36]내가 지나갈 때에 그는 없어졌나니 내가 찾아도 발견하지 못하였도다

이 놀라운 시편 전체는 면밀한 연구를 요구합니다. 말세의 두려운 시련 속에서 남은 자들이 겪을 일들에 빛을 비추고 있습니다.

내가 말하기를 나의 행위를 조심하여 내 혀로 범죄하지 아니하리니 악인이 내 앞에 있을 때에 내가 내 입에 재갈을 먹이리라 하였도다(시 39:1)

이것은 사악한 자들의 성가신 존재를 고려하여 남은 자의 결의를 말하는 것입니다. 반면 시편 39편 8절에서는 그들이 어리석은 자의 치욕을 당하지 않기를 기도하는 것을 볼 수 있습니다.

나를 모든 죄에서 건지시며 우매한 자에게서 욕을 당하지 아니하게 하소서

시편 43편은 유대 민족 전체의 경멸과 반대에 대한 남은 자의 간절한 탄원으로 시작되며, 그 선두에는 거짓 메시야가 있습니다:

[1]하나님이여 나를 판단하시되 경건하지 아니한 나라에 대하여 내 송사를 변호하시며 간사하고 불의한 자에게서 나를 건지소서 [2]주는 나의 힘이 되신 하나님이시거늘 어찌하여 나를 버리셨나이까 내가 어찌하여 원수의 억압으로 말미암아 슬프게 다니나이까

죄의 사람의 기만과 불공정에 대한 암시는 물론 그가 언약을 어긴 것으로 봅니다. 시편 44편에서 우리는 남은 자들의 쓰라린 탄식을 더 많이 듣게 되며, 그들의 은인으로 자처한 자에게 배신당하고, 그들의 동료 유대인들에 의해 있는 그대로 조롱을 당합니다.

[14]주께서 우리를 뭇 백성 중에 이야기거리가 되게 하시며 민족 중에서 머리 흔듦을 당하게 하셨나이다 [15]나의 능욕이 종일 내 앞에 있으며 수치가 내 얼굴을 덮었으니 [16]나를 비방하고 욕하는 소리 때문이요 나의 원수와 나의 복수자 때문이니이다

시편 50편은 이와 관련하여 깊은 관심을 가지고 있는 시편 중에 하나입니다. 그것은 여호와의 충실한 백성의 부르짖음에 대한 여호와의 응답을

선포합니다:

[3]우리 하나님이 오사 잠잠하지 아니하시니 그 앞에는 삼키는 불이 있고 그 사방에는 광풍이 불리로다

그것은 그가 그의 성도들을 그에게로 모으실 것이라고 약속하십니다(시 50:5).

이르시되 나의 성도들을 내 앞에 모으라 그들은 제사로 나와 언약한 이들이니라 하시도다

여기에는 이스라엘 전체에 대한 설명이 포함되어 있습니다(시 50:7-14 참조).

[7]내 백성아 들을지어다 내가 말하리라 이스라엘아 내가 네게 증언하리라 나는 하나님 곧 네 하나님이로다 [8]나는 네 제물 때문에 너를 책망하지는 아니하리니 네 번제가 항상 내 앞에 있음이로다 [9]내가 네 집에서 수소나 네 우리에서 숫염소를 가져가지 아니하리니 [10]이는 삼림의 짐승들과 뭇 산의 가축이 다 내 것이며 [11]산의 모든 새들도 내가 아는 것이며 들의 짐승도 내 것임이로다 [12] 내가 가령 주려도 네게 이르지 아니할 것은 세계와 거기에 충만한 것이 내 것임이로다 [13]내가 수소의 고기를 먹으며 염소의 피를 마시겠느냐 [14]감사로 하나님께 제사를 드리며 지존하신 이에게 네 서원을 갚으며

그리고 나서, 그의 백성에게 "환난의 날"에 그를 부르라고 명하고 그들을 구원할 것이라고 확신시킨 후에, 하나님은 그들의 적에게 다음과 같이 명령하십니다:

[16]악인에게는 하나님이 이르시되 네가 어찌하여 내 율례를 전하며 내 언약을 네 입에 두느냐 [17] 네가 교훈을 미워하고 내 말을 네 뒤로 던지며 [18]도둑을 본즉 그와 연합하고 간음하는 자들과 동료가 되며 [19]네 입을 악에게 내어 주고 네 혀로 거짓을 꾸미며 [20]앉아서 네 형제를 공박하며 네 어머니의 아들을 비방하는도다 [21]네가 이 일을 행

하여도 내가 잠잠하였더니 네가 나를 너와 같은 줄로 생각하였도다 그러나 내가 너를 책망하여 네 죄를 네 눈 앞에 낱낱이 드러내리라 하시는도다 [22]하나님을 잊어버린 너희여 이제 이를 생각하라 그렇지 아니하면 내가 너희를 찢으리니 건질 자 없으리라

첫째, 하나님은 적그리스도의 위선에 대해 책망하십니다. 그의 이력 초기에 그가 (구세주를 유혹한 사탄처럼) 와서 하나님의 율례를 선포하고 하나님의 언약을 입에 담았던 때를 언급합니다(시 50: 16).

둘째, 그는 칠십 이레 중반에 그가 하나님의 말씀을 뒤에 던졌을 때 그의 반역죄로 그를 책망하셨습니다(시 50:17).

셋째, 그는 적그리스도의 타락을 폭로하고 그가 도덕적 감각이 전혀 없음을 보여줍니다(시 50:18-20).

넷째, 그는 적그리스가 자신의 악행에 대한 합당한 보상을 피해야 한다고 스스로를 얼마나 칭찬했는지 상기시켜줍니다(시 50:21).

마지막으로, 그는 보복의 확실성과 적그리스도를 기다리고 있는 두려운 운명을 선언합니다(시 50:22).

시편 52편은 시편 50편의 마지막 구절에서 우리 앞에 있었던 것을 계속하고 확대합니다. 여기서 다시 적그리스도는 남은 자들을 통해 의심할 여지 없이 하나님에 의해 기소됩니다:

[1]포악한 자여 네가 어찌하여 악한 계획을 스스로 자랑하는가 하나님의 인자하심은 항상 있도다 [2]네 혀가 심한 악을 꾀하여 날카로운 삭도 같이 간사를 행하는도다 [3]네가 선보다 악을 사랑하며 의를 말함보다 거짓을 사랑하는도다 (셀라) [4]간사한 혀여 너는 남을 해치는 모든 말을 좋아하는도다 [5]그런즉 하나님이 영원히 너를 멸하심이여 너를 붙잡아 네 장막에서 뽑아 내며 살아 있는 땅에서 네 뿌리를 빼시리로다 (셀라) [6]의인이 보고 두려워하며 또 그를 비웃어 말하기를 [7]이 사람은 하나님을 자기 힘으로 삼지 아니하고 오직 자기 재물의 풍부함을 의지하며 자기의 악으로 스스로 든든하게 하던 자라 하리로다

교만, 적개심, 배신, 도덕적 타락, 그리고 성육신한 멸망의 아들의 과시가 모두 주목받고 그를 비난합니다. 그의 운명의 확실성과 그가 박해했던 사람들 앞에서 그의 추락이 그림처럼 묘사되어 있습니다.

시편 55편의 예언적 적용은 처음에 주 예수에 대한 유다의 배반에서 비극적인 실현을 발견했지만, 그것의 최종적인 성취는 아직 다가올 날을 기다리고 있습니다. 그것에서 우리는 가짜 메시아의 이중성에 대해 애통하는 남은 자들의 마음의 고통에 대한 애통스러운 묘사를 볼 수 있습니다. 예루살렘에서 쫓겨난 그들은 지금 거룩한 성에서 높은 축제를 벌이고 있는 무서운 사악함을 슬퍼합니다:

[11]악독이 그 중에 있고 압박과 속임수가 그 거리를 떠나지 아니하도다 [12]나를 책망하는 자는 원수가 아니라 원수일진대 내가 참았으리라 나를 대하여 자기를 높이는 자는 나를 미워하는 자가 아니라 미워하는 자일진대 내가 그를 피하여 숨었으리라 [13]그는 곧 너로다 나의 동료, 나의 친구요 나의 가까운 친우로다

따라서 유대인들은 장차 그들의 친구로 여겼던 한 사람에 의한 배신과 버림의 쓰라린 경험을 견디도록 부름을 받게 될 것입니다. 남은 자가 그들의 원수에 관하여 다음과 같이 외칩니다:

[20]그는 손을 들어 자기와 화목한 자를 치고 그의 언약을 배반하였도다 [21]그의 입은 우유 기름보다 미끄러우나 그의 마음은 전쟁이요 그의 말은 기름보다 유하나 실상은 뽑힌 칼이로다

마지막 카이사르가 팔레스타인과 맺은 7년 조약에 대한 언급이며, 3년 반 후에는 종이 조각으로 취급됩니다. 그러나 그러한 배신은 당장은 처벌받지 않을 것입니다. 결국에 적그리스도와 그의 조장자들은 온 땅의 심판자에 의해 최종적으로 다루어질 것입니다:

[23] 하나님이여 주께서 그들로 파멸의 웅덩이에 빠지게 하시리이다 피를 흘리게 하며 속이는 자들은 그들의 날의 반도 살지 못할 것이나 나는 주를 의지하리이다

시편 71편은 마지막 때에 남은 자들의 또 다른 기도를 담고 있습니다:

[4]나의 하나님이여 나를 악인의 손 곧 불의한 자와 흉악한 자의 장중에서 피하게 하소서

다시 말해서, 불의하게 행동한 죄의 사람, 그리고 그의 사악한 기쁨이 하나님의 백성을 박해하는 것을 언급하는 것입니다. 시편 72편에서 우리는 남은 자의 확신이 표현된 것을 발견합니다. 그곳에서 그들은 하나님의 왕이 의롭게 다스리실 그 즐거운 때를 기대하고 있는 것을 봅니다. 그들은 기쁜 확신으로 이렇게 외칩니다:

[2]그가 주의 백성을 공의로 재판하며 주의 가난한 자를 정의로 재판1)하리니 [3] 의로 말미암아 산들이 백성에게 평강을 주며 작은 산들도 그리하리로다 [4]그가 가난한 백성의 억울함을 풀어 주며 궁핍한 자의 자손을 구원하며 압박하는 자를 꺾으리로다

그들의 원수는 사람의 눈에 강하고 그가 보기에는 무적이지만 하나님의 정하신 때가 오면 쭉정이가 불어오는 바람에 옮겨지는 것처럼 쉽게 부서질 것입니다. 시편 74편은 믿는 남은 자들에 대한 적그리스도의 폭력을 언급합니다.

[8]그들이 마음속으로 이르기를 우리가 그들을 진멸하자 하고 이 땅에 있는 하나님의 모든 회당을 불살랐나이다 [9]우리의 표적은 보이지 아니하며 선지자도 더 이상 없으며 이런 일이 얼마나 오랠는지 우리 중에 아는 자도 없나이다 [10] 하나님이여 대적이 언제까지 비방하겠으며 원수가 주의 이름을 영원히 능욕하리이까

이것은 죄의 사람과 그를 따르는 자들이 이스라엘을 땅에서 끊고 하나님의 이름을 지닌 모든 것을 없애기 위해 필사적인 노력을 기울일 때를 의미합니다. “모든 회당”이 불태워질 것이라고 말하는 것이 아니라 “하나님의 회당”, 즉 참되시고 살아 계신 하나님이 소유되고 경배되는 곳임을 주목하십시오. 시편 83편은 종말에 조금 더 가까워진 지점으로 우리를 이끕니다. 하나님의 회당이 모두 파괴될 뿐만 아니라 여전히 은밀히 하나님을 경배하는 자들을 멸절시키려는 시도가 있을 것입니다. 사탄이 쫓는 이 무리의 비극적인 탄원을 들어 보십시오:

[1]하나님이여 침묵하지 마소서 하나님이여 잠잠하지 마시고 조용하지 마소서 [2]무릇 주의 원수들이 떠들며 주를 미워하는 자들이 머리를 들었나이다 [3]그들이 주의 백성을 치려 하여 간계를 꾀하며 주께서 숨기신 자를 치려고 서로 의논하여 [4]말하기를 가서 그들을 멸하여 다시 나라가 되지 못하게 하여 이스라엘의 이름으로 다시는 기억되지 못하게 하자 하나이다

이에 대한 책임이 누구에게 있는지에 대해서는 다음 구절이 보여줍니다.

[5]그들이 한마음으로 의논하고 주를 대적하여 서로 동맹하니

시편 83편 5절에서 "저희가 한마음으로 의논하여 주를 대적하여 동맹을 맺었나이다"라고 말합니다. 그러면 인류의 꿈인 국제연맹(League of Nations)이 실현될 것입니다. 여기에서 열 나라의 이름이 언급된 것은 놀라운 일입니다(시 83:6-8 참조).

[6]곧 에돔의 장막과 이스마엘인과 모압과 하갈인이며 [7]그발과 암몬과 아말렉이며 블레셋과 두로 사람이요 [8]앗수르도 그들과 연합하여 롯 자손의 도움이 되었나이다 (셀라)

시편 83편 8절에서 "앗수르"는 "앗수르 사람"이며 바벨론 왕의 성격을 지닌 적그리스도입니다. 이 구절은 적그리스도가 이방인들과 관련되어 있음을 보여주는 시편의 몇 안 되는 구절 중 하나입니다. 시편 110편 6절은 또한 이방인들과 관련된 적그리스도에 대한 언급을 포함하고 있습니다.

6 뭇 나라를 심판하여 시체로 가득하게 하시고 여러 나라의 머리를 쳐서 깨뜨리시며

시편 140편은 적그리스도를 언급하는 시편의 마지막 부분으로 보입니다.
그곳에서 우리는 하나님의 남은 자들의 불쌍한 외침을 다시 듣습니다.

1여호와여 악인에게서 나를 건지시며 포악한 자에게서 나를 보전하소서

4여호와여 나를 지키사 악인의 손에 빠지지 않게 하시며 나를 보전하사 포악한 자에게서 벗어나게 하소서 그들은 나의 걸음을 밀치려 하나이다

8여호와여 악인의 소원을 허락하지 마시며 그의 악한 꾀를 이루지 못하게 하소서 그들이 스스로 높일까 하나이다 (셀라)

이와같이 우리는 적그리스도에 대한 암시가 있는 20편 이상의 시편을 살펴보았습니다. 이것은 결코 단순히 목록화하거나 나열하는 정도가 아닙니다. 이 무시무시한 괴물이 얼마나 두드러진 위치에 있는지를 보여주기에는 충분합니다. 우리가 시편의 현재 가치와 적용을 우리 자신에게 부정하고 있다고 가정하지 마십시오. 우리가 바라는 것에 이보다 더 낯선 것은 없습니다.

우리는 모든 성경이 하나님의 영감으로 주어졌으며 "가르치기에 유익하다"는 것을 굳게 믿습니다. 그 뿐만 아니라, 우리는 우리 마음의 다양한 감정을 하나님께 표현하기에 적합한 언어로 하나님의 말씀의 소중한 부분을 제공하는 데 있어서 기꺼이 그리고 기쁘게 모든 시대의 성도들과 연합합니다. 그러나 오늘날 우리에게 시편의 실험적이고 교리적인 가치를 충분히 허용하면서 시편의 많은 부분이 예언적 의미를 갖고 있으며 그리스도의 몸인 교회가 이 죄와 고통의 장면이 제거된 이후에 다른 믿는 자들에 의해 사용될 것이라는 점을 지적할 필요가 있습니다.

우리는 세대적 진리에 관심이 있는 독자들에게 이 다윗의 시편이 장차 올 일에 대해 얼마나 많이 계시하는지 발견하는 관점에서 이 다윗의 시편을 다시 연구할 것을 촉구합니다.

제8장

선지서에서의 적그리스도

예언서에서 적그리스도에 대한 언급은 무수히 많습니다. 이것은 궁금해 할 일도 아닙니다. 우리가 이스라엘과 이방인의 미래에 대해 배우는 성경의 책은 성경의 다른 어느 곳보다 예언서에 있습니다. 예언서에는 종말의 시대의 상태에 관한 가장 완전한 정보와 그 시대를 이끌어가는 주인공들이 활동할 다양한 부분에 대한 가장 완전한 설명을 가지고 있습니다. 죄의 사람과 그가 수행할 수많은 역할에 대해 언급하는 예언서의 모든 구절을 검토하면 적그리스도라는 주제를 위해 설계된 범위를 훨씬 넘어갈 것이다. 그러나 필자는 적그리스도에 대한 더 중요한 암시들을 생략하고 싶지 않습니다. 그러므로 필자는 선택을 할 것이지만 최소한 완전한 개요를 신뢰할 수 있는 선택을 하고자 합니다. 특정의 구절들, 특히 바벨론과 관련하여 적그리스도를 보는 구절들은 이후 장에서 별도로 고려될 것이기 때문에 지금은 생략할 것입니다.

또 하나의 서론이 필요합니다. 우리는 상당 부분을 당연하게 여길 수밖에 없는 한 이 장이 몇몇 독자들에게는 다소 불만족스러울 수 있다는 점을 알고 있습니다. 여기서 우리는 적그리스도에 대한 다양한 암시가 발생하는 구절에 대한 완전한 분석을 시도할 수 없으며, 이것이 필요하지도 않음이 분명합니다.

필자는 성경을 연구하는 이들에게 글을 쓰기 때문에 그들이 마지막 때의 조건을 다루고 있다는 사실에 만족할 수 있도록 우리가 인용한 다른 곳을 찾아가 문맥을 검토하도록 요청합니다. 대부분의 경우 문맥은 우리가 성경에 없는 것을 읽지 않는다는 것을 보여주지만, 몇몇 경우에는 그렇지 않을 수도 있습니다. 이것은 때때로 그리스도에 관한 예언을 담고 있는 구절에서도 사실입니다. 성령께서 가까이에 있는 것을 다루신 다음 아무런 경고도 없이 먼 미래를 비추시는 것이 선지서의 경우에 자주 발생합니다. 그러나 신약이 우리로 하여금 구약의 어떤 구절이 그리스도에 대해 말하는지 결정할 수 있게 해주듯이, 다른 성경구절들은 적그리스도에 대한 불명확하고 일시적인 암시만 있는 구절에서 적그리스도의 인격을 식별하는 데 도움이 됩니다.

I. 이사야서의 적그리스도

16장에서 죄의 사람에 대해 간략히 언급됩니다. 16장의 시작구절은 환난기간의 상태를 분명하게 보여줍니다. 박해받는 유대인들이 피난처를 위해 어떻게 모압 땅으로 도망하는 하는 지를 암시하고 있습니다.

너는 방도를 베풀며 공의로 판결하며 대낮에 밤 같이 그늘을 지으며 쫓겨난 자들을 숨기며 도망한 자들을 발각되게 하지 말며(사 16:3)

위의 구절은 이것을 분명히 보여줍니다. 이 버림받은 자들은 이사야서 16장4절에 분명히 나와 있으며, 여호와께서는 그들을 "나의 버림받은 자들"이라고 부르셨습니다.

[4]나의 쫓겨난 자들이 너와 함께 있게 하되 너 모압은 멸절하는 자 앞에서 그들에게 피

할 곳이 되라 대저 토색하는 자가 망하였고 멸절하는 자가 그쳤고 압제하는 자가 이 땅에서 멸절하였으며

같은 구절이 계속해서 그들이 팔레스타인에서 버림받은 자들인 이유를 설명합니다.

대저 토색하는 자가 망하였고 멸절하는 자가 그쳤고 압제하는 자가 이 땅에서 멸절하였으며

여기에 적그리스도의 멸망이 기록되어 있습니다. 이 구절들이 천년왕국이 일어나기 직전의 일을 묘사한다는 또 다른 증거는 우리를 천년왕국의 시작으로 인도하는 다음 구절에서 찾을 수 있습니다.

다윗의 장막에 인자함으로 왕위가 굳게 설 것이요 그 위에 앉을 자는 충실함으로 판결하며 정의를 구하며 공의를 신속히 행하리라(사 16:5)

따라서 다른 구절들에 비추어 볼 때 파괴자와 착취자가 다름 아닌 "멸망의 아들"을 언급하고 있다는 데는 의심의 여지가 거의 없습니다. 이사야서 22장 25절에는 적그리스도에 대한 또 다른 부수적인 언급이 있습니다.

만군의 여호와께서 이르시되 그 날에는 단단한 곳에 박혔던 못이 삭으리니 그 못이 부러져 떨어지므로 그 위에 걸린 물건이 부서지리라 하셨다 하라 나 여호와의 말이니라(사 22:25)

이 구절에 대한 논평을 위해독자들에게 이 책의 4장 섹션 17을 살펴보기를 보기를 권합니다.

그 날에 여호와께서 그의 견고하고 크고 강한 칼로 날랜 뱀 리워야단 곧 꼬불꼬불한 뱀 리워야단을 벌하시며 바다에 있는 용을 죽이시리라(사 27:1)

이사야 27장은 분석하기 쉽지 않습니다. 구조가 복잡해 보입니다. 그 내용이 아직 미래의 날짜를 가리키고 있다는 것은 그 서두에 암시되어 있습니다. "그 날에"가 나오는 이사야서의 다른 구절과 비교해 보아야 할 것입니다. 이 장을 읽으면서 환난기에 대한 언급과 천년왕국의 조건 사이에 특이한 변화가 있음을 알게 될 것입니다. 마지막 구절은 대환란의 끝을 분명히 나타냅니다. 지금 우리가 주로 관심을 갖고 있는 첫 구절도 마찬가지입니다. 찌르는 뱀 리워야단은 적그리스도의 이름 중 하나라고 필자는 믿습니다. 이 책 3장의 두번째 섹션과 비교해 보십시요.

욥기의 한 구절과 비교하면 이 결론이 확증됩니다. 일반적으로 욥기 41장의 "리워야단"이 악어를 가리킨다는 데 동의하지만 주석가들은 악어에서 그 생물에 대한 설명 이상을 보지는 못한 것 같습니다. 그러나 분명히 성경이 전체 장을 파충류를 묘사하는 데 할애하지는 않았을 것입니다! 개인적으로 필자는 배신하는 잔인한 괴물의 모습 아래 어둠의 왕자의 놀라운 실루엣을 가지고 있다는 것에 만족합니다. 다음과 같은 눈에 띄는 점에 유의하십시오.

욥기 41장의 1절과 2절에서는 리워야단의 힘이 언급됩니다. 욥기 41장 3절에서 "그가 너에게 부드러운 말을 하겠느냐?"라는 질문이 나옵니다. 이것을 악어로만 본다면 의미가 없습니다. 그러나 이것을 적그리스도에 대한 상징적 묘사로 본다면 매우 적절합니다. 욥기 41장 4절에서도 "그가 너와 언약을 맺으리이까?"라는 질문이 나옵니다. 이 구절이 다른 것이 아니라 파충류만이 그 구절의 주제라면 의미를 놓친 것입니다. 그러나 어떤 괴물같은 존재가 보이고 더 무섭게 느껴진다면 그것이 식별하게 해줍니다.

아무도 그것을 격동시킬 만큼 담대하지 못하거든 누가 내게 감히 대항할 수 있겠느냐 (욥 41:10)

이것은 계시록 13장 4절과 아주 잘 상응합니다.

용이 짐승에게 권세를 주므로 용에게 경배하며 짐승에게 경배하여 이르되 누가 이 짐승과 같으냐 누가 능히 이와 더불어 싸우리요 하더라

그의 이빨은 사방이 끔찍합니다(욥 41:14)

이것은 적그리스도의 사납고 잔인함을 아주 적절하게 잘 묘사하고 있습니다.

그것의 가슴은 돌처럼 튼튼하며 맷돌 아래짝 같이 튼튼하구나(24절)

이것은 적그리스도의 도덕적 타락을 아주 정확하게 묘사하고 있습니다.

25그것이 일어나면 용사라도 두려워하며 달아나리라 26칼이 그에게 꽂혀도 소용이 없고 창이나 투창이나 화살촉도 꽂히지 못하는구나 27그것이 쇠를 지푸라기 같이, 놋을 썩은 나무 같이 여기니 28 화살이라도 그것을 물리치지 못하겠고 물맷돌도 그것에게는 겨 같이 되는구나

이 말이 어떻게 무적을 암시하는지는 다음을 참조할 수 있습니다.

그와 같이 두려움 없이 지음을 받은 자는 세상에 없나니 그는 모든 높은 것을 보시며

모든 교만한 자의 왕이시로다(33, 34절)

확실히 이 마지막 구절은 여기 우리 앞에 누가 실제로 있는지에 대한 모든 의심을 없애줍니다! 욥기 41장 전체를 주의 깊게 연구해야 합니다. 왜냐하면 그것이 이사야서 27장 1절의 놀랍지만 가려진 확대 부분을 포함하고 있음을 확신하기 때문입니다. 이사야서 33장에는 적그리스도에 대한 또 다른 언급이 있습니다. 이사야서의 많은 부분과 마찬가지로 이 장은 환난 상태를 알려주다가 천년왕국으로 갔다가 다시 돌아옵니다.

[1]너 학대를 당하지 아니하고도 학대하며 속이고도 속임을 당하지 아니하는 자여 화 있을진저 네가 학대하기를 그치면 네가 학대를 당할 것이며 네가 속이기를 그치면 사람이 너를 속이리라

이것은 분명히 거짓 메시아의 머리에 선언된 심판입니다. 적그리스도를 식별하는 데에는 두 가지가 도움이 됩니다. 그는 크나큰 파괴자이자 이스라엘을 배신할 자입니다. 경건한 남은 자들은 그들의 원수의 배교와 탐욕을 보고 다음과 같이 부르짖습니다:

여호와여 우리에게 은혜를 베푸소서 우리가 주를 앙망하오니 주는 아침마다 우리의 팔이 되시며 환난 때에 우리의 구원이 되소서(사 33:2)

적그리스도에 관한 또 다른 말씀은 이사야서 33장 8절에 있습니다.

대로가 황폐하여 행인이 끊어지며 대적이 조약을 파하고 성읍들을 멸시하며 사람을 생각하지 아니하며(사 33:8)

이 구절의 마지막 세 진술은 누가 거기에 있는지 확인해 줍니다. 이 구절들에서 적그리스도의 진정한 색깔로 표시해 줍니다. 이스라엘과 맺은 언약을 깨뜨리고 그들의 성읍들을 약탈하며 모든 인간 정부를 거역하여 대적하는 자입니다. 이사야서를 살펴보는 것을 그만하기 전에 이사야서 57장 9절을 간략히 살펴보아야 합니다. 이 장에서 우리는 하나님께서 이스라엘의 끔찍한 우상숭배와 사악함을 책망하시는 것을 봅니다. 이 장을 시작하는 구절은 그 때가 환난기임을 분명히 하고 있습니다.

[1]의인이 죽을지라도 마음에 두는 자가 없고 진실한 이들이 거두어 감을 당할지라도 깨닫는 자가 없도다 의인들은 악한 자들 앞에서 불리어가도다 [2]그들은 평안에 들어갔나니 바른 길로 가는 자들은 그들의 침상에서 편히 쉬리라 [3]무당의 자식, 간음자와 음녀의 자식들아 너희는 가까이 오라(사 57:1-3)

57장의 나머지 부분은 동일한 변형으로 계속됩니다. 하나님께서 이스라엘을 향하여 내리신 여러 가지 고발 중 하나는 다음과 같습니다:

[9]네가 기름을 가지고 몰렉에게 나아가되 향품을 더하였으며 네가 또 사신을 먼 곳에 보내고 스올에까지 내려가게 하였으며

이 장에서 마지막 시대에 이스라엘이 범한 죄를 서술하고 있는 것처럼 여기에서 "왕"은 거짓 메시아임이 분명합니다. 덧붙여서 이 구절은 적그리스도가 유대인의 왕이 될 것이라는 많은 증거 중 하나를 제공합니다.

Ⅱ. 예레미야의 적그리스도

예레미야 4장에는 팔레스타인 주민들에게 닥칠 두려운 고난에 대한 생생한 묘사가 있습니다. 의심할 여지 없이, 과거에 비극적인 성취가 있었다고 합니다. 그러나 대부분의 예언과 마찬가지로 모든 예언 전부가 아닐지라도 이 예언의 일부는 나중에 그리고 최종적으로 성취될 것입니다. 그것이 종말의 일들을 다루는 것으로 나타내는 몇 가지 진술이 있습니다. 이것들 중 가장 분명한 것은 마지막 구절에서 찾아볼 수 있습니다.

내가 소리를 들은즉 여인의 해산하는 소리 같고 초산하는 자의 고통하는 소리 같으니 이는 시온의 딸의 소리라 그가 헐떡이며 그의 손을 펴고 이르기를 내게 화가 있도다 죽이는 자로 말미암아 나의 심령이 피곤하도다 하는도다(렘 4:31)

그것은 마태복음 24장 8절(헬라어 참조)의 "산통"입니다. 이스라엘이 겪을 고통스러운 시련은 비극적으로 묘사되어 있습니다:

[5]너희는 유다에 선포하며 예루살렘에 공포하여 이르기를 이 땅에서 나팔을 불라 하며 또 크게 외쳐 이르기를 너희는 모이라 우리가 견고한 성으로 들어가자 하고 [6]시온을 향하여 깃발을 세우라, 도피하라, 지체하지 말라, 내가 북방에서 재난과 큰 멸망을 가져오리라 [7]사자가 그 수풀에서 올라왔으며 나라들을 멸하는 자가 나아 왔으되 네 땅을 황폐하게 하려고 이미 그의 처소를 떠났은즉 네 성읍들이 황폐하여 주민이 없게 되리니

이방인의 파괴자는 이제 몸을 돌려 그의 사악한 악의를 하나님의 거룩한 땅에 발산합니다. 그는 마음 속에 파괴를 품고 있습니다. 그는 끔찍하게 맹공격할 것입니다:

[13] 보라 그가 구름 같이 올라오나니 그의 병거는 회오리바람 같고 그의 말들은 독수리보다 빠르도다 우리에게 화 있도다 우리는 멸망하도다 하리라

적그리스도는 맹렬하게 진노하여 그 땅을 파괴할 것이기에 그 땅은 황폐하게 될 것이며 두려운 일입니다:

[29] 기병과 활 쏘는 자의 함성으로 말미암아 모든 성읍 사람들이 도망하여 수풀에 들

어가고 바위에 기어오르며 각 성읍이 버림을 당하여 거기 사는 사람이 없나니

예레미야 6장 26절에는 적그리스도에 관한 놀라운 진술이 있습니다:

딸 내 백성이 굵은 베를 두르고 재에서 구르며 독자를 잃음 같이 슬퍼하며 통곡할지어다 멸망시킬 자가 갑자기 우리에게 올 것임이라

이 파괴자는 이방인의 파괴자입니다. 그러나 다음 구절이 매우 인상적입니다:

27내가 이미 너를 내 백성 중에 망대와 요새로 삼아 그들의 길을 알고 살피게 하였노라

여기서 우리는 적그리스도가 여호와의 손에 있는 도구에 불과하다는 것을 알게 됩니다. 이스라엘을 "시험"하기 위해 적그리스도를 이스라엘 한가운데에 세우신 분은 바로 하나님이십니다. 이사야서 10장 5, 6절에 유사한 진술이 있는데, 여기에서 주님은 앗수르에 대해 "내가 그를 보내어 가식에 빠진 위선적인 민족을 치리라"고 말씀하십니다.

5 앗수르 사람은 화 있을진저 그는 내 진노의 막대기요 그 손의 몽둥이는 내 분노라 6 내가 그를 보내어 경건하지 아니한 나라를 치게 하며 내가 그에게 명령하여 나를 노하게 한 백성을 쳐서 탈취하며 노략하게 하며 또 그들을 길거리의 진흙 같이 짓밟게 하려 하거니와

그것은 우리로 하여금 로마서 9장 17절을 매우 많이 생각나게 합니다. 그는 하나님의 목적을 성취하기 위해 하나님에 의해 "일으킴"을 받았습니다. 바로가 그림자로 보여준 사람도 그러할 것입니다. 그는 거듭난 이스라엘을 징벌하기 위해 하나님의 손에 들린 도구가 될 것이다.

[17] 청경이 바로에게 이르시되 내가 이 일을 위하여 너를 세웠으니 곧 너로 말미암아 내 능력을 보이고 내 이름이 온 땅에 전파되게 하려 함이라 하셨으니

15장은 적그리스도에 대한 간략한 암시를 담고 있습니다. 8절에서 우리는 앞의 단락의 구절에 있었던 것과 유사한 진술이 있습니다. 하나님은 이스라엘에게 다음과 같이 말씀하십니다:

[8] 그들의 과부가 내 앞에 바다 모래보다 더 많아졌느니라 내가 대낮에 파멸시킬 자를 그들에게로 데려다가 그들과 청년들의 어미를 쳐서 놀람과 두려움을 그들에게 갑자기 닥치게 하였으며

그러므로 이 파괴자를 그들에게 가져오시는 분은 (사탄 뒤에서) 주님이십니다.그의 목적이 성취된 후, 적그리스도가 (자신이 알지 못하는) 하나님께서 지정하신 일을 행한 후, 우리는 주님께서 어떻게 그의 백성을 확신시키시는 지 알 수 있습니다:

[21]내가 너를 악한 자의 손에서 건지며 무서운 자의 손에서 구원하리라

이와 같이 하나님은 멸망의 아들에 대한 자신의 지극히 높으신 권세를 나타내실 것입니다. 예레미야 25장 38절은 우리를 조금 뒤로 물러나게 하고 적그리스도가 이스라엘 땅에 미치는 무서운 황폐함을 주목하게 합니다:

[38]그가 젊은 사자 같이 그 굴에서 나오셨으니 그 호통치시는 분의 분노와 그의 극렬한 진노로 말미암아 그들의 땅이 폐허가 되리로다 하시니라

III. 에스겔의 적그리스도

필자는 에스겔서에서 두 구절을 주목할 것입니다. 첫째, 에스겔 21장 25-27절입니다:

[25]너 극악하여 중상을 당할 이스라엘 왕아 네 날이 이르렀나니 곧 죄악의 마지막 때이니라 [26]주 여호와께서 이같이 말씀하셨느니라 관을 제거하며 왕관을 벗길지라 그대로 두지 못하리니 낮은 자를 높이고 높은 자를 낮출 것이니라 [27]내가 엎드러뜨리고 엎드러뜨리고 엎드러뜨리려니와 이것도 다시 있지 못하리라 마땅히 얻을 자가 이르면 그에게 주리라

필자가 알고 있는 한, 모든 전천년을 주장하는 사람들은 이 구절을 적그리스도에 대한 설명으로 간주합니다. 그것은 적그리스도를 "그 영광의 보좌"에 앉은 인자를 사탄이 따라한 것으로 묘사합니다. 그것은 적그리스도를 왕적 제사장(제사장이며 동시에 왕인 존재)로 제시합니다. 천년왕국에서 주 예수께서 "그 보좌에 앉은 제사장이 되실" 것인 것처럼(슥 6:13), 적그리스도는 시민들을 다스리고 또한 종교적인 수장이 되려고 할 것입니다. 그는 교황이 오랫동안 열망해 온 세계 국가의 수장이고 세계 교회의 수장이 될 것입니다.

[25]너 극악하여 중상을 당할 이스라엘 왕아 네 날이 이르렀나니 곧 죄악의 마지막 때이니라 [26]주 여호와께서 이같이 말씀하셨느니라 관을 제거하며 왕관을 벗길지라 그대로 두지 못하리니 낮은 자를 높이고 높은 자를 낮출 것이니라**(겔 21:25-26)**

이것은 만왕의 왕이요 만주의 주가 이 땅에 재림하기 전에 분명히 이스라엘의 마지막 왕입니다. 다니엘 9장 25절에서 참 그리스도가 "메시아 왕"이라고 불리기 때문에 그는 여기에서 "이스라엘의 왕"이라고 불립니다. "치명상을 입은 사악한 자여"에 대한 묘사는 요한계시록 13장 12절을 고대하게 합니다.

[12]그가 먼저 나온 짐승의 모든 권세를 그 앞에서 행하고 땅과 땅에 사는 자들을 처음 짐승에게 경배하게 하니 곧 죽게 되었던 상처가 나은 자니라

여기에서 "죽게 되었다가 상처가 나은 처음 짐승"이 등장합니다. "관(mitre)을 제거하고 면류관을 벗으라"는 것은 그가 제사장과 왕의 영예를 모두 차지했음을 나타냅니다. 여기에서 "관(mitre)"에 해당하는 히브리어 단어는 다른 모든 구절에서 이스라엘 대제사장의 머리 의복에 대해 사용되는 단어입니다.

마지막으로, “그의 날이 이르렀다...마지막 죄악의 때"라는 말은 의심할 여지 없이 이 사람의 정체를 확립합니다. 에스겔 28장의 첫 구절은 "두로 왕"이라는 칭호 아래 죄의 사람에 대한 놀라운 견해를 보여줍니다.

[1]또 여호와의 말씀이 내게 임하여 이르시되 [2]인자야 너는 두로 왕에게 이르기를 주 여호와께서 이같이 말씀하시되 네 마음이 교만하여 말하기를 나는 신이라 내가 하나님의 자리 곧 바다 가운데에 앉아 있다 하도다 네 마음이 하나님의 마음 같은 체할지라도 너는 사람이요 신이 아니거늘

이 장의 후반부에 "두로 왕"에 대해 언급하는 데 그것은 사탄에 대한 난해한 암시입니다.

첫째, 그의 "마음이 교만합니다"(겔 28:2). 이것은 정확히 에스겔 28장 17절에서 적그리스도의 아버지인 마귀에게 말한 것입니다.

둘째, 그는 "나는 하나님이다"와 "내가 하나님의 자리에 앉아 있다"(겔

28:2)라고 자랑하는데, 이는 데살로니가후서 2장 4절과 평행을 이룹니다.

셋째, 그의 지혜에 대해서 말합니다.

네가 다니엘보다 지혜로워서 은밀한 것을 깨닫지 못할 것이 없다 하고(겔 28:3)

이는 적그리스도가 초인간적인 지혜를 부여받을 것임을 암시합니다. 같은 장에서 "인침하셨으니 지혜가 충만하도다"(겔 28:12)라고 선언하고 있습니다.

넷째, 그에 대해 다음과 같이 말합니다.

[4]네 지혜와 총명으로 재물을 얻었으며 금과 은을 곳간에 저축하였으며

그리하여 그는 자신의 크로세우스와 같은 부를 통해 맘몬 숭배자들을 현혹시킬 수 있을 것이며, 그의 왕국의 영광은 솔로몬을 능가할 수 있을 것입니다.

마지막으로 적그리스도가 칼에 의해 죽임을 당할 것이라는 것이 여기에 기록되어 있습니다(겔 28:7, 8 참조).

[7]그런즉 내가 이방인 곧 여러 나라의 강포한 자를 거느리고 와서 너를 치리니 그들이 칼을 빼어 네 지혜의 아름다운 것을 치며 네 영화를 더럽히며 [8]또 너를 구덩이에 빠뜨려서 너를 바다 가운데에서 죽임을 당한 자의 죽음 같이 바다 가운데에서 죽게 할지라

IV. 다니엘의 적그리스도

다니엘서에서 “죄의 사람”에 대한 가장 완전한 설명을 찾을 수 있습니다.

첫째, 적그리스도는 "작은 뿔"의 모습으로 보여집니다. 이 표현이 실제로 그에게 적용되는지 여부에 대해 약간의 논란이 있기 때문에 필자는 여기서 "작은 뿔"에 대해 언급된 내용을 보다 주의 깊게 검토할 것을 제안합니다. 개인적으로 필자는 이 표현이 다름 아닌 적그리스도를 가리킨다고 오랫동안 확신해 왔습니다. 성경이 적그리스도를 우리 앞에 불러올 때마다 적그리스도의 인품을 비교적 쉽게 알아볼 수 있는 명백한 표시가 많이 있습니다.

예를 들면 적그리스도의 오만하고 신성 모독적인 교만입니다. 그는 하나님을 대적하고 그 위에 자신을 높이는 것입니다. 하나님의 백성에 대한 그의 불경하고 잔인한 전쟁입니다. 그의 갑작스럽고 끔찍하고 초자연적인 종말입니다. 이러한 특징들을 다니엘 7장과 8장에 나오는 "작은 뿔"과 비교해 보아야 합니다. 먼저 다니엘 7장을 보겠습니다. 7절과 8절입니다:

7내가 밤 환상 가운데에 그 다음에 본 넷째 짐승은 무섭고 놀라우며 또 매우 강하며 또 쇠로 된 큰 이가 있어서 먹고 부서뜨리고 그 나머지를 발로 밟았으며 이 짐승은 전의 모든 짐승과 다르고 또 열 뿔이 있더라 8내가 그 뿔을 유심히 보는 중에 다른 작은 뿔이 그 사이에서 나더니 첫 번째 뿔 중의 셋이 그 앞에서 뿌리까지 뽑혔으며 이 작은 뿔에는 사람의 눈 같은 눈들이 있고 또 입이 있어 큰 말을 하였더라

이것은 로마 제국의 경계 안에서의 "작은 뿔"이 일어서는 것을 말합니다. 로마는 "넷째 짐승"으로 대표됩니다. 작은 뿔에 대해 첫 번째로 언급한 것은 그가 사람의 눈과 같은 눈을 가지고 있습니다. 예지를 말하며 놀라운 것들을 말하는 입을 가지고 있습니다. 히브리어는 그것을 “아주 크다”라고 말한다. 그것은 분명히 거만한 가식과 그의 대담한 신성모독을 가리킵니다. 다니엘 7장 21절에서는 적그리스도에 대해서 "성도들과 더불어 싸워 이기고"라고 말했습니다.

내가 본즉 이 뿔이 성도들과 더불어 싸워 그들에게 이겼더니(단 7:21)

이것은 경건한 유대인에 대한 적그리스도의 박해를 말하고 있는 계시록 13장 7절과 일치합니다.

또 권세를 받아 성도들과 싸워 이기게 되고 각 족속과 백성과 방언과 나라를 다스리는 권세를 받으니(계 13:7)

다니엘 7장 25절에 "그가 말로 지극히 높으신 이를 대적하리라"고 했습니다.

그가 장차 지극히 높으신 이를 말로 대적하며 또 지극히 높으신 이의 성도를 괴롭게 할 것이며 그가 또 때와 법을 고치고자 할 것이며 성도들은 그의 손에 붙인 바 되어 한 때와 두 때와 반 때를 지내리라(단 7:25)

확실히 이것은 이 "작은 뿔"이 요한계시록 13장의 첫 번째 짐승임을 확인하는 데 도움이 됩니다. 더 많은 증거가 필요하다면 25절의 나머지 부분을 살펴보면 됩니다. "때"는 1년과 같으므로(참조단 4:23 및 계 12:14, 참조 12:6), "때와 때를 나누는 것"은 3년 반이 될 것입니다. 성도들은 그의 손에 그 기간 동안 넘겨졌습니다. 이것은 요한계시록 13장 5절과 정확히 일치하는데, 여기서 처음 짐승인 적그리스도는 "그에게 마흔두 달을 계속하는 권세를 주셨으니"라고 합니다. 요한계시록 13장의 처음 짐승은 적그리스도라는 것입니다.

또 짐승이 과장되고 신성모독을 말하는 입을 받고 또 마흔두 달 동안 일할 권세를 받으니라(계 13:5)

다니엘 8장에서 작은 뿔이 또한 우리 앞에 나타나며 그 존재는 7장에서와 같이 무서운 인물이라는 것이 그에 대해 예언된 것에서 나타나게 됩니다.

첫째, 그는 "용모가 용맹한 왕"(단 8:23)으로 언급되는데, 이는 "그의 용모가 그 동족보다 강건한 자"라는 다니엘의 구절(단7:20)과 일치합니다.

둘째, 그에 대해 다니엘 8장 9절에서 "처음에는 남쪽으로 매우 크게 세력을 확장했고, 두 번째로 동쪽으로, 셋째 아름다운 땅을 향하여 확장하였다"라고 말합니다. 이는 다니엘 7장 8절과 일치한다:

내가 그 뿔을 유심히 보는 중에 다른 작은 뿔이 그 사이에서 나더니 첫 번째 뿔 중의 셋이 그 앞에서 뿌리까지 뽑혔으며 이 작은 뿔에는 사람의 눈 같은 눈들이 있고 또 입이 있어 큰 말을 하였더라(단 7:8)

셋째, 그가 "용사와 거룩한 백성을 멸하리니"(단 8:24)라고 하며, 이는 "같은 뿔이 성도들로 더불어 싸워 이기더라"(단 7:21)와 일치합니다.

그러므로 다니엘 7장의 "작은 뿔"과 다니엘 8장의 "작은 뿔"이 한 사람을 가리키는 것임에는 의심의 여지가 없습니다. 그들의 도덕적 특징은 일치합니다. 둘 다 하찮은 시작하지만, 결국 크게 되며, 둘 다 하나님의 백성을 핍박하고, 둘 다 하나님의 직접적인 개입으로 멸망합니다. B. W. Newton, James Inglis, G. H. Pember, Robert Anderson 경, Drs. Tregilles, J. H. Brookes, Haldeman 및 다수의 독실한 학자와 학생은 같은 견해를 말합니다. 즉 다니엘 7장과 8장에 나오는 "작은 뿔"과 죄의 사람은 동일인이라는 견해를 취합니다.

이제 적그리스도가 "작은 뿔"이라는 칭호로 계시된 내용들을 간략하게 살펴보고자 합니다. 우선 다니엘 8장 23-25절로 범위를 한정하고자 합니다.

[23]이 네 나라 마지막 때에 반역자들이 가득할 즈음에 한 왕이 일어나리니 그 얼굴은 뻔뻔하며 속임수에 능하며 [24]그 권세가 강할 것이나 자기의 힘으로 말미암은 것이 아니며 그가 장차 놀랍게 파괴 행위를 하고 자의로 행하여 형통하며 강한 자들과 거룩한 백성을 멸하리라 [25]그가 꾀를 베풀어 제 손으로 속임수를 행하고 마음에 스스로 큰 체하며 또 평화로운 때에 많은 무리를 멸하며 또 스스로 서서 만왕의 왕을 대적할 것이나 그가 사람의 손으로 말미암지 아니하고 깨지리라(단 8:23-25)

첫째, 그는 "맹렬한 외모를 가진 왕"입니다. 필자는 이것이 그의 표정에 대한 문자 그대로의 묘사라고 생각하지만, 그것이 도덕적으로도 의미가 있다는 점에 만족합니다. 신명기 28장 50절입니다:

그 용모가 흉악한 민족이라 노인을 보살피지 아니하며 유아를 불쌍히 여기지 아니하며(신 28:50)

이 구절에 비추어 볼 때, 적그리스도가 "사나운 용모의 왕"이라고 칭해질 때 그러한 언급은 그의 실제적인 모습에 대한 것일 뿐만 아니라 그가 가장 당혹스럽고 무서운 위험과 공포스러운 가장 끔찍한 장면에 대해서도 그는 움찔하거나 창백하지 않을 것이라는 것을 말해 줍니다. 신명기 28장 50절의 언급은 로마인들에 대한 것인 반면에, 다니엘 8장 23절의 적그리스도에 대한 언급은 특히 그가 그리스와 관련이 있다는 것이 중요합니다. 이 힘의 두 지배적인 특성들은 죄의 사람에서 합쳐지게 되는 것입니다. 불굴의 로마인의 의지와 그리스인의 뛰어난 지성이 적그리스도에게로 모아지게 될 것입니다.

둘째, 우리는 적그리스도가 "어두운 문장을 이해할 수 있을 것"이라는 말을 듣습니다. "어두운 문장"에 대한 히브리어 명사는 삼손의 수수께끼(삿 14:12, 스바 여왕의 어려운 질문(왕상 10:1))와 지혜로운 자의 어두운 말(잠 1:6)에 사용되었습니다. "어두운 문장을 이해할 수 있는" 용맹한 용맹의 왕의 이러한 특징은 은밀한 것을 계시하는 자이신 참된 그리스도와 경쟁하려는 시도를 암시합니다. 적그리스도가 인류를 현혹시킬 매혹으로, 그는 지혜와 지식의 숨겨진 보물이 있는 사람으로 자신을 드러낼 것입니다. 그는 지금까지 대부분의 사람들이 의심하지 않았던 것과 이전에는 발견되지 않은 자연의 힘과 비밀에 대해 수수께끼를 풀고 세상을 현혹시킬 것입니다.

세번째로, 다니엘 8장 24절은 다음과 같이 말합니다:

그 권세가 강할 것이나 자기의 힘으로 말미암은 것이 아니며 그가 장차 놀랍게 파괴 행위를 하고 자의로 행하여 형통하며 강한 자들과 거룩한 백성을 멸하리라

이것은 계시록 13장 2절에 설명되어 있습니다:

내가 본 짐승은 표범과 비슷하고 그 발은 곰의 발 같고 그 입은 사자의 입 같은데 용이 자기의 능력과 보좌와 큰 권세를 그에게 주었더라

주 예수님께서 "내 안에 거하시는 아버지께서 일을 행하시느니라"(요 14:10)라고 말씀하신 것처럼, 멸망의 아들도 자신의 아버지 마귀의 능력으로 신기한 능력을 행할 것입니다. 데살로니가후서 2장 9절입니다:

악한 자의 나타남은 사탄의 활동을 따라 모든 능력과 표적과 거짓 기적과

이와 같이 사람들은 그가 행하는 기적에 속아 넘어가게 될 것입니다.

넷째, 다니엘 8장 24절이 그에 대해 말합니다:

그 권세가 강할 것이나 자기의 힘으로 말미암은 것이 아니며 그가 장차 놀랍게 파괴 행위를 하고 자의로 행하여 형통하며 강한 자들과 거룩한 백성을 멸하리라

이것에 대해 필자는 이스라엘을 박해하는 적그리스도를 시편에서 몇 가지 예를 들어 설명한 이전 장에서 충분히 설명했습니다.

다섯째, 다니엘서 8장 25절입니다:

그가 꾀를 베풀어 제 손으로 속임수를 행하고 마음에 스스로 큰 체하며 또 평화로운 때에 많은 무리를 멸하며 또 스스로 서서 만왕의 왕을 대적할 것이나 그가 사람의 손으로 말미암지 아니하고 깨지리라

"꾀"에 해당하는 히브리어 단어는 지혜와 이해를 나타냅니다. 이것은 다윗이 솔로몬에게 "여호와만이 지혜를 주시옵소서"(대상 22:12)라고 말했을 때 사용한 말이며, 후람도 솔로몬에게 이렇게 썼습니다.

후람이 또 이르되 천지를 지으신 이스라엘의 하나님 여호와는 송축을 받으실지로다 다윗 왕에게 지혜로운 아들을 주시고 명철과 총명을 주시사 능히 여호와를 위하여 성전을 건축하고 자기 왕위를 위하여 궁궐을 건축하게 하시도다(대하 2:12)

"속임수"에 해당하는 히브리어 단어는 이삭이 야곱에 대해서 에서에게 말할 때 사용한 단어입니다.

이삭이 이르되 네 아우가 와서 속여 네 복을 빼앗았도다(창 27:35)

그것은 적그리스도가 사용할 속임수와 배신 방법을 염두에 두고 있습니다. "평강으로 많은 사람을 멸망시키리라"(25절)는 그가 평강의 왕으로 가장하여 사람들의 신임을 얻은 후, 특히 유대인들의 신임을 얻은 후 이것을 이용하여 그들에게 그의 피의 계략을 쏟을 것이라는 사실을 나타냅니다. .

여섯째, "그가 또한 만왕의 왕을 대적할 것이요"(단 8:25)라고 되어 있다. 이것은 그를 요한계시록 19장 19절의 짐승과 분명히 동일시합니다.

또 내가 보매 그 짐승과 땅의 임금들과 그들의 군대들이 모여 그 말 탄 자와 그의 군대와 더불어 전쟁을 일으키다가

일곱째,

그가 사람의 손으로 말미암지 아니하고 깨지리라(단 8:25)

이 표현은 그가 인간의 개입이나 수단 없이 멸망에 이르게 될 것임을 의미합니다(cf. 단 2:45; 고후 5:1 등).

공의로 가난한 자를 심판하며 정직으로 세상의 겸손한 자를 판단할 것이며 그의 입의 막대기로 세상을 치며 그의 입술의 기운으로 악인을 죽일 것이며(사 11:4)

이제 다니엘 9장 26, 27절을 보겠습니다.

[26]예순두 이레 후에 기름 부음을 받은 자가 끊어져 없어질 것이며 장차 한 왕의 백성

이 와서 그 성읍과 성소를 무너뜨리려니와 그의 마지막은 홍수에 휩쓸림 같을 것이며 또 끝까지 전쟁이 있으리니 황폐할 것이 작정되었느니라 [27]그가 장차 많은 사람들과 더불어 한 이레 동안의 언약을 굳게 맺고 그가 그 이레의 절반에 제사와 예물을 금지할 것이며 또 포악하여 가증한 것이 날개를 의지하여 설 것이며 또 이미 정한 종말까지 진노가 황폐하게 하는 자에게 쏟아지리라 하였느니라 하니라

이것은 "칠십이레" 또는 "헵도마드(hebdomads)"의 유명한 예언의 일부를 형성합니다. 필자가 현재는 전체 예언에 대한 주석을 시도할 수는 없습니다: 그 주요 구분을 지적하고 현재 주제와 관련된 부분을 조사하는 것으로 충분합니다. 이 예언은 다니엘 9:24에서 시작하여 칠십 헵도마드을 다루고 있는 있습니다. '헵도마드'는 칠을 의미합니다. 각 "헵도마드"는 7년에 해당하므로 여기에서는 모두 합하여 490년이라는 기간으로 이해됩니다. 이 칠십의 "일곱"은 세 부분으로 나뉩니다:

첫째, 일곱의 "일곱들"은 바벨론 포로 이후의 예루살렘 재건에 관한 것입니다.

둘째, 육십이의 "일곱들"은 "왕이신 메시아", 즉 그가 공식적으로 자신을 그들의 왕으로 이스라엘에게 제시한 때까지입니다. 이것은 소위 "예루살렘으로의 승리의 입성"에서 성취를 받는 것입니다.

셋째, 다른 것들과 단절된 마지막 "일곱"입니다. 우리는 "육십이 이레(앞의 일곱 주를 더하면 여기까지 합하여 육십구가 됨) 후에 메시야가 끊어지리라"고 분명히 말했음을 주의 깊게 유의해야 합니다. 이 언급은 그리스도께서 이스라엘과 이 땅에서 끊어졌을 때의 십자가에 관한 것입니다. 이것은 칠십이 시작되기 전 육십구 이레 후에 일어났습니다.

“육십구”는 그리스도가 "왕"으로서 이스라엘에게 공식적으로 서게되는 것으로 끝이 났습니다. 이것은 마태복음 21장(독특한 유대복음서)에 설명되어 있습니다. 그들의 왕을 거부함으로써 그리스도와 이스라엘 사이에 균열이 생겼습니다. 이러한 거절 후 마태가 이 단절에 대한 세 가지 뚜렷한 증거 또는 증거를 기록한다는 점은 매우 놀랍습니다.

첫번째는 마태복음 21장 19절에서 "무화과나무"의 저주에서 발견되는데, 이는 이스라엘 나라가 예수님을 거부한 것을 의미합니다. 두번째는 예수님이 이스라엘의 방문하신 것이 지나갔고 이제 이스라엘의 멸망이 확실하다고 감람산 앞머리에서 슬픈 선언을 하신 것입니다(마태복음 23:37, 참조 눅 19:41-44). 이것은 예루살렘 도시의 포기였습니다. 세번째는 성전에 관한 그분의 엄숙한 선언이었습니다.

38보라 너희 집이 황폐하여 버려진 바 되리라 39내가 너희에게 이르노니 이제부터 너희는 찬송하리로다 주의 이름으로 오시는 이여 할 때까지 나를 보지 못하리라 하시니라(마 23:38, 39)

이것은 성소를 포기하는 것이었습니다.

그리스도가 십자가에 못 박히심으로 시작된 전체 기독교 시대는 칠십이레에 대한 이 예언에서 눈에 띄지 않고 지나갑니다. 기독교의 시대는 69번째와 70번째 안에 들어옵니다. 다니엘 9장 26, 27절에서 이어지는 내용은 기독교의 시대가 끝난 후 하나님이 다시 이스라엘을 들어 올리시고 그들에 대한 목적을 이루실 때 일어날 일에 관한 것입니다. 이 목적은 이스라엘이 그 아들을 거절한 것에 대한 하나님의 응답인 무서운 심판으로 이루어질 것입니다. 이 심판이 취하게 될 모습에 대해서 살펴보아야 할 것입니다.

그들의 메시아를 거부한 일차적인 책임이 있는 백성에 대한 하나님의 심판은 그들의 성읍과 성소를 파괴하는 것이었습니다(단 9:26). 이 파괴는 한 왕이 나타난 후에 일어날 것이고, 그 왕 자신이 파괴되어야 인물에 의해 초래되어야 했습니다. 여기에서 왕은 적그리스도이지만, 적그리스도는 마지막 모습이 로마 제국의 머리로 연결되어 있습니다. 이제 우리는 그것이 A.D. 70년에 있다는 것을 압니다. 그러나 여기에서의 "왕"이 당시 로마 군대를 이끌었던 사람을 지칭하지 않는다는 것은 다니엘 9장 27절에서 이 군주가 아직까지 그의 역할을 수행할 것임을 알려준다는 사실에서 분명합니다. 다니엘 9장 26절이 "홍수"로 표시될 끝(즉, 이스라엘의 황폐)으로 우리를 인도하고 이사야 28장 14, 15절이 이것이 적그리스도와 이스라엘의 조약 이 후에 있을 것이라고 암시한다는 점에서 추가적인 증거가 됩니다.

14 이러므로 예루살렘에서 이 백성을 다스리는 너희 오만한 자여 여호와의 말씀을 들을지어다 15 너희가 말하기를 우리는 사망과 언약하였고 스올과 맹약하였은즉 넘치는 재앙이 밀려올지라도 우리에게 미치지 못하리니 우리는 거짓을 우리의 피난처로 삼았고 허위 아래에 우리를 숨겼음이라 하는도다(사 28:14-15)

이에 하나님은 “네가 사망과 맺은 언약이 파기되고 음부와 맺은 언약이 서지 못하리니 재앙이 넘칠 때에 너희가 밟힘을 당하리라”(18절)고 응답하십니다. "넘치는 재앙"은 말 그대로 "홍수 같이 오는 재앙"입니다. 다니엘 9장 27절에 대해서 몇 가지를 더 언급해야 합니다:

그가 장차 많은 사람들과 더불어 한 이레 동안의 언약을 굳게 맺고 그가 그 이레의 절반에 제사와 예물을 금지할 것이며 또 포악하여 가증한 것이 날개를 의지하여 설 것이며 또 이미 정한 종말까지 진노가 황폐하게 하는 자에게 쏟아지리라 하였느니라 하니라

이 절의 주제는 앞 절에서 말한 "나타날 왕"인 적그리스도입니다. 적그리스도가 본격적으로 등장할 무렵에는 많은 유대인들이 그들의 땅인 이스라엘로 다시 돌아갔을 것입니다(참조, 이사야 18장).

적그리스도가 이스라엘과 언약을 맺는 것은 옛적에 여호와께서 아브라함과 하나가 되시고 그리스도께서 또한 이스라엘과 언약을 맺으신 것과 같습니다(cf. 렘 31장). 하나님은 이것에 대해 진노하심으로 죽음과의 언약, 스올과의 언약으로 여기실 것입니다. 그러나 이 언약이 대다수의 유대인들에 의해 받아들여지는 동안, 하나님은 바알에게 무릎을 꿇기를 거부할 남은 자를 다시 자신에게 남겨 두실 것입니다. 그러므로 적그리스도는 모든 사람이 아니라 "그가 많은 사람과 맺은 언약을 굳게 세우리라"는 구절과 일치하게 됩니다.

그가 이레의 중간에 제사와 예물을 그치게 하리라

돌아온 유대인들은 성전을 재건하고 그곳에서 제사를 드릴 것입니다. 그러나 이러한 제사들은 하나님께 가납될 수 있는 것이 아닙니다. 이사야서 66장의 서두 구절에서 이에 대한 명확한 언급이 있는 것 같습니다. 이 구절은 주님이 재림하시기 직전의 상태를 묘사하고 있습니다(사 66:15 참조).

보라 여호와께서 불에 둘러싸여 강림하시리니 그의 수레들은 회오리바람 같으리로다 그가 혁혁한 위세로 노여움을 나타내시며 맹렬한 화염으로 책망하실 것이라(사 66:15)

이사야 66장 서두에서 주님은 다음과 같이 말씀하십니다:

소를 잡아 드리는 것은 살인함과 다름이 없이 하고 어린 양으로 제사드리는 것은 개의 목을 꺾음과 다름이 없이 하며 드리는 예물은 돼지의 피와 다름이 없이 하고 분향하는 것은 우상을 찬송함과 다름이 없이 행하는 그들은 자기의 길을 택하며 그들의 마음은 가증한 것을 기뻐한즉(사 66:3)

그러나 종말 직전 3년 반 동안, 적그리스도는 제사를 중단하고 여호와에 대한 숭배를 자신에게 돌리도록 요구하는 포고령을 내릴 것입니다.

그는 대적하는 자라 신이라고 불리는 모든 것과 숭배함을 받는 것에 대항하여 그 위에 자기를 높이고 하나님의 성전에 앉아 자기를 하나님이라고 내세우느니라(살후 2:4)

우리가 여기에서 그가 희생제물과 봉헌물을 중단시킨다는 말을 들었다는 사실은 즉시 이 로마 군주를 적그리스도로 식별합니다. 다니엘 9장 27절의 나머지 부분은 마태복음 24장 15절에 올 때 고려될 것입니다.

이제 우리는 의심할 여지 없이 이 책에서 가장 어려운 장인 다니엘 11장을 보겠습니다. 11장은 세세하게 가득차 있는 놀라운 예언들을 가지고 있습니다. 그 중 많은 부분이 이미 가장 놀라운 성취를 이루었지만, 다른 예언과 마찬가지로 필자는 이 예언이 아직 최종적인 성취를 기다리고 있다는 사실에 완전히 만족합니다. 다니엘 11장이 적그리스도를 다룬다는 것은 전천년설을 주장하는 모든 학생들이 동의하지만, 얼마나 많은 부분이 적그리스도를 언급하는지에 대해서는 상당한 의견 차이가 있습니다. 우리가 반대해야 하는 소수의 사람들은 처음 35절을 과거로 한정합니다. 다른 이들은 장 중간에서 구분을 하고 다니엘 11장 21절 이후의 모든 내용을 죄의 사람인 적그리스도에 대한 설명으로 간주하며 필자는 그들의 의견에 진심으로 동의한다. 몇몇 사람들은 다니엘 11:2 이후의 전체 장을 "북방 왕"이라는 칭호 아래 적그리스도에 대한 예언을 포함하고 있다고 생각합니다. 호의적보기에는 조금 부족합니다. 필자는 여기에서 다니엘 11장의 후반부로 범위를 제한할 것입니다. 현재 지면의 한계상 11장 후반부에 대해서 간략하게만 살펴 볼 수 있을 것 같다. 다니엘 11장 21절입니다:

또 그의 왕위를 이을 자는 한 비천한 사람이라 나라의 영광을 그에게 주지 아니할 것이나 그가 평안한 때를 타서 속임수로 그 나라를 얻을 것이며(단 11:21)

이 "악한 사람"의 역사는 여기에서 세 부분으로 나뉩니다.

첫째, 그가 왕국을 얻는 수단: 다니엘 11:21, 22

21또 그의 왕위를 이을 자는 한 비천한 사람이라 나라의 영광을 그에게 주지 아니할 것이나 그가 평안한 때를 타서 속임수로 그 나라를 얻을 것이며 22넘치는 물 같은 군대가 그에게 넘침으로 말미암아 패할 것이요 동맹한 왕도 그렇게 될 것이며

둘째, 그가 이스라엘과 언약을 맺을 때와 매일 드리는 제사를 폐할 때와 멸망의 가증한 것을 세울 때 사이의 간격: 다니엘 11:23-31

23그와 약조한 후에 그는 거짓을 행하여 올라올 것이요 소수의 백성을 가지고 세력을 얻을 것이며 24그가 평안한 때에 그 지방의 가장 기름진 곳에 들어와서 그의 조상들과 조상들의 조상이 행하지 못하던 것을 행할 것이요 그는 노략하고 탈취한 재물을 무리에게 흩어 주며 계략을 세워 얼마 동안 산성들을 칠 것인데 때가 이르기까지 그리하리라 25그가 그의 힘을 떨치며 용기를 다하여 큰 군대를 거느리고 남방 왕을 칠 것이요 남방 왕도 심히 크고 강한 군대를 거느리고 맞아 싸울 것이나 능히 당하지 못하리니 이는 그들이 계략을 세워 그를 침이니라 26그의 음식을 먹는 자들이 그를 멸하리니 그의 군대가 흩어질 것이요 많은 사람이 엎드러져 죽으리라 27이 두 왕이 마음에 서로 해하고자 하여 한 밥상에 앉았을 때에 거짓말을 할 것이라 일이 형통하지 못하리니 이는 아직 때가 이르지 아니하였으므로 그 일이 이루어지지 아니할 것임이니라 28북방 왕은 많은 재물을 가지고 본국으로 돌아가리니 그는 마음으로 거룩한 언약을 거스르며 자기 마음대로 행하고 본토로 돌아갈 것이며 29작정된 기한에 그가 다

시 나와서 남방에 이를 것이나 이번이 그 전번만 못하리니 [30]이는 깃딤의 배들이 이르러 그를 칠 것임이라 그가 낙심하고 돌아가면서 맺은 거룩한 언약에 분노하였고 자기 땅에 돌아가서는 맺은 거룩한 언약을 배반하는 자들을 살필 것이며 [31]군대는 그의 편에 서서 성소 곧 견고한 곳을 더럽히며 매일 드리는 제사를 폐하며 멸망하게 하는 가증한 것을 세울 것이며

셋째, 적그리스도가 본색을 드러내며 하나님께 공개적으로 도전하는 것을 시작해서 그가 멸망에 이르는 짧은 시기: 다니엘 11:32-45.

[32]그가 또 언약을 배반하고 악행하는 자를 속임수로 타락시킬 것이나 오직 자기의 하나님을 아는 백성은 강하여 용맹을 떨치리라 [33]백성 중에 지혜로운 자들이 많은 사람을 가르칠 것이나 그들이 칼날과 불꽃과 사로잡힘과 약탈을 당하여 여러 날 동안 몰락하리라 [34]그들이 몰락할 때에 도움을 조금 얻을 것이나 많은 사람들이 속임수로 그들과 결합할 것이며 [35]또 그들 중 지혜로운 자 몇 사람이 몰락하여 무리 중에서 연단을 받아 정결하게 되며 희게 되어 마지막 때까지 이르게 하리니 이는 아직 정한 기한이 남았음이라 [36]그 왕은 자기 마음대로 행하며 스스로 높여 모든 신보다 크다 하며 비상한 말로 신들의 신을 대적하며 형통하기를 분노하심이 그칠 때까지 하리니 이는 그 작정된 일을 반드시 이루실 것임이라 [37]그가 모든 것보다 스스로 크다 하고 그의 조상들의 신들과 여자들이 흠모하는 것을 돌아보지 아니하며 어떤 신도 돌아보지 아니하고 [38] 그 대신에 강한 신을 공경할 것이요 또 그의 조상들이 알지 못하던 신에게 금 은 보석과 보물을 드려 공경할 것이며 [39]그는 이방신을 힘입어 크게 견고한 산성들을 점령할 것이요 무릇 그를 안다 하는 자에게는 영광을 더하여 여러 백성을 다스리게도 하며 그에게서 뇌물을 받고 땅을 나눠 주기도 하리라 [40] 마지막 때에 남방 왕이 그와 힘을 겨룰 것이나 북방 왕이 병거와 마병과 많은 배로 회오리바람처럼 그에게로 마주 와서 그 여러 나라에 침공하여 물이 넘침 같이 지나갈 것이요 [41]그가 또 영화로운 땅에 들어갈 것이요 많은 나라를 패망하게 할 것이나 오직 에돔과 모압과 암몬 자손의 지도자들은 그의 손에서 벗어나리라 [42]그가 여러 나라들에 그의 손을 펴리니 애굽 땅도 면하지 못할 것이니 [43]그가 권세로 애굽의 금 은과 모든 보물을 차지할 것이요 리비아 사람과 구스 사람이 그의 시종이 되리라 [44]그러나 동북에서부터 소문이 이르러 그를 번민하게 하므로 그가 분노하여 나가서 많은 무리를 다 죽이며 멸망시키고자 할 것이요 [45]그가 장막 궁전을 바다와 영화롭고 거룩한 산 사이에 세울 것이나 그의 종말이 이르리니 도와 줄 자가 없으리라

따라서 다니엘 11장 21절부터 장의 끝까지 우리는 적그리스도의 연속적인 역사를 가지고 있습니다.

그의 지위에 사악한 자가 설 것이며 ··· 그가 평화롭게 와서 아첨으로 나라를 얻을 것이니라

이 "악한 자"라는 별명은 "하나님의 거룩하신 자이신 예수님과 명백한 대조를 이룬다. 이 21절은 평화의 왕으로 가장하는 죄의 사람을 주목합니다.

또 그의 왕위를 이을 자는 한 비천한 사람이라 나라의 영광을 그에게 주지 아니할 것이나 그가 평안한 때를 타서 속임수로 그 나라를 얻을 것이며(단 11:21)

적그리스도는 그의 원형인 압살롬처럼 시도했지만 아첨, 속임수로 왕국을 얻는 것에 실패합니다.

넘치는 물 같은 군대가 그에게 넘침으로 말미암아 패할 것이요 동맹한 왕도 그렇게 될 것이며(단 11:22)

이 사악한 사람은 "언약의 왕"이라고 불리며, 즉시 그를 9:26, 27의 왕과 동일시합니다. 다음 구절은 다니엘 11장 23절입니다:

그와 약조한 후에 그는 거짓을 행하여 올라올 것이요 소수의 백성을 가지고 세력을 얻을 것이며(단 11:23)

이 "연합" 또는 "언약"은 의심할 바 없이 이스라엘과 맺은 7년 조약이다. 적그리스도의 이력 초기에 이것은 이루어졌으며, 처음에는 적그리스도가 "작은 뿔", 시리아인인 작은 사람임을 말해준다. 이 책 6장에서 다니엘 8:8, 9에 대한 필자의 언급을 참조하십시오. 다니엘 11장 25절과 26절은 애굽 왕에 대한 적그리스도의 승리를 묘사합니다.

[25]그가 그의 힘을 떨치며 용기를 다하여 큰 군대를 거느리고 남방 왕을 칠 것이요 남방 왕도 심히 크고 강한 군대를 거느리고 맞아 싸울 것이나 능히 당하지 못하리니 이는 그들이 계략을 세워 그를 침이니라 [26]그의 음식을 먹는 자들이 그를 멸하리니 그의 군대가 흩어질 것이요 많은 사람이 엎드러져 죽으리라

그런 다음 다니엘 11장 28절에 "그 때에 그가 큰 재물을 가지고 그의 땅으로 돌아갈 것이니라"라고 말하고 있습니다. 그의 땅은 앗수르입니다. 큰 재물에 대한 언급은 시편 52:7과 에스겔 28:4절 등에서 적그리스도에 대해 말한 것과 일치합니다.

이 사람은 하나님을 자기 힘으로 삼지 아니하고 오직 자기 재물의 풍부함을 의지하며 자기의 악으로 스스로 든든하게 하던 자라 하리로다(시 52:7)

네 지혜와 총명으로 재물을 얻었으며 금과 은을 곳간에 저축하였으며(겔 28:4)

군대는 그의 편에 서서 성소 곧 견고한 곳을 더럽히며 매일 드리는 제사를 폐하며 멸망하게 하는 가증한 것을 세울 것이며(단 11:31)

이것은 이 구절들이 칠십 이레 동안 일어나는 일을 다루고 있다는 분명한 증거입니다. 성소를 더럽힌다는 언급은 "황폐케 하는 가증한 것", 즉 성전에서 적그리스도에게 우상을 세우는 것을 분명히 언급하는 것입니다. 이 구절에서 복수 대명사가 반복적으로 사용된 것에 주목하십시오. "그들"은 적그리스도와 거짓 선지자를 가리킵니다(cf. 계 13장). 다음 절(단 11:32)에 충실한 남은 자들에 대한 암시가 있다는 것은 의미심장합니다. "그들은 하나님을 아는 백성"입니다.

그가 또 언약을 배반하고 악행하는 자를 속임수로 타락시킬 것이나 오직 자기의 하나님을 아는 백성은 강하여 용맹을 떨치리라(단 11:32)

그 왕은 자기 마음대로 행하며 스스로 높여 모든 신보다 크다 하며 비상한 말로 신들의 신을 대적하며 형통하기를 분노하심이 그칠 때까지 하리니 이는 그 작정된 일을 반드시 이루실 것임이라(단 11:36)

여기에서 "왕"은 "사악한 사람"이라는 것은 그 예언에 아무런 중단이 없는 것으로 표시될 뿐만 아니라 "그리고"와 같은 연결접속사가 그 절이 시작하는 것과 연결되어있다는 것으로도 또한 표시된다. 다니엘서11장 27절에서 그 사악한 사람은 분명히 "왕"이라고 불립니다!

이 두 왕이 마음에 서로 해하고자 하여 한 밥상에 앉았을 때에 거짓말을 할 것이라 일이 형통하지 못하리니 이는 아직 때가 이르지 아니하였으므로 그 일이 이루어지지 아니할 것임이니라(단 11:27)

이 36절의 내용은 "왕"을 데살로니가후서 2:3,4의 죄의 사람과 명확하게 연결하고, 또한 그를 "작은 뿔"과 확실히 동일시합니다(cf. 단7:23과 8:25). 다니엘 11장의 나머지 구절은 이전 장에서 우리가 다루었고 여기서 더 이상 다룰 필요가 없습니다.

V. 소선지서 속의 적그리스도

소선지서에는 광범위한 연구 분야가 열렸지만 우리는 몇 가지를 선택해야 하며 그것에 대한 간략한 설명으로 만족해야 합니다. 호세아는 죄의 사람에 대해 여러 번 언급합니다. 호세아 8장 10절에서 그는 "왕 중의 왕"으로 불리며 사탄이 만왕의 왕을 모방한 자이다. 호세아 10장 15절에서 그는 "이스라엘 왕"으로 불리며 유대인과의 관계를 보여준다. 호세아 12장 7절에서 그는 "장사꾼" 또는 인신매매상이라고 불리며 그에 대해 "속임수의 저울이 그 손에 있고 압제하기를 좋아하느니라"(계 6:5)라고 되어 있다. 적그리스도는 유대인과 관련하여 이중적 성격을 나타냅니다: 첫째, 적그리스도는 유대인들이 자신이 참 그리스도라고 믿게 하고, 둘째, 그는 궁극적으로 유대인들의 큰 적으로 나타납니다. 요엘은 그를 "북방 군대", 즉 앗수르의 우두머리로 언급합니다. 하나님은 다음과 같이 선언하십니다:

내가 북쪽 군대를 너희에게서 멀리 떠나게 하여 메마르고 적막한 땅으로 쫓아내리니 그 앞의 부대는 동해로, 그 뒤의 부대는 서해로 들어갈 것이라 상한 냄새가 일어나고 악취가 오르리니 이는 큰 일을 행하였음이니라 하시리라(욜 2:20)

아모스는 그를 “대적”이라 칭합니다.

그러므로 주 여호와께서 이와 같이 말씀하시되 이 땅 사면에 대적이 있어 네 힘을 쇠하게 하며 네 궁궐을 약탈하리라(암 3:11)

이것이 마지막 때를 가리키는 다는 것은 우리가 읽은 구절에서 분명합니다:

내가 이스라엘의 모든 죄를 보응하는 날에 벧엘의 제단들을 벌하여 그 제단의 뿔들을 꺾어 땅에 떨어뜨리고(암 3:14)

미가는 그를 "앗수르 사람"이라고 부릅니다.

[5]이 사람은 평강이 될 것이라 앗수르 사람이 우리 땅에 들어와서 우리 궁들을 밟을 때에는 우리가 일곱 목자와 여덟 군왕을 일으켜 그를 치리니 [6]그들이 칼로 앗수르 땅을 황폐하게 하며 니므롯 땅 어귀를 황폐하게 하리라 앗수르 사람이 우리 땅에 들어와서 우리 지경을 밟을 때에는 그가 우리를 그에게서 건져내리라(미 5:5,6)

나훔은 그에 대해 이렇게 말합니다:

[11]여호와께 악을 꾀하는 한 사람이 너희 중에서 나와서 사악한 것을 권하는도다 [12]여호와께서 이같이 말씀하시기를 그들이 비록 강하고 많을지라도 반드시 멸절을 당하리니 그가 없어지리라 내가 전에는 너를 괴롭혔으나 다시는 너를 괴롭히지 아니할 것이라 [15]볼지어다 아름다운 소식을 알리고 화평을 전하는 자의 발이 산 위에 있도다 유다야 네 절기를 지키고 네 서원을 갚을지어다 악인이 진멸되었으니 그가 다시는 네 가운데로 통행하지 아니하리로다 하시니라(나 1:11,12,15)

이 구절에는 그리스도와 적그리스도 사이의 많은 대조 중 또 다른 것이 포함되어 있습니다. 한명은 기묘한 모사(사 9:6)이고 다른 한명은 악한 모사입니다. 하박국은 적그리스도를 다음과 같이 묘사합니다.

[4]보라 그의 마음은 교만하며 그 속에서 정직하지 못하나 의인은 그의 믿음으로 말미암아 살리라 [5]그는 술을 즐기며 거짓되고 교만하여 가만히 있지 아니하고 스올처럼 자기의 욕심을 넓히며 또 그는 사망 같아서 족한 줄을 모르고 자기에게로 여러 나라를 모으며 여러 백성을 모으나니(합 2:4,5)

스가랴는 그를 "양 떼를 버리는 우상 목자"라고 부르고 그에게 심판을 선언합니다.

화 있을진저 양 떼를 버린 못된 목자여 칼이 그의 팔과 오른쪽 눈에 내리리니 그의 팔이 아주 마르고 그의 오른쪽 눈이 아주 멀어 버릴 것이라 하시니라(슥 11:17)

제9장
복음서와 서신서에 나타난 적그리스도

구약과 신약은 공통점이 많습니다. 시대적 진리를 가르치는 일부 교사들이 알고 있는 것보다 훨씬 더 많습니다. 그러나 신구약 사이에는 눈에 띄는 대조도 있습니다. 일반적으로 말하자면, 구약은 주로 예언적인 반면에 신약은 주로 교훈적인 것입니다.

이스라엘의 미래에 대해 구약이 신약보다 훨씬 더 많이 언급하고 있습니다. 신약에서보다 구약에서 훨씬 더 많은 공간이 환난기가 어떠한 상태나 조건이 될 것인지를 설명하는 데 할애됩니다. 그리고 적그리스도에 관해서도 사도들을 통하여 알게 된 것보다 훨씬 더 많은 것이 선지자들을 통하여 드러났습니다. 이러한 것과 완전히 일치하는 데 신약에서 눈에 띄는 예외가 있는 한 책이 있습니다. 그 책은 그 성격과 내용에 있어 특별히 예언적인 책, 즉 계시록입니다. 아마도 계시록에는 신약성경의 나머지 부분을 모두 합친 것보다 죄의 사람의 인격과 이력에 관해 더 많이 담고 있습니다.

사복음서에서 적그리스도를 직접적으로 언급하는 구절은 그 수가 적습니다. 그러나 이러한 것 외에도 적그리스도에 대한 간접적인 언급이 몇 가지 있으며, 이러한 언급은 명백히 불분명하기 때문에 더 주의 깊은 조사가 필요합니다. 필자는 복음서에서 죄의 사람을 다양한 관계로 다루는 다른 구절들이 있으며 적그리스도에 대한 난해한 견해를 포함하고 있을 수 있다고 믿습니다. 독자들은 이 장을 주제에 대해 완전하거나 철저하게 다룬다고 생각하지 말고, 적은 힌트로 인해 기도하는 마음으로 참을성 있는 검토를 할것을 촉구합니다.

적그리스도는 사복음서에서보다 서신서에서 훨씬 더 적은 주목을 받습니다. 적그리스도는 데살로니가후서 2장과 요한의 서신에만 언급되어 있습니다. 그 이유를 찾는 것은 어렵지 않습니다. 서신들은 그리스도의 몸의 지체들에 관한 것이며 적그리스도가 인류 역사의 무대에 나타날 때 그들은 그 현장들 보다 훨씬 더 높은 곳에 있을 것입니다. 그럼에도 불구하고 모든 성경은 우리의 교훈에 유익하고 우리의 깨달음에 필요합니다. 하나님은 머지않아 일어나야 할 일들에 관하여 많은 것을 계시하기를 기뻐하셨습니다. 지금 성경의 예언적 부분에 대한 연구를 무시하거나 게을리 하는 사람들은 앞으로 다가올 날에 이러한 예언들이 경이롭게 이루어지는 것을 보고 놀랄 것입니다. 그리고 아마도 이러한 놀라움은 사도가 "그가 강림하실 때에 그 앞에 부끄럽지 아니하니라"(요일 2:28)이라고 말할 때 언급한 내용에 포함되어 있습니다. 확실히 하나님께서 당신의 말씀으로 알려 주시기를 기뻐하신 모든 것을 부지런히 조사하는 것은 우리의 의무이자 특권입니다.

1. 마태복음 2장의 전형적인 가르침은 다음 장에서 다루기로 하고, 필자는 먼저 마태복음에서 가장 중요한 장 중 하나인 마태복음 12장을 살펴보고자 합니다. 12장은 마태복음의 시대적 해석하는 데 있어서의 주요한 열쇠들을 제공합니다. 12장 안에는 유대인과 그리스도 사이의 첫 번째 큰 단절

이 기록되어 있으며, 이는 결국 그들이 그리스도를 십자가에 못 박음으로 끝이 났습니다. 마태복음 12장 14절입니다:

바리새인들이 나가서 어떻게 하여 예수를 죽일까 의논하거늘

마태복음에서 이와 같은 내용을 보는 것은 이 구절이 처음입니다. 그 다음입니다:

그 때에 귀신 들려 눈 멀고 말 못하는 사람을 데리고 왔거늘 예수께서 고쳐 주시매 그 말 못하는 사람이 말하며 보게 된지라(마 12:22)

그때까지 이것은 우리 주님이 행하신 가장 놀라운 기적이었습니다. 그것을 목격한 사람들에게 미친 영향은 일반적이고 심오했습니다.

백성이 다 놀라 가로되 이는 다윗의 자손이 아니냐 하더라(마 12:23)

지금 그들의 한가운데에 서 있는 것은 오랫동안 약속된 메시아임에 틀림없다. 그러나 바리새인들은 그분을 미워하여 눈이 멀었고 용서받을 수 없는 죄를 지었습니다:

바리새인들은 듣고 이르되 이가 귀신의 왕 바알세불을 힘입지 않고는 귀신을 쫓아내지 못하느니라 하거늘(마 12:24)

그들의 지독한 신성 모독에 대해서 그들을 "독사의 자식들(마 12:34)" 이라고 부르신 이후에 주님은 우리의 현재 주제와 직접적으로 관련된 예언적 비유를 말씀하셨습니다:

[43]더러운 귀신이 사람에게서 나갔을 때에 물 없는 곳으로 다니며 쉬기를 구하되 쉴 곳을 얻지 못하고 [44]이에 이르되 내가 나온 내 집으로 돌아가리라 하고 와 보니 그 집이 비고 청소되고 수리되었거늘 [45]이에 가서 저보다 더 악한 귀신 일곱을 데리고 들어가서 거하니 그 사람의 나중 형편이 전보다 더욱 심하게 되느니라 이 악한 세대가 또한 이렇게 되리라(마 12:43-45)

이 신비하고 놀라운 구절과 관련하여 가장 먼저 주목해야 할 것은 그 설정입니다. 이것은 우리가 위에서 지적하고자 하는 바와 같이 그리스도를 멸하기로 작정하고 용서받을 수 없는 죄를 지은 자들에 대한 그리스도의 엄숙한 선언과 관련이 있습니다. 거기에서 그는 하나님께서 배도한 이스라엘에게 내리실 심판을 선언하신다. 다음 관심사는 이 비유적 표현의 의미를 확인하는 것입니다. 그 중심 인물은 "더러운 영"입니다. 이 더러운 영은 여기에서 세 가지 연결로 볼 수 있습니다.

첫째, 사람안에 내주하는 것입니다.

둘째, 사람에게서 나오는 것입니다.

셋째, 그 사람에게로 돌아가서 그 사람에게 다시 거하시는 것입니다.

마태복음 12장 44절에서 그 사람에 대해서 더러운 영이 "내 집"이라고 부릅니다. 이 사람은 의심할 여지 없이 이스라엘을 대표합니다. 왜냐하면 비유의 끝 부분에서 그리스도께서 "이 악한 세대도 이와 같으리라"고 말씀하셨기 때문입니다. 그러면 “더러운 영”은 누구를 가리킵니까? 우리는 그것이 멸망의 아들임을 믿습니다. 다음 이유들로 인해 우리는 이러한 결론에 이르게 됩니다.

첫째, 정관사의 사용을 주의 깊게 살펴보십시오. 그것은 단순히 더러운 영(an unclean spirit)이 아니라 더러운 영(the unclean spirit)입니다.

둘째, 이스라엘과의 삼중 관계에 주목하십시오. 구주께서 이 말씀을 하실 때 멸망의 아들이 이스라엘 가운데 있었습니다.

그러나 조금 후에 그는 더 이상 그렇지 않았습니다. 그가 목을 맸을 때 그는 이 세상에서 다음 세상으로 넘어갔습니다. 요한계시록 11장 7절과 사도행전 1장 25절이 말하는 것처럼 무저갱 속으로 들어갔습니다. 무저갱에 있는 그의 현재 상태는 "마른 데에 두루 다니며 쉼을 구하되 얻지 못하고"(마태복음 12:43) 엄숙하게 묘사되어 있습니다. 그리고 나서 “내가 나온 집으로 돌아가겠다”고 성경은 말합니다. 이것에 대해 필자는 만족하는데, 멸망의 아들이 마지막으로 죄의 사람으로 지상에 나타나서 환생하는 것을 의미합니다. 그러면 이스라엘은 특별한 의미에서 그의 집이 될 것입니다.

셋째, 우리가 "더러운 영"이 멸망의 아들이라고 믿는 세 번째 이유는 스가랴 13장 2절에 나와 있습니다.

만군의 여호와가 말하노라 그 날에 내가 우상의 이름을 이 땅에서 끊어서 기억도 되지 못하게 할 것이며 거짓 선지자와 더러운 귀신을 이 땅에서 떠나게 할 것이라

이 구절은 분명히 마지막 때를 말하고 있다. 다음 내용은 매우 충격적이다. 스가랴 13장 3절과 4절은 거짓을 예언하는 선지자에 관한 것이나 스가랴 13장 5절에는 복수에서 단수로 눈에 띄는 변화가 있습니다:

말하기를 나는 선지자가 아니요 나는 농부라 내가 어려서부터 사람의 종이 되었노라 할 것이요

이 대명사에 대한 유일한 선행사는 스가랴 13장 2절의 "더러운 영"인데 여기 스가랴 13장 5절에서 단순한 추상이 아니라 확실한 사람임을 보여줍니다. 그런 다음 스가랴 13장 6절에서 "당신의 손에 있는 이 상처들은 무엇입니까?"라고 질문합니다. 필자는 이것이 하나님께서 죄의 사람이 손에 상처를 입고 나타날 정도로 구세주를 모방하는 것을 허락하실 것임을 암시한다고 믿습니다. 그리하여 그는 참 그리스도로 속이고 가장할 수 있을 것입니다. 멸망의 아들이 이스라엘로 돌아왔을 때, 그는 그의 집이 비어 있고 청소가 되어있고 잘 꾸며진 것을 발견하게 됩니다. 이것은 적그리스도가 나타난 당시의 유대인들의 도덕적, 영적 상태를 묘사합니다. 고대부터 그들을 더럽힌 끔찍한 우상 숭배에서 깨끗하고 현세적인 번영이 그들에게 가져다 준 모든 것으로 단장하더라도, 그럼에도 불구하고 이스라엘은 쉐키나의 영광이 없고 그들 안에 내주하는 성령도 없을 것입니다.

다음으로, "그가 가서 자기보다 더 악한 다른 영 일곱을 데리고 거기 들어가 거주하느니라"는 말씀이 있습니다. 필자는 이것이 이중적인 의미를 갖는다고 믿습니다. 1 더하기 7은 8이고 성경에서 8은 새로운 시작을 의미합니다. 이것은 멸망의 아들의 환생하는 것과 일치합니다. 그러나 여기에서 말하는 구절은 계시록 5장 6절에 나오는 내용을 사탄이 신성모독적으로 모방하는 것의 의미도 있다고 생각합니다.

내가 또 보니 보좌와 네 생물과 장로들 사이에 한 어린 양이 서 있는데 일찍이 죽임을 당한 것 같더라 그에게 일곱 뿔과 일곱 눈이 있으니 이 눈들은 온 땅에 보내심을 받은 하나님의 일곱 영이더라(계 5:6)

참된 그리스도가 하나님의 영으로 충만하여 그의 능력이 일곱 배나 충만하여 땅에 다시 오실 것 같이, 적그리스도가 이스라엘에게 일곱 배나 충만한 사탄의 세력과 더러움으로 나타나실 것입니다. 그러면 이스라엘의 나중 상태가 처음보다 더 나빠질 것입니다. 즉 그들이 유다 시대에 그리스도를 거부했을 때보다 더 나빠질 것입니다.

2. 이제 오늘 날 시대의 종말에 관한 장황한 예언을 담고 있는 마태복음 24장을 보겠습니다. 여기에서 주님은 환난 기간 동안의 상태를 설명해 주십니다. 그리스도께서는 당신이 이 땅으로 재림하시기 전에 일어날 일들을 상당히 자세하게 말씀해 주십니다. 전체적으로 마태복음 24 장에서는 제자들이 묻는 세 가지 질문에 대한 주님의 대답으로 구성되어 있습니다.

1) 성전이 언제 무너질 것인지?
2)주님의 재림에 어떤 징조가 있을 것인지?
3) 세상 끝에는 어떤 징조가 있을 것인지(참조 3절)에 대해 설명하고 있습니다.

유사하지만 결코 동일한 예언이 아니라는 것이 누가복음 21장에서 발견됩니다. 그들 사이의 주요 차이점은 누가복음 21장이 A.D. 70년에 예루살렘이 멸망되기 전에 얻은 조건을 다룬다는 것입니다. 누가복음 21장 25절까지는 환난 기간에 이르지 않았습니다. 이에 반해 마태복음 24장 전체는 미래입니다. 우리 주님께서 다음과 같은 말로 예언을 시작하셨다는 사실은 놀랍습니다.

[4]예수께서 대답하여 이르시되 너희가 사람의 미혹을 받지 않도록 주의하라 [5] 많은 사람이 내 이름으로 와서 이르되 나는 그리스도라 하여 많은 사람을 미혹하리라(마 24:4, 5)

이것의 중요성은 마태복음 24장 11절의 "거짓 선지자가 많이 일어나 많은 사람을 미혹하리라"라는 내용과 비교함으로써 나타납니다. 이 거짓 그리스도들(false christs)과 거짓 선지자들(false prophets)은 진정한 속임의 왕이 될 적그리스도(the AntiChrist)와 거짓 선지자(False Prophet)를 앞서 등장할 것이다. 마태복음 24장 15절에 이르면 죄의 사람에 대한 명확한 암시가 있습니다.

그러므로 너희가 선지자 다니엘이 말한 바 멸망의 가증한 것이 거룩한 곳에 선 것을 보거든 (읽는 자는 깨달을진저)

그리스도께서 "거룩한 곳에 멸망의 가증한 것이 서게 될 것이다"라고 언급하신 것은 다니엘 12장 11절을 되돌아 보게 합니다:

매일 드리는 제사를 폐하며 멸망하게 할 가증한 것을 세울 때부터 천이백구십 일을 지낼 것이요

이것은 또한 우리들을 다니엘 9장 27절을 보게 합니다:

그가 장차 많은 사람들과 더불어 한 이레 동안의 언약을 굳게 맺고 그가 그 이레의 절반에 제사와 예물을 금지할 것이며 또 포악하여 가증한 것이 날개를 의지하여 설 것이며 또 이미 정한 종말까지 진노가 황폐하게 하는 자에게 쏟아지리라 하였느니라 하니라

이 구절들은 요한계시록 13장 11-15절과 비교해서 보아야 합니다. 계시록 13장에서는 큰 이적을 행할 거짓 선지자가 "짐승을 위하여 우상을 만들라"고 사람들에게 명령할 것이라는 것을 알려줍니다.

[11] 내가 보매 또 다른 짐승이 땅에서 올라오니 어린 양 같이 두 뿔이 있고 용처럼 말을 하더라 [12]그가 먼저 나온 짐승의 모든 권세를 그 앞에서 행하고 땅과 땅에 사는 자들을 처음 짐승에게 경배하게 하니 곧 죽게 되었던 상처가 나은 자니라 [13]큰 이적을 행하되 심지어 사람들 앞에서 불이 하늘로부터 땅에 내려오게 하고 [14]짐승 앞에서 받은 바 이적을 행함으로 땅에 거하는 자들을 미혹하며 땅에 거하는 자들에게 이르기를 칼

에 상하였다가 살아난 짐승을 위하여 우상을 만들라 하더라 [15]그가 권세를 받아 그 짐승의 우상에게 생기를 주어 그 짐승의 우상으로 말하게 하고 또 짐승의 우상에게 경배하지 아니하는 자는 몇이든지 다 죽이게 하더라

거짓 선지자는 "짐승의 우상에게 생명을 주어 그 짐승의 우상이 말하게 하고 짐승에게 경배하지 아니하는 자는 다 죽이게 하는 권세"를 가질 것입니다. 위의 성경구절들을 함께 연결함으로써 다음과 같은 사실을 알 수 있습니다:

첫째, 한 "우상"이 적그리스도에게 대해서 만들어질 것입니다(계 13:15).

둘째, 이 "우상"은 "거룩한 곳에"(마 24:15), 예루살렘에 재건된 성전에 서게 될 것입니다.

셋째, 이 "우상"은 초자연적인 능력을 가질 것입니다. 왜냐하면 그것이 "말을 할 수 있기 때문입니다(계 13:15).

넷째, 짐승에 대한 이 "우상"은 경배의 대상이 될 것이며 그것을 경배하기를 거부하는 자는 죽임을 당할 것이다(계 13:14, 15).

다섯째, 이 "우상"을 "멸망의 가증한 것"이라고 합니다. "가증한"이라는 용어는 우상 숭배와 관련된 구약의 표현이며 어떤 특별한 우상 또는 거짓 신을 의미합니다(참조 신 7:26; 왕상 11:5-7).

여섯째, 이 "가증한 것" 또는 우상 신은 다니엘의 칠십 이레 중반 동안, 즉 적그리스도의 생애가 끝난 후 삼년 반 동안 세워질 것입니다. 이것은 다니엘 12장 11절과 9장 27절에서 분명합니다. "매일 드리는 제사"를 없애는 것은 적그리스도가 가면을 벗고 하늘을 멸시하는 자로서 설 때 발생합니다. 재건된 유대인의 성전에서 그들은 다시 한번 제사를 하나님께 바쳐야 합니다. 이들의 왕은 그리스도로 가장하는 동안 고통을 받습니다. 그러나 그가 종교적 가식을 벗어버리고 하늘과 땅에 대해서 대적하기 시작하면 "하나님께 대한 제사 제물"이 제거되고 그 자리에서 자신의 형상에 대한 숭배가 있을 것입니다.

일곱째, 적그리스도에 대한 이러한 "우상"이 세워질 때 아마도 초자연적 현상이 함께 수반될 것입니다. 이것을 다니엘 9장 27절에서 힌트를 얻을 수 있습니다:

그가 장차 많은 사람들과 더불어 한 이레 동안의 언약을 굳게 맺고 그가 그 이레의 절반에 제사와 예물을 금지할 것이며 또 포악하여 가증한 것이 날개를 의지하여 설 것이며 또 이미 정한 종말까지 진노가 황폐하게 하는 자에게 쏟아지리라 하였느니라 하니라

이제 여기에서 "과도하게 퍼뜨리다"로 번역된 단어는 다른 곳에서는 결코 그렇게 번역되지 않습니다. 이 단어는 "날개" 또는 "날개들"로 번역된 경우가 70회입니다. 그것은 출애굽기 25장 20절과 에스겔 10장 5절 등에서 그룹들의 날개에 대해 사용된 단어입니다. 그리고 시편 18편 10절입니다:

그룹을 타고 다니심이여 바람 날개를 타고 높이 솟아오르셨도다

한 심오한 히브리 학자는 다니엘 9장 27절의 마지막 절을 다음과 같이 번역했습니다:

가증한 것들이 날개를 타고 와서 황폐하게 할 것이다

"가증한 것"이 우상이나 거짓 신과 관련되어 있음을 기억하면 그 세력은 " 거짓 신의 날개를 타고 와서 황폐하게 할 것"이 될 것입니다. 이제 시편 18편 10절을 고려할 때 다니엘 9장 27절은 그룹들의 병거를 사탄이 모방한 것을 언급했을 가능성이 매우 높습니다. 고린도전서 10장 20절이 이것에 대해 더 뒷받침해줍니다:

무릇 이방인이 제사하는 것은 귀신에게 하는 것이요 하나님께 제사하는 것이 아니니 나는 너희가 귀신과 교제하는 자가 되기를 원하지 아니하노라

사람들이 경배하는 "우상"이나 "가증한 것"은 악마적 본성을 보여줍니다. 이 견해가 옳다면, 적그리스도는 초자연적으로 (보이지 않는 악마들 안에서) 높이 들리고, 분명히 높은 곳에서 내려오며(말라기 3장 1절의 신성모독적인 모방으로) 마침내 세상이 그를 하나님으로 경배하도록 설득할 것입니다. 배도한 유대인들은 의심할 여지 없이 그들의 눈이 마침내 오랫동안 기다려온 하늘의 징조와 영광이 성전으로 돌아오는 것을 보게 될 것이라고 믿을 것입니다. 거기는 거짓 그리스도가 태어나고 거기에 그의 형상이 세워질 것이기 때문입니다. 데살로니가후서 2장 4절입니다:

그는 대적하는 자라 신이라고 불리는 모든 것과 숭배함을 받는 것에 대항하여 그 위에 자기를 높이고 하나님의 성전에 앉아 자기를 하나님이라고 내세우느니라

위의 말씀은 바로 이 사건들을 말하는 것으로 보입니다.

이제 그리스도의 말씀으로 돌아가 보면, 마태복음 24장 15절이 훨씬 더

이해하기 쉬울 것이라고 믿습니다. 그 구절에서 주님께서 말씀하신 것은 환난 기간 동안 팔레스타인에 있게 될 경건한 유대인 남은 자들을 위해 의도하신 것입니다. "멸망의 가증한 것"이 거룩한 곳, 성전에 세워질 때 읽는 사람들은 그 사건에 대해서 이해할 수 있을 것입니다. 이러한 것들은 다른 성구들과 참으로 놀랍게 일치하며, 성경으로 기록된 말씀들의 참된 가치들을 보여주는 것입니다. 어떤 초자연적인 계시도 주어지지 않을 것입니다. 이 모든 것은 성경이 닫힐 때 그쳤습니다. 그러면 지금과 같이 그것을 알아차리고 이해하는 것은 하나님께서 계시하신 것을 읽는 데 달려 있습니다.

그러면 그 경건한 유대인들이 알아야 하는 것은 무엇입니까? 왜 그렇게 해야 할까요? 바로 위기가 도달했기 때문입니다. 적그리스도가 지금 자신이 불경한 사기꾼임을 완전히 드러내었습니다. 이제 적그리스의 정체가 분명하게 드러났으므로, 사람들로 하여금 경계하게 하십시요. 그들로 요한계시록 13장 14,15절을 읽게 하십시오. 그러면 그들이 예루살렘에 더 이상 머문다면 죽음이 그들을 기다리고 있음을 발견하게 될 것입니다.

14 짐승 앞에서 받은 바 이적을 행함으로 땅에 거하는 자들을 미혹하며 땅에 거하는 자들에게 이르기를 칼에 상하였다가 살아난 짐승을 위하여 우상을 만들라 하더라 15 그가 권세를 받아 그 짐승의 우상에게 생기를 주어 그 짐승의 우상으로 말하게 하고 또 짐승의 우상에게 경배하지 아니하는 자는 몇이든지 다 죽이게 하더라

그러므로 그리스도께서 다음과 같이 말씀하셨습니다:

16그 때에 유대에 있는 자들은 산으로 도망할지어다 17지붕 위에 있는 자는 집 안에 있는 물건을 가지러 내려 가지 말며 18밭에 있는 자는 겉옷을 가지러 뒤로 돌이키지 말지어다 19그 날에는 아이 밴 자들과 젖 먹이는 자들에게 화가 있으리로다 20너희가 도망하는 일이 겨울에나 안식일에 되지 않도록 기도하라 21이는 그 때에 큰 환난이 있

겠음이라 창세로부터 지금까지 이런 환난이 없었고 후에도 없으리라(마 24:16-21)

한 성경구절이 다른 성구에 빛을 비추어 그 뜻을 알게 하는 것은 참으로 놀라운 일입니다. 계시록 13장 14,15절은 충성스러운 남은 자들이 급하게 대피할 필요성을 아주 분명하게 설명합니다.

14 짐승 앞에서 받은 바 이적을 행함으로 땅에 거하는 자들을 미혹하며 땅에 거하는 자들에게 이르기를 칼에 상하였다가 살아난 짐승을 위하여 우상을 만들라 하더라 15 그가 권세를 받아 그 짐승의 우상에게 생기를 주어 그 짐승의 우상으로 말하게 하고 또 짐승의 우상에게 경배하지 아니하는 자는 몇이든지 다 죽이게 하더라

마태복음 24장 23-26절에 적그리스도에 대한 또 다른 언급이 있습니다:

23그 때에 사람이 너희에게 말하되 보라 그리스도가 여기 있다 혹은 저기 있다 하여도 믿지 말라 24거짓 그리스도들과 거짓 선지자들이 일어나 큰 표적과 기사를 보여 할 수만 있으면 택하신 자들도 미혹하리라 25보라 내가 너희에게 미리 말하였노라 26그러면 사람들이 너희에게 말하되 보라 그리스도가 광야에 있다 하여도 나가지 말고 보라 골방에 있다 하여도 믿지 말라

“큰 표적과 기사"에 대한 언급은 계시록 13장에 적어도 부분적으로 설명되어 있습니다. 우리는 이미 거짓 선지자가 짐승의 우상에 "생명" 또는 "호흡"을 주는 권세를 가지고 있음을 보았고 그 결과로 그 우상이 말을 하게 되리라(15절)는 것을 압니다. 추가적으로 다음과 같이 기록되어 있습니다:

13큰 이적을 행하되 심지어 사람들 앞에서 불이 하늘로부터 땅에 내려오게 하고 14짐승 앞에서 받은 바 이적을 행함으로 땅에 거하는 자들을 미혹하며 땅에 거하는 자들에게 이르기를 칼에 상하였다가 살아난 짐승을 위하여 우상을 만들라 하더라

필자는 마태복음 24장 26절의 "골방"에 대해 더 다룰 수 있기를 바라지만, 다른 성경의 분명한 조명이 없는 한 우리 자신의 추측을 자제하고자 합니다. 그 말씀들은 빛보다 항상 어둠을 사랑하는 사악한 자의 신비한 능력과 활동을 가리키는 것 같습니다.

3. 필자가 살펴보고자 하는 다음 구절은 누가복음 18장의 처음 여덟 구절입니다. 여기에서 주님은 비유로 우리에게 적그리스도에 대한 또 다른 견해를 주셨습니다:

[1]예수께서 그들에게 항상 기도하고 낙심하지 말아야 할 것을 비유로 말씀하여 [2]이르시되 어떤 도시에 하나님을 두려워하지 않고 사람을 무시하는 한 재판장이 있는데 [3]그 도시에 한 과부가 있어 자주 그에게 가서 내 원수에 대한 나의 원한을 풀어 주소서 하되 [4]그가 얼마 동안 듣지 아니하다가 후에 속으로 생각하되 내가 하나님을 두려워하지 않고 사람을 무시하나 [5]이 과부가 나를 번거롭게 하니 내가 그 원한을 풀어 주리라 그렇지 않으면 늘 와서 나를 괴롭게 하리라 하였느니라 [6]주께서 또 이르시되 불의한 재판장이 말한 것을 들으라 [7]하물며 하나님께서 그 밤낮 부르짖는 택하신 자들의 원한을 풀어 주지 아니하시겠느냐 그들에게 오래 참으시겠느냐 [8]내가 너희에게 이르노니 속히 그 원한을 풀어 주시리라 그러나 인자가 올 때에 세상에서 믿음을 보겠느냐 하시니라(눅 18:1-8)

그리스도의 많은 비유와 마찬가지로 이 비유도 그 성격이 분명히 예언적입니다. 그것은 다가오는 날을 고대하고 있습니다. 그것은 환난 기간 동안 이 땅이 어떠한 상태일지를 보여줍니다. 이것은 문맥에서 쉽게 알 수 있습니다. 누가복음 18장은 "그리고"라는 단어로 시작합니다. 이와 같이 누가복음 18장이 연결되어 있는 17 장의 마지막 18개 구절은 메시아의 왕국이 수립되기 직전에 있을 것들을 다루고 있습니다. 특히 누가복음 18장 26절을 주목하십시오:

듣는 자들이 이르되 그런즉 누가 구원을 얻을 수 있나이까

마찬가지로 지금 우리가 다루고 있는 과부의 비유의 마지막 말씀도 "인자가 올 때에 세상에서 믿음을 보겠느냐?"라고 합니다. 위의 예언적인 비유가 성취될 시기를 언급했으므로, 필자의 다음 관심사는 그 용어의 의미를 확인하는 것입니다. 비유는 "과부"와 "불의한 재판관"을 중심으로 전개됩니다. 이들에 의해 대표되는 사람을 발견하면 모든 것이 간단할 것입니다. 이 인물들이 나타날 시기를 이미 배웠기 때문에 우리의 임무는 어렵지 않아야 합니다. 성경에서 "과부"는 항상 황폐함, 외로움, 나약함의 상징입니다. 시대적으로 이스라엘은 지금 그녀의 신성한 남편이 영적으로 죽은 과부의 상태입니다. 여기 누가복음 18장의 비유에서 볼 것은 새 이스라엘, 하나님의 이스라엘, 충성스러운 남은 자들입니다.

4두려워하지 말라 네가 수치를 당하지 아니하리라 놀라지 말라 네가 부끄러움을 보지 아니하리라 네가 네 젊었을 때의 수치를 잊겠고 과부 때의 치욕을 다시 기억함이 없으리니 5이는 너를 지으신 이가 네 남편이시라 그의 이름은 만군의 여호와이시며 네 구속자는 이스라엘의 거룩한 이시라 그는 온 땅의 하나님이라 일컬음을 받으실 것이라 6여호와께서 너를 부르시되 마치 버림을 받아 마음에 근심하는 아내 곧 어릴 때에 아내가 되었다가 버림을 받은 자에게 함과 같이 하실 것임이라 네 하나님께서 말씀하셨느니라 7내가 잠시 너를 버렸으나 큰 긍휼로 너를 모을 것이요(사 54:4-7)

이것은 그리스도께서 천년왕국이 시작될 때에 남은 자들이 이사야서 53장을 자신들의 것으로 받아들여 회개하고 고백한 후에 그들에게 하실 말씀입니다.

시편의 적그리스도에 관한 장에서는 환난 기간 동안 경건한 유대인 남은 자의 상태를 다루는 구절에 반복적으로 주의를 기울였습니다. 우리는 그들의 운명이 비참할 것임을 보았습니다. 그들의 시험은 가혹할 것이고 고통은 끔찍할 것입니다. 그들의 경험 중 가장 고통스러운 것은 믿지 않는 형제들의 맹렬한 반대만이 아닐 것입니다. 구주의 가장 악한 원수가 육신을 따라 유대인의 형제 중에서 나타날 것입니다. 역사적으로 그 시대에 성도들을 가장 무자비하게 핍박하는 자들이 그리스도를 따르노라고 공언하는 자들이었듯이 그러므로 유대인 남은 자의 가장 무자비한 원수는 그들 자신의 나라에서 믿지 않는 자 가운데 나올 것입니다. 이것들 역시 본문의 과부의 비유에서 주목된다. 그들은 과부가 판사에게 호소하는 바로 그 "대적들"이다. 위에서 말한 것에 비추어 볼 때 "과부"가 호소하는 사람이 누구인지 쉽게 알 수 있습니다. 이 호소는 환난 기간이 끝나기 얼마 전임에 의심할 여지가 없습니다. 과부가 호소하는 대상은 분명히 적그리스도 그 자체이며, 여기서 그에 대해 말한 것은 합리적인 의심을 초월하여 이것을 확증합니다.

첫째, 그는 권위 있는 위치에 있는 것으로 보여지기 위해 "판사"라고 불립니다. 이것은 주 예수를 말하는 야고보서 5:9에서 "심판주"로 번역된 것과 같은 단어입니다.

형제들아 서로 원망하지 말라 그리하여야 심판을 면하리라 보라 심판주가 문 밖에 서 계시니라(약 5:9)

둘째, 그는 어떤 "도시"에 있는 것으로 표현됩니다. 이것이 예루살렘인지 바벨론인지 우리는 말할 수 없습니다. 그러나 필자는 그것이 오히려 후자라고 생각합니다.

세 번째로, 이 재판관은 “하나님을 두려워하지 아니하며 사람을 무시”하였다고 합니다. 우리는 이것이 죄의 사람에 대해 다른 곳에서 말한 것과 얼마나 완전히 일치하는지 지적하기 위해 서두를 필요가 없습니다. 경건하지 않음과 불법은 그의 성품에서 가장 두드러진 두 가지 요소입니다.

네 번째로, 주님은 그를 "불의한 재판관"(약 5:6)이라고 구체적으로 부르셨습니다. 이 단어는 의로 통치할 참 그리스도 사이의 대조를 가리킨다.

다섯 번째로, 그의 무관심은 "얼마동안 듣지 않다"(누가 18:4)라는 말에 기록되어 있습니다. 누가복음 5:3의 헬라어 동사는 과부가 이 "재판관"에게 거듭거듭 왔다는 것을 의미합니다. 그러나 그는 마음이 완악하여 그녀의 간청에 거듭 귀를 기울이지 않았습니다. 적그리스도가 충성스러운 유대인들의 고통에 대해 잔인하게 무관심한 것이 그러합니다.

여섯째, 그 재판관의 진실하지 못함과 속임수는 분명히 암시되어 있다. 누가복음18:5절에서 이 불의한 재판관은 "이 과부가 나를 번거롭게 하니 내가 원한을 풀어 주겠다"고 말하고 있습니다. 그러나 그 재판관은 7절의 내용을 보면 분명히 자신의 말을 지키지 않는다는 것을 알 수 있습니다.

7하물며 하나님께서 그 밤낮 부르짖는 택하신 자들의 원한을 풀어 주지 아니하시겠느냐 그들에게 오래 참으시겠느냐

적그리스도는 이스라엘의 원한을 들어주지 않지만 하나님은 들어주신다.

마지막으로, 그의 운명은 마지막으로 인용된 말에서 암시됩니다. 하나님께서 택하신 남은 자들을 “복수”하실 때 적그리스도는 그들을 박해했던 그의 추종자들과 함께 멸망될 것입니다.

위의 해석에 있어서 단 하나의 난점이 있는데, 그것은 유대인 남은 자들이 적그리스도에 대한 호소한다는 것입니다. 이스라엘의 남은 자가 적그리스도에게 도움을 구한 다는 것이 가능한 일입니까? 그러나 여기에 실제적인 어려움이 있습니까? 이것에 답하기 위해 우리 자신의 경험에 자문해 보십시요. 얼마나 자주 우리는 시련의 시간에 해방을 얻기 위해 육신의 팔에 의지합니까! 사도 바울도 가이사에게 간청했습니다! 그러나 이것이 위에서 설명한 해석에 대한 반대에 대응하기 위해 필자가 고안한 것으로 생각되지 않도록 7절의 표현을 주의 깊게 살펴보십시오.

하물며 하나님께서 그 밤낮 부르짖는 택하신 자들의 원한을 풀어 주지 아니하시겠느냐 그들에게 오래 참으시겠느냐

"그들에게 오래 참으시겠느냐?"는 말을 그들이 밤낮으로 하나님께 부르짖었지만 다른 이에게도 도움을 구했다고 생각하지 마십시요. 이사야 10장 20절의 증거는 더욱 분명합니다:

그 날에 이스라엘의 남은 자와 야곱 족속의 피난한 자들이 다시는 자기를 친 자를 의지하지 아니하고 이스라엘의 거룩하신 이 여호와를 진실하게 의지하리니(사10:20)

4.

나는 내 아버지의 이름으로 왔으매 너희가 영접하지 아니하나 만일 다른 사람이 자기 이름으로 오면 영접하리라(요 5:43)

이 구절은 이 책의 3장에서 이미 다루었습니다. 그러므로 이 구절에 오래 지체하지 않겠습니다. 그것은 믿지 않는 이스라엘과 관련하여 적그리스도를 말하고 있습니다. 하나님의 아들과 멸망의 아들을 이중으로 대조하여 보여줍니다. 하나님의 그리스도는 겸손히 낮추시고 자기 이름으로 나타나지 아니하시고 , 오히려 아버지의 이름으로 온전히 복종하심으로써 이 땅에 오셨습니다. 이에 반해 사단의 그리스도는 교만하여 자기 이름으로 등장합니다. 적그리스도의 이러한 행동은 심령이 부패한 자들에게 호소력이 있습니다.

주 예수의 온유하심은 유대인들에게는 모욕을 주었지만 죄의 사람의 교만과 이기심은 적그리스도를 유대인들에게 받아들여지게 할 것입니다. 배교한 민족은 그리스도를 받아들이지 않았습니다. 우리가 요한복음에서 읽듯이, "참된 그리스도는 자기 땅에 오셨지만 영접받지 못하셨습니다"(요 1:11). 그러나 적그리스도는 그들에게 영접을 받을 것입니다. 오랫동안 기다려온 메시아로 그를 영접할 것입니다. 그들은 그를 왕으로 영접할 것입니다. 그들은 적그리스도를 약속된 구원자로 영접할 것입니다. 적그리스도의 멍에가 받아들여질 것이다. 신성한 영광이 적그리스도에게 돌려질 것이다. 그러나 그들은 그것을 몹시 슬퍼할 것입니다. 그리고 그들에 대한 하나님의 무서운 심판이 있을 것입니다.

5.

너희는 너희 아비 마귀에게서 났으니 너희 아비의 욕심대로 너희도 행하고자 하느니라 그는 처음부터 살인한 자요 진리가 그 속에 없으므로 진리에 서지 못하고 거짓을 말할 때마다 제 것으로 말하나니 이는 그가 거짓말쟁이요 거짓의 아비가 되었음이라 (요 8:44)

"거짓말"에 대한 헬라어 단어는 "pseudos"입니다. 그 단어는 신약성경에 아홉 번만 등장하고 아홉이라는 숫자는 심판을 상징합니다. 신약성경에는 심판의 횟수인 아홉 번만 나옵니다. 필자는 항상 진리에 반대되는 것을 언급해왔습니다. 그것은 거짓말의 아비인 마귀의 아들인 적그리스도에게 어울리는 호칭이다. 하나님의 그리스도는 "진리 그 자체"이시다. 반면에 사탄의 그리스도는 "거짓말 그 자체"이다. 이것이 죄의 사람의 많은 이름 중 하나라는 것은 데살로니가후서 2장에서 분명합니다:

[9]악한 자의 나타남은 사탄의 활동을 따라 모든 능력과 표적과 거짓 기적과 [10] 불의의 모든 속임으로 멸망하는 자들에게 있으리니 이는 그들이 진리의 사랑을 받지 아니하여 구원함을 받지 못함이라 [11]이러므로 하나님이 미혹의 역사를 그들에게 보내사 거짓 것을 믿게 하심은 [12]진리를 믿지 않고 불의를 좋아하는 모든 자들로 하여금 심판을 받게 하려 하심이라(살후 2:9-12)

요한복음 8장 44절에 대해 로버트 앤더슨 경의 말을 인용하는 것이 가장 좋을 것입니다: "거짓말을 하다(To speak a lie)"는 영어 표현이 아닙니다. 우리식으로 적절한 표현은 "거짓을 말하다(To tell a lie)"입니다. 그러나 아무도 여기서 헬라어 단어를 그렇게 번역하지 않을 것입니다. 그것은 추상적인 거짓이 아니라 그것의 구체적인 실례이다. 따라서 사탄의 거짓말쟁이와 사탄의 살인자 사이의 연관성은 분명하다. 그는 모든 살인의 선동자가 아니라 거기에 있는 살인 그 자체의 선동자이다. 그리고 정말 문제가 되는 그리스도를 죽인 것이다. 거짓들(lies)의 아비가 아니요 거짓 그 자체(The Lie)의 아비입니다. 데살로니가후서 2:11에서 그것은 요한복음 8장 44절의 거짓(the lie)입니다. 하나님은 사람들이 거짓말을 하거나 거짓말을 믿도록 부추기지 않습니다. 그러나 진리를 저버리는 자들에 대하여는 다음과 같이 기록되었습니다:

그가 그들에게 거짓을 믿게 하는 강한 미혹을 보내시리라 하였느니라. 그들이 하나님의 진실한 그리스도를 거절하였기 때문에, 그들은 사법적 맹목에 빠져 사탄의 화신이 되실 인류애의 그리스도를 받아들이게 될 것이다(하나님의 침묵).

6.

[1]예수께서 이 말씀을 하시고 눈을 들어 하늘을 우러러 이르시되 아버지여 때가 이르렀사오니 아들을 영화롭게 하사 아들로 아버지를 영화롭게 하게 하옵소서 [2]아버지께서 아들에게 주신 모든 사람에게 영생을 주게 하시려고 만민을 다스리는 권세를 아들에게 주셨음이로소이다 [3]영생은 곧 유일하신 참 하나님과 그가 보내신 자 예수 그리스도를 아는 것이니이다 [4]아버지께서 내게 하라고 주신 일을 내가 이루어 아버지를 이 세상에서 영화롭게 하였사오니 [5]아버지여 창세 전에 내가 아버지와 함께 가졌던 영화로써 지금도 아버지와 함께 나를 영화롭게 하옵소서 [6]세상 중에서 내게 주신 사람들에게 내가 아버지의 이름을 나타내었나이다 그들은 아버지의 것이었는데 내게 주셨으며 그들은 아버지의 말씀을 지키었나이다 [7]지금 그들은 아버지께서 내게 주신 것이 다 아버지로부터 온 것인 줄 알았나이다 [8]나는 아버지께서 내게 주신 말씀들을 그들에게 주었사오며 그들은 이것을 받고 내가 아버지께로부터 나온 줄을 참으로 아오며 아버지께서 나를 보내신 줄도 믿었사옵나이다 [9]내가 그들을 위하여 비옵나니 내가 비옵는 것은 세상을 위함이 아니요 내게 주신 자들을 위함이니이다 그들은 아버지의 것이로소이다 [10]내 것은 다 아버지의 것이요 아버지의 것은 내 것이온데 내가 그들로 말미암아 영광을 받았나이다 [11]나는 세상에 더 있지 아니하오나 그들은 세상에 있사옵고 나는 아버지께로 가옵나니 거룩하신 아버지여 내게 주신 아버지의 이름으로 그들을 보전하사 우리와 같이 그들도 하나가 되게 하옵소서 [12]내가 그들과 함께 있을 때에 내게 주신 아버지의 이름으로 그들을 보전하고 지키었나이다 그 중의 하나도 멸망하지 않고 다만 멸망의 자식뿐이오니 이는 성경을 응하게 함이니이다(요 17:1-12)

우리 주님이 적그리스도를 언급하셨다는 것은 데살로니가후서 2장 3절에 의해 명백히 입증되었습니다. 거기에서 죄의 사람은 "멸망의 아들"이라고 불립니다. 여기에서 멸망의 아들이라고 불리는 유다가 사람 이상의 존재였다는 것은 요한복음 6장 70절에서 분명합니다.

내가 너희 열둘을 택하지 아니하였느냐 너희 중의 하나는 마귀니라

다른 어떤 구절에서도 "디아볼로스, 악마"라는 단어는 사탄 그 자체 외에는 누구에게도 적용되지 않습니다. 주 예수님이 성육신 하나님이셨던 것처럼 유다도 성육신한 마귀가 될 것입니다. 그리고 필자가 3장에서 보여주듯이 유다는 적그리스도 안에서 다시 성육신할 것입니다. 다음으로 넘어가지 전에 요한복음 17장12절에 대해 한 가지 더 설명해야 할 필요가

있습닌다. 어떤 사람들은 이 구절이 성도의 절대적인 안전에 대한 교리를 약화시킨다고 생각했지만 실제로는 그런 종류의 역할을 하지 않습니다. 그리스도께서 다음과 같이 말씀하지 않으셨음에 주목하십시요:

아버지께서 내게 주신 것을 내가 지켰사오니 멸망의 아들 외에는 하나도 잃어버리지 아니하였나이다

대신에 그리스도는 다음과 같이 말씀하셨습니다:

그들 중 아무도 멸망의 아들 외에는 잃은 것이 없다

"그러나"라는 단어는 예외없이 반대의 의미로 사용됩니다. 다시 말해서, 유다는 여기에서 그리스도에게 주어진 것들과 반대되는 위치에 있습니다 (유사한 구조를 가진 다른 성구들은 마 12:4, 행 27:22, 계 21:27 참조). 이러한 해석은 요한복음 18장 9절에 의해 명백히 확립되었습니다:

이는 아버지께서 내게 주신 자 중에서 하나도 잃지 아니하였사옵나이다

7. 데살로니가후서 2장에는 서신서들에서 말하는 적그리스도에 관한 주요한 구절이 있습니다. 여기에서 그는 "죄의 사람, 멸망의 아들"(3절)이라고 불립니다. 모든 사람이 죄인이라는 것은 엄숙한 사실이지만(롬 3:23), 적그리스도는 죄인 이상이며 “죄의 사람” 그 자체가 될 것입니다. 따라서 그는 하나님의 거룩하신 분인 그리스도와 정반대되는 자가 될 것입니다. 모든 무서운 사탄의 배신, 대담한 하나님께 대한 모독, 부패한 인간의 마음에 대한 엄청난 호소력을 지닌 이러한 죄는 이 무서운 괴물인 적그리스도를 통해서 완결되고 최정점이 될 것입니다. 이에 대한 좀 더 자세한 내용을 보려면 이 책의 3장을 다시 참조을 권합니다. 죄의 사람에 관해서 4

절은 다음과 같이 말합니다:

그는 대적하는 자라 신이라고 불리는 모든 것과 숭배함을 받는 것에 대항하여 그 위에 자기를 높이고 하나님의 성전에 앉아 자기를 하나님이라고 내세우느니라(살후 2:4)

여기서 적그리스도는 신성 모독의 절정에 도달합니다. 그는 하나님의 영예를 받을 것이며 사람들을 죽음의 고통 아래에 집어넣으면서(계 13:15) 모든 사람에게 숭배를 요구할 것입니다.

그가 권세를 받아 그 짐승의 우상에게 생기를 주어 그 짐승의 우상으로 말하게 하고 또 짐승의 우상에게 경배하지 아니하는 자는 몇이든지 다 죽이게 하더라(계 13:15)

자신의 불경스러운 주장들이 효력을 발휘하기 위해 그는 인간이든 하나님으로부터 온 것에 상관없이 모든 법과 관습을 초월하는 자신의 명령을 사람들에게 강요할 것입니다(단 7:25).

그가 장차 지극히 높으신 이를 말로 대적하며 또 지극히 높으신 이의 성도를 괴롭게 할 것이며 그가 또 때와 법을 고치고자 할 것이며 성도들은 그의 손에 붙인 바 되어 한 때와 두 때와 반 때를 지내리라(단 7:25)

얼마 동안 전능자는 적그리스도의 사탄적인 불경건함을 겪을 것이며, 그것을 방해하는 자는 제거될 것입니다(7절). 어떤 번개도 그의 파괴된 형태를 먼지로 떨어뜨리지 않을 것입니다. 땅은 그를 산 채로 삼키려고 입을 열지 않을 것입니다. 훨씬 더 가벼운 신성 모독을 한 헤롯에 대해서도 죽음으로 친 주님의 천사는 칼자루에서 그의 손을 제지할 것입니다. 이 거만한 반역자가 그의 뜻에 따라 행하는 동안 하늘은 한동안 잠잠할 것입니다. 그러한 정한 때가 있습니다.

그 때에 불법한 자가 나타나리니 주 예수께서 그 입의 기운으로 그를 죽이시고 강림하여 나타나심으로 폐하시리라(살후 2:8)

악한 자의 나타남은 사탄의 활동을 따라 모든 능력과 표적과 거짓 기적과(살후 2:9)

적그리스도는 사탄의 간교와 천재성의 정점이자 완성이 될 것입니다. 그는 초인적인 능력을 부여받아 단순한 가식이 아니라 능력의 신동이 되어 기적을 행할 것입니다. 그는 이 기적과 표적으로 온 세상을 미혹할 것입니다. 의심할 여지 없이 그는 고대 얀네와 얌브레가 모세의 기적을 복제한 것처럼 그리스도의 기적을 흉내낼 것입니다. 그의 기이한 일들은 죽은 자 가운데서 자신이 부활할 때 절정에 달할 것입니다.

8.

거짓말하는 자가 누구냐 예수께서 그리스도이심을 부인하는 자가 아니냐 아버지와 아들을 부인하는 그가 적그리스도니(요일 2:22)

"적그리스도"라는 이름의 중요성에 대해서는 필자는 독자들이 이 책의 제4장을 참조할 것을 요청합니다. 거기에서 우리는 이 공적인 칭호가 그의 경력에서 두 가지 주요 부문에 해당하는 이중 의미를 갖는 것으로 이해하고 있음을 알 수 있습니다. 첫째, 그는 참 그리스도로 가장할 것입니다. 둘째, 그는 그리스도의 공공연한 대적자로 서게 될 것이다. 위의 구절은 그를 배교자 중 가장 큰 자로 제시합니다. 그는 결국 유대교의 구별되는 진리, 즉 "예수는 그리스도이시다"를 부인할 것이며 또한 기독교에서 중요한 것, 즉 "아버지와 아들"의 계시에 대해 반대할 것이기 때문입니다.

9. 요한일서 4장 3절에 대한 간략한 말씀을 살펴보고 우리는 결론을 내려

야 합니다:

예수를 시인하지 아니하는 영마다 하나님께 속한 것이 아니니 이것이 곧 적그리스도의 영이니라 오리라 한 말을 너희가 들었거니와 지금 벌써 세상에 있느니라

우리가 여기서 주의를 기울일 것은 마지막 절입니다. 적그리스도는 자신이 나타날 길을 준비하고 있는 데, 적그리스도의 영은 지금도 이미 "세상에" 와 있다는 것입니다. 이 구절은 데살로니가후서 2장 7절과 평행을 이룹니다:

불법의 비밀이 이미 활동하였으나 지금은 그것을 막는 자가 있어 그 중에서 옮겨질 때까지 하리라(살후 2:7)

사탄의 성육신과 관련된 불법의 신비는 하나님의 거룩한 성육신과 관련된 "경건의 신비"(딤전 3:16)와 정반대입니다. 하나님께서 그의 아들이신 예수님이 오시기 전에 오랜 준비가 있었던 것처럼 마귀는 이제 그 자신의 멸망의 아들이 나타날 길을 닦고 준비하고 있습니다. 불법의 신비는 이미 작동하고 있습니다. 그래서 요한일서 4장 3절에서 적그리스도의 영에 대해 "이미 세상에 있느니라"고 말하고 있습니다. 그의 최고의 걸작을 내놓기 위한 사단의 준비가 지금 얼마나 진척되었는지는 시대의 징조를 분별하는 지혜를 받은 자들에게 점점 더 명백해지고 있습니다.

제10장

계시록의 적그리스도

계시록이 다루는 구역이나 영역은 거룩한 하나님의 성경에서 그것이 차지하는 위치에 의해 표시되어 있습니다. 계시록이 성경의 끝 부분에 온다는 것은, 자연스럽게 우리로 하여금 그것이 세계 역사의 마지막 장을 개괄하는 것으로 파악하게 합니다. 실제로 그렇습니다. 계시록은 주로 하나님께서 미래에 이 땅에 내리실 심판에 대한 설명에 많은 부분을 할애합니다. 계시록은 환난 기간의 시대가 어떠한 상태일지에 대한 가장 완전한 설명을 제공합니다. 계시록은 적그리스도의 생애와 이력에 대해서 가장 길게 설명합니다. 적그리스도는 진노의 하나님의 손에 들린 막대기가 되어 변절한 이스라엘과 배교한 기독교를 징벌할 것입니다. 물론 이 모든 것은 지상의 마지막 경륜의 시대에 존재하게 될 메시야 왕국의 건설을 준비하는 것입니다.

계시록 앞에 있는 책들에 대한 철저한 지식없이는 계시록을 이해하는 것이 불가능합니다. 우리가 성경의 처음 65권에 익숙해질수록 마지막 66권을 공부할 준비가 더 잘 되게 되는 것입니다. 계시록에는 새로운 것은 거의 없습니다. 계시록이 다루는 다양한 내용들은 대부분이 앞에 볼 수 있었던 내용을 확대한 것입니다.

각각의 그림과 상징들은 계시록에 없는 경우, 성경 말씀 어딘가에 설명되어 있습니다. 성경은 언제나 자기 해석적이기 때문입니다. 계시록에 대한 우리의 어려움의 대부분은 앞의 있는 성경에 대한 무지와 지식 부족에서 비롯됩니다. 다니엘과 스가랴는 특히 밧모 섬 선지자 사도 요한의 여러 가지 예언에 대해 많은 빛을 비추기 때문에 자세히 검토되어야 합니다. 요한계시록은 죄의 사람 그 자체인 적그리스도의 인격과 하는 일에 관해 많은 것을 드러낼 뿐만 아니라 악의 삼위일체가 완전히 전복 당하는 것을 선언하기 때문에 적그리스도의 운명을 설명해 줍니다. 의심할 여지 없이 이러한 것들이 계시록의 연구와 읽기에 있어서 많은 편견을 설명해 줍니다.

계시록이 성경에서 그 예언을 읽고 듣는 자들에게 주신 분명한 약속이 있는 유일한 책이라는 것은 참으로 놀라운 일입니다(계 1:3). 그러나 정통으로 평판이 좋은 교회의 강단에서도 계시록을 읽고 다루는 일이 얼마나 드문 일인지 모릅니다. 분명히 이것은 사탄의 전략일 것입니다. 사탄은 성경의 모든 책보다 그가 궁극적으로 불못에 던져진다고 말하는 이 책을 두려워하고 미워하는 것 같습니다. 그러나 우리가 사탄의 계략을 모르는 것이 아닙니다(고후 2:11). 사탄이 "곧 일어날 일"에 대해 말하는 이 예언을 기도하는 마음으로 우리가 주의 깊게 정독하는 것을 막지 못하게 하십시오.

1. 필자는 먼저 요한계시록의 제 6 장을 살펴보겠습니다. 계시록 6장에서는 멸망의 아들에 대한 네 가지 관점이 제시됩니다. 신약의 시작 부분에 성령께서 복음서에서 그리스도에 대한 4중 묘사를 우리에게 주셨듯이, 지상에 대한 하나님의 심판에 대한 묘사를 시작하실 때 하나님은 그리스도의 대적자에 대한 4중의 그림을 우리에게 제공해 주셨습니다. 필자는 "

인"에 관한 처음 네 개의 내용이 적그리스도의 성품의 네 가지 측면을 설명하고 그의 이력의 네 단계를 설명한다고 믿습니다.

첫째, 적그리스도는 하나님의 그리스도처럼 의로우신 분으로 가장합니다. 그가 앉았던 백마는 의를 말하고 있습니다. 고린도후서 11장 14-15절입니다:

[14]이것은 이상한 일이 아니니라 사탄도 자기를 광명의 천사로 가장하나니 [15] 그러므로 사탄의 일군들도 자기를 의의 일군으로 가장하는 것이 또한 대단한 일이 아니니라 그들의 마지막은 그 행위대로 되리라

적그리스도는 자신을 준법과 질서의 친구로 가장합니다.

둘째, 적그리스도는 강력한 전사로 하나님의 그리스도를 모방합니다. 주 예수께서 재림하실 때 그의 원수들로 발판을 삼으시고 그를 거역하는 모든 자를 진노로 짓밟으시는 것과 같이(이사야 63:3), 죄의 사람은 감히 자신을 대적하는 모든 자를 죽일 것입니다.

셋째, 그는 생명의 떡이신 그리스도를 따라합니다. 셋째 인은 적그리스도를 식량을 다스리는 존재로 보여줍니다.

넷째, 그는 가면을 벗고 죽음과 음부라는 이름의 사람, 즉 인간의 육체와 영혼을 파괴하는 자로 묘사된다.

다양한 색깔의 말을 탄 이 사람의 정체성이 어떻게 확립되었는지 살펴보도록 하겠습니다. 요한계시록 6장 2절입니다:

이에 내가 보니 흰 말이 있는데 그 탄 자가 활을 가졌고 면류관을 받고 나아가서 이기고 또 이기려고 하더라

먼저 여기에서 적그리스도가 "백마" 위에 앉아 있다는 점에 유의하십시오. 이것은 재림 때에 "백마"(계 19:11)를 타고 나타나실 하나님의 그리스도를 흉내내는 것입니다.

둘째, "그에게 면류관이 주어졌다"고 합니다. 이것은 즉시 그를 요한계시록 13장의 첫 번째 짐승인 적그리스도와 연결시키는 역할을 합니다. 왜냐하면 그에 대해 "그들이 짐승에게 권세를 준 용에게 경배하다"(4절)라고 기록되어 있기 때문입니다. 요한계시록 6장 4절입니다:

이에 다른 붉은 말이 나오더라 그 탄 자가 허락을 받아 땅에서 화평을 제하여 버리며 서로 죽이게 하고 또 큰 칼을 받았더라

먼저, 마지막 구절에 주목하십시요: "그에게 큰 칼이 주어졌으니...".

이것은 그를 거짓 그리스도로 분명히 각인시켜 줍니다. 왜냐하면 참 그리스도이신 예수님에 관해서는 "그 입에서 예리한 검이 나오느니라"(계 19:15)라고 기록되어 있기 때문입니다.

둘째, "땅에서 화평을 제하는 권능을 주셨으니"라고 합니다. 요한계시록 13장 7절입니다:

또 권세를 받아 성도들과 싸워 이기게 되고 각 족속과 백성과 방언과 나라를 다스리는 권세를 받으니

세 번째 인에서 그는 기근의 때에 생활 필수품을 관리하는 식량 관리인으로 보여집니다. 이것은 의심할 여지 없이 계시록 13장 17절에서 읽은 내용과 일치합니다.

누구든지 이 표를 가진 자 외에는 매매를 못하게 하니 이 표는 곧 짐승의 이름이나 그 이름의 수라

마지막으로 네 번째 인에서 그는 "죽음과 지옥"이라는 이름으로 명명됩니다. 이러한 이중적인 직함은 적그리스도가 어떠한 사람으로 보이는 지에 모든 의심을 없애줍니다. 하나님이 이스라엘과 7년 조약을 맺은 것을 질책하실 때 다음과 같이 말하십니다:

너희가 사망과 더불어 세운 언약이 폐하며 스올과 더불어 맺은 맹약이 서지 못하여 넘치는 재앙이 밀려올 때에 너희가 그것에게 밟힘을 당할 것이라(사 28:18)

그러므로 요한계시록 6장의 네 가지의 말을 탄 사람은 네 명의 다른 사람이 아니라 사복음서에서 예수께서 네 가지 모습으로 나타나시는 것과 같이 한 사람의 다른 모습들이다.

요한계시록 6장을 넘어가기 전에 위에서 말한 것을 확대하여 몇 가지 더 설명해야 합니다. 요한계시록 6장의 첫 부분에서 필자는 적그리스도의 생애에서 네 단계를 설명했습니다. 그리스도께서 공적 사역을 하시기 위해 조용히 오랜 시간을 나사렛에서 보낸 것은 사복음서에서 다르게 기술되어 있습니다. 여기 계시록 6장에서도 죄의 사람(그의 "작은 뿔" 성격)은 처음에는 주목을 받지 못합니다. 첫 번째에서 적그리스도는 활을 들고 백마에 앉아 있는 것으로 보여집니다. 말의 색깔과 활만 있고 화살이 없다는 사실은 적그리스도가 "이기고 또 이기며" 나아가는 데 피를 흘리지 않고 무혈입성하는 것을 말해줍니다.

첫 번째 인은 즉시 우리를 이 어둠의 왕이 하나님의 그리스도로 가장하고 유대인들에게 자신이 받아들여 질 수 있도록 자신을 제시하는 때로 인도합니다. 적그리스도는 자신의 본래의 모습인 사탄의 모습으로 나오지 않고 오히려 그는 평화의 왕으로 자신을 가장합니다. 첫 번째 인은 다니엘 11장 21, 23절과 평행을 이루는데, 거기에서 적그리스도는 아첨과 정치적 외교를 통해 왕국을 획득합니다.

[21]또 그의 왕위를 이을 자는 한 비천한 사람이라 나라의 영광을 그에게 주지 아니할 것이나 그가 평안한 때를 타서 속임수로 그 나라를 얻을 것이며 [22]넘치는 물 같은 군대가 그에게 넘침으로 말미암아 패할 것이요 동맹한 왕도 그렇게 될 것이며 [23]그와 약조한 후에 그는 거짓을 행하여 올라올 것이요 소수의 백성을 가지고 세력을 얻을 것이며(단 11:21-23)

하지만 적그리스도가 이러한 평화의 역할을 맡는 것은 길지 않을 것입니다. 적그리스도의 마음에는 전쟁이 있습니다(시 55:21). 온 세상에 대한 지배권이 없으면 그의 오만한 야망을 만족시킬 수 없습니다. 하나님께서 분명히 경고하셨습니다:

그들이 평안하다, 안전하다 할 그 때에 임신한 여자에게 해산의 고통이 이름과 같이 멸망이 갑자기 그들에게 이르리니 결코 피하지 못하리라(살전 5:3)

두 번째 인이 우리에게 가져다 주는 것은 이것입니다. 여기서 적그리스도는 더 이상 백마 위에 있는 것이 아니라 붉은 말 위에 있습니다. 이것은 계시록 6장 4절에서의 추가적인 설명과 완벽히 일치합니다.

이에 다른 붉은 말이 나오더라 그 탄 자가 허락을 받아 땅에서 화평을 제하여 버리며

서로 죽이게 하고 또 큰 칼을 받았더라(계 6:4)

적그리스도가 "이방인을 멸망시키는 자"(렘 4:7)라고 불리는 것도 놀라운 일이 아닙니다. 세상을 전복할 때, 사람들은 다음과 같이 외칠 것입니다:

[17]세계를 황무하게 하며 성읍을 파괴하며 그에게 사로잡힌 자들을 집으로 놓아 보내지 아니하던 자가 아니냐 하리로다 [18]열방의 모든 왕들은 모두 각각 자기 집에서 영광 중에 자건마는(사 14:17,18)

예레미야 25장 29절은 적그리스도에게 주어진 이 "큰 칼"이 무엇인지 빛을 비추어 줍니다:

보라 내가 내 이름으로 일컬음을 받는 성에서부터 재앙 내리기를 시작하였은즉 너희가 어찌 능히 형벌을 면할 수 있느냐 면하지 못하리니 이는 내가 칼을 불러 세상의 모든 주민을 칠 것임이라 하셨다 하라 만군의 여호와의 말씀이니라

세 번째 인에서 적그리스도는 기근의 선구자로 묘사됩니다. 이것은 말의 색깔의 변화에 의해 암시됩니다. "검은색"은 기근과 관련되어 있습니다. 예레미야 14장 1, 2절 및 애가서 5장 10절을 참조하십시오.

[1]가뭄에 대하여 예레미야에게 임한 여호와의 말씀이라 [2]유다가 슬퍼하며 성문의 무리가 피곤하여 땅 위에서 애통하니 예루살렘의 부르짖음이 위로 오르도다(렘 14:1-2)

굶주림의 열기로 말미암아 우리의 피부가 아궁이처럼 검으니이다(애 5:10)

"검은" 말의 상징적 의미는 "그의 손에 있는 한 쌍의 저울"(호 12:7, 암 8:4-6 비교)의 이미지로 더욱 강화됩니다.

그는 상인이라 손에 거짓 저울을 가지고 속이기를 좋아하는도다(호 12:7)

[4]가난한 자를 삼키며 땅의 힘없는 자를 망하게 하려는 자들아 이 말을 들으라 [5]너희가 이르기를 월삭이 언제 지나서 우리가 곡식을 팔며 안식일이 언제 지나서 우리가 밀을 내게 할꼬 에바를 작게 하고 세겔을 크게 하여 거짓 저울로 속이며 [6]은으로 힘없는 자를 사며 신 한 켤레로 가난한 자를 사며 찌꺼기 밀을 팔자 하는도다(암 8:4-6)

이어지는 것은 큰 기근으로 인해서 밀을 살 수 없고 배급되어지는 것을 설명합니다. 그런데 또한 "보라 기름과 포도주는 건드리지 말라"는 구절이 또한 있습니다. 이것은 기근이 결코 보편적이지 않다는 것을 암시합니다. 그렇습니다. 그것은 비참한 고통과 함께 풍요와 사치가 있음을 암시합니다. 그러므로 우리는 이 세 번째 인이 경건한 유대인에 대한 적그리스도의 박해를 나타내는 것으로 간주합니다. 이는 다른 구절을 통해서 보면 적그리스의 이력 중 마지막 3년 반 동안 가장 박해가 심할 것입니다. 요한계시록 13장 17절은 매매나 거래를 하는 데 있어서 고난을 당하는 사람들이 있는 데 그들은 짐승의 표 받기를 거절하는 자들임을 알려 주고 있습니다. 물론 이들은 유대인의 충실한 남은 자들입니다.

누구든지 이 표를 가진 자 외에는 매매를 못하게 하니 이 표는 곧 짐승의 이름이나 그 이름의 수라(계13:17)

그러나 짐승에게 충성을 바치는 자들은 부족하지 않을 것입니다. "기름과 포도주"가 그들의 몫이 될 것입니다.

넷째 인은 적그리스도의 행로의 끝으로 우리를 분명히 인도합니다. 적그리스도의 이름이 죽음이고 하데스(영혼을 받는 자)라는 사실은 이 멸망의 아들과 그의 모든 눈먼 추종자들에게 닥칠 무서운 운명을 알려줍니다(cf. 요한계시록 19:20,21).

[20]짐승이 잡히고 그 앞에서 표적을 행하던 거짓 선지자도 함께 잡혔으니 이는 짐승의 표를 받고 그의 우상에게 경배하던 자들을 표적으로 미혹하던 자라 이 둘이 산 채로 유황불 붙는 못에 던져지고 [21]그 나머지는 말 탄 자의 입으로부터 나오는 검에 죽으매 모든 새가 그들의 살로 배불리더라

2. 적그리스도에 대한 다음 암시는 요한계시록 9장 11절에서 찾아볼 수 있습니다. 여기서 그는 삼중 명칭, 즉 메뚜기를 다스리는 왕, 무저갱의 천사, 파괴자입니다. 이 세 제목의 의미를 간략하게라도 설명하려면 문맥에 대한 몇 가지 설명이 필요합니다. 전천년기 주석가들의 대다수는 요한계시록 9장 11절에 언급된 인물의 신원에 동의하지만 문맥의 의미에 관해서는 상당한 의견 차이가 있습니다. 우리는 여기에서 우리의 현재 시각에 따라 앞 구절에 대한 몇 가지 언급만을 제시할 수 있고 우리가 도출한 결론에 대한 이유를 제시할 수 있습니다.

직접적인 문맥은 우리를 요한계시록 9장의 1절로 데려가는데, 여기서 "별"이 하늘에서 땅으로 떨어지는 것이 보였으며 그에게 무저갱의 열쇠가 주어졌습니다.

다섯째 천사가 나팔을 불매 내가 보니 하늘에서 땅에 떨어진 별 하나가 있는데 그가 무저갱의 열쇠를 받았더라(계9:1)

필자는 이것이 루시퍼 또는 계명성(사 14:12 여백 참조)을 나타낸다고 믿습니다.

너 아침의 아들 계명성이여 어찌 그리 하늘에서 떨어졌으며 너 열국을 엎은 자여 어찌 그리 땅에 찍혔는고(사 14:12)

필자는 위의 언급이 그의 원래 타락이 아니라 요한계시록 12장 9절에 묘사된 것에 대한 것이라고 생각합니다. 그에게 무저갱의 열쇠가 주어졌다는 사실은 환난기에 하나님께서 그에게 자유를 허락하시고 최악의 일을 하도록 내버려 두셨다는 사실과 일맥상통한다.

R.V.버전은 1절과 2절을 다음과 같이 올바르게 번역합니다: "또 그에게 무저갱의 열쇠를 주셨으니 그가 무저갱의 구덩이를 열더라" 등 입니다. 또는 문자 그대로 " 무저갱의 우물"로 번역할 수도 있습니다. 이러한 표현은 성경 어디에도 없습니다. "무저갱의 우물"은 계시록 9:11,11:7; 17:8, 20:3 등에서 언급된 무저갱 자체와 구별되어야 합니다. 그러한 구별이 무엇인지는 지금 설명하고자 합니다. 무저갱의 우물에서 연기가 너무 커서 해와 공기가 어두워졌고(2절), 그 연기 속에서 메뚜기가 땅을 덮었습니다.

그가 무저갱을 여니 그 구멍에서 큰 화덕의 연기 같은 연기가 올라오매 해와 공기가 그 구멍의 연기로 말미암아 어두워지며(계 9:2)

필자는 이 메뚜기가 요엘의 예언에 언급된 생물과 동일한 것으로 간주합니다(욜 2:1-11).

[1]시온에서 나팔을 불며 나의 거룩한 산에서 경고의 소리를 질러 이 땅 주민들로 다 떨게 할지니 이는 여호와의 날이 이르게 됨이니라 이제 임박하였으니 [2] 곧 어둡고 캄캄한 날이요 짙은 구름이 덮인 날이라 새벽 빛이 산 꼭대기에 덮인 것과 같으니 이는 많고 강한 백성이 이르렀음이라 이와 같은 것이 옛날에도 없었고 이후에도 대대에 없으리로다 [3]불이 그들의 앞을 사르며 불꽃이 그들의 뒤를 태우니 그들의 예전의 땅은 에덴 동산 같았으나 그들의 나중의 땅은 황폐한 들 같으니 그것을 피한 자가 없도다 [4]그의 모양은 말 같고 그 달리는 것은 기병 같으며 [5]그들이 산 꼭대기에서 뛰는 소리는 병거 소리와도 같고 불꽃이 검불을 사르는 소리와도 같으며 강한 군사가 줄을 벌이고

싸우는 것 같으니 [6]그 앞에서 백성들이 질리고, 무리의 낯빛이 하얘졌도다 [7]그들이 용사 같이 달리며 무사 같이 성을 기어 오르며 각기 자기의 길로 나아가되 그 줄을 이탈하지 아니하며 [8]피차에 부딪치지 아니하고 각기 자기의 길로 나아가며 무기를 돌파하고 나아가나 상하지 아니하며 [9]성중에 뛰어 들어가며 성 위에 달리며 집에 기어 오르며 도둑 같이 창으로 들어가니 [10]그 앞에서 땅이 진동하며 하늘이 떨며 해와 달이 캄캄하며 별들이 빛을 거두도다 [11]여호와께서 그의 군대 앞에서 소리를 지르시고 그의 진영은 심히 크고 그의 명령을 행하는 자는 강하니 여호와의 날이 크고 심히 두렵도다 당할 자가 누구이랴

요엘 2장과 요한계시록 9장에서 그것들에 대해 언급한 것을 살펴보면, 그들이 평범한 메뚜기가 아니라는 것이 단번에 명백해집니다. 요엘은 그들에 대해 "크고 강한 백성이여 이와 같은 것은 이전에도 없었고 후에도 없으리라"(욜 2:2)고 말합니다.

곧 어둡고 캄캄한 날이요 짙은 구름이 덮인 날이라 새벽 빛이 산 꼭대기에 덮인 것과 같으니 이는 많고 강한 백성이 이르렀음이라 이와 같은 것이 옛날에도 없었고 이후에도 대대에 없으리로다(욜 2:2)

“그들이 칼에 엎드러질지라도 상하지 아니하리라”(욜 2:8)고 되어 있습니다.

피차에 부딪치지 아니하고 각기 자기의 길로 나아가며 무기를 돌파하고 나아가나 상하지 아니하며(욜 2:8)

그들이 구덩이에서 나온다는 사실은 그들이 초자연적 존재임을 의미하기도 합니다. 요한계시록 9장에 있는 설명에서 그들은 일종의 지옥의 스랍들(Cherubim)인 것으로 보입니다. "말"(7절), "사람"(7절), "사자"(8절), " 전갈"(19절)이 그들 안에 결합되어 있다. 그들의 수는 20만 명입니다. 그렇다면 이 지옥의 존재들은 누구인가? 우리가 아는 어느 주석가도 이에 대한 답변을 내놓으려고 시도하지 않았습니다. 그러므로 필자는 독단적이지 않으면서도, 그들이 현재 타르타로스에 수감되어 있는 타락한 천사일 가능성이 가장 높다고 자신 있게 제안합니다. 필자는 이러한 결론에 이른 세 가지 이유를 제시합니다.

첫째, 베드로후서 2장 4절에서 범죄한 천사들이 "타르타로에게 던지워졌다"는 것을 알고 있습니다.

하나님이 범죄한 천사들을 용서하지 아니하시고 지옥에 던져 어두운 구덩이에 두어 심판 때까지 지키게 하셨으며

계시록 9장 2, 3절입니다:

[2]그가 무저갱을 여니 그 구멍에서 큰 화덕의 연기 같은 연기가 올라오매 해와 공기가 그 구멍의 연기로 말미암아 어두워지며 [3]또 황충이 연기 가운데로부터 땅 위에 나오매 그들이 땅에 있는 전갈의 권세와 같은 권세를 받았더라

위의 표현들은 성경 어디에도 나오지 않는 표현이며 메뚜기들만이 거기에서 출현하고 있다. 그래서 타르타로스라는 용어도 베드로후서 2장 4절 외에는 어디에도 나오지 않는다. 그렇다면 불못이 게헨나의 또 다른 이름인 것처럼 구덩이의 우물은 타르타로스의 다른 이름일 뿐일 것입니다(구덩이의 우물과는 타락한 천사들과 연결되어 있다). 이 메뚜기들이 타락한 천사들 외에 누가 있겠습니까? 우리가 모른다고 말하는 것이 겸손의 맛이 될 수 있지만, 필자가 성경을 성경과 비교하여 답을 제시하려고 했다고 해서 주제넘게 여겨질 수 있겠습니까?

두 번째로, 이 메뚜기들의 왕이 요한계시록 9:11절에서 무저갱의 천사라고 불리는 것은 확실히 의미심장합니다!

그들에게 왕이 있으니 무저갱의 사자라 히브리어로는 그 이름이 아바돈이요 헬라어로는 그 이름이 아볼루온이더라

그 어디에도 주어지지 않은 칭호입니다. 언약의 천사이신 그리스도(말 3:1-참조 이사야 63:9 등)께서 계시록에서 거듭해서 천사로 불렸던 것처럼(계 8:3, 10:1 등 참조)), 그래서 적그리스도는 여기서 "무저갱의 천사"라고 불린다.

만군의 여호와가 이르노라 보라 내가 내 사자를 보내리니 그가 내 앞에서 길을 준비할 것이요 또 너희가 구하는 바 주가 갑자기 그의 성전에 임하시리니 곧 너희가 사모하는 바 언약의 사자가 임하실 것이라(말 3:1)

그들의 모든 환난에 동참하사 자기 앞의 사자로 하여금 그들을 구원하시며 그의 사랑과 그의 자비로 그들을 구원하시고 옛적 모든 날에 그들을 드시며 안으셨으나(사 63:9)

또 다른 천사가 와서 제단 곁에 서서 금 향로를 가지고 많은 향을 받았으니 이는 모든 성도의 기도와 합하여 보좌 앞 금 제단에 드리고자 함이라(계 8:3)

내가 또 보니 힘 센 다른 천사가 구름을 입고 하늘에서 내려오는데 그 머리 위에 무지개가 있고 그 얼굴은 해 같고 그 발은 불기둥 같으며(계 10:1)

마태복음 25장 31절에서 "인자가 자기 영광으로 모든 거룩한 천사와 함께 오리라"(마 24:31 참조)고 말씀하신 것처럼 멸망의 아들이 나타날 때 모든 거룩하지 않은 천사들이 그와 함께 할 것입니다!

세 번째로 베드로후서 2장 4절의 의미를 주의 깊게 검토해 보겠습니다:

하나님이 범죄한 천사들을 용서하지 아니하시고 지옥에 던져 어두운 구덩이에 두어 심판 때까지 지키게 하셨으며(벧후2:4)

우리가 주목하고 싶은 것은 마지막 절입니다. 그것을 같은 장의 9절과 비교하도록 하겠습니다:

주께서 경건한 자는 시험에서 건지실 줄 아시고 불의한 자는 형벌 아래에 두어 심판 날까지 지키시며

사악한 인간은 "심판의 날까지 형벌을 받을 때까지" 유보되어 있다고 합니다. 그러나 이것은 마태복음 25장 41절에서 알 수 있듯이, 물론 영원한 형벌이 그들을 기다리고 있기는 하지만 죄를 지은 천사들에 대해 말하는 것이 아닙니다. 베드로후서 2장 4절은 단순히 그들이 "심판을 받기 위하여 남겨두었느니라"고 말하고 우리는 이것이 하나님께서 불경건한 세상을 그들을 심판의 도구 중 하나로 사용하실 때가 올 때까지 하나님께서 그들을 타르타로스에 붙들고 계시다는 것을 의미한다고 믿습니다. 하나님께서 그들을 사용하실 때가 유다서 6절에 언급되어 있습니다.

또 자기 지위를 지키지 아니하고 자기 처소를 떠난 천사들을 큰 날의 심판까지 영원한 결박으로 흑암에 가두셨으며(유 6)

그것은 "그 큰 날의 심판"인 것입니다. 계시록 6장 17절의 큰 날과 비교하도록 하십시요. 이것에 대한 확증으로, 요엘 2:11에서 주님은 초자연적인 메뚜기를 "그분의 군대"라고 부르시고 배도한 이스라엘에게 가혹한 형벌을 가하는 데 그 군대를 사용하는 데에 주목할 필요가 있습니다. 베드로후서 2장 4절에 대한 우리의 해석이 옳다면, 즉 타락한 천사들에 대한 미래에 있을 형벌에 대해서는 언급하지 않는 것이 맞다면, 이것은 마태복음

25장 41절에서 주님께서 장차 형벌을 언급하실 때 왜 그것들을 구체적으로 언급하기 위해 주의를 기울이셨는지를 설명해줍니다.

이제 요한계시록 9장 11절로 돌아가서 적그리스도는 여기서 메뚜기의 왕이라고 불립니다. 독자로 하여금 요엘 2장과 여기 계시록 9장에서 이 지옥의 존재들에 대해 예언된 것에 주의를 기울이게 하고 그 수가 적어도 2억 명 이상이라는 것을 기억하게 합니다. 그것이 계시록 13장 4절에 대해 새로운 조명을 비추는 지 살펴보아야 합니다:

용이 짐승에게 권세를 주므로 용에게 경배하며 짐승에게 경배하여 이르되 누가 이 짐승과 같으냐 누가 능히 이와 더불어 싸우리요 하더라(계13:4)

적그리스도에 관한 질문에서 "누가 능히 적그리스도와 전쟁을 할 수 있느냐"는 것입니다!! 이억 명의 군대를 거느리고 아무도 죽임을 당하지 않는 사람과 전쟁을 벌이는 것은 얼마나 무익한 일입니까!

두 번째로, 그는 여기에서 "무저갱의 천사"라고 불리며, 이는 타락한 천사들의 지도자에게 특별히 적절한 칭호입니다. 그리고 또한 멸망의 아들의 초인간적 본성을 나타내는 칭호이기도 합니다.

세 번째로, 여기서 적그리스도의 이름은 "히브리 말로 아바돈이요 헬라어로는 아폴리온"이라고 말합니다. 이 칭호는 이 지옥 메뚜기의 왕, 이 무저갱의 천사의 정체를 의심의 여지 없이 확립하는 역할을 합니다. 히브리어와 헬라어 이름의 뜻은 영어로 "파괴자"를 의미합니다. 예레미야 4장 7절의 이방인을 멸망시키는 자를 말하는 것이며 이사야서 16장 4절과 예레미야 6장 24절에서 "멸망시키는 자, 망치는 자(spoiler)"로 번역합니다.

예수님의 큰 대적자인 적그리스도에게 적합한 이름입니다. "파괴자"는 계시록 6장 8절의 "죽음"과 밀접한 관계가 있습니다. 여기서 그의 이름이 히브리어와 헬라어로 언급된 이유는 그가 유대인과 이방인 모두와 연관되어 파괴자가 되기 때문입니다! 그러나 왜 히브리어 이름을 먼저 말하는 것입니까? 은혜에서와 같이 심판의 순서도 "유대인이 먼저"이기 때문입니다. 각각에 대해 로마서 2장 9절 및 1장 16절을 참조하십시오.

악을 행하는 각 사람의 영에는 환난과 곤고가 있으리니 먼저는 유대인에게요 그리고 헬라인에게며(롬 2:9)

내가 복음을 부끄러워하지 아니하노니 이 복음은 모든 믿는 자에게 구원을 주시는 하나님의 능력이 됨이라 먼저는 유대인에게요 그리고 헬라인에게로다(롬 1:16)

그들이 그 증언을 마칠 때에 무저갱으로부터 올라오는 짐승이 그들과 더불어 전쟁을 일으켜 그들을 이기고 그들을 죽일 터인즉(계 11:7)

요한계시록에서 적그리스도가 짐승의 특성으로 등장한 것은 이 구절이 처음입니다. 우리가 조사한 앞의 마지막 구절은 적그리스도를 식별하는 역할을 합니다. 적그리스도는 독특한 의미에서 무저갱이 그의 집이기 때문에 "무저갱의 천사"라고 불립니다. 적그리스도는 지금의 기독교 시대 모든 세기 동안 거기에 있었습니다.

사도행전 1장 23절에서 구덩이는 "그의 처소"라고 불린다. 여기에서 짐승은 무저갱에서 올라오는 모습을 보여줍니다. 그렇다면 무저갱이란 무엇인가? 지옥 생명체의 특별한 거처인 것 같다. 우리가 보았듯이 타락한 천사들이 우물에서 나옵니다. 거기에서 짐승이 나옵니다. 그리고 그 안에 사탄이 천 년 동안 감금되어 있습니다(계 20:3). 무저갱은 잃어버린 인간의 영혼이 지금 고통받고 있는 하데스와는 아주 다릅니다. 그것은 또한 잃어버린 모든 사람이 영원히 고통받을 게헨나 또는 불못과도 구별되어야 하기 때문입니다.

4. 이제 요한계시록 13장을 살펴보겠습니다. 계시록 13장에 대해서 긴 논문을 쓸 수 있지만, 이전 장에서 그 내용을 자주 언급할 기회가 있었기 때문에 여기에서는 가능한 한 간략하게 하겠습니다. 계시록 13장은 두 "짐승"을 중심으로 이야기합니다. 그들 중 누가 적그리스도를 대표하는지에 관해서는 의견의 차이가 있습니다. 그 주제에 대해 쓴 대다수의 사람들은 첫 번째 짐승을 죄의 사람으로 여기며 필자는 그들과 진심으로 동의합니다. 필자는 첫 번째 짐승이 적그리스도라는 많은 증거들 중 일부를 설명하는 데 다음 장을 할애할 것입니다. 지금 이 시점에서는 그 점을 당연하게 여길 것입니다.

내가 보니 바다에서 한 짐승이 나오는데 뿔이 열이요 머리가 일곱이라 그 뿔에는 열 왕관이 있고 그 머리들에는 신성모독 하는 이름들이 있더라(계 13:1)

여기에는 성경에서 자주 언급되는 이중 참조가 있습니다. 두 물체는 밀접하게 연결되어 있지만 매우 구별됩니다. 이 짐승은 바다에서 올라오는데 이것은 로마제국이 부활하여 그 최종 형태에 있어서 왕국의 형태로 자주 연합한 것을 가리킨다고 필자는 믿는다. 다니엘서 7장 3절입니다:

큰 짐승 넷이 바다에서 나왔는데 그 모양이 각각 다르더라

이 네 개의 큰 짐승은 이어지는 구절에서 설명해주듯이 네 왕국을 말합니다. 다니엘 7장 7절에서는 이 넷째 짐승(로마제국)이 열 뿔을 가졌다"고 말합니다. 요한계시록 13장 1절의 그 짐승도 또한 열 뿔이 있습니다. 다니엘 7장의 이어서 등장하는 짐승들 또는 왕국들 각각은 확장되기는 했지만 이전 왕국의 영토를 유지했습니다. 그 짐승들은 상징적인 묘사로 첫 번째 짐승은 "사자"(4절)에 비유되고, 두 번째는 "곰"(5절)으로 세 번째는 "표범"(6절)으로 비유됩니다. 마찬가지로 요한계시록 13장에도 표범과 같은 짐승이 있고, 곰과 같은 발이 있고 사자의 입을 가지고 있습니다(2절). 따라서 로마 제국의 최종적인 형태가 이전 제국이 통제한 영토를 포함할 것이며 고대 바빌로니아, 메디아-페르시아 및 그리스인의 통치특성을 이어지게 할 것인것을 알수 있습니다.

그러나 요한계시록 13장에 이어지는 내용을 보면 그 제국은 여기에서 보이는 것 이상으로 무엇이 더 많은 것이 있음이 매우 분명합니다. 요한계시록 13장 3-8절은 어떤 사람을 우리 앞에 제시합니다.

[3]그의 머리 하나가 상하여 죽게 된 것 같더니 그 죽게 되었던 상처가 나으매 온 땅이 놀랍게 여겨 짐승을 따르고 [4]용이 짐승에게 권세를 주므로 용에게 경배하며 짐승에게 경배하여 이르되 누가 이 짐승과 같으냐 누가 능히 이와 더불어 싸우리요 하더라 [5]또 짐승이 과장되고 신성모독을 말하는 입을 받고 또 마흔두 달 동안 일할 권세를 받으니라 [6]짐승이 입을 벌려 하나님을 향하여 비방하되 그의 이름과 그의 장막 곧 하늘에 사는 자들을 비방하더라 [7]또 권세를 받아 성도들과 싸워 이기게 되고 각 족속과 백성과 방언과 나라를 다스리는 권세를 받으니 [8]죽임을 당한 어린 양의 생명책에 창세 이후로 이름이 기록되지 못하고 이 땅에 사는 자들은 다 그 짐승에게 경배하리라

이 동일한 인물이 13장 1절에도 상징적으로 묘사되어 있다는 사실에 만족합니다. 예언서에서 흔히 볼 수 있는 것처럼, 왕과 그의 왕국은 여기에서 불가분의 관계로 결합되어 있습니다. 계시록 13:1, 2절은 마지막 제국과 황제를 모두 묘사합니다.

[1]내가 보니 바다에서 한 짐승이 나오는데 뿔이 열이요 머리가 일곱이라 그 뿔에는 열 왕관이 있고 그 머리들에는 신성모독 하는 이름들이 있더라 [2]내가 본 짐승은 표범과 비슷하고 그 발은 곰의 발 같고 그 입은 사자의 입 같은데 용이 자기의 능력과 보좌와 큰 권세를 그에게 주었더라

이에 대한 증거 중 하나가 다니엘 9장 26, 27절에 있습니다. 여기서 (9장에서 보았듯이) 적그리스도는 A.D. 70년에 예루살렘을 멸망시킨 그 백성의 "왕"으로 불립니다. 그러므로 우리는 여기에서 이 원칙에 따라서 다음과 같이 해석할 것입니다.

내가 보니 바다에서 한 짐승이 나오는데

성경에서 "문제의 바다"는 종종 하나님으로부터 멀어진 불안한 인간의 모습을 나타냅니다. 적그리스도는 전례 없는 사회적 혼란과 통치의 격변의 시기에 장면에 등장할 것입니다. 그는 세계 역사의 위기에 나타날 것입니다. 다른 예언서들에 따르면 이 땅에서 교회가 제거된 후, 그리고 다니엘의 70번째 이레가 시작되기 얼마 전에 시민적, 정치적인 법과 질서가 완전히 전복될 것이라고 말합니다. 하나님의 다스림 또는 억제가 사라지면 불법이 만연할 것입니다. 사탄이 이러한 일들을 의도적으로 일으킬 것이라는 것에 조금의 의심이 없습니다. 그것은 세상 정치가들의 외교적 기술을 넘어서는 상황을 만들 것입니다. 이것은 외교 천재가 될 등장할 초인적인 인물에게 원하는 기회를 제공 할 것입니다.

오늘날 많은 지도자들이 국제연맹이 평화를 유지하기 위한 최선의 장치가 될 것이라고 만족하는 것처럼, 장차 죄의 사람은 이것이 강대국에 맞서는 당혹스러운 문제에 대한 유일한 해결책이라고 세계를 만족시킬 것입니다. 그리하여 적그리스도는 보편적인 혼란과 소란의 시기에 옛 로마 제국을 부활시킬 것입니다. 적그리스도는 황제, 마지막 카이사르가 될 것입니다. 따라서 바다에서 올라오는 짐승이라는 이러한 이미지의 이중적인 중요성이 있습니다. 무정부 상태에서 이 강력한 독재자가 나올 것입니다. 그는 종교적 그리고 정치적인 모든 권위를 자신 아래에 신속하게 둘 것입니다. 그리고 결국 적그리스도는 그가 생겨난 것보다 훨씬 더 나쁘고 더 치명적인 불법을 구현할 것입니다. 그는 곧 짐승으로 등장할 것입니다. 하나님의 어린양은 거절당하고 대신에 짐승이 세상의 통치자가 될 것입니다. 이것은 오늘날 거의 모든 곳에서 매우 인기 있는 진화론에 대한 사탄의 가르침에 대한 하나님의 응답이 될 것입니다. 현대 사상의 지도자들은 인간의 기원을 짐승으로 주장하므로 짐승은 그들 세대의 대다수를 파멸로 이끌 것입니다!

머리가 일곱이요 뿔이 열이라

요한계시록 12장 3절에 등장하는 용에게도 동일하게 동일한 특징이 있다는 것이 가장 의미심장하다. 이것은 분명히 적그리스도의 사탄적 기원을 암시합니다. 적그리스도는 악마 자신을 사람으로 만든 복제물이 될 것입니다. G. H. 펨버(G. H. Pember)가 썼듯이, 그 짐승은 "하나님을 대적하는 자의 영광의 광채이자 그의 실체의 형상"이 될 것입니다. "일곱 머리"는 완전한 지성을 상징하고 "열 뿔"은 제국을 다스리는 것을 의미합니다.

내가 본 짐승은 표범과 비슷하고 그 발은 곰의 발 같고 그 입은 사자의 입 같은데 용이 자기의 능력과 보좌와 큰 권세를 그에게 주었더라(계 13:2)

앞 절의 바다에서 올라온 짐승이라는 구절이 이중적인 의미를 가진 것처럼 2절의 용어들도 이중적인 의미를 가집니다.

첫째, 위에서 암시한 바와 같이, 그것들은 제국의 영토를 포함하며 앞선 제국들이 가졌던 지배적 특징을 보존할 것임을 나타냅니다.

둘째, 황제에 대한 비유적인 설명을 제공합니다. 적그리스도는 그의 성격에서 표범(아름다움과 교묘함), 곰(강함과 잔인함), 사자(대담함과 사나움)의 특성을 모두 가지고 있을 것입니다.

용이 자기의 능력과 보좌와 큰 권세를 그에게 주었더라(계 13:2)

이것은 하나님 아버지께서 그의 아들에게 하실 일을 마귀가 따라하면서 장난질을 하는 것입니다:

[13]내가 또 밤 환상 중에 보니 인자 같은 이가 하늘 구름을 타고 와서 옛적부터 항상 계신 이에게 나아가 그 앞으로 인도되매 [14]그에게 권세와 영광과 나라를 주고 모든 백성과 나라들과 다른 언어를 말하는 모든 자들이 그를 섬기게 하였으니 그의 권세는 소멸되지 아니하는 영원한 권세요 그의 나라는 멸망하지 아니할 것이니라

그의 머리 하나가 상하여 죽게 된 것 같더니 그 죽게 되었던 상처가 나으매 온 땅이 놀랍게 여겨 짐승을 따르고(계 13:3)

다니엘의 칠십 이레 후반부의 초반부에 적그리스도가 칼에 죽임을 당할 것이라는 것은 많은 성경구절에서 분명합니다. 이사야 14장 18, 19절, 37장 7절, 에스겔 21장 25절 등입니다.

[18]열방의 모든 왕들은 모두 각각 자기 집에서 영광 중에 자건마는 [19]오직 너는 자기 무덤에서 내쫓겼으니 가증한 나무 가지 같고 칼에 찔려 돌구덩이에 떨어진 주검들에 둘러싸였으니 밟힌 시체와 같도다(사 14:18-19)

보라 내가 영을 그의 속에 두리니 그가 소문을 듣고 그의 고국으로 돌아갈 것이며 또

내가 그를 그의 고국에서 칼에 죽게 하리라 하셨느니라 하니라(사 37:7)

내가 그들이 낙담하여 많이 엎드러지게 하려고 그 모든 성문을 향하여 번쩍번쩍하는 칼을 세워 놓았도다 오호라 그 칼이 번개 같고 죽이기 위하여 날카로웠도다(겔 21:15)

화 있을진저 양 떼를 버린 못된 목자여 칼이 그의 팔과 오른쪽 눈에 내리리니 그의 팔이 아주 마르고 그의 오른쪽 눈이 아주 멀어 버릴 것이라 하시니라(슥 11:17)

6장의 마지막 부분에서 이에 대한 필자의 설명을 참조하십시오. 이 죽음의 상처가 나을 것이며(계 13:4) 짐승이 다시 살아 날 것이라는 것도 분명합니다(계 13:14). 사탄은 그의 아들을 죽음에서 데려오도록 허락될 것입니다. 이것은 우리의 억측이 아니라 많은 독실한 성경 연구자들이 제시한 견해입니다.

로버트 앤더슨 경(Sir Robert Anderson)은 그의 "나타날 황태자"에서 " 요한계시록 13장 3,12절의 언어는 우리 주님의 부활에 대한 불경한 농담이 있을 것임을 암시한다"라고 말했습니다. 그것에 대해 추론하는 것은 쓸모가 없습니다. 우리는 단순히 그것에 대한 성경의 기록을 믿습니다. 짐승이 죽은 자 가운데서 살아나면 그의 초자연적인 성품에 관하여 사람들이 품었을 수 있는 모든 의심을 제거할 것입니다. "온 세상이 그를 좇아 이상히 여겼다"는 것은 죽음의 상처의 치유에 대한 언급 직후에 나오는 표현입니다.

또 짐승에게 권세를 준 용에게 경배하며 짐승에게 경배하여 가로되 누가 그 짐승과 같으뇨 누가 능히 그와 더불어 싸우리요(4절)

세상의 이 외침은 "누가 짐승과 같으냐?" 모세의 노래를 흉내낸 것입니다.

여호와께서 홍해에서 원수를 멸망시키신 것을 축하할 때 이스라엘은 "여호와여 신들 중에 주와 같은 자가 누구시며 주와 같으시며 거룩하심이 영광이시요 찬양이 두려우시며 기사를 행하시나이까!"라고 노래했습니다(출 15:11). 그의 명령에 따라 거대한 지옥 생물의 군대와 전투에서 죽음에 대한 자신의 승리에 의해 불러일으키게 됩니다.

또 큰 말과 신성 모독을 말하는 입을 받았더라(5절)

이것이 적그리스도를 구별짓는 한 가지 큰 표입니다. 시편 52:1-4; 이사야 14:13,14; 다니엘 7:11,20; 11:36; 데살로니가후서 2:4 등을 참조하십시오. 그러나 오래지 않아 그는 하나님을 대적하는 행로를 계속하게 될 것입니다. 또 다른 42개월이 지나 적그리스도의 이력은 끝날 것입니다. 여기에서 3년 반이나 1260일이 아니라 성령이 의도적으로 사용하는 이 숫자는 매우 중요한 숫자입니다. 그것의 요소는 사람과 완전함을 나타내는 6과 7입니다. 타락한 상태에 있는 사람, 여기에서 죄의 사람이 완전히 나타납니다. 42는 강화된 배도(apostasy)를 나타냅니다. 따라서 민수기 33장은 광야에서 불신의 이스라엘이 머문 곳을 마흔두 곳으로 제시하고 있습니다. 사사기 12장 6절은 배도한 에브라임 사람이 길르앗 사람 앞에 엎드러진 자가 사만 이천 명이라고 말합니다(열왕기하 2:4 및 10:14 참조).

[7]또 권세를 받아 성도들과 싸워 이기게 되고 각 족속과 백성과 방언과 나라를 다스리는 권세를 받으니 [8]죽임을 당한 어린 양의 생명책에 창세 이후로 이름이 기록되지 못하고 이 땅에 사는 자들은 다 그 짐승에게 경배하리라(계 13:7-8)

여기에 언급된 성도는 짐승에게 경배하기를 거부하는 경건한 유대인 남은 자들입니다. "이기는 사람들"은 마태복음 24장 16절에 기록된 그리스도의 명령에 불순종한 사람들입니다. 순종하는 사람들은 하나님에 의해 보호될 것입니다(계 12:6 참조). 여기에서 선택이 어떻게 나타나는지 주목하십시오. 창세부터 생명책에 이름이 기록된 자들만이 적그리스도를 경배하는 용서받을 수 없는 죄로부터 보호받을 것입니다(마 24:22, 24).

또 내가 보니 다른 짐승이 땅에서 올라오는데 어린 양같이 두 뿔이 있고 용처럼 말하더라(11절)

이것은 계시록 19장 20절에서 거짓 선지자라고 하는 두 번째 짐승을 우리 앞에 불러옵니다. 그는 악의 삼위일체의 제 3위입니다. 하나님의 그리스도를 위조하고 대적하는 적그리스도가 있는 것처럼 하나님의 영을 흉내내고 대적하는 영도 있을 것입니다. 성령의 위대한 역사가 그리스도를 영화롭게 하는 것과 같이 대적하는 영(Anti-Spirit)의 한 가지 목적은 거짓 그리스도를 영화롭게 하는 것입니다(계 13:12 참조). 오순절에 성령님이 오실 때 "불의 혀가 갈라지는 것 같이"(사도행전 2:3) 눈에 보이게 내려오신 것처럼, 대적하는 영도 "그가 큰 기사를 행하여 불을 내리게 하시나니 사람들의 눈앞에서 하늘에서 땅으로 내려오게 하였습니다"(13절). 그리고 이제 죽은 죄인을 새 생명으로 살리는 성령이신 것처럼은, 대적하는 영은 "짐승의 우상에게 생명을 불어넣는 권능을 가졌더라"(15절)고 말합니다.

5.

[9] 또 다른 천사 곧 셋째가 그 뒤를 따라 큰 음성으로 이르되 만일 누구든지 짐승과 그의 우상에게 경배하고 이마에나 손에 표를 받으면 [10] 그도 하나님의 진노의 포도주를 마시리니 그 진노의 잔에 섞인 것이 없이 부은 포도주라 거룩한 천사들 앞과 어린 양 앞에서 불과 유황으로 고난을 받으리니(계 14:9, 10)

이 구절은 이전 장의 마지막 구절에서 읽은 내용을 되돌아보게 합니다.

[16] 그가 모든 자 곧 작은 자나 큰 자나 부자나 가난한 자나 자유인이나 종들에게 그 오른손에나 이마에 표를 받게 하고 [17] 누구든지 이 표를 가진 자 외에는 매매를 못하게 하니 이 표는 곧 짐승의 이름이나 그 이름의 수라(계 13:16,17)

이 표는 충성스러운 신하들의 손이나 이마에 새겨진 황제에 대한 공식적인 충성의 표시가 될 것입니다. 그것은 천사가 하나님의 종들의 이마에 찍을 "인"처럼 사단이 흉내내어 장난하는 일일 것입니다(계 7:13). 짐승의 신하들에게 있는 이 "표"는 마귀의 이름이 될 것이라고 우리는 믿습니다(참조, 요한계시록 13:4). 왜냐하면 하나님의 종들의 이마에 인침이 어떠한 것인지 계시록 14:1에 정의되어 있기 때문입니다:

또 내가 보니 보라 어린 양이 시온 산에 섰고 그와 함께 십사만 사천이 서 있는데 그들의 이마에는 어린 양의 이름과 그 아버지의 이름을 쓴 것이 있더라(계 14:1)

계시록 14장 9-11절에는 모든 성경에서 가장 엄숙한 경고 중 하나가 있습니다.

[9] 또 다른 천사 곧 셋째가 그 뒤를 따라 큰 음성으로 이르되 만일 누구든지 짐승과 그의 우상에게 경배하고 이마에나 손에 표를 받으면 [10] 그도 하나님의 진노의 포도주를 마시리니 그 진노의 잔에 섞인 것이 없이 부은 포도주라 거룩한 천사들 앞과 어린 양 앞에서 불과 유황으로 고난을 받으리니 [11] 그 고난의 연기가 세세토록 올라가리로다 짐승과 그의 우상에게 경배하고 그의 이름 표를 받는 자는 누구든지 밤낮 쉼을 얻지 못하리라 하더라

하늘에서 온 천사가 짐승을 숭배하는 자들에게 임할 무서운 형벌을 선포할 것이다. 그것은 짐승과 거짓 선지자의 위협에 대항하여 설정되어 있습니다. 거짓 선지자는 그들에게 거역하는 모든 사람에게 육체적인 죽음을 선고하여 사람들을 겁에 질리게 할 것입니다. 그러나 여기에서 하나님은 그의 천사를 통해 짐승과 그의 추종자들에게 주의를 기울이는 모든 사람이 그들의 무서운 운명을 공유할 것이라고 선언합니다. 이것은 의심할 여지 없이 성도들의 신앙과 인내를 강화하고 그들이 끝까지 견딜 수 있게 해 줄 것입니다.

6.

18 또 불을 다스리는 다른 천사가 제단으로부터 나와 예리한 낫 가진 자를 향하여 큰 음성으로 불러 이르되 네 예리한 낫을 휘둘러 땅의 포도송이를 거두라 그 포도가 익었느니라 하더라 19 천사가 낫을 땅에 휘둘러 땅의 포도를 거두어 하나님의 진노의 큰 포도주 틀에 던지매(계 14:18,19)

"땅의 포도나무"는 배도한 이스라엘의 머리에 있는 죄의 사람을 가리킵니다. 이러한 명칭은 또 다른 대조를 보여줍니다. 요한복음 15장에서 예수님은 "나는 참포도나무요 너희는 가지라"라고 말씀하셨습니다. 그러므로 참 포도나무는 하나님의 그리스도와 그분과 교제하는 그분의 백성으로 이루어진 것을 말합니다. 이와 반대되는 것은 "땅의 포도나무"이며 적그리스도와 그와 동맹을 맺은 자, 특히 배교한 이스라엘입니다. 신명기 32장에는 "땅의 포도나무"에 대한 언급이 있습니다.

31진실로 그들의 반석이 우리의 반석과 같지 아니하니 우리의 원수들이 스스로 판단하도다 32이는 그들의 포도나무는 소돔의 포도나무요 고모라의 밭의 소산이라 그들의 포도는 독이 든 포도이니 그 송이는 쓰며(신 32:31, 32)

이것이 배도한 이스라엘을 말하는 것이라는 것은 신명기 32장 28절에서 분명합니다.

그들은 모략이 없는 민족이라 그들 중에 분별력이 없도다(신32:28)

그 구절이 적그리스도 시대에 배교한 이스라엘에 대해 말하고 있다는 것은 신명기 32장 35절에서 나타납니다.

그들이 실족할 그 때에 내가 보복하리라 그들의 환난날이 가까우니 그들에게 닥칠 그 일이 속히 오리로다(신 32:35)

7. 계시록 15장 2절에는 경건한 남은 자와 관련하여 짐승에 대한 간략한 암시가 있습니다:

또 내가 보니 불이 섞인 유리 바다 같은 것이 있고 짐승과 그의 우상과 그의 이름의 수를 이기고 벗어난 자들이 유리 바다 가에 서서 하나님의 거문고를 가지고

위의 구절이 말하는 것은 적그리스도에게 어떤 영광이나 경배를 돌리기를 거부한 이유로 적그리스도에게 죽임을 당한 자들을 말하는 것입니다. 같은 무리가 계시록 20장 4절에서 다시 나타납니다.

또 내가 보좌들을 보니 거기에 앉은 자들이 있어 심판하는 권세를 받았더라 또 내가 보니 예수를 증언함과 하나님의 말씀 때문에 목 베임을 당한 자들의 영혼들과 또 짐승과 그의 우상에게 경배하지 아니하고 그들의 이마와 손에 그의 표를 받지 아니한 자들이 살아서 그리스도와 더불어 천 년 동안 왕 노릇 하니(계20:4)

8. 요한계시록 16장은 환난이 끝나기 직전에 집행되는 "진노의 대접"에 대해 설명합니다. 짐승은 16장에서 여러 번 등장합니다. 16장 2절입니다:

첫째 천사가 가서 그 대접을 땅에 쏟으매 짐승의 표를 받은 사람들과 그 우상에게 경배하는 자들에게 악하고 독한 종기가 나더라

이것은 짐승을 숭배자들에 대해 기다리고 있는 극심한 고통을 미리 맛보는 것입니다. 또한 10절입니다:

또 다섯째 천사가 그 대접을 짐승의 왕좌에 쏟으니 그 나라가 곧 어두워지며 사람들이 아파서 자기 혀를 깨물고

여기서 짐승은 자신을 기다리고 있는 운명에 대한 암시를 받습니다. 16장 13-14절입니다:

13 또 내가 보매 개구리 같은 세 더러운 영이 용의 입과 짐승의 입과 거짓 선지자의 입에서 나오니 14 그들은 귀신의 영이라 이적을 행하여 온 천하 왕들에게 가서 하나님 곧 전능하신 이의 큰 날에 있을 전쟁을 위하여 그들을 모으더라

여기에서 우리는 상징적인 모습으로의 악한 삼위일체의 각 위격을 봅니다. "개구리"의 모습은 매우 암시적입니다. 개구리는 빛보다 어두움을 더 좋아하는 생물입니다. 진흙과 오물 속에서 뒹굴며 해질녘과 밤에 그들의 울음소리가 들립니다. 따라서 개구리는 악의 삼위일체에 대한 적절한 상징물입니다. 그들의 모양은 교만으로 부풀어오른 것을 암시합니다. 여기 계시록 16장 13, 14절에서 언급된 내용은 거짓 선지자와 짐승과 용의 초인적인 특성들을 나타냅니다.

9. 요한계시록 17장은 장황한 설명을 요구하므로 그것에 대한 세부사항을 살피는 것은 다음 장으로 미루어야 합니다. 17장에서의 중심 인물은 큰 음녀와 짐승입니다. 역사적으로 큰 음녀에 대해서 그것이 로마 카톨릭을 말한다고 할 수도 있고 배교한 기독교 전체를 말한다고 할 수도 있다. 그럼

에도 불구하고 필자는 그 궁극적인 언급이 배교한 이스라엘이라고 믿습니다. 여기 계시록 17장에서 "여자"는 처음에는 진홍색 짐승을 올라 탄 것으로 보입니다. 즉 제국의 영광을 입은 적그리스도 위에 앉아 있는 것으로 보입니다(계 17:3).

곧 성령으로 나를 데리고 광야로 가니라 내가 보니 여자가 붉은 빛 짐승을 탔는데 그 짐승의 몸에 하나님을 모독하는 이름들이 가득하고 일곱 머리와 열 뿔이 있으며(계 17:3)

그러나 나중에 우리는 적그리스도가 그녀를 멸망시키기 위해 열 왕을 고통스럽게 하는 것을 봅니다(계 17:16).

네가 본 바 이 열 뿔과 짐승은 음녀를 미워하여 망하게 하고 벌거벗게 하고 그의 살을 먹고 불로 아주 사르리라(계 17:6)

이것은 적그리스도와 이스라엘의 이중 관계와 완벽하게 일치합니다: 처음에 적그리스도는 이스라엘의 후원자로 가장합니다(여기서 요한계시록 17:3에서 그녀를 지원하는 것으로 나타남). 하지만 이후에는 그녀의 큰 적으로 서 있습니다. 계시록 17장 8절은 적그리스도가 유다의 환생임을 보여주는 성구 중 하나입니다.

네가 본 짐승은 전에 있었다가 지금은 없으나 장차 무저갱으로부터 올라와 멸망으로 들어갈 자니 땅에 사는 자들로서 창세 이후로 그 이름이 생명책에 기록되지 못한 자들이 이전에 있었다가 지금은 없으나 장차 나올 짐승을 보고 놀랍게 여기리라

10. 요한계시록 19장 19, 20절은 적그리스도의 생애의 끝을 설명합니다. 필자는 이것을 7장에서 이미 언급하였기 때문에 이 구절을 확대할 필요가 없습니다. 적그리스도에 대한 마지막 언급은 계시록 20장 10절에 있습니다. 여기에 마귀가 불못에 던져지는 사건이 나옵니다. 거기에서 짐승과 거

짓 선지자와 함께 영원히 고통받을 것입니다.

제11장
요한계시록 13장의 적그리스도

계시록 13장에는 두 짐승이 묘사되어 있습니다. 첫번째 짐승은 천년왕국이 세워지기 직전에 마지막 제국의 우두머리입니다. 두 번째 짐승은 다른 구절들에서는 거짓 선지자라고 불립니다. 이러한 두 짐승들 중 어느 것이 적그리스도를 말하는지에 대해서는 의견의 차이가 있습니다. 이 책의 부록에는 "회복자의 귀환"이라는 책이 있습니다. 그 안에서 이러한 주제가 다루어 집니다. 거기서 필자는 의견을 자유롭게 기술할 것인데 이러한 주장들이 거의 동등하게 나뉘어져 있습니다.

그러나 지난 5년 동안 필자는 훨씬 더 광범위한 조사를 했고, 그 결과 우리는 그 주제에 대해 쓴 사람들의 대다수가 첫 번째 짐승을 적그리스도로 간주하고 비교적 소수만이 거의 모든 그 중 특정 학파에 속해 있으며 대안적 견해를 선호한다는 것입니다. 그러나 소수의 의견에 관한 논문들은 널리 유통되었고 예언서를 연구하는 학생들에게 상당한 영향을 미쳤다. 그러나 적그리스도에 관한 이 논문들은 완전성이 부족했습니다. 아마도 우리 독자들 중 필자가 그 주제에 대해 거의 언급하지 않은 것에 대해서 일부는 실망할 것입니다. 필자가 이제 요한계시록 13장의 첫 번째 짐승이 적그리스도라고 믿는 이유를 제시하는 것은 논쟁의 여지가 없습니다.

계시록은 악의 삼위일체가 있다는 사실을 알려줍니다. 이 세 가지 악한 위격이 각각 요한계시록 13장에 나옵니다.

첫째, "짐승"(2절)이 있습니다.
둘째, "용"(2절)이 있습니다.
셋째, "또 다른 짐승"이 있습니다(11절).

이 세 번째 짐승이 "용처럼 말하였다"(11절)라고 말한 사실은 그 짐승이 가진 사단의 본성과 성품을 동시에 암시하는데, 왜냐하면 말은 마음에 해당하기 때문입니다. 이 악한 세 위격의 각각의 악마적인 본성은 계시록 16장 13, 14절에 분명히 나타나 있습니다:

[13] 또 내가 보매 개구리 같은 세 더러운 영이 용의 입과 짐승의 입과 거짓 선지자의 입에서 나오니 [14] 그들은 귀신의 영이라 이적을 행하여 온 천하 왕들에게 가서 하나님 곧 전능하신 이의 큰 날에 있을 전쟁을 위하여 그들을 모으더라

마지막으로, 계시록 19장 19, 20절에서도 다음과 같이 말합니다:

[19]또 내가 보매 그 짐승과 땅의 임금들과 그들의 군대들이 모여 그 말 탄 자와 그의 군대와 더불어 전쟁을 일으키다가 [20]짐승이 잡히고 그 앞에서 표적을 행하던 거짓 선지자도 함께 잡혔으니 이는 짐승의 표를 받고 그의 우상에게 경배하던 자들을 표적으로 미혹하던 자라 이 둘이 산 채로 유황불 붙는 못에 던져지고

그리고나서 계시록 20장 10절에서 다음과 같이 말합니다:

또 그들을 미혹하는 마귀가 불과 유황 못에 던져지니 거기는 그 짐승과 거짓 선지자도 있어 세세토록 밤낮 괴로움을 받으리라

위의 본문들은 악의 삼위일체가 있다는 사실을 분명히 확증하고 있습니다. 이 세 명의 악한 위격이 거룩한 삼위일체에 있는 세 위격에 반대되고 대립된다는 것을 증명하는 데는 논증이 필요하지 않습니다. 마귀는 아버지 하나님을 대적하여 서 있습니다:

너희는 너희 아비 마귀에게 속하였느니라(요 8:40)

적그리스도는 성자 하나님을 대적합니다. 그의 이름이 이것을 보여줍니다. 남은 하나는 성령 하나님을 대적합니다. 만일 그렇다면, 우리의 현재 과업은 크게 단순화된다. 그것은 계시록 13장에서 두 짐승에 대해 따로 예언된 것을 주목하여 그들 중 어느 것이 그리스도를 대적하고 어느 것이 성령을 대적하는지 확인하는 문제일 뿐이다.

이제 요한계시록 13장의 두 번째 짐승이 적그리스도라는 견해를 뒷받침하기 위해 제기된 그럴듯한 주장은 단 두가지 뿐입니다. 그러나 우리가 아는 한 아무도 첫 번째 짐승이 악의 삼위일체에서 세번째 위격에 해당된다고 주장한 이는 없다. 그러나 두 번째 사람이 적그리스도라면 그렇게 주장하는 이들이 반드시 있어야만 하는 것입니다. 이것은 요한계시록 16:13,14과 19:19, 20에서 명백합니다. 첫 번째 논증은 요한계시록 13장 11절에서 가져왔습니다. 거기에서 다음과 같이 말합니다:

**내가 보매 또 다른 짐승이 땅에서 올라오니 어린 양 같이 두 뿔이 있고
용처럼 말을 하더라**

이것은 여기에서의 적그리스도가 하나님의 어린 양을 흉내내고 있다는 것을 보여주는 것입니다. 개인적으로 필자는 그러한 주장이 냉정하게 이

루어져야 한다는 것에 놀랐습니다. 이 짐승이 양처럼 두 뿔을 가졌다고 말하고 있을 뿐 아니라 같은 책에서 그 양이 일곱 개의 뿔을 가졌다고 또한 언급하는 것보다 더 확실한 표시를 상상하는 것은 어렵습니다.

그러나 이 두 번째 짐승인 거짓 선지자가 하나님의 영 즉 성령님에 대적이라면 그 두 뿔은 적절한 의미가 있습니다. 왜냐하면 두 뿔은 증인의 수이기 때문입니다. 그리스도께서 선언하신 대로 하나님의 영은 그리스도를 증언합니다(요한복음 15:26). 이와 같이 악의 삼위일체에 있는 세 번째 위격은 첫번째 짐승을 증언합니다. 계시록 13장 12, 14, 16절을 참조하십시오.

[12]그가 먼저 나온 짐승의 모든 권세를 그 앞에서 행하고 땅과 땅에 사는 자들을 처음 짐승에게 경배하게 하니 곧 죽게 되었던 상처가 나은 자니라 [13]큰 이적을 행하되 심지어 사람들 앞에서 불이 하늘로부터 땅에 내려오게 하고 [14]짐승 앞에서 받은 바 이적을 행함으로 땅에 거하는 자들을 미혹하며 땅에 거하는 자들에게 이르기를 칼에 상하였다가 살아난 짐승을 위하여 우상을 만들라 하더라 [15]그가 권세를 받아 그 짐승의 우상에게 생기를 주어 그 짐승의 우상으로 말하게 하고 또 짐승의 우상에게 경배하지 아니하는 자는 몇이든지 다 죽이게 하더라 [16]그가 모든 자 곧 작은 자나 큰 자나 부자나 가난한 자나 자유인이나 종들에게 그 오른손에나 이마에 표를 받게 하고

요한계시록 13장의 첫째 짐승은 정치적 우두머리로 제시되고 둘째 짐승은 종교적 우두머리로 제시된다고 합니다. 그러나 이것이 나쁜 실수가 아니라면 반드시 수정해야 합니다. 경배를 받는 것은 두 번째 짐승이 아니라 첫 번째 짐승이다(계 13:12)! 따라서 필자가 정의를 내리고 변호하려는 입장에 대해 제기된 두 가지 주요 반대 의견을 간략하게 살펴보았으므로 이제 반대편에 있는 많은 주장 중 일부를 다루도록 하겠습니다.

첫째, 적그리스도를 종교적인 영역에 국한되고 정치적인 영역과 분리된 것으로 간주하는 것은 적그리스도의 성격과 이력에서 본질적이고 근본적인 요소를 완전히 배제하는 것처럼 보입니다. 적그리스도는 자신이 참 그리스도, 하나님의 그리스도라고 주장할 것입니다. 그러므로 적그리스도는 유대인들에게 자신이 구약의 예언자들이 예언한 메시아로 오랫동안 기다려온 메시아로 제시할 것이며, 거짓 그 자체인 적그리스도를 믿도록 하나님이 넘겨주신 배교한 기독교가 일어나기 전에, 적그리스도는 자신을 재림 메시아로 가장할 것입니다. 그러므로 우리는 필연적인 결과로서 거짓 그리스도가 거짓 천년왕국을 이끌고 가짜 메시아 왕국을 통치할 것이라고 예측해야 하지 않겠습니까? 이 결론이 성경에 의해 완전히 입증되었다는 것은 우리가 잠시 후에 보여줄 것입니다.

인간적인 면에서 주님께서 사람들 가운데 거하실 때 유대인들이 그분을 그들의 메시야로 거부한 이유는 무엇입니까? 그가 자신을 그리스도로 제시하자마자 통치권을 어깨에 메고 왕의 홀을 휘두를 것이라는 그들의 기대를 충족시키지 못했기 때문이 아닙니까? 거기서 이스라엘의 왕국을 회복시켜 주실 주님을 간구했기 때문이 아닙니까? 그러므로 적그리스도가 그들에게 자신을 드러낼 때 그가 큰 세속 권력을 휘둘러 광대한 지상 제국을 다스릴 것이라고 가정하는 것이 합리적이지 않습니까? 확실히 그렇게 할 것으로 보입니다. 다행스럽게도 우리는 논리적 추론과 결론에 얽매이지 않습니다. 우리에게는 "여호와께서 이같이 말씀하시되"가 있습니다. 다니엘 11장 36절입니다:

그 왕은 자기 마음대로 행하며 스스로 높여 모든 신보다 크다 하며 비상한 말로 신들의 신을 대적하며 형통하기를 분노하심이 그칠 때까지 하리니 이는 그 작정된 일을 반드시 이루실 것임이라(단11:36)

그 적용에 관하여 모든 사람이 동의하는 성경 구절입니다. 적그리스도는 "왕"(그는)은 그의 뜻에 따라 행할 것이라고 명시적으로 언급되어 있다. 적그리스도는 "왕"이 될 것이며 왕이라면 왕국의 머리가 되어야 합니다.

둘째, 적그리스도가 참된 그리스도의 완전한 모조품이 된다면, 구약의 예언에 나오는 천년왕국의 그리스도와 가장 흡사하다면, 물론 그는 초림때의 그리스도처럼 "고난받는" 그리스도를 모방하지 않을 것이기 때문입니다. 그러면 필연적으로 적그리스도는 왕의 역할을 수행할 것입니다. 참으로 그는 "그의 영광의 보좌"에 앉은 인자에 대한 사탄의 모조품로서 만왕의 왕으로서 통치할 것입니다. 적그리스도가 또한 세계 종교계의 머리가 될 것이며 그가 하나님의 영예를 요구하고 받을 것이라는 것도 똑같이 사실입니다.

천년왕국에서 주 예수께서 "그 위에 있는 제사장이 되실 것"(슥 6:13) 이신 것처럼, 적그리스도는 정치적인 영역과 종교적인 영역에서 수장의 직분을 하나로 결합할 것입니다. 필자가 이 책의 9장에서 다룬 에스겔 21:25, 26절의 주석을 참조하십시요. 그리고 인자가 다섯 번째 세계 제국의 머리가 되는 것처럼(단 2:44), 죄의 사람은 부활한 네 번째 세계 제국의 머리가 될 것입니다(단 2:40).

세 번째, 적그리스도와 "거짓 선지자"를 동일인물로 만드는 것은 우리를 해결책이 없어 보이는 어려움에 빠지게 하는 것입니다. 요한계시록 19장 20절입니다:

짐승이 잡히고 그 앞에서 표적을 행하던 거짓 선지자도 함께 잡혔으니 이는 짐승의 표를 받고 그의 우상에게 경배하던 자들을 표적으로 미혹하던 자라 이 둘이 산 채로 유황불 붙는 못에 던져지고(계19:20)

자, 만일 거짓 선지자가 적그리스도라면 그와 함께 불못에 던져지는 "짐승"은 누구입니까? 여기에서 짐승은 로마 제국(그 안에 있는 사람들)이 될 수 없습니다. 왜냐하면 천년왕국이 끝날 때까지 인류의 어떤 구성원도 불못에 던져지지 않기 때문입니다(계시록 20장 참조). "짐승"은 별도의 존재이며 거짓 선지자가 아닌 다른 개인이라는 것은 계시록 20장 10절에서도 분명합니다:

또 그들을 미혹하는 마귀가 불과 유황 못에 던져지니 거기는 그 짐승과 거짓 선지자도 있어 세세토록 밤낮 괴로움을 받으리라(계20:10)

이 마지막 인용된 성경에서 악의 삼위일체에 있는 세 위격 각각이 구체적으로 언급되어 있는데, "짐승"이 적그리스도, 멸망의 아들, 악의 삼위일체에서 두 번째 위격이 아니라면 그는 누구입니까?

넷째, 요한계시록 13장에서 첫째 짐승에 대해 예언된 것이 여기에서 둘째 짐승에 대해 말한 것보다 적그리스도에 관해 다른 곳에서 계시된 것과 훨씬 더 잘 어울립니다. 우리의 주장을 증명하기 위해 다음의 것들을 제시합니다.

요한계시록 13장의 첫째 짐승과 데살로니가후서 2장의 죄의 사람 사이의 유사점:

1. 첫째 짐승이 용으로부터 그의 권세와 자리와 큰 권세를 받음(계 13:2 참조).

내가 본 짐승은 표범과 비슷하고 그 발은 곰의 발 같고 그 입은 사자의 입 같은데 용이 자기의 능력과 보좌와 큰 권세를 그에게 주었더라(계13:2)

[9]악한 자의 나타남은 사탄의 활동을 따라 모든 능력과 표적과 거짓 기적과 [10] 불의의 모든 속임으로 멸망하는 자들에게 있으리니 이는 그들이 진리의 사랑을 받지 아니하여 구원함을 받지 못함이라(살후 2:9-10)

2. "온 천하"가 첫째 짐승을 따르고 놀랍게 여긴다.

그의 머리 하나가 상하여 죽게 된 것 같더니 그 죽게 되었던 상처가 나으매 온 땅이 놀랍게 여겨 짐승을 따르고(계13:3)

[11]이러므로 하나님이 미혹의 역사를 그들에게 보내사 거짓 것을 믿게 하심은 [12]진리를 믿지 않고 불의를 좋아하는 모든 자들로 하여금 심판을 받게 하려 하심이라(살후 2:4)

3. 첫 번째 짐승은 "경배를 받습니다"(계 13:4).

그는 대적하는 자라 신이라고 불리는 모든 것과 숭배함을 받는 것에 대항하여 그 위에 자기를 높이고 하나님의 성전에 앉아 자기를 하나님이라고 내세우느니라(살후 2:4)

4. 첫 번째 짐승은 "큰 말을 하는" 입을 가지고 있습니다(계 13:5). 데살로니가후서 2:4절에서 "그는... 범사에 일컫는 하나님보다 자기를 높입니다." 또한 계시록 13:5에서 첫 번째 짐승에 대해 "큰 말과 신성 모독을 말하는 입이 있다"고 언급되어 있음을 주목하십시오. 이것이 적그리스도의 주요 특징 중 하나가 아닙니까?

5. 첫 번째 짐승이 성도들과 전쟁을 합니다(계 13:7).

또 권세를 받아 성도들과 싸워 이기게 되고 각 족속과 백성과 방언과 나라를 다스리는 권세를 받으니(계13:7)

그는 대적하는 자라 신이라고 불리는 모든 것과 숭배함을 받는 것에 대항하여 그 위에 자기를 높이고 하나님의 성전에 앉아 자기를 하나님이라고 내세우느니라(살후 2:4)

이러한 유추에서 요한계시록 13장의 첫째 짐승과 데살로니가후서 2장의 죄의 사람은 동일인이라는 것이 분명합니다.

다섯째, 둘째 짐승이 죄의 사람이 아니라는 사실은 둘째 짐승이 땅으로 하여금 첫째 짐승에게 경배하게 한다는 것입니다(계 13:12). 거기에서 죄의 사람은 자기 자신을 드높인다는 사실에서 나타납니다(살후 2:4). 그리고 다니엘 11장 36절과 비교하십시요:

그 왕은 자기 마음대로 행하며 스스로 높여 모든 신보다 크다 하며 비상한 말로 신들의 신을 대적하며 형통하기를 분노하심이 그칠 때까지 하리니 이는 그 작정된 일을 반드시 이루실 것임이라(단 11:36)

이미 암시한 바와 같이 두 번째 짐승이 삼위일체의 악에서 세 번째 위격, 즉 성령을 사탄이 패러디한 것임을 분명히 보여주는 몇 가지 사항이 있습니다. 지금 우리 앞에 있는 요점은 추가적인 확언을 제공합니다. 요한계시록 13장이나 다른 곳에서는 이 두 번째 짐승이 경배를 받았다는 것을 보여 주는 것이 없으며 오히려 이 두번째 짐승은 자기 자신에게 향하는 경배를 첫째 짐승에게 돌립니다. 그러므로 그는 가짜 그리스도가 될 수 없습니다. 왜냐하면 주 예수님은 거듭해서 경배를 받으셨고(특히 마태복음 참조) 재림하실 때 경배를 받으실 것이기 때문입니다. 그러나 예배를 자기 자신에게서 멀어지게 하는 이 두 번째 짐승은 이 면에서 성령을 정확하게 모방합니다. 성령님은 자신이 경배를 받는 대신에 우리를 사랑하시고 우리를 위해 자신을 내어주신 그 복되신 분에게 우리 마음을 쏟음으로써 그리스도를 영화롭게 하십니다. 요한복음 16장 13-14절입니다:

[13]그러나 진리의 성령이 오시면 그가 너희를 모든 진리 가운데로 인도하시리니 그가 스스로 말하지 않고 오직 들은 것을 말하며 장래 일을 너희에게 알리시리라 [14]그가 내 영광을 나타내리니 내 것을 가지고 너희에게 알리시겠음이라(요 16:13-14)

우리 주님께서 다음과 같이 말씀하셨을 때 적그리스도를 언급하셨다는 것은 예언서를 연구하는 이들에게서 일반적으로 인정된 것입니다:

나는 내 아버지의 이름으로 왔으매 너희가 영접하지 아니하나 만일 다른 사람이 자기 이름으로 오면 영접하리라

여기에서 자기 이름으로 오는 것으로 언급된 자가 적그리스도라면, 요한계시록 13장의 두 번째 짐승은 자기 이름으로 오지 않기 때문에 적그리스도가 될 수 없다는 것이 확실합니다. 반대로 두 번째 짐승은 요한계시록 13장 12-15절에서 알 수 있듯이 첫 번째 짐승의 이름으로 등장합니다:

[12]그가 먼저 나온 짐승의 모든 권세를 그 앞에서 행하고 땅과 땅에 사는 자들을 처음 짐승에게 경배하게 하니 곧 죽게 되었던 상처가 나은 자니라 [13]큰 이적을 행하되 심지어 사람들 앞에서 불이 하늘로부터 땅에 내려오게 하고 [14]짐승 앞에서 받은 바 이적을 행함으로 땅에 거하는 자들을 미혹하며 땅에 거하는 자들에게 이르기를 칼에 상하였다가 살아난 짐승을 위하여 우상을 만들라 하더라 [15]그가 권세를 받아 그 짐승의 우상에게 생기를 주어 그 짐승의 우상으로 말하게 하고 또 짐승의 우상에게 경배하지 아니하는 자는 몇이든지 다 죽이게 하더라(계13:12-15)

삼위일체 안에 있는 세 번째 위격인 성령이 "스스로 말하지 아니하고"(요 16:13) 그리스도를 영화롭게 하기 위해 여기 계신 것처럼, 악한 삼위일체 안에 있는 세 번째 위격인 두 번째 짐승은 첫 번째 짐승인 적그리스도의 위격을 영화롭게 하려고 애쓴다. 둘째 짐승이 기적을 행하는 것으로 표현되고(계 13:13,14), 죄의 사람도 “사단이 역사하여 모든 능력과 표적과 거짓 기사를 행한다 "(살후 2:9). 그러므로 두 번째 짐승은 적그리스도임에 틀림없다는 것은 결코 답이 될 수 없다. 기적을 행하는 능력은 악의 삼위일체 안에서 각 위격에게 공통적입니다. 성부 하나님, 성자 하나님, 성령 하나님이 각각 기적을 행하시는 것처럼 용과 짐승과 거짓 선지자도 기적을 행한다(증거는 계 16:13,14 참조).

두번째 짐승과 관련하여 성령의 역사와 밀접하게 일치하는 세 가지를 예로 들 수 있습니다.

첫째, "큰 이적을 행하되 심지어 사람들 앞에서 불이 하늘로부터 땅에 내려오게 하고(계 13:13).” 사도행전 2장 1-4절을 참조하십시요:

[1]오순절 날이 이미 이르매 그들이 다같이 한 곳에 모였더니 [2]홀연히 하늘로부터 급하고 강한 바람 같은 소리가 있어 그들이 앉은 온 집에 가득하며 [3]마치 불의 혀처럼 갈라지는 것들이 그들에게 보여 각 사람 위에 하나씩 임하여 있더니 [4]그들이 다 성령의 충만함을 받고 성령이 말하게 하심을 따라 다른 언어들로 말하기를 시작하니라

둘째, **그가 권세를 받아 그 짐승의 우상에게 생기를 주어 그 짐승의 우상으로 말하게 하고 또 짐승의 우상에게 경배하지 아니하는 자는 몇이든지 다 죽이게 하더라 (계 13:15)**

요한복음 3장 6절을 참조하십시오:

육으로 난 것은 육이요 영으로 난 것은 영이니

셋째, **그가 모든 자 곧 작은 자나 큰 자나 부자나 가난한 자나 자유인이나 종들에게 그 오른손에나 이마에 표를 받게 하고(계 13:16).**

에베소서 4장 30절을 참조하십시오:

하나님의 성령을 근심하게 하지 말라 이로 말미암아 너희가 구속의 날까지 인치심을 받았느니라(엡4:30)

최종적으로 두 번째 짐승은 분명히 첫 번째 짐승에 종속됩니다. 그러나 유대인들이 로마의 가신이었던 사람을 메시야이자 왕으로 영접할 수 있을 까요? 이것이 바로 이것이 옛날 유대인들이 주 예수를 거부한 바로 그 이유이지 않습니까? 즉 그가 가이사에게 복종했기 때문에 그리고 그가 로마인들에게서 유대인들을 구원하기를 거부했기 때문이 아닙니까!

여섯 번째, 다니엘서 11장 36절에서 보았듯이 적그리스도는 "왕"이라고 불리며, 왕이라면 반드시 왕국을 소유해야 합니다. 그렇다면 이 왕국의 정체성에 대해 어떤 의심이 있을 수 있습니까? 적그리스도의 나라는 사탄이 그리스도에게 제안했다가 실패한 바로 그 나라가 아니겠습니까?

마귀가 또 그를 데리고 지극히 높은 산으로 가서 천하 만국과 그 영광을 보여(마 4:8)

적그리스도의 왕국이 팔레스타인보다 훨씬 넓을 것이라는 사실이 다니엘 11장 40-42절에 나옵니다:

[40]마지막 때에 남방 왕이 그와 힘을 겨룰 것이나 북방 왕이 병거와 마병과 많은 배로 회오리바람처럼 그에게로 마주 와서 그 여러 나라에 침공하여 물이 넘침 같이 지나갈 것이요 [41]그가 또 영화로운 땅에 들어갈 것이요 많은 나라를 패망하게 할 것이나 오직 에돔과 모압과 암몬 자손의 지도자들은 그의 손에서 벗어나리라 [42]그가 여러 나라들

에 그의 손을 펴리니 애굽 땅도 면하지 못할 것이니(단 11:40-42)

이 구절에서 적그리스도는 큰 군대의 우두머리가 될 것이며 따라서 정치적인 통치자이자 종교적인 우두머리임이 분명합니다.

일곱째, 미래파 학파에 속한 예언을 연구하는 사람들 사이에서는 계시록 6장에 나오는 네 마리의 말을 탄 자가 적그리스도라는 데 일반적으로 동의합니다. 이것이 사실이라면 우리는 적그리스도와 부활한 로마 제국의 수장과 동일인이라는 추가적인 증거를 갖게 됩니다. 이것은 세 개의 성경구절을 비교함으로써 알 수 있습니다. 요한계시록 6장 8절입니다:

내가 보매 청황색 말이 나오는데 그 탄 자의 이름은 사망이니 음부가 그 뒤를 따르더라 그들이 땅 사분의 일의 권세를 얻어 검과 흉년과 사망과 땅의 짐승들로써 죽이더라(계6:8)

이사야 28장 18절에서 여호와께서는 환난 기간 동안 예루살렘에 있게 될 사람들에 대해 다음과 같이 말씀하십니다:

너희가 사망과 더불어 세운 언약이 폐하며 스올과 더불어 맺은 맹약이 서지 못하여 넘치는 재앙이 밀려올 때에 너희가 그것에게 밟힘을 당할 것이라(사 28:18)

다니엘 9장 27절에 언급된 것을 제외하고 이것이 무슨 언약이 될 수 있습니까? 그 구절에서 로마의 왕은(부활한 로마 제국의 머리)가 7년 동안 많은 언약을 확증합니다.

그가 장차 많은 사람들과 더불어 한 이레 동안의 언약을 굳게 맺고 그가 그 이레의 절반에 제사와 예물을 금지할 것이며 또 포악하여 가증한 것이 날개를 의지하여 설 것이며 또 이미 정한 종말까지 진노가 황폐하게 하는 자에게 쏟아지리라 하였느니라 하

니라(단9:27)

이제 이 세 구절의 순서를 반대로 하면 무엇을 알 수 있습니까? 다니엘 9장 27절에서 우리는 로마 제국의 우두머리가 유대인들과 언약을 맺는다는 것을 배웁니다. 이사야 28장 18절에서는 이 언약이 사망과 지옥과 맺어진 것이라는 것을 압니다. 계시록 6장 8절에서는 청황색 말을 탄 사람(일반적으로 적그리스도라고 인정됨)을 "사망과 지옥"이라고 부릅니다. 우리가 그 주제에 접근하는 어떤 각도에서든 적그리스도가 네 번째 세계 왕국의 수장이라는 것을 알 수 있습니다.

제12장

적그리스도의 유형들

예수님께서는 "성경이 나를 가리켜 기록되었으되"(히 10:7)라고 말씀하셨습니다. 그리스도는 성경의 열쇠이십니다. "성경을 상고하라...그것들이 곧 나를 증거하는 것이요"라고 말씀하셨습니다. 그리고 예수님이 언급하신 성경은 사복음서가 아니었습니다. 왜냐하면 그 당시에 아직 기록되지 않았기 때문입니다. 거기서 말씀하신 성경은 모세오경과 선지서 그리고 성문서의 글들입니다. 그러므로 구약성경은 역사적 이야기들의 모음집 이상의 것입니다. 사회적, 종교적 입법 체계의 기록, 또는 윤리 강령 이상의 것입니다. 구약성경은 근본적으로 생생한 상징으로 미래의 엄청난 사건을 보여주는 무대입니다. 구약성경에 기록된 사건들은 실제 일어난 일들이지만 전형적인 예표이기도 하다. 구약 시대를 통틀어 하나님은 미래에 일어나야 할 일들을 그림자로 드리우셨습니다. 이것은 하나님의 경륜의 기본 법칙과 완전히 일치합니다.

한 번에 성숙해지는 것은 없습니다. 자연계에서와 같이 영적인 세계에서도 그러합니다. 먼저 싹이 있고 그 다음 이삭이 있고 그 다음 이삭에 가득 찬 옥수수가 있습니다. 그러므로 먼저 그림자가 있고 그 다음에 실체가 있습니다. 모형이 있고 그 다음에 원형이 있습니다.

무엇이든지 전에 기록된 바는 우리의 교훈을 위하여 기록된 것이니 우리로 하여금 인내로 또는 성경의 위로로 소망을 가지게 함이니라(롬 15:4)

이스라엘의 성막은 그 시대와 현재의 모형(히 9:8,9)일 뿐만 아니라 하늘에 있는 것의 그림자(히 8:5)였습니다. 아브라함과 그의 아내와 자녀들의 역사에 관하여 바울은 영감을 받아 "이것은 비유니"(갈 4:24)라고 말했습니다. 이 구절들과 인용될 수 있는 다른 구절들은 구약의 전형적인 의미를 명백하게 증언합니다. 그러나 이러한 것들의 모형적인 의미를 신약에서 명시적으로 해석되거나 언급된 것을 제외하고 구약의 다른 어떤 것도 모형적인 의미를 갖는다는 것을 인정하기를 거부하는 사람들도 있습니다. 그러나 이것은 명백한 실수입니다. 신약에서 설명된 구약의 모형을 설명되지 않은 다른 모형의 표본으로 간주하지 말아야 하는 것입니까?
신약에서 분명히 "성취되었다"고 말한 것보다 더 많은 예언이 구약에 있습니까?

확실히 있습니다. 그렇다면 모형과 관련하여 동일한 것을 인정하지 않는 이유는 무엇입니까? 신약성서에는 요셉의 삶이 심오하고 놀라운 전형적인 의미를 갖고 있다고 말하고 있지 않습니다. 그러나 기름부음받은 눈을 가진 사람이라면 누가 야곱이 가장 사랑하는 아들의 경험에서 그리스도의 인격과 사역에 대한 놀라운 예표를 보지 못할 수 있겠습니까?

우리가 위에서 말한 것에 대해 이의를 제기하며 이 장을 읽는 사람은 거의 없을 것입니다. 의심할 여지 없이 우리 독자의 대다수는 이미 구약의 많은 모형론을 배웠습니다. 많은 하나님의 종들이 유월절, 놋뱀, 성막 등에 대해 자세히 기록했으며, 아벨, 노아, 이삭, 모세, 다윗 등과 같은 사람들이 구주를 예표한다는 것도 여러 방식으로 기록했습니다. 그러나 이상하게도 적그리스도라고 단언한 자들에 대한 기록은 거의 없는 것 같습니다. 필자가 알고 있는 한, 예언서에서 그처럼 중요한 위치를 차지하는 악명 높은 성경 인물에 관해 알려진 바가 거의 없습니다. 여기 연구를 위해 넓은 분야가 열려 있으며, 필자 자신의 불완전한 연구 결과를 독자의 주의 깊은 정독에 제출하는 것을 기쁘게 생각하며, 그것이 다른 사람들이 이 주제에 대해 더 완전한 검토를 하도록 인도할 수 있기를 희망합니다. 청교도 중 한 사람인 윗시우스(Witsius)는 다음과 같이 말했습니다:

우리가 성경을 읽을 때 미리 생각해야 합니다. 성경은 측량할 수 없고 하나님께 합당한 지혜를 발견할 때에만 성경을 이해하게 된다는 것을 말입니다

기록된 하나님의 말씀은 무궁무진하여 그 말씀이 사물의 중요한 의미를 가질 뿐만 아니라, 그 말씀이 처음으로 의미하는 사물까지도 그 일이 일어나기 오래 전에 예표하도록 지정된 다른 사물을 나타내기도 합니다. 성경은 단순하고 문자적인 의미 외에도 표면 아래에 숨겨져 있는 신비로운 의미가 있습니다. 이것은 우리가 성령에 의지하여 부지런히 성경과 성경을 비교할 때만 발견할 수 있습니다. 후자를 추구할 때 특별히 합당한 주의를 기울여 진행할 필요가 있을 뿐만 아니라 두려움과 떨림으로하여 우리 자신이 마음대로 상상의 신비를 고안하여 의미를 왜곡하지 않도록 해야 합니다. 우리를 보호할 원칙은 원형을 철저히 익히는 것입니다. 원형과 정확히 일치한다는 확신이 없는 한 어떤 것도 하나의 유형이나 모형으로 간주하지 마십시오. 이것은 분명히 그리스도나 적그리스도의 모형인 인물에 대해서 그의 삶의 모든 세부 사항에서 그러하다는 잘못된 가정으로부터 우리를 보호할 것입니다. 따라서 모세는 분명히 우리의 중보자이신 그리스도의 모형이었으며, 다른 많은 면에서도 그러했지만, 그의 실패와 개인적인 삶의 다른 세부 사항에서 그는 그리스도의 모형이 아니었습니다.

적그리스도를 예표한 사람들도 마찬가지입니다. 그들에 대해 기록된 모든 것이 죄인의 성품이나 행동을 예표한 것은 아닙니다. 여전히 질문해야 합니다. 구약의 인물들의 행동이 어떤 면에서 전형적이었고 그렇지 않았는지 어떻게 확인해야 합니까? 대답은 위에 주어진 것처럼, 원형을 비교함으로써 입니다. 이것은 오리겐과 다른 교부들이 행한 너무 광범위한 비유로부터 우리를 구할 것입니다. 이제 우리는 열명의 성서 인물을 살펴볼 것이며, 각각은 적그리스도를 뚜렷이 상징합니다.

1. 가인

이 세상에 태어난 최초의 사람이 죄의 사람을 예표했다는 것을 발견하는 것은 참으로 엄숙합니다. 가인은 적어도 일곱 가지 면에서 죄의 사람을 예표했습니다.

첫째, 요한일서 3장 12절에서 "가인은 그 악한 자, 즉 마귀에게 속하였다" 라고 말합니다. 다른 이에게는 이러한 특별한 표현이 사용되지 않았습니다. 적그리스도는 또한 특별한 의미에서 그 악한 자에 속할 것입니다. 마귀는 그 악한 자의 아비입니다(요 8:44).

둘째, 가인은 종교적 위선자였다. 이것은 그가 처음에는 하나님을 경배하는 자로 가장하였으나 그의 속이 비어 있다는 사실에서 알 수 있습니다. 왜냐하면 주님께서 그의 제물을 거절하셨을 때 가인은 "심히 노하였기" 때문입니다(창 4:5). 이와 같이 그는 처음에는 그리스도라고 주장하다가 나중에는 그리스도를 부정하는 자로 서게 될 사람을 분명히 예표했습니다(요일 2:22).

셋째, 가인은 장자에 의하여 통치자의 지위를 차지하였다. 주께서 가인에게 말씀하셨습니다:

네가 선을 행하면 어찌 낯을 들지 못하겠느냐 선을 행하지 아니하면 죄가 문에 엎드려 있느니라 죄가 너를 원하나 너는 죄를 다스릴지니라(창 4:7)

적그리스도가 그 자리를 차지하게 될 것이며 그는 인간의 통치자가 될 것입니다

넷째, 그의 형제 아벨을 살해함으로써 가인은 환란시대에 멸망의 아들에 의해 환란 당하는 성도들의 순교자를 예표했습니다.

다섯째, 가인은 거짓말쟁이였습니다. 아벨이 살해된 후 주님께서 "네 아우 아벨이 어디 있느냐"고 가인에게 물으셨을 때 그는 "내가 알지 못하노라"(창 4:9)라고 대답하셨다. 마찬가지로 기만과 거짓은 "그 거짓(The Lie)"(살후 2:11)이라는 적절한 이름을 가진 사람의 특징이 될 것입니다.

여섯째, 하나님의 심판이 가인에게 임했습니다. 우리가 성경 기록에서 아는 한, 인간의 눈은 아벨의 비열한 살인을 목격한 사람이 없었고, 의심할 여지없이 가인은 자신이 어떠한 형벌로부터도 자신이 안전하다고 생각했습니다. 그러나 만일 그렇다면, 그는 하나님이 없는 것으로 여겼습니다. 주님은 그에게 "네 아우의 피가 땅에서 내게 부르짖느니라"고 선언하신 다음 "너는 이제 땅에서 저주를 받았느니라"(창 4:10)고 선언하셨습니다. 마찬가지로 적그리스도는 무모한 자만심으로 하나님을 대적하고 그의 백

성을 무례하게 죽일 수 있다고 상상할 것입니다. 그러나 그의 신성모독적인 망상은 빨리 풀릴 것입니다.

일곱째, 가인은 “나의 형벌이 내가 감당할 수 없을 만큼 큽니다”(창 4:13)라고 외치게 되었습니다. 적그리스도에게 주어진 끔찍한 몫이 바로 그런 일이 될 것입니다. 그는 "산 채로 유황불 못에 던져지"(계 19:20) 게 될 것입니다.

2. 라멕

[23]라멕이 아내들에게 이르되 아다와 씰라여 내 목소리를 들으라 라멕의 아내들이여 내 말을 들으라 나의 상처로 말미암아 내가 사람을 죽였고 나의 상함으로 말미암아 소년을 죽였도다 [24]가인을 위하여는 벌이 칠 배일진대 라멕을 위하여는 벌이 칠십칠 배이리로다 하였더라(창 4:23, 24)

라멕의 생애에 대한 기록은 매우 짧지만 그에 관한 기록에서 우리는 그와 적그리스도 사이에 적어도 일곱 가지 유사점을 발견할 수 있습니다.

첫째, 그의 이름의 의미입니다. 라멕은 "강함"을 의미합니다. 이것은 세계 연합국의 수장으로서 통치하면서 막강한 권력을 갖게 될 죄의 사나이를 예표한 사람에게 적절한 이름이었습니다. 적그리스도는 또한 그의 인격에서 강력할 것입니다. 왜냐하면 용이 적그리스도에게 권세를 줄 것이기 때문입니다(계 13:4).

둘째, 라멕은 셋이 아니라 가인의 후손이었다(창 4:17-19)는 사실을 보면 그가 악한 계통에서 나옴을 알 수 있다.

셋째, 라멕은 타락의 사이클이 그에게서 완성되었음을 암시하는 것처럼 타락한 아담의 일곱번째 후손입니다. 따라서 적그리스도는 사탄의 간계와 권세의 절정일 뿐만 아니라 인간의 사악함의 절정인 죄의 사람이 될 것입니다.

넷째, 라멕에게 가장 먼저 예상된 것은 그의 불법입니다.

라멕이 두 아내를 얻었더라(창 4:19)

그렇게 그는 혼인의 법을 어겼고 하나님의 명령에 불순종했습니다(창 2:24). 그러므로 분명히 그는 무법한 자를 예표했습니다(살후 2:8).

다섯째, 라멕은 그 이전의 가인처럼 살인자였습니다. 그는 다음과 같이 고백했습니다:

라멕이 아내들에게 이르되 아다와 씰라여 내 목소리를 들으라 라멕의 아내들이여 내 말을 들으라 나의 상처로 말미암아 내가 사람을 죽였고 나의 상함으로 말미암아 소년을 죽였도다(창 4:23)

라멕은 피와 폭력의 사람을 예표했습니다.

여섯째, 라멕은 교만으로 가득찼습니다. 이것은 두 가지로 자세하게 나타납니다. 첫째, 그는 그의 아내들에게 다음과 같이 말합니다:

라멕이 아내들에게 이르되 아다와 씰라여 내 목소리를 들으라 라멕의 아내들이여 내 말을 들으라 (창 4:23)

두 번째, 다음 구절은 그의 오만한 마음을 보여줍니다:

가인을 위하여는 벌이 칠 배일진대 라멕을 위하여는 벌이 칠십칠 배이리로다 하였더라(창 4:24)

이것은 라멕이 자기에게 상처를 준 사람을 죽였다는 것을 의미하는 것으로 보이며, 그는 격정에 화가 나서 하나님이 가인을 대하시는 것을 냉소적으로 조롱했습니다.

일곱째, 라멕의 사건 다음으로 기록된 일은 셋이 출생한다는 것입니다. 예수님은 셋의 후손으로 이 땅에 태어나십니다. 하와는 다음과 같이 외칩니다:

아담이 다시 자기 아내와 동침하매 그가 아들을 낳아 그의 이름을 셋이라 하였으니 이는 하나님이 내게 가인이 죽인 아벨 대신에 다른 씨를 주셨다 함이며(창 4:25)

적그리스도가 제거된 다음에 예수님의 천년왕국이 등장하는 것에 대한 아름다운 예표를 가지고 있습니다.

3. 니므롯

적그리스도의 이 인격적 유형은 그 세부 사항에 있어 매우 흥미롭고 놀랍습니다. 그의 이력은 창세기 10장과 11장에 기록되어 있는데, 하나님께서 이방 가운데서 아브라함을 부르시고 약속의 땅으로 인도하시기 직전에 니므롯이 어떤 사람이고 어떤 일을 행했는 지를 기록한 것이 가장 중요한 의미가 있습니다. 따라서 역사는 반복될 것입니다. 하나님께서 이방의 땅에서 아브라함의 후손을 다시 모으시기 직전에 니므롯이 보여주는 인물이 나타날 것입니다. 많은 아브라함의 후손들은 아마도 대다수가 "북쪽 땅" 앗수르의 갈대아에 거주하고 있음을 알게 될 것입니다(사 11:11; 렘 3:18 등을 참조). 니므롯이 보여주는 유형을 세부적으로 살펴보겠습니다.

첫째, 그의 이름의 의미가 가장 암시적이다. 니므롯은 반역자를 의미합니다. 이것은 무법한 자를 예표합니다. 모든 자 위에 높으신 하나님보다 자기를 높일 자를 보여줍니다(살후 2:4). 일어나 만왕들의 왕을 대적할 사람을 가리키는 적절한 명칭이었습니다(단8:25).

둘째, 우리는 그가 구스의 아들이었다는 말을 듣습니다. 구스는 "그는 니므롯을 낳았고"(창 10:8) 구스는 노아에게 저주를 받은 함의 아들이었습니다. 그러므로 니므롯은 그리스도께서 나신 셈이나 야벳의 후손이 아니었습니다. 그러나 그는 함에서 왔습니다. 적그리스도를 예표한 이 사람들이 악의 혈통에서 나왔다는 것은 놀라운 일입니다.

세 번째, 니므롯이 "땅에서 강한 자가 되기 시작하였다"(창 10:8)는 말씀을 봅니다. "사탄의 역사를 따라 모든 능력과 표적과 거짓 기사로 나타날 이"(살후 2:9)를 예표하는 이 인물과 연결된 이 "전능한"이라는 용어가 네 번이나 더 나옵니다. 그러나 처음에 "그가 위력을 갖추기 시작하였다"고 말하고 있는 것을 관찰하십시오. 이것은 그가 탁월함을 위해 투쟁하고 단순한 의지의 힘으로 그것을 얻었다는 것을 암시하는 것 같습니다. 이것이 죄의 사람이 처음에 "작은 뿔"로 나타나서 정복의 힘으로 만왕의 왕의 위치에 도달했다는 사실과 어떻게 일치하는지만 지적하면 됩니다. 창세기 10장 9절에서 "위력 있는"에 해당하는 히브리어 단어가 "기보르"로 "수장"과 "머리"로 여러 번 번역된 것도 중요합니다.

넷째, "여호와 앞의 용사 니므롯"이라는 말이 덧붙여져 있는데, 이는 그가 창조주에 대한 뻔뻔스러운 도전으로 자신의 계획을 밀어붙였다는 것을 의미합니다. "여호와 앞의 용사"라는 단어는 창세기 10장 9절에 두 번 나옵니다. 이 짧은 이야기에서 이렇게 반복되는 것은 매우 중요합니다. 우리가 그 표현을 창세기 6장 11절의 유사한 표현과 비교할 필요가 있습니다.

땅도 (노아의 시대에) 하나님 앞에 부패하였더라(창 6:11)

이것은 이 반역자가 전능하신 하나님 앞에 공공연히 도전하면서 그의 불경한 계획을 추구했다는 인상을 줍니다. 창세기 11장의 내용은 이러한 해석을 충분히 확증합니다. 이와 같이 적그리스도에 대하여도 다음과 기록되었습니다:

그 왕은 자기 마음대로 행하며 스스로 높여 모든 신보다 크다 하며 비상한 말로 신들의 신을 대적하며 형통하기를 분노하심이 그칠 때까지 하리니 이는 그 작정된 일을 반드시 이루실 것임이라(단 11:36)

다섯째, 니므롯은 "피의 사람"이었습니다. 역대상 1장 10절에서 "구스는 니므롯을 낳고 그가 땅 위에 강성하기 시작하였더라"고 했습니다. 이 구절에 대한 갈대아 사람들의 해석은 "구스는 니므롯을 낳았으니 그는 무죄한 자의 피를 죽이고 여호와를 배반하였음이라"라고 했습니다. 이것은 "여호와 앞의 강한 사냥꾼"이라는 표현과 함께 그가 하나님의 백성을 무자비하게 찾아 죽였음을 암시합니다. 이처럼 그는 피를 흘리고 속이는 사람(시 5:6) 그리고 난폭한 사람(시 140:1)을 정확하게 묘사했습니다.

여섯째, 니므롯은 왕이었으며, "그 나라의 시작은 바벨이더라"(창 10:10. 따라서 그는 바벨론의 왕이었으며, 적그리스도의 많은 칭호 중 하나이기도 합니다(사 14:4). 창세기 10장에서 이어지는 구절은 “그가 앗수르에 나가서 니느웨와 르호봇과 갈라 등을 건축하였느니라”(창 10:11)고 말합니다. 이 구절을 통하여 니므롯의 야망이 세계 제국을 건설하는 것이었음이 분명하게 드러납니다.

일곱째, 명성에 대한 그의 과도한 욕망에 주목하십시오. 그의 불타는 욕망은 자신의 이름을 드러내는 것이었습니다. 여기서 다시 원형이 놀랍게 그 유형과 일치합니다. 죄의 사람인 적그리스도는 "모든 교만한 자의 왕"(요 14:34)으로 명시되어 있기 때문입니다.

창세기 10장에서 니므롯에 대해 기록된 것은 바벨탑 건축에 관한 창세기 11장 전반부의 열쇠를 제공합니다. 창세기 10장 10절은 니므롯 왕국의 시작이 바벨이었다고 알려 줍니다. 그 당시의 언어로 바벨은 "하나님의 문"을 의미했지만 후에 주님께서 그곳에서 내리신 심판으로 인해 "혼란"을 의미하게 되었습니다. 니므롯이 바벨을 세웠을 때 이 단어는 "하나님의 문(공적 지위의 상징)"을 의미했으며, 그가 왕으로 다스리는 제국 정부를 조직했을 뿐만 아니라 그가 새로운 예배의 우상제도를 제정했음을 암시합니다. 그러한 니므롯의 유형이 완전하고 또한 우리가 완전하다고 확신한다면, 미래의 무법자가 앞으로도 그러할 것이므로 니므롯은 하나님의 영예를 차지했습니다. 아마도 이 지점에서 우상 숭배가 도입되었을 것입니다.

니므롯은 창세기 11장에서 직접 언급되지 않지만 창세기 10장에서 그에 관한 언급이 나온다. 니므롯은 거기서 묘사된 운동과 반란을 조직하고 지휘한 "수장"이자 "왕"이었다는 것은 의심의 여지가 없습니다:

또 말하되 자, 성읍과 탑을 건설하여 그 탑 꼭대기를 하늘에 닿게 하여 우리 이름을 내고 온 지면에 흩어짐을 면하자 하였더니(창 11:4)

여기에서 우리는 노아를 통해 주어진 하나님의 명령, 즉 "생육하고 번성하여 땅에 충만하라"(창 9:1)에 대해 고의적으로 순종하지 않는 하나님에 대한 가장 노골적인 도전을 봅니다. 그러나 그들은 "우리의 이름을 내어 온 지면에 흩어지지 않게 합시다" 하고 말했습니다. 우리가 보았듯이, 니므롯의 야망은 세계 제국을 건설하는 것이었습니다. 이를 달성하기 위해서는 최소한 두 가지가 필요했습니다.

첫째, 센터, 큰 본부

둘째, 추종자들의 영감과 격려의 동기

전자는 바빌론의 도시로 충족되었고, 후자는 "우리의 이름을 만들자"에서 제공되어야 했습니다. 그것은 명성에 대한 지나친 욕망이었다. 탑의 개념(설정에 비추어 고려됨)은 탁월함이라기보다는 힘, 요새의 개념으로 보입니다.

요약하자면, 니므롯과 그의 계략에서 우리는 인류의 우주적인 통치자를 일으키려는 사탄의 초기 시도를 봅니다. 명성에 대한 그의 지나친 욕망, 그가 휘두른 막강한 힘, 무자비하고 잔인한 방법, 창조주에 대한 노골적인 반항, 바벨 왕국 건설, 스스로 하나님의 영예를 자처하는 것입니다. 사실 성령께서는 하나님께서 아브라함을 가나안으로 데려오신 이야기 바로 직전에 이러한 일에 대한 기록을 두셨다는 것입니다. 즉, 불법적인 자가 무너진 직후에 팔레스타인에 이스라엘이 다시 모이는 것을 가리킵니다. 마지막으로 니므롯의 왕국은 하나님에 의해서 파괴됩니다. "우리가 내려가서 거기서 그들의 언어를 혼잡하게 하자"(창 11:7)라는 말로 묘사되어 있습니다. 이 말은 그리스도께서 그의 불경한 경쟁자를 무찌르기 위해 하늘에서 강림하심을 아주 놀랍게 묘사하고 있습니다. 우리는 적그리스도의 인격과 사역과 멸망에 대한 놀랍도록 완전한 전형적인 그림을 가지고 있다는 것입니다.

4. 그돌라오멜

이 사람의 기록은 창세기 14장에 기록되어 있는데, 그 장에는 모형론을 연구하는 학생들에게 깊은 관심을 끄는 것이 있습니다. 창세기 14 장은 "그 날에"라는 표현으로 시작합니다. 이것은 (히브리어에서) 여섯 번 나타나는 표현이며 항상 축복으로 끝나는 환난의 시간을 표시합니다(cf. 룻 1:11; 사 7:1; 렘 1:3; 에 1:1; 삼하 21:1). 여기에서도 분명히 그러한 경우입니다.

창세기 14장의 전반부는 환난의 상태를 묘사하고 있으며, 그 다음에는 천년왕국의 영광을 예고하는 장면이 나옵니다. 그돌라오멜이 살았던 시대가 그 유형의 첫째 지점이다. 그돌라오멜의 역사는 아브라함을 축복한 제사장이자 왕인 멜기세덱이 처음 언급되기 직전에 기록되어 있습니다. 이는 이스라엘을 축복하는 천년왕국의 영광 가운데 계신 그리스도의 확실한 예표입니다.

둘째, 이 사람의 이름은 매우 중요합니다. 게세니우스는 그의 사전에서 그 이름의 의미가 '한 줌의 곡식단'이라고 말하고 있습니다...아마도 그 진정한 어원은 고대 페르시아에서 찾아야 할 것입니다." 그돌라오멜은 엘람의 왕이었으므로, 후자는 의심할 여지 없이 정확합니다 (창14:1). 엘람은 페르시아의 고대 이름입니다. 롤린슨은 고대 아시리아의 서판에서 이름을 검색한 결과 그돌라오멜의 공식 칭호가 "서부의 약탈자"임을 발견했습니다! 따라서 그는 피의 바다를 건너 세계의 황제라는 탐나는 위치에 도달하고자 하는 미래의 나타날 자의 진정한 모형이었습니다.

셋째, 요한계시록 13장 1절이 적그리스도가 머리가 될 제국(11장의 이 구절에 대한 우리의 주석 참조)이 초기 제국들(바벨론, 페르시아, 그리스, 로마)이 차지했던 영토를 포함하고 그 제국들의 특성들을 영속시킨다는 것을 보여 주는 것은 놀라운 일입니다:

그 때에 시날의 왕은 암라펠, 엘라사르의 왕은 아리옥이고 엘람의 왕은 그돌라메로이며 열방의 왕은 티달이었다(단 1:2 참조)

"시날"은 바빌론의 이름 중 하나입니다(단 1:2 참조). 엘람은 고대 페르시아의 이름입니다. 엘라사르는 칠십역에서 '헬라'로 번역되어 있습니다. 헬라는 고대 그리스의 이름이었습니다. 그리고 열방의 왕 티달은 로마를 가리킵니다.

넷째, 그러나 더욱 놀라운 것은 창세기 14장 5절에서 그돌라모엘이 창세기 14장 1절에 언급된 왕들의 우두머리로 나타난다는 사실입니다. 그들은 그의 신하 역할을 하며, 따라서 분명히 왕 중의 왕이었던 이 인물의 우월성에 경배합니다.

다섯째, 그돌라오멜은 유명한 용사였습니다. 그는 당대의 나폴레옹이고 아틸라였다. 그는 전쟁에서 소돔과 고모라 왕을 이기고 그들을 복종시키고 노예로 삼았습니다(창 14:2-4 참조). 후에 그들이 반역하였는 데 그돌라오멜은 그의 군대를 모아 나아가서 그들을 무찌르고 죽였습니다(창 14:9, 10). 이와 같이 그는 이방을 멸망시키는 자를 예표하였습니다(렘 4:7).

여섯째, 창세기 14장 12절을 보면 다음과 같이 기록되어 있습니다:

소돔에 거주하는 아브람의 조카 롯도 사로잡고 그 재물까지 노략하여 갔더라

이것은 다가오는 날에 적그리스도와 그의 부하들이 이스라엘을 박해할 것을 예표했습니다.

마지막으로, 우리는 아브라함과 그의 종들이 어떻게 그돌라오멜과 그의 군대를 추격했는지, 그리고 "그돌라오멜과 그와 함께 한 왕들"이 "왕의 골짜기에서"(창 14:17) 죽임을 당한 것을 알게됩니다. 그것은 놀랍게도 므깃도 골짜기에서 적그리스도와 그와 함께 할 왕들에 대한 미래인 것입니다(계 19:19 참조).

5. 파라오(바로)

출애굽기의 바로를 살펴보겠습니다. 바로의 이력과 그의 성품에 대해서 이전에 있었던 적그리스도의 다른 인물의 유형보다 훨씬 더 길게 기술되어 있으므로 여기에서 더 많은 유사점을 찾을 수 있습니다. 지금 시점에서는 철저하게 파헤치기보다는 드러내고 제안하고 있는 것들을 나타내는 것을 목표로 할 것입니다.

첫째, 바로는 성경에서 세상의 영원한 상징인 이집트의 왕이었습니다. 마찬가지로, 바로가 그토록 놀랍게 예표한 사람이 세상 왕국의 우두머리가 될 것입니다.

둘째, 출애굽의 바로는 앗수르에서 왔습니다(사 52:4): 적그리스도도 앗수르 땅에서 처음에 일어날 것입니다.

세 번째로, 출애굽기 1장은 바로가 히브리인을 무자비한 박해하는 사람으로 우리에게 보여줍니다. 바로는 히브리인의 삶을 고된 속박으로 고통스럽게 합니다.

넷째, 그는 이스라엘이라는 한 나라를 멸절시키려고 모든 사내 아이들을 어려서 죽이라고 명령한 자이다.

다섯째, 그는 노골적으로 하나님을 모독하는 자였습니다. 모세와 아론이 바로 앞에 나타나 다음과 같이 말했습니다:

[1]그 후에 모세와 아론이 바로에게 가서 이르되 이스라엘의 하나님 여호와께서 이렇게 말씀하시기를 내 백성을 보내라 그러면 그들이 광야에서 내 앞에 절기를 지킬 것이니라 하셨나이다 [2]바로가 이르되 여호와가 누구이기에 내가 그의 목소리를 듣고 이스라엘을 보내겠느냐 나는 여호와를 알지 못하니 이스라엘을 보내지 아니하리라(출 5:1, 2)

여섯째, 하나님의 두 증인은 바로 앞에서 기적을 행했다(출 7:10). 마찬가지로 하나님의 두 증인은 환난기에 짐승 앞에서 기적을 행할 것입니다(계 11:6, 7).

일곱째, 바로는 적그리스도가 미래에 할 수 있는 것처럼(살후 2:9) 적인 자원을 마음대로 사용할 수 있었습니다(출 7:11).

여덟째, 바로는 히브리인들에게 공정하게 대우할 것을 약속을 하였지만 그것을 깨뜨렸습니다(출 8:8, 15). 이것을 통해서도 바로는 이스라엘에 대한 배신의 적그리스도를 예표했습니다.

아홉째, 그는 하나님의 손에 가혹한 최후를 맞았습니다(시 136:15).

열번째, 바로는 이스라엘이 약속의 땅을 향하여 출발할 때에 엎드러졌나니 이와 같이 적그리스도는 이스라엘이 그들에게 약속된 영원한 기업에 들어가기 직전에 불못에 던지우게 될 것입니다.

이 모든 열 가지 측면에서 바로는 놀랍고 정확한 적그리스도의 모형이었습니다.

6. 아비멜렉

첫째, 아비멜렉은 "왕의 아버지"를 의미합니다. 이스라엘의 구원자 기드온은 그의 아버지였습니다. 그러나 그의 어머니는 첩이었고, 이 이름은 의심할 여지 없이 그의 출생의 수치를 숨기기 위해 그렇게 지은 것입니다. 모형에서 원형의 관점으로 "왕의 아버지"를 살펴보면 모든 초점은 적그리스도의 사탄적 기원에 대한 것입니다.

둘째, 아비멜렉은 자기 형제 칠십 명을 죽었으며(삿 9:5), 따라서 이스라엘을 유혈 박해했습니다.

셋째, 사사기 9장 6, 22절은 그가 "이스라엘의 왕"이었다고 말합니다.

넷째, 그가 이스라엘의 배도 당시 왕좌를 차지했다는 사실에 주목하는 것이 중요하다(삿 8:33, 34 참조).

다섯째, 여호수아가 에발(그리심과 마주함)에 세운 돌(삿 9:6) 곧 기둥에서 그의 이력을 시작했다는 것은 우리에게 가장 시사하는 바가 크다. 신 11:29; 27:4, 12, 13; 수 8:30.

여섯째, 그는 강력한 전사, 폭력적인 사람이었습니다(삿 9:40-50). 그리고 적그리스도에 대한 시편 140:1 참조하십시오.

일곱째, 그는 칼에 죽임을 당했다(삿 9:54, 슥 11:7, 계 13:3 참조).

7. 사울

적어도 열 가지 면에서 사울은 적그리스도를 예표했습니다. 사울에 대해 거의 첫 번째로 언급된 것은 다음 구절입니다(삼상 10:23절에서 반복됨):

기스에게 아들이 있으니 그의 이름은 사울이요 준수한 소년이라 이스라엘 자손 중에 그보다 더 준수한 자가 없고 키는 모든 백성보다 어깨 위만큼 더 컸더라(삼상 9:2)

이와 같이 사울은 미래에 나타날 초월적인 인물을 잘 예표했습니다. 적그리스도는 지성, 통치권력 그리고 사탄의 파워 등에서 동시대 모든 사람들보다 우뚝 솟을 것입니다.

짐승과 같은 자가 누구냐? (계 13:4)

둘째, 사울은 이스라엘의 왕이었으며(삼상 10:24) 적그리스도도 그러할 것입니다.

셋째, 사울은 제사장적 왕의 역할을 시도했습니다. 뻔뻔스럽게, 레위인의 직무를 수행했습니다(참조 삼상 13:9, 참조 겔 21:25,26 R.V.).

넷째, 적그리스도의 시대가 다윗의 아들이자 주님의 시대보다 바로 앞섰기 때문에 그의 통치 시대는 다윗 시대 직전이었습니다.

다섯째, 그는 강력한 전사였습니다(삼상 11:11; 13:1-4; 15:4; 7:8 참조).

여섯째, 그는 하나님께 반역자였습니다(삼상 15:11).

일곱째, 그는 다윗을 미워했다(삼상 18:7,8,11; 26:2 등).

여덟째, 그는 하나님의 종들을 죽였습니다(삼상 22:17,18).

아홉째, 그는 악의 세력과 교제했습니다(삼상 29장).]

열번째, 그는 칼에 죽었습니다(삼상 31:4).

8. 골리앗

첫째, 골리앗의 이름은 "점술가"를 의미하며 이것은 그를 즉시 악의 세력과 연결합니다.

둘째, 그는 거인이었고 따라서 사울과 같이 초월적인 인물(Super-man)을 예표했습니다.

셋째, 그는 이스라엘의 원수였습니다.

넷째, 그의 탐욕스러운 이기주의는 "내가 이스라엘 군대를 모욕하노라"(삼상 17:10)라는 노골적인 도전에서 드러났습니다.

다섯째, 신비한 숫자 666(적그리스도의 숫자)은 골리앗과 연결되어 있다. 세 개의 6에 주목하십시오.

(a) 그의 키는 여섯 규빗이었습니다(삼상 17:4).
(b) 투구, 사슬 갑옷, 경갑, 표적, 지팡이, 방패의 6가지 갑옷이 열거됩니다(삼상 17:5-7).
(c) 그의 창머리의 무게는 철 육백 세겔이었다(삼상 17:7).

여섯째, 칼에 죽임을 당했습니다(삼상 17:51 참조).

일곱째, 그는 그리스도의 모형인 다윗에게 죽임을 당했습니다. 이러한 각 면에서 그는 적그리스도를 예표했습니다.

9. 압살롬

첫째, 그의 이름의 의미는 매우 중요합니다. "압살롬"은 "평화의 아버지"를 의미합니다. 그의 생애를 주의 깊게 살펴보면 압살롬은 마음 속에 전쟁을 품고 있으면서도 그 자신이 평화의 사람인 처럼 반복적으로 행동했다는 사실이 드러납니다. 따라서 적그리스도는 약속된 평화의 왕인척 가장할 것이며, 한동안은 그가 실제로 천년 왕국으로 인도하는 것처럼 보일 것입니다. 그러나 오래지 않아 그의 폭력적이고 피비린내 나는 본성과 성격이 드러날 것입니다.

둘째, 압살롬은 다윗의 자손이었고 따라서 유대인이었습니다.

셋째, 압살롬은 이방인 여술 왕의 딸 마아가가 낳은 다윗의 아들이었다(삼하 3:3).

둘째는 길르압이라 갈멜 사람 나발의 아내였던 아비가일의 소생이요 셋째는 압살롬이라 그술 왕 달매의 딸 마아가의 아들이요

넷째, 마찬가지로 적그리스도는 사람들 사이에서 진정한 왕이 될 것입니다.

다섯째, 압살롬은 혈통의 사람이었습니다(삼하 13장 등).

여섯째, 압살롬은 아첨으로 왕국을 얻으려고 애썼다(삼하 15:2-6). 다니엘 11:21, 23절을 또한 참조하라.

2압살롬이 일찍이 일어나 성문 길 곁에 서서 어떤 사람이든지 송사가 있어 왕에게 재

판을 청하러 올 때에 그 사람을 불러 이르되 너는 어느 성읍 사람이냐 하니 그 사람의 대답이 종은 이스라엘 아무 지파에 속하였나이다 하면 [3]압살롬이 그에게 이르기를 보라 네 일이 옳고 바르다마는 네 송사를 들을 사람을 왕께서 세우지 아니하셨다 하고 [4]또 압살롬이 이르기를 내가 이 땅에서 재판관이 되고 누구든지 송사나 재판할 일이 있어 내게로 오는 자에게 내가 정의 베풀기를 원하노라 하고 사람이 가까이 와서 그에게 절하려 하면 압살롬이 손을 펴서 그 사람을 붙들고 그에게 입을 맞추니 [6]이스라엘 무리 중에 왕께 재판을 청하러 오는 자들마다 압살롬의 행함이 이와 같아서 이스라엘 사람의 마음을 압살롬이 훔치니라(삼하15:2-6)

일곱째, 그는 종교를 가장하여 반역을 은폐했습니다(삼하 15:7, 8).

[7]사 년 만에 압살롬이 왕께 아뢰되 내가 여호와께 서원한 것이 있사오니 청하건대 내가 헤브론에 가서 그 서원을 이루게 하소서 [8]당신의 종이 아람 그술에 있을 때에 서원하기를 만일 여호와께서 반드시 나를 예루살렘으로 돌아가게 하시면 내가 여호와를 섬기리이다 하였나이다(삼하15:7-8)

여덟째, 그는 다윗의 충실한 추종자들이 예루살렘에서 광야로 쫓겨난 직접적인 원인이었습니다(삼하 15:14-16).

[14]다윗이 예루살렘에 함께 있는 그의 모든 신하들에게 이르되 일어나 도망하자 그렇지 아니하면 우리 중 한 사람도 압살롬에게서 피하지 못하리라 빨리 가자 두렵건대 그가 우리를 급히 따라와 우리를 해하고 칼날로 성읍을 칠까 하노라 [15]왕의 신하들이 왕께 이르되 우리 주 왕께서 하고자 하시는 대로 우리가 행하리이다 보소서 당신의 종들이니이다 하더라 [16]왕이 나갈 때에 그의 가족을 다 따르게 하고 후궁 열 명을 왕이 남겨 두어 왕궁을 지키게 하니라(삼하15:14-16)

아홉째, 압살롬은 자기를 위하여 기둥을 세웠는데(삼하 18:18), 적그리스도가 자기를 위하여 세울 형상을 분명히 예표한 것입니다.

압살롬이 살았을 때에 자기를 위하여 한 비석을 마련하여 세웠으니 이는 그가 자기 이름을 전할 아들이 내게 없다고 말하였음이더라 그러므로 자기 이름을 기념하여 그

비석에 이름을 붙였으며 그 비석이 왕의 골짜기에 있고 이제까지 그것을 압살롬의 기념비라 일컫더라(삼하18:18)

열번째, 압살롬은 폭력적인 최후를 맞았다(삼하 18:14).

요압이 이르되 나는 너와 같이 지체할 수 없다 하고 손에 작은 창 셋을 가지고 가서 상수리나무 가운데서 아직 살아 있는 압살롬의 심장을 찌르니

적그리스도의 성품과 활동의 두드러진 특징들 중 하나 이상에서 적그리스도를 예표한 사람들이 꽤 많이 있습니다. 예를 들어, 선지자 발람과 함께 이스라엘을 저주하고 멸망시키려 했던 발락이 있습니다. 이는 그의 동맹인 거짓 선지자와 함께 짐승의 놀라운 전조입니다. 여호수아 10장에 언급된 아도니세덱이 있습니다. 그는 열 왕의 연합을 이끈 수장이었습니다. 그의 이름이 "의의 군주"를 의미한다는 것은 주목할 만하다.

적그리스도가 백마를 타고 나오면서 자신을 의의 군주로 주장할 것입니다(계 6장). 그 다음 신비로운 숫자 666과 관련된 아도니캄(Adonikam)이 있습니다(cf. 에 2:13). 아도니캄의 이름의 뜻은 "주께서 부활하셨다"는 의미이다. 이 얼마나 심오한가? 우리는 적그리스도와 관련된 이 신비한 숫자가 그가 죽었다가 다시 살아난 후에만 그에게 적용될 것이라고 믿습니다. 그리고 6은 사람의 숫자입니다!

산헤립(왕하 18장)은 여러 면에서 적그리스도를 예표했다: 앗수르 왕, 하나님을 노골적으로 경멸하는 자, 칼로 죽임을 당하는 자 등입니다. 하만은 네 번이나 “유대인의 원수”(에 3:10 등) 그리고 “대적”(에 7:6)으로 칭해졌으면 또 다른 전형적인 인물이었다. 왕중의 왕이었던 느부갓네살은

우주적인 경배를 요구했습니다. 그리고 그 자신을 위해서 우상을 만들었고 죽음의 고통 가운데에서도 모든 사람이 그것을 경배하도록 칙령을 내렸습니다. 이것은 분명히 그러할 일들을 지속할 죄의 사람인 적그리스도를 가리킵니다. 적그리스도의 인격과 경력의 거의 모든 두드러진 특징은 구약의 몇몇 인물들에 의해 예표되었습니다.

이러한 주제는 매우 흥미로워서 많은 독자들이 스스로 이 주제를 더 연구하도록 자극받을 것이라고 믿습니다. 이 장을 마치면서 필자는 신약에서 적그리스도의 한 가지 더 모형을 살펴보도록 하겠습니다.

10. 헤롯

신약성경의 시작 부분에 적그리스도의 전형적인 예가 나옵니다. 마태복음 2장에 기록된 내용을 참조할 수 있습니다. 거기에서 헤롯에 대해 제공된 설명을 살펴보면 헤롯에 원형에 대한 예언적 설명이 분명히 포함되어 있음을 알 수 있습니다. 다음의 사항들을 주의할 필요가 있습니다.

첫째, 헤롯은 만왕의 왕이 나타나기 전의 마지막의 큰 왕을 예표한 것처럼 세 번이나 "왕"으로 불렸다는 점을 살펴보십시요(1,3, 9절).

둘째, 그의 위선을 관찰하십시오. 예수님의 탄생을 알린 별을 따라가던 "박사들"이 헤롯의 면전으로 부름을 받았을 때 헤롯은 그들에게 "가서 어린 아이를 부지런히 찾으라 너희가 그를 만난 후에는 내게 다시 말씀하여 내게 와서 그에게 경배하게 하라"(8절)라고 말했습니다. 헤롯의 마음에 다른 속셈이 있었다는 것은 그의 이어지는 행동에서 분명합니다. 그러나 헤롯은 처음에는 독실한 예배자로 가장합니다. 이것이 바로 적그리스도가 이스라엘 땅에서 가장 먼저 수행할 역할입니다.

세번째, 헤롯은 종교적인 가면을 벗고 악한 마음을 드러냈습니다:

이에 헤롯이 박사들에게 속은 줄 알고 심히 노하여 사람을 보내어 베들레헴과 그 모든 지경 안에 있는 사내아이를 박사들에게 자세히 알아본 그 때를 기준하여 두 살부터 그 아래로 다 죽이니(마 2:16)

마찬가지로 적그리스도는 예루살렘에서 행동할 것입니다. 종말이 오기 3년 반 전에 적그리스도는 그의 종교적 가식을 버리고 그의 진정한 성품을 드러낼 것입니다.

넷째, 베들레헴과 그 바닷가에서 어린아이들을 학살하라는 이 명령에서 헤롯은 물론 그리스도 그분을 겨냥하고 있었습니다. 따라서 그는 사탄과 여자(이스라엘) 사이, 그리고 그녀의 씨(그리스도)와 뱀의 씨 사이의 이중적인 "적의"을 보여줍니다. 즉 창세기 3:15절의 말씀을 성취할 인물인 적그리스도를 정확하게 예표했습니다.

다섯째, 또한 헤롯이 어린 아이들을 죽인 일은 적그리스도가 유대인들을 나라에서 멸절시키려고 할 때 유대인들에게 행할 사악한 공격을 예언한다는 것을 알 수 있습니다.

여섯째, 헤롯의 잔학한 행위의 결과가 미래에 어떻게 나타날 것인지를 알 수 있습니다:

라마에서 슬퍼하며 크게 통곡하는 소리가 들리니 라헬이 그 자식을 위하여 애곡하

는 것이라 그가 자식이 없으므로 위로 받기를 거절하였도다 함이 이루어졌느니라(마 2:18)

이것은 예레미야 31장 15절에서 인용된 것입니다. 그러나 전부는 아닐지라도, 대부분의 예언과 마찬가지로, 이 예언은 환난 기간이 끝날 때 최종적인 성취를 이루게 될 것입니다. 이에 대한 우리의 권위는 예레미야 31장에 바로 이어지는 말씀에서 찾을 수 있습니다:

[16]여호와께서 이와 같이 말씀하시니라 네 울음 소리와 네 눈물을 멈추어라 네 일에 삯을 받을 것인즉 그들이 그의 대적의 땅에서 돌아오리라 여호와의 말씀이니라 [17]너의 장래에 소망이 있을 것이라 너의 자녀가 자기들의 지경으로 돌아오리라 여호와의 말씀이니라(렘 31:16-17)

그러므로 그리스도께서 이스라엘을 재림하시고 회복하시기 직전에 라마에서 다시 통곡하고 애통하는 소리가 들릴 것이 분명합니다.

일곱째, 마태복음 2장이 제공하는 모형적인 그림의 정확성은 헤롯이 아기 그리스도를 멸망시키지 못한 데서 발견될 수 있습니다. 하나님께서 헤롯을 좌절시키신 것처럼, 그는 적그리스도의 사악한 계획을 무찌르실 것입니다. 그리고 헤롯이 죽은 후에 그리스도께서 오셔서 나사렛에 거하신 것처럼, 그리스도도 거짓 왕이 사라진 후에 이 땅에 다시 거하실 것입니다. 확실히, 적그리스도에 대한 이 놀라운 모형적인 그림은 우리로 하여금 신약에서 적그리스에 대한 다른 난해한 암시들을 더 부지런히 찾아보게 만들 것입니다.

제13장
바빌론과 적그리스도

이제 우리는 주님의 백성들에게 분명히 가르쳐야할 한 가지 주제에 도달했습니다. 주님의 백성들은 대부분의 예언적 주제보다 이 주제에 대해서 더 잘 알지 못하고 있습니다. 그리고 우리는 이것에 놀라지 말아야 합니다. 바빌론이라는 이름 자체가 혼란을 의미하며, 그것에 관한 혼란이 널리 퍼져 있습니다. 그러나 여기저기서 하나님은 바벨론의 과거와 미래에 관한 그분의 말씀의 가르침에 대해 충실한 증언을 한 사람들을 일으키셨으며, 그들의 증언에 대해 필자는 감사하며 이 연구의 빚을 지고 있습니다. 일반적인 무지에 비추어 우리는 더 신중하게 진행해야 합니다.

필자는 바벨론 주제와 관련된 구약의 주요 구절들을 주의깊게 검토하고자 합니다. 바벨론은 고대에 강한 성읍이었으며 홍수 직후에 시날에서 시작되었으며 이스라엘과 유대의 역사에서 중요한 역할을 했으며 이스라엘과 유대의 역사에서 중요한 역할을 했으며, 느부갓네살 통치하던 시대에는 온 땅의 우두머리였습니다. 메대와 페르시아에게 함락된 후 높은 지위에서 떨어졌지만 그리스도 이후 몇 세기 동안 여전히 중요한 도시였고 지역의 우두머리였습니다. 신약에서는 베드로가 처음 언급했습니다(벧전 5:13):

택하심을 함께 받은 바벨론에 있는 교회가 너희에게 문안하고 내 아들 마가도 그리하느니라(벧전 5:13)

그리고 여기 주의 날에 일어날 사건들에 대해 이야기하는 책인 계시록에서 바벨론은 다시 세계를 지배하는 도시로 언급되고 있으며, 이스라엘 사람들이 역사에서 다시 두드러지는 시대이기도 합니다. 계시록에서도 바빌론은 고대의 이중적 측면이었던 정치적, 사회적인 측면을 다 보여줍니다. 고대 바벨론은 지상 최초의 도시이자 세계 강국의 숭배와 종교를 이끌었습니다. 고대 바빌론의 위치는 현재 알려져 있습니다. 그 지역은 상당히 넓은 땅입니다. 일부에는 사람이 살고 있습니다. 예를 들어 힐라에는 약 5천에서 육천여명의 사람들이 있습니다. 오랫동안 이야기해오던 유프라테스 계곡 철도가 현실화되면 바빌론은 그 노선에서 가장 중요한 장소 중 하나가 될 것입니다(Col. VanSomeron—"The Great Unfolding"). 위의 글들은 이 장의 주제에 대한 간략하지만 상당히 포괄적인 개요를 제공합니다.

성경에서 바벨에 대한 최초의 언급은 대홍수 후에 먼저 이 땅에서 위대함을 얻은 인물과 관련이 있습니다. 즉 하나님을 떠나 위대함을 얻은 자입니다. 니므롯은 그의 아버지 노아의 저주를 받은 함의 손자였습니다.

[7]구스의 아들은 스바와 하윌라와 삽다와 라아마와 삽드가요 라아마의 아들은 스바와 드단이며 [8]구스가 또 니므롯을 낳았으니 그는 세상에 첫 용사라 [9]그가 여호와 앞에서 용감한 사냥꾼이 되었으므로 속담에 이르기를 아무는 여호와 앞에 니므롯 같이 용감한 사냥꾼이로다 하더라 [10]그의 나라는 시날 땅의 바벨과 에렉과 악갓과 갈레에서 시작되었으며(창 10:7-10)

독자들은 앞의 장으로 돌아가 적그리스도의 한 유형으로서 니므롯에 대한 필자의 논평을 살펴보는 것이 좋을 것입니다. 이와 같이 땅의 능력과 왕권의 시작은 바빌론과 시날 땅과 관련한 인물로 처음으로 언급됩니다. 니므롯 - 느부갓네살 - 적그리스도는 앞으로 보게 되겠지만 그 지역 및 그 도시와 관련되어서 크게 언급될 세 명의 이름입니다(B.W. Newton: "Babylon; Its Revival and Final Destruction"—1859).

하나님의 말씀에서 처음 나오는 용어나 표현은 항상 그 의미를 정의하고 그 이후의 의미와 범위를 예측하기 때문에 성경에서 어떤 것이든 처음 언급되면 항상 가장 특별한 주의를 기울여야 합니다. 창세기 10장에서 방금 인용한 구절은 창세기 11장에서 발견되는 것과 불가분의 관계가 있으며 사실 열쇠입니다. 거기에서 우리는 시날 땅이 사람들이 처음으로 연합하여 하나님을 대적한 곳으로 언급되었음을 알게 됩니다. 하나님은 사람들이 널리 퍼져야 한다고 명하셨습니다(창 9:1).

하나님이 노아와 그 아들들에게 복을 주시며 그들에게 이르시되 생육하고 번성하여 땅에 충만하라(창 9:1)

그러나 그들은 노골적인 도전으로 중앙 집중화를 선호했습니다. 그들은 스스로 이름을 드러내기를 원했습니다:

또 말하되 자, 성읍과 탑을 건설하여 그 탑 꼭대기를 하늘에 닿게 하여 우리 이름을 내고 온 지면에 흩어짐을 면하자 하였더니(창 11:4)

그리고 이러한 일들이 일어난 장소는 "시날 땅"(창 11:2)이라고 성경은 말합니다. 그러나 여호와께서 간섭하사 내려오사 그들의 말을 혼잡하게 하시고 그들을 흩으셨습니다:

[8]여호와께서 거기서 그들을 온 지면에 흩으셨으므로 그들이 그 도시를 건설하기를 그쳤더라 [9]그러므로 그 이름을 바벨이라 하니 이는 여호와께서 거기서 온 땅의 언어를 혼잡하게 하셨음이니라 여호와께서 거기서 그들을 온 지면에 흩으셨더라(창 11:8, 9)

따라서 우리는 시날 땅과 바빌론 성이 고대에 연합하여 악을 결성한 곳이고 하나님의 손에 의한 심판의 현장이었다는 것을 알 수 있습니다. 시날은 바벨 주변의 땅이었습니다. 니므롯의 시대에 바벨론 성의 건축이 막혔으나 그의 나라는 무너지지 아니하였습니다. 창세기 14장 1절에는 "시날 왕 아므라벨"이라는 표현이 있습니다.

당시에 시날 왕 아므라벨과 엘라살 왕 아리옥과
엘람 왕 그돌라오멜과 고임 왕 디달이

성경 여러구절에서 갈대아 땅이라는 표현이 나타납니다. 그리고 그 땅의 수도가 바벨론입니다. 그리고 그 땅에 대한 또 다른 이름이 "시날 땅"입니다. 다니엘 5장 30절에서 벨사살은 "갈대아인의 왕"으로 불리며, 다니엘 7장 1절에서는 "바벨론의 왕"으로 불립니다(cf. 사 47:1; 렘 50:8; 51:54; 겔 12:13). 이 구절들에 더하여, 다니엘 1장 1-2절은 이 결론을 긍정적으로 확립하는 것 같습니다. 왜냐하면 그 구절들에서 느부갓네살 시대의 바벨론이 "시날 땅"에 있었다고 분명히 말하고 있기 때문입니다.

[1]유다 왕 여호야김이 다스린 지 삼 년이 되는 해에 바벨론 왕 느부갓네살이 예루살렘에 이르러 성을 에워쌌더니 [2]주께서 유다 왕 여호야김과 하나님의 전 그릇 얼마를 그의 손에 넘기시매 그가 그것을 가지고 시날 땅 자기 신들의 신전에 가져다가 그 신들의 보물 창고에 두었더라(단1:1-2)

이것은 갈대아나 바빌로니아가 초기 제국들 중 가장 오래되었다는 사실을 확인시켜 주는 역할을 한다. 아브람은 갈대아의 "우르"에서(창

11:28) 부름을 받았고 욥을 약탈한 것은 갈대아인이었습니다(욥 1:17). 그리고 여호수아 7장 21절에서 여리고의 전리품 중에서 아간을 유혹한 것은 "바벨론의 아름다운 옷"이었습니다.

[21]내가 노략한 물건 중에 시날 산의 아름다운 외투 한 벌과 은 이백 세겔과 그 무게가 오십 세겔 되는 금덩이 하나를 보고 탐내어 가졌나이다 보소서 이제 그 물건들을 내 장막 가운데 땅 속에 감추었는데 은은 그 밑에 있나이다 하더라(수 7:21)

이것과 매우 일치하는 것은 예레미야 5장 16절에서 발견되는 진술인데, 여기서 성령님은 바벨론 사람들을 "강한" 나라일 뿐만 아니라 "고대의 사람들"로 칭하십니다. 여호수아 시대 이후에 바빌론은 에살핫단(Esar-Haddan) 시대까지 다시 언급되지 않았습니다.

앗수르 왕이 바벨론과 구다와 아와와 하맛과 스발와임에서 사람을 옮겨다가 이스라엘 자손을 대신하여 사마리아 여러 성읍에 두매 그들이 사마리아를 차지하고 그 여러 성읍에 거주하니라(왕하 17:24, 에 4:2 참조)

시날 땅과 밀접하게 연결된 곳은 앗수르입니다. 한동안 앗수르와 바빌론 사이에서 패권이 번갈아 가다가 느부갓네살의 아버지 나바폴라세르 시대에 니느웨가 정복되고 앗수르가 바빌론의 지배를 받게 되었습니다. 그러나 시날과 그 수도가 창세기 10장과 11장에 언급되어 있고 그 후 몇 세기 동안 그들에 대한 암시가 가끔 있기는 하지만, 이스라엘의 배도가 완전히 나타날 때까지 우리는 바벨론이 탁월하고 지배적인 위치를 차지하는 것을 보지 못한다.

예루살렘이 하나님의 도성이 되기에 합당한지 알아보기 위해 예루살렘이 충분히 시험을 받을 때까지 바벨론은 그대로 있었습니다. 위대한 바벨론을 세운 사람은 예루살렘을 채찍질하기 위해 일으킴을 받은 왕이었습니다. 그 왕은 이방인의 시대를 시작했습

니다. 하나님은 이스라엘로부터 권세를 빼앗아 이방인에게 덧입히고 예루살렘이 사하심을 받고 짓밟힘을 그치게 될 때까지 그렇게 하셨습니다. 바벨론 왕국의 궁전을 걸은 사람은 느부갓네살 왕이었습니다. 왕이 말하여 가로되 이 큰 바벨론은 내가 내 권세와 내 위엄의 영광을 위하여 건축한 것이 아니냐? 바벨론의 위대함은 느부갓네살 왕의 시대에만 머뭅니다(B.W.N.).

다니엘 5장은 느부갓네살의 후계자인 벨사살이 왕국을 이어받은 다리오에게 죽임을 당한 과정을 알려줍니다. 그 도시도 왕국도 파괴되지 않았으며, 그곳이 황폐하고 사람이 없는 상태가 되기까지 오랜 세기 동안 사람이 없는 도시로 남아 있었고, 오랫동안 주목할만한 도시로 남아 있었습니다. 다리우스에게 함락된 지 200년 후, 알렉산더 대왕은 페르시아를 정복한 후 바빌론을 자신의 광대한 지배의 의도된 수도로 선택했으며 실제로 그곳에서 사망했습니다. 기독교 시대의 1세기에도 바벨론은 여전히 존재했는데, 왜냐하면 베드로가 그곳에 있는 교회를 언급하기 때문입니다! (벧전 5:13 참조).

택하심을 함께 받은 바벨론에 있는 교회가 너희에게 문안하고 내 아들 마가도 그리하느니라(벧전 5:13)

몇몇 교회의 "교부들"은 바빌론을 언급했으며, AD 6세기 초에 바빌로니아 아카데미에서 유명한 바빌로니아 탈무드가 출간되었습니다. 뉴톤은 "A.D. 917의 이반 한켈이라는 인물이 바빌론을 작은 마을로 언급했다"고 기록합니다. 따라서 10세기에도 바벨론은 완전히 사라진 것은 아닙니다. 아주 천천히 그리고 알아채지 못할 정도로 쇠퇴했습니다. 오늘날에도 고대 바빌론의 원래 자리에 서 있는 작은 마을 힐라가 있습니다. 그러면 그것의 미래는 어떻게 될까요? 또 다른 바빌론, 즉 느부갓네살 시대의 권세와 영광을 가리는 바벨론이 있을 것이라는 것은 필자의 오래된 확고한 신념입니다. 또한 이 확신에 있어서 우리는 결코 혼자가 아닙니다.

바빌론이 재건될 것이라고 성경이 명백히 가르친다는 결론에 독자적으로 도착한 사람들은 많고 그들은 수없이 유명한 사람들이 많다. 그러나 우리가 사람의 권위에 호소함으로써 우리의 확신을 뒷받침할 필요는 없습니다. 이 글을 읽는 사람들의 믿음이 사람의 지혜의 최고보다 하나님의 말씀에 기초하는 것이 낫습니다. 우리의 확신이 근거하고 있는 많은 성경의 증거들을 설명하기 전에, 마지막 때에 바벨론이 설 자리가 없이 지나가면 이상한 일이 아니겠습니까? 성경은 오랫동안 이방인들에게 짓밟힌 예루살렘이 인간의 정부에 의해 회복되고 성전이 재건되어야 한다고 알려 줍니다(마 24:15). 이집트와 아시리아는 이사야 19장 23, 24절에서 분명히 알 수 있듯이 그들 앞에 아직 영광스러운 미래가 있습니다.

[23]그 날에 애굽에서 앗수르로 통하는 대로가 있어 앗수르 사람은 애굽으로 가겠고 애굽 사람은 앗수르로 갈 것이며 애굽 사람이 앗수르 사람과 함께 경배하리라 [24]그 날에 이스라엘이 애굽 및 앗수르와 더불어 셋이 세계 중에 복이 되리니(사 19:23-24)

모압, 에돔, 세일은 민수기 24장 17, 18절에 암시되어 있는 것처럼 다가오는 날에 나타날 것이다. 그리스는 하나님의 마지막 심판을 기다리고 있다(슥 9:13). 그래서 우리는 계속할 수 있습니다. 그렇다면 왜 바벨론은 동방의 전면적인 개혁에서 제외되어야 합니까? 그러나 우리는 논리적 추론에 의존하지 않습니다. 성경은 바벨론이 마지막 때에 두드러진 역할을 할 것이라고 명시적으로 말하고 있습니다. 적그리스도가 통치할 제국은 다니엘 7장에서 네 세계 왕국으로 상징으로 묘사되어 있습니다.

다니엘 7장 3절에서 "네 큰 짐승"이 바다에서 올라오는 것을 보았다고 말합니다. 그리고 다니엘 7장 17절에서 "이 큰 짐승 넷은 땅에서 일어날 네 왕(또는 왕국)"이라고 말합니다. 이 네 짐승 또는 네 왕국은 바빌론, 메대-페르시아, 그리스 및 로마였습니다. 다니엘 7장 4절은 "첫째는 사자 같더라"고 말합니다. 다니엘 7장 5절은 "둘째는 곰 같더라"고 말합니다. 다니엘 7장 6절은 세 번째는 "표범과 같다"라고 말합니다. 다니엘 7장 7절은 네 번째는 "무섭고 두려운" 것이라고 말합니다.

이제 계시록 13장 1절, 2절에서 적그리스도가 다스리게 될 제국에 대한 상징적 묘사가 있는 곳에서 요한은 "바다에서 한 짐승이 올라오는 것"을 보았다는 말을 듣습니다.

[1]내가 보니 바다에서 한 짐승이 나오는데 뿔이 열이요 머리가 일곱이라 그 뿔에는 열 왕관이 있고 그 머리들에는 신성모독 하는 이름들이 있더라 [2]내가 본 짐승은 표범과 비슷하고 그 발은 곰의 발 같고 그 입은 사자의 입 같은데 용이 자기의 능력과 보좌와 큰 권세를 그에게 주었더라(계13:1-2)

다니엘 7장에서 넷째 짐승에 대해 "열 뿔이 있더라"(단 7:7)고 말합니다. 또한 요한계시록 13:1절에서의 짐승도 "열 뿔"이 있습니다. 그렇다면 계시록 13:1, 2절이 과거의 네 개의 거대한 세계적 왕국들이 즉 단지 넷째 왕국만이 아니라 넷 왕국 모두가 마지막 날에 소생되고 회복될 것임을 우리에게 가르치기 위한 명백한 목적으로 주어진 것임을 누가 의심할 수 있습니까? 그러나 이 점에 대해 일부 사람들이 이의를 제기하므로 우리는 추가 증거를 진행하려고 합니다.

요한계시록 13장 1절의 짐승(왕국)은 "일곱 머리"를 가졌다고 합니다. 이것은 많은 주석가들을 어리둥절하게 만들었지만, 일단 계시록 13:1, 2의 짐승이 고대의 네개의 세계 제국의 특징으로 이루어지고 영속하는 복합 왕국의 상징적 묘사라는 것을 알게 되면 그리고 두번째로 그것을 이끌 자를 상징적으로 묘사한다는 것을 알게 되면 모든 어려움이 사라집니다.

여기 계시록 13:1, 2절에서의 것을 고려하면, 일곱 머리가 복합적인 왕국을 가지고 있다는 것이 분명합니다. 다니엘 7장에서는 첫째, 둘째, 넷째 왕국은 머리가 한 개 이상 있다고 말하지 않고 세 번째 왕국이 머리가 넷이라고 말합니다(단 7:6). 따라서 다니엘 7장의 짐승들 중 세 짐승은 머리가 하나인 반면에 한 짐승은 머리가 네개 입니다. 하나가 있고 그 중 셋은 하나입니다. 이에 총 머리의 수는 일곱입니다. 이는 요한계시록 13:1과 완벽하게 일치합니다. 그러나 이것도 다니엘 7장의 네 개의 왕국이 천년왕국 직전에 회복되고 마지막 역할을 할 것이라는 증거를 없애지 않습니다. 다니엘 7장과 평행을 이루는 다니엘서 2장을 읽어보면 네 짐승에 해당하는 네 부분(머리와 가슴과 팔과 배와 넓적다리와 다리와 발)의 형상이 나옵니다.

또한 다니엘 7장 45절에 이르면 그리스도("손대지 아니한 산에서 찍힌 돌"의 비유로)가 악의 세력을 멸하기 위해 이 땅에 재림하시고 그분의 왕국을 세우실 것에 대해 말하고 있음을 알 수 있습니다. 우리는 그 돌이 "철(로마), 놋(그리스), 진흙(배교한 이스라엘), 은(메대-바사), 금(바벨론)을 쪼개는 것을 발견합니다. 우리가 독자가 특히 주목하기를 바라는 것은 돌이 철뿐만 아니라 놋쇠, 진흙, 은, 금에도 부딪친다는 것입니다. 다니엘 7장 35절은 명백히 그것들이 "함께 쪼개질 것"이라고 우리에게 말합니다!

그 제국들이 함께 멸망한다면 그리스도께서 천년 통치를 시작하기 위해 이 땅에 재림하실 때 모두 현장에 있어야 하고, 그렇다면 각각의 나라들은 되살아나고 회복되었을 것입니다!! 현재 연구는 페르시아, 그리스, 로마의 재건이 아니라 바빌론의 재건에 관한 것이기 때문에 필자는 바벨론 관한 성경 구절에만 집중할 것입니다.

1. 이사야서 13장과 14장에는 우리 앞에 놓인 주제와 직접적인 관련이 있는 놀라운 내용이 들어 있습니다. 그것은 시작 구절에서 언급됩니다.

"바빌론의 짐." 그것은 하나님께서 이 성에 내리실 무서운 심판에 대해 말씀하고 있습니다. 그것은 그것의 전체적이고 최종적인 파괴에 대해 말하고 있습니다. "바벨론, 나라들의 영광, 갈대아의 아름다움의 아름다움이 하나님이 소돔과 고모라를 엎으신 것과 같으리라"고 선언합니다. 사람이 거주하지 아니할 것이며 대대로 거하지도 못하리라(이사야 13:19, 20). 이제 우리의 현재 질문과 관련된 한 가지 요점은 이사야서 13장이 벨사살 시대의 바벨론에 닥친 운명을 묘사하는지, 아니면 장차 미래에 바벨론에게 닥칠 심판을 묘사하는지입니다. 이 점에 있어서 하나님의 말씀에 복종하기를 원하는 사람들에게는 불확실하면 안됩니다. 6절은 이 "바벨론의 짐" 이 "주의 날"에 성취될 것이라고 명시적으로 선언하고 있다.

너희는 애곡할지어다 여호와의 날이 가까웠으니 전능자에게서
멸망이 임할 것임이로다(사 13:6)

이것은 우리가 거의 덧붙일 필요가 없지만, 이것은 현재의 구원의 날에 뒤따르는 그 날의 이름입니다(고후 6:2). 만일 독자가 사전(Concordance)을 찾아보면 "주의 날"이 결코 과거의 특정기간을 가리키는 것이 아니라 항상 미래를 언급하고 있음을 알게 될 것입니다! 이사야서 13장이 미래의 날을 말하고 있는지 아닌지에 대해 의심이 남아 있다면, 이사야 13:10의 내용은 그러한 의심을 영원히 제거할 것입니다.

하늘의 별들과 별 무리가 그 빛을 내지 아니하며 해가 돋아도 어두우며 달이
그 빛을 비추지 아니할 것이로다(사 13:10)

예언을 공부하는 모든 사람들은 이러한 우주 현상이 환난 기간 동안 목격되어야 함을 한 눈에 알 수 있을 것입니다(cf. 마태복음 24:29). 성경 어디에도 (우리가 알고 있는 한) 역사에 그러한 천체들 사이의 소동이 다리우스에 의해 바빌론의 포로로 잡혀갈 때 일어났다는 암시는 없습니다. 그리고 그 때에 해가 어두워지고 달이 빛나지 않는 "여호와의 날"에 바벨론이 무너집니다(사 13:19). 이 하나의 성경구절만으로도 바벨론의 미래와 그 멸망을 확증하기에 충분합니다.

2. 이사야서 14장은 13장부터 시작된 "바벨론의 짐"을 완성한다. 14장은 또 다른 바빌론이 있다는 추가적인 증거를 제공합니다. 14장은 미래의 이스라엘의 회복에 대한 선언으로 시작됩니다.

여호와께서 야곱을 긍휼히 여기시며 이스라엘을 다시 택하여 그들의 땅에 두시리니 나그네 된 자가 야곱 족속과 연합하여 그들에게 예속될 것이며(사 14:1)

이어지는 구절입니다:

[3]여호와께서 너를 슬픔과 곤고와 및 네가 수고하는 고역에서 놓으시고 안식을 주시는 날에 [4]너는 바벨론 왕에 대하여 이 노래를 지어 이르기를 압제하던 자가 어찌 그리 그쳤으며 강포한 성이 어찌 그리 폐하였는고(사 14:3, 4)

이 구절이 느부갓네살 시대의 포로가 된 후 팔레스타인에 이스라엘이 회복된 것을 말하고 있다는 주장이 제기된다면, 그것은 쉽게 수그러질 것입니다. 방금 인용한 구절 뒤에 나오는 구절은 이 예언이 아직 성취되기를 기다리고 있음을 틀림없이 분명히 알려 줍니다. 14장 7, 8절입니다:

[7]이제는 온 땅이 조용하고 평온하니 무리가 소리 높여 노래하는도다 [8]향나무와 레바

논의 백향목도 너로 말미암아 기뻐하여 이르기를 네가 넘어져 있은즉 올라와서 우리를 베어 버릴 자 없다 하는도다(사 14:7-8)

온 땅은 가인의 시대 이후로 안식한 적이 없습니다. 단, 아주 짧은 기간 참 말씀이 육신의 장막 가운데 거한 기간은 제외하고 말입니다. 그러나 천년왕국 동안에 그러한 안식이 있을 것입니다! 또한 "황금 성"이 무너진 후 이스라엘이 "네가 누웠으니 엎드러진 자가 우리를 치러 올라오지 아니하였도다"라고 외치는 것을 주목하십시오! 이것은 이 예언이 다루는 시간을 분명하게 설정합니다. 벨사살 시대가 지나고 오래 후에 로마인들이 이스라엘을 치러 올라와 그들을 멸절시켰습니다. 그러나 마지막 바빌론 왕이 멸망되고 나면 아무도 다시는 이러한 일을 하지 않을 것입니다!

위에서 우리는 이사야 14장의 8절까지 살펴보았습니다. 9절에서 선지자는 갑자기 바벨론에서 바벨론의 마지막 왕으로 주의를 돌립니다. 9절에서 20절은 죄의 사람의 거만함과 두려운 운명에 대한 인상적인 그림을 담고 있습니다.

[9]아래의 스올이 너로 말미암아 소동하여 네가 오는 것을 영접하되 그것이 세상의 모든 영웅을 너로 말미암아 움직이게 하며 열방의 모든 왕을 그들의 왕좌에서 일어서게 하므로 [10]그들은 다 네게 말하여 이르기를 너도 우리 같이 연약하게 되었느냐 너도 우리 같이 되었느냐 하리로다 [11]네 영화가 스올에 떨어졌음이여 네 비파 소리까지로다 구더기가 네 아래에 깔림이여 지렁이가 너를 덮었도다 [12]너 아침의 아들 계명성이여 어찌 그리 하늘에서 떨어졌으며 너 열국을 엎은 자여 어찌 그리 땅에 찍혔는고 [13]네가 네 마음에 이르기를 내가 하늘에 올라 하나님의 뭇 별 위에 내 자리를 높이리라 내가 북극 집회의 산 위에 앉으리라 [14]가장 높은 구름에 올라가 지극히 높은 이와 같아지리라 하는도다 [15]그러나 이제 네가 스올 곧 구덩이 맨 밑에 떨어짐을 당하리로다 [16]너를 보는 이가 주목하여 너를 자세히 살펴 보며 말하기를 이 사람이 땅을 진동시키며 열국을 놀라게 하며 [17]세계를 황무하게 하며 성읍을 파괴하며 그에게 사로잡힌 자들을 집으로 놓아 보내지 아니하던 자가 아니냐 하리로다 [18]열방의 모든 왕들은 모두 각각 자기 집에서 영광 중에 자건마는 [19]오직 너는 자기 무덤에서 내쫓겼으니 가증한 나무

가지 같고 칼에 찔려 돌구덩이에 떨어진 주검들에 둘러싸였으니 밟힌 시체와 같도다 [20]네가 네 땅을 망하게 하였고 네 백성을 죽였으므로 그들과 함께 안장되지 못하나니 악을 행하는 자들의 후손은 영원히 이름이 불려지지 아니하리로다 할지니라

그런 다음 21절에서 재앙은 적그리스도에게로 돌아갑니다:

[21]너희는 그들의 조상들의 죄악으로 말미암아 그의 자손 도륙하기를 준비하여 그들이 일어나 땅을 차지하여 성읍들로 세상을 가득하게 하지 못하게 하라 [22]만군의 여호와께서 말씀하시되 내가 일어나 그들을 쳐서 이름과 남은 자와 아들과 후손을 바벨론에서 끊으리라 나 여호와의 말이니라 [23]내가 또 그것이 고슴도치의 굴혈과 물 웅덩이가 되게 하고 또 멸망의 빗자루로 청소하리라 나 만군의 여호와의 말이니라 하시니라

마지막으로 선지자는 적그리스도에 관하여 다음과 같이 끝맺는다:

[24]만군의 여호와께서 맹세하여 이르시되 내가 생각한 것이 반드시 되며 내가 경영한 것을 반드시 이루리라 [25]내가 앗수르를 나의 땅에서 파하며 나의 산에서 그것을 짓밟으리니 그 때에 그의 멍에가 이스라엘에게서 떠나고 그의 짐이 그들의 어깨에서 벗어질 것이라 [26]이것이 온 세계를 향하여 정한 경영이며 이것이 열방을 향하여 편 손이라 하셨나니 [27]만군의 여호와께서 경영하셨은즉 누가 능히 그것을 폐하며 그의 손을 펴셨은즉 누가 능히 그것을 돌이키랴 (사 14:24-27)

이것은 놀랍고 의미심장한 말씀이며, 확실히 우리는 그것이 성취되었다고 말할 수 없다. 하나님이 온 땅에 대하여 작정하신 목적이 메대와 바사에게 바벨론이 함락되었을 때 성취되었다고 누가 단언할 수 있겠는가? 만국 위에 펴신 손이 그 때에 그 궁극적인 계획을 이루었느냐? 그 때에 앗수르 사람이 그 땅과 이스라엘 산에서 발에 짓밟혔으며 마침내 그 종의 멍에가 이스라엘의 목에서 끊어졌느냐? 이와 같다면, 이제 예루살렘이 짓밟히는 것을 우리가 다시 보지 아니할 것입니다. 이방인의 때가 끝날 것입니다. 이스라엘은 다시 모일 것이며, 예루살렘은 땅에서 찬송이 될 것"입니다. 그러므로 이 예언의 결론은 그것이 아직 성취되지 않았다는 것을 우리

에게 확신시켜 주는 것입니다."(B.W.N.)

3. 다음으로 예레미야 50장을 살펴보겠습니다. 50장의 시작 구절에는 과거에 완전히 성취되지 않은 예언들을 담고 있습니다.

[1]여호와께서 선지자 예레미야에게 바벨론과 갈대아 사람의 땅에 대하여 하신 말씀이라 [2]너희는 나라들 가운데에 전파하라 공포하라 깃발을 세우라 숨김이 없이 공포하여 이르라 바벨론이 함락되고 벨이 수치를 당하며 므로닥이 부스러지며 그 신상들은 수치를 당하며 우상들은 부스러진다 하라 [3]이는 한 나라가 북쪽에서 나와서 그를 쳐서 그 땅으로 황폐하게 하여 그 가운데에 사는 자가 없게 할 것임이라 사람이나 짐승이 다 도망할 것임이니라 [4]여호와의 말씀이니라 그 날 그 때에 이스라엘 자손이 돌아오며 유다 자손도 함께 돌아오되 그들이 울면서 그 길을 가며 그의 하나님 여호와께 구할 것이며 [5]그들이 그 얼굴을 시온으로 향하여 그 길을 물으며 말하기를 너희는 오라 잊을 수 없는 영원한 언약으로 여호와와 연합하라 하리라(렘 50:1-5)

이 구절에서 세 가지를 주의 깊게 표시하십시오.

첫째, 바벨론 땅이 황폐하여 사람이나 짐승이 거기에 살지 못할 것이라고 선언됩니다.

둘째, 이 때는 이스라엘과 유다가 함께(그리고 르호보암의 시대 이후로 그들은 결코 연합된 적이 없음) "여호와를 찾을" 때로 정의됩니다.

셋째, 이스라엘과 유다가 "영원한 언약"으로 주님과 연합할 때입니다!

더욱 분명한 것은 예레미야 50장 20절에서 기한을 표시한 것이다:

**여호와의 말씀이니라 그 날 그 때에는 이스라엘의 죄악을 찾을지라도
없겠고 유다의 죄를 찾을지라도 찾아내지 못하리니
이는 내가 남긴 자를 용서할 것임이라(렘 50:20)**

4. 이와 관련하여 예레미야 51장 전체를 주의 깊게 연구해야 한다. 그 중 많은 부분은 이어지는 두 장에서 고려하도록 남겨 둘 것입니다. 여기에서 우리는 예레미야 51:47-49를 살펴보고자 합니다:

[47]그러므로 보라 날이 이르리니 내가 바벨론의 우상들을 벌할 것이라 그 온 땅이 치욕을 당하겠고 그 죽임 당할 자가 모두 그 가운데에 엎드러질 것이며 [48] 하늘과 땅과 그 안에 있는 모든 것이 바벨론으로 말미암아 기뻐 노래하리니 이는 파멸시키는 자가 북쪽에서 그에게 옴이라 여호와의 말씀이니라 [49]바벨론이 이스라엘을 죽여 엎드러뜨림 같이 온 세상이 바벨론에서 죽임을 당하여 엎드러지리라

여기에 약간의 설명이 필요합니다. "온 땅"(즉, 모든 민족)이 바벨론 한 가운데에 쓰러진 때는 언제였습니까? 그리고 언제 하늘과 땅과 그 안에 있는 모든 것이 그녀(바벨론)의 멸망을 기뻐하였습니까? 바벨론이 메대 사람의 손에 넘어갔을 때 그런 기쁨을 누릴 기회가 거의 없었습니다. 바벨론이 갈대아인에게 지배를 받던, 페르시아인에게나 그리스인에게나 로마인들에게 지배되었는가는 그 땅의 사람들에게는 거의 차이가 없었습니다. 만일 바벨론이 함락되고 바로 이어서 그의 나라가 이어진다면 왜 하늘과 땅 그리고 그 안에 있는 모든 것들이 그를 복되다고 칭송하는 지에 대한 이유가 충분하다(B.W.N.).

5. **딸 시온이여 해산하는 여인처럼 힘들여 낳을지어다 이제 네가 성읍에서 나가서 들에 거주하며 또 바벨론까지 이르러 거기서 구원을 얻으리니 여호와께서 거기서 너를 네 원수들의 손에서 속량하여 내시리라(미 4:10)**

미가서 5장 3절 그리고 마태복음 24장 8절로 비추어볼 때, 이 예언이 언급하는 시기에 대해서는 의심의 여지가 없습니다. 큰 환난이 끝날 때입니다. 그 때에 이스라엘의 남은 자가 바벨론 가운데에서 발견될 것이고 그들이 여호와께 구원을 받을 것입니다.

6. 이사야와 예레미야의 예언은 모두 계시록과 동일하게 바벨론을 멸망시킬 타격이 임박했음을 말하고 있습니다:

[1]처녀 딸 바벨론이여 내려와서 티끌에 앉으라 딸 갈대아여 보좌가 없어졌으니 땅에 앉으라 네가 다시는 곱고 아리땁다 일컬음을 받지 못할 것임이라 [2]맷돌을 가지고 가루를 갈고 너울을 벗으며 치마를 걷어 다리를 드러내고 강을 건너라 [3]네 속살이 드러나고 네 부끄러운 것이 보일 것이라 내가 보복하되 사람을 아끼지 아니하리라 [4]우리의 구원자는 그의 이름이 만군의 여호와 이스라엘의 거룩한 이시니라 [5]딸 갈대아여 잠잠히 앉으라 흑암으로 들어가라 네가 다시는 여러 왕국의 여주인이라 일컬음을 받지 못하리라 [6]전에 내가 내 백성에게 노하여 내 기업을 욕되게 하여 그들을 네 손에 넘겨 주었거늘 네가 그들을 긍휼히 여기지 아니하고 늙은이에게 네 멍에를 심히 무겁게 메우며 [7]말하기를 내가 영영히 여주인이 되리라 하고 이 일을 네 마음에 두지도 아니하며 그들의 종말도 생각하지 아니하였도다 [8]그러므로 사치하고 평안히 지내며 마음에 이르기를 나뿐이라 나 외에 다른 이가 없도다 나는 과부로 지내지도 아니하며 자녀를 잃어버리는 일도 모르리라 하는 자여 너는 이제 들을지어다 [9]한 날에 갑자기 자녀를 잃으며 과부가 되는 이 두 가지 일이 네게 임할 것이라 네가 무수한 주술과 많은 주문을 빌릴지라도 이 일이 온전히 네게 임하리라(사 47:1-9)

바벨론이 갑자기 넘어져 파멸되니 이로 말미암아 울라 그 상처를 위하여 유향을 구하라 혹 나으리로다(렘 51:8)

그의 고통을 무서워하여 멀리 서서 이르되 화 있도다 화 있도다 큰 성, 견고한 성 바벨론이여 한 시간에 네 심판이 이르렀다 하리로다(계 18:10)

바빌론의 과거 역사에서 이 예언과 어떤 면에서든 일치하는 것은 없습니다.

7. 이사야, 예레미야, 계시록은 각각 바벨론이 불에 타버릴 것이라고 선언합니다.

왕국의 영광이요 갈대아인의 아름다움이 아름다운 바벨론은 하나님이 소돔과 고모라를 엎으신 것과 같으리라(사 13:19)

바벨론의 용사들이 싸우기를 참았고 그 굴에 머물렀고 그 세력이 약하여 여자 같으며 그 처소를 불사르고 빗장이 부러졌도다...여호와나 군대가 말하노라. 바벨론의 넓은 성벽이 완전히 무너지고 그 높은 성문이 불사르리라(렘 51:30, 58)

그의 타는 연기를 보고 외쳐 이르되 이 큰 성읍이 어떤 성읍과 같으니이까(계 18:18)

성경이나 세계의 역사에서 바벨론이 과거에 불탔다고 하는 내용은 아무것도 발견하지 못합니다. 그들은 다음과 같이 말할 것입니다. 이것이 어떻게 가능합니까? 바빌론은 이미 공격을 받지 않았습니까? 이미 멸망의 폭풍으로 휩쓸리지 않았습니까? 우리의 대답은 이 구절에 명시된 당시와 그에 따른 상황이 아니라는 것입니다. 유프라테스의 나라들이 하나님의 손 아래에서 큰 타격을 받은 것은 사실입니다. 하나님은 그의 선하심으로 먼저 공격을 가하는 것을 좋아하지 않으십니다. 그분은 최종적으로 멸망시키시기 전에 경고해 주시는 분입니다. 이집트, 예루살렘, 그리고 많은 다른 곳은 모두 예고된 황폐를 경험했고 바빌론도 마찬가지입니다.

바벨론의 지금의 파괴는 하나님의 의로운 복수가 할 일을 기억하게 하는 것이다. 그리고 또한 인간이 하나님의 모든 훈계를 멸시하고 또 다시 그가 황폐하게 하셨다고 기록한 바벨론의 아름다운 궁전을 시도한다면 겪게될 끔찍한 일에 대한 경고이다. 만약에 하나님의 속성이 자비롭게 경고하셨은데도, 사람들의 속성은 또한 다음과 같이 말합니다:

벽돌이 부서지다. 그러나 우리는 다듬은 돌로 지을 것입니다. 뽕나무가 찍혔으나 우리는 그것을 백향목으로 바꾸리라. 하나님이 때리신 것을 사람의 손이 부흥시키는 것은 금지되어 있는 데 말입니다(A.W.P.).

그러므로 과거에 하나님의 심판이 임함에 의해 주어진 교훈을 과소평가하지 않고, 숨기지 않고 오히려 파멸의 실재와 정도를 선포하려고 구하며, 그의 거룩한 손이 역사하셨고, 위로부터 오는 뜻은 사람의 손에 맡겨지지 않았다고 우리는 또한 증언해야 합니다. 조만간 과거에 아직 회개하지 않은 범법으로 인한 폐허의 기념물로 가득 찬 바로 그 땅에서 최후의 사악한 위대함을 재구성할 것입니다. 이집트, 다마스쿠스, 팔레스타인, 그리고 어느 정도는 예루살렘이 이미 부흥되고 있습니다. 그리고 바벨론에 멸망한 것과 같은 형벌을 받은 이 나라들과 이웃 나라들이 종말의 때에 악한 번영과 함께 아직 소생하고 번성하지 않았다면 왜 바빌론을 예외로 두어야 합니까?" (B.W.N.)

적그리스도가 갈대아 땅과 밀접하게 연관될 것이라는 사실은 여러 성구, 특히 그를 "앗수르인"과 "바빌론의 왕"으로 언급하는 성구에서 분명합니다. 그러나 이것은 논쟁의 여지가 있는 사항이므로 우리는 잠시 중지하고 이를 증명해야 합니다.

먼저, 하나의 연속적인 예언을 이루는 이사야서 10장과 11장을 살펴보겠습니다. 우리는 지금 이 길고 흥미로운 예언의 개요조차 시도할 수 없으며, 지금 우리 앞에 놓인 요점과 관련된 한두 가지 진술만 골라야 합니다. 이사야 10장 5절에서 주님은 적그리스도에게 다음과 같이 말씀하십니다:

앗수르 사람은 화 있을진저 그는 내 진노의 막대기요 그 손의 몽둥이는 내 분노라

이것은 앞 장에서 지적한 바와 같이 멸망의 아들은 이스라엘을 타작하는 그분의 도구인 전능자의 손에 있는 도구에 불과하다는 것을 암시합니다. 적그리스도의 탐욕스러운 이기주의와 거만함은 이어지는 구절에서 명백하게 드러납니다(사 10:7-11). 그러나 하나님께서 그를 통해 당신의 목적을 성취하셨을 때, 그는 "앗수르 왕의 완악한 마음의 열매와 그의 높은 눈의 영광을 벌하실 것입니다"(이사야 10:12). 이것은 그를 다니엘 7장 20의 "작은 뿔", 데살로니가후서 2장 4절의 죄의 사람으로 파악하는 데 큰 도움이 됩니다. 이사야 10장 13, 14절에 기록된 적그리스도의 뽐내는 자랑을 좀 더 참조하십시오.

[13]그의 말에 나는 내 손의 힘과 내 지혜로 이 일을 행하였나니 나는 총명한 자라 열국의 경계선을 걷어치웠고 그들의 재물을 약탈하였으며 또 용감한 자처럼 위에 거주한 자들을 낮추었으며 [14]내 손으로 열국의 재물을 얻은 것은 새의 보금자리를 얻음 같고 온 세계를 얻은 것은 내버린 알을 주움 같았으나 날개를 치거나 입을 벌리거나 지저귀는 것이 하나도 없었다 하는도다

5장 23절은 선지자가 말하고 있는 기간과 그 때의 중심 인물을 우리가 확실히 정하는 데 도움이 되는 또 다른 진술입니다:

만군의 여호와 여호와께서 온 땅 가운데 이루실 종말을 위하여

"완성"과 "결정된"이라는 단어는 다니엘 9장 27절에 다시 나타납니다:

그가 장차 많은 사람들과 더불어 한 이레 동안의 언약을 굳게 맺고 그가 그 이레의 절반에 제사와 예물을 금지할 것이며 또 포악하여 가증한 것이 날개를 의지하여 설 것이며 또 이미 정한 종말까지 진노가 황폐하게 하는 자에게 쏟아지리라 하였느니라 하니라

따라서 "앗수르 왕"과 "황폐하게 하는 자"는 동일 인물로 나타납니다. 이사야서 10장 24-25절입니다:

[24]그러므로 주 만군의 여호와께서 이르시되 시온에 거주하는 내 백성들아 앗수르가 애굽이 한 것처럼 막대기로 너를 때리며 몽둥이를 들어 너를 칠지라도 그를 두려워하지 말라 [25]내가 오래지 아니하여 네게는 분을 그치고 그들은 내 진노로 멸하리라 하시도다

이것은 분명히 다니엘 11장 36절과 평행을 이룹니다:

그 왕은 자기 마음대로 행하며 스스로 높여 모든 신보다 크다 하며 비상한 말로 신들의 신을 대적하며 형통하기를 분노하심이 그칠 때까지 하리니 이는 그 작정된 일을 반드시 이루실 것임이라

이사야서 11장에는 훨씬 더 명확하고 결정적인 증거가 있습니다.

공의로 가난한 자를 심판하며 정직으로 세상의 겸손한 자를 판단할 것이며 그의 입의 막대기로 세상을 치며 그의 입술의 기운으로 악인을 죽일 것이며(사 11: 4)

바로 이 말씀이 데살로니가후서 2:8에서 죄의 사람에게 적용됩니다.

이사야서 14장에는 적그리스도와 바벨론을 매우 명확하게 연결하는 구절이 있습니다. 14장의 시작 구절은 이스라엘이 여호와의 은총으로 회복될 것을 말하고 있으며, 그런 다음 이사야 14:4에서 그들은 "바벨론 왕을 조롱하는 말(주변 번역)"을 하라는 명령을 받습니다. 조롱하는 연설은 다음과 같이 시작됩니다:

4너는 바벨론 왕에 대하여 이 노래를 지어 이르기를 압제하던 자가 어찌 그리 그쳤으며 강포한 성이 어찌 그리 폐하였는고 5여호와께서 악인의 몽둥이와 통치자의 규를 꺾으셨도다(사 14:4, 5)

여기에서 어떤 인물이 보여지는 지 관해서는 의심의 여지가 없습니다. 그는 마지막 때에 이스라엘의 압제자입니다. 그는 사악한 자입니다. 이어지는 구절에는 그가 긍정적으로 식별될 수 있는 많은 표시가 있습니다. 이사야서 14장 6절에서 이 "바벨론 왕"은 "진노하여 백성(즉 이스라엘)을 진노한 자"라고 했습니다. 이사야서 14장 12절에서 그는 "루시퍼(샛별), 아

침의 아들"이라고 불리며, 이는 그를 다름 아닌 멸망의 아들로 표시하는 칭호입니다. 이 구절과 이어지는 구절에서 사탄의 타락에 대한 역설적인 언급이 무엇이든 간에, 그것들은 적그리스도의 신성모독적인 오만을 묘사하고 있음이 분명합니다. 5장 13절입니다:

네가 네 마음에 이르기를 내가 하늘에 올라 하나님의 뭇 별 위에 내 보좌를 높이리라 내가 북편 회중의 산 위에 앉으리라 하였도다

그런 다음 이사야 14장 15 및 16에서 다음과 같이 말합니다:

15그러나 이제 네가 스올 곧 구덩이 맨 밑에 떨어짐을 당하리로다 16너를 보는 이가 주목하여 너를 자세히 살펴 보며 말하기를 이 사람이 땅을 진동시키며 열국을 놀라게 하며

분명이 여기에서 보여지는 사람은 죄의 사람입니다. 이사야서 30장에는 적그리스도와 바벨론을 연결하는 또 다른 구절이 있습니다. 이사야 30장 27절입니다:

27보라 여호와의 이름이 원방에서부터 오되 그의 진노가 불 붙듯 하며 빽빽한 연기가 일어나듯 하며 그의 입술에는 분노가 찼으며 그의 혀는 맹렬한 불 같으며 28그의 호흡은 마치 창일하여 목에까지 미치는 하수 같은즉 그가 멸하는 키로 열방을 까부르며 여러 민족의 입에 미혹하는 재갈을 물리시리니 29너희가 거룩한 절기를 지키는 밤에 하듯이 노래할 것이며 피리를 불며 여호와의 산으로 가서 이스라엘의 반석에게로 나아가는 자 같이 마음에 즐거워할 것이라

분명히 여기에서 보여지는 것은 환난 기간의 끝이라는 것입니다. 위에서 말하는 것은 주님께서 큰 권능과 영광으로 이 땅에 재림하실 때, 주님께서 당신을 대적하여 모인 자들을 엎드러뜨리시고 적그리스도의 두려운 일을 끝내실 때를 가리킵니다. 계속해서 이사야 30장에서 이 구절이 다음과 같이 끝맺는 것을 볼 수 있습니다.

[30]여호와께서 그의 장엄한 목소리를 듣게 하시며 혁혁한 진노로 그의 팔의 치심을 보이시되 맹렬한 화염과 폭풍과 폭우와 우박으로 하시리니 [31]여호와의 목소리에 앗수르가 낙담할 것이며 주께서는 막대기로 치실 것이라 [32]여호와께서 예정하신 몽둥이를 앗수르 위에 더하실 때마다 소고를 치며 수금을 탈 것이며 그는 전쟁 때에 팔을 들어 그들을 치시리라 [33]대저 도벳은 이미 세워졌고 또 왕을 위하여 예비된 것이라 깊고 넓게 하였고 거기에 불과 많은 나무가 있은즉 여호와의 호흡이 유황 개천 같아서 이를 사르시리라(사 30:31-33)

이사야 11장 4절에도 "여호와의 호흡"이라는 표현이 등장합니다.

공의로 가난한 자를 심판하며 정직으로 세상의 겸손한 자를 판단할 것이며 그의 입의 막대기로 세상을 치며 그의 입술의 기운으로 악인을 죽일 것이며

적그리스도와 앗수르에 대한 추가적인 언급은 이사야 7:17-20; 8:7 등에 등장합니다. 이어지는 두 장은 요한계시록 17장과 18장을 가지고 신약성경의 바벨론에 대한 고찰을 할 것입니다. 주님께서 은혜 가운데 우리에게 그토록 절실히 필요한 지혜를 주시며, 필자와 독자를 모든 오류로부터 보호하시기를 빕니다.

제14장 바빌론과 적그리스도(2)

이전 장에서 우리는 주제를 구약에 국한시켰고, 이번 장과 다음 장에서는 요한계시록 17장과 18장에서의 바벨론을 주로 다룰 것이지만, 필연적으로 구약의 구절에 비추어 이것들을 조사할 것입니다. 앞의 장에서 우리는 새로 재건되는 바벨론이 있을 것이라는 것을 증명해주는 구약의 증거들을 간략하게 검토했으며, 마지막 때에 적그리스도가 그 나라에서 통치할 것입니다. 구약과 신약은 모두 하나의 동일한 신성한 저자를 가지므로 후자가 전자와 충돌할 일이 없습니다.

"만약 구약과 신약이 영광 중에 재림하실 주님의 날 직전에 있을 상황을 다룬다면, 그 시대의 실체적 사실은 둘 다 동일하게 언급되어야 할 것입니다. 만약이 구약성경이 바빌론과 시날 땅이 종말의 때에 악의 영향력을 끼치는 중심부가 될 것이라고 선언했다면, 같은 종말의 때를 언급하는 계시록이 그러한 사악함이나 그것이 집중된 장소에 대해 침묵한다는 것은 불가능합니다. 만약에 구약이 바벨론의 왕으로서, 자신을 하나님처럼 영화롭게 하고 악과 연루된 어떤 인물을 말하고 있다면, 계시록이 같은 기간을 취급하면서 그러한 사건에 대해서 침묵한다고 생각하면 안됩니다.

그러므로 구약에서 언급하는 지역이 고정되어 있다면(장소가 지정되고 개인이 정의됨), 계시록이 같은 기간의 사건을 자세히 설명할 때 장소를 변경해야 한다는 것은 불가능합니다. 두 개의 독립적인 개인이 있을 수 없으며 동시에 같은 영역에 두 개의 독립적인 도시가 있을 수 없습니다. "시날 땅"과 앗수르 땅"과 "바벨론 왕"에 대한 언급이 구약성경에서 우리의 생각을 고정되고 확고하게 만들기 위해 의도된 것이라면, 요한계시록에서 같은 기간을 다루면서 사용된 유사한 용어들이 왜 덜 명확합니까?"(B. W. Newton).

요한계시록 17장과 18장에 대해서 다음과 같이 말합니다. 아마도 계시록에서 바빌론에 관한 예언보다 더 어려운 부분은 없을 것입니다. 언뜻 보기에 그것들이 마치 불가사의하고 일관성이 없어보일 수도 있지만, 우리가 의미를 꿰뚫어보고 그 비밀을 알고자 한다면 모든 세부 사항에 세심한 주의를 기울여야 하고 다른 성경구절을 참을성 있게 조사해야 합니다(Mr. G.H. Pember, M.A.). 현재 연구를 진행하면서 우리는 펨버(Pember)의 말을 빌리는 것이 최선인 것 같습니다:

그러한 미스테리를 해결해 주는 교리적인 확신을 가지고 쓰여진 에세이가 반드시 짧고 불완전한 것은 아닙니다. 그러나 결론으로서, 빛이 이미 보증한 것처럼, 주님께로부터 은혜를 받은 사람들은 이것과 또한 그와 관련에 주제들에 대해서 많은 고려를 했습니다. 계시록이나 그 책의 부분에 대한 설명들은 교리적 독단의 마지막 자리가 되어야 합니다. 이 책의 시작과 끝에서 성령님은 계시록이 예언서(계 1:3, 22:19)라고 명시적으로 밝히고 있으며, 예언서는 분명히 성경 연구에서 가장 어려운 분야입니다.

지난 세기 동안 하나님께서는 당신의 백성에게 당신의 말씀의 예언적인 부분에 대해 조금이 아니라 많은 것을 드러내주 셨으며, 계시록도 예외가 아니었습니다. 그러나 누구든지 그 주제에 관한 문헌을 읽으면 읽을수록 여기의 독단주의가 완전히 부적절하다는 것을 더욱 확신하게 될 것입니다. 저자는 지난 15년 동안 적어도 일 년에 세 번 이상 요한계시록을 주의깊게 읽었으며, 이 기간 동안 그는 또한 성경의 마지막 책에 대한 30개 이상의 주석을 읽었습니다.

다양하고 상충되는 해석에 대한 정독은 두 가지를 가르쳐 주었습니다.

첫째, 지배적인 견해를 채택할 때 신중을 기하는 지혜입니다.
둘째, 하나님께서 더 많은 빛을 주시도록 인내하고 직접적으로 기다려야합니다.

여기에 세번째로 칭할 수 있는 것이 더해 질 수 있습니다. 그것은 계시록의 많은 예언들이 이중, 또는 어떤 경우에는 삼중의 성취를 이룰 수 있다는 가능성입니다.

모든 성경은 하나님의 감동으로 된 것으로 유익합니다

이것은 서신서들과 마찬가지로 선지서에게도 똑같이 적용되며 500년 전에도 오늘날과 마찬가지로 사실이었습니다. 그러므로 요한계시록의 예언의 최종 성취에 대한 올바른 이해만이 그 책이 가진 유일한 가치일 것입니다. 또한 그 책 안에는 각 세대의 하나님의 백성을 위한 적절하고 시기적절한 메시지가 있어야 합니다. 어두운 시대에 이 책을 읽은 성도들의 믿음을 강화시켜 주고 하나님과 그리스도를 대적하는 것을 탐지하고 제거할 수 있게 하는 것이 있어야 합니다. 다시 말해서, 그러한 예언은 비록 그 최종적인 성취가 아직 미래에 있을지라도 기독교 시대의 수세기 동안 점진적이고 부분적으로 성취되어야만 하는 것이다. 요한계시록 17장과 18장의 경우가 그러합니다. 요한이 계시록을 받은 이래로, 도덕적인 특징으로 보면, 계시록 17장의 바벨론에 해당하는 세계가 항상 존재해 왔습니다. 오늘날에도 그러한 세계가 존재합니다. 교회가 하늘로 휴거된 후에도 그러한 체계가 존재할 것입니다. 그리고 이 예언의 범위를 온전히 이룰 또 다른 최종적인 세계가 존재하게 될 것입니다.

계시록이 성경에서 차지하는 위치는 확실히 그 내용의 성격을 나타냅니다. 그것이 책을 결말짓는 부분에 있다는 사실은 그것이 사물의 끝과 관련된 것을 다룬다는 것을 바로 암시합니다. 더욱이, 이 성경의 66번째 책을 연구하는 학생들이 이전의 65권의 책을 이미 알고 있다는 것은 당연하게 여겨집니다. 성경은 자기 해석적이며, 우리는 성경의 마지막 책에서 모호하거나 어려운 것처럼 보이는 것이 무엇이든 앞의 책들, 특히 선지서들의 의미에 대한 무지에서 기인한다고 확신할 수 있습니다. 계시록에서는 구약 성경을 통해 추적할 수 있는 다양한 예언의 흐름이 역사적 성취의 바다에서 자신을 비우는 것으로 보입니다. 또는 그 모습을 바꾸기 위해 여기서 우리는 위대한 세대 드라마의 마지막 장면을 보게 되며, 그 이전의 장면들은 이스라엘 선지자들의 글에서 고갈되었습니다. 그러나 이전에 암시했듯이 이 마지막 장면은 이미 기독교 시대 동안 예비 리허설을 거쳤습니다.

따라서 필자는 계시록의 예언을 단일 성취로 제한하는 사람들의 견해와는 거리가 있습니다. 필자는 역사적인 그리고 미래적인 해석 모두에 많은 진실이 있다고 믿습니다. 존경하는 제닝스(F.C. Jennings)의 다음 글에 전적으로 동의합니다:

"아아, 주님의 백성들 사이를 지배해 온 논쟁 중 얼마나 많은 것이 하나님의 생각을 제한하는 협소한 방법과 우리 자신의 이해로 그 생각을 제한하거나 구부리려고 하는 데서 비롯되었습니다. 얼마나 자주 두 가지 또는 그 이상으로 명백히 상반되는 해석 체계가 실제로는 둘 다 정확할 수 있습니다. 즉, 두 가지를 모두 포함하거나 넘어서는 하나님의 마음의 너비, 길이, 높이 및 깊이입니다."

이제 우리의 현재 주제로 더 직접적으로 진행해 보겠습니다. 계시록에서 처음으로 바벨론이 언급된 것은 14장 8절입니다:

또 다른 천사 곧 둘째가 그 뒤를 따라 말하되 무너졌도다 무너졌도다 큰 성 바벨론이여 모든 나라에게 그의 음행으로 말미암아 진노의 포도주를 먹이던 자로다 하더라

"바빌론"이 "바빌론"을 의미한다는 자연스러운 결론을 무시하기 위해 무엇이 있습니까? 2, 3세대 전에 예언서를 공부하는 학생들은 성령님이 구약성경에서 유대와 예루살렘에 대해 말씀하실 때 그것은 절대로 영국과 런던이 아니라 유대와 예루살렘을 의미한다는 단순한 발견으로부터 헤아릴 수 없는 도움을 받았습니다. 그리고 성령님이 시온을 언급하실 때에 그것은 교회를 의미하지 않으셨습니다. 그러나 이상하게도, 믿음의 형제들 가운데 계시록에 같은 규칙을 적용한 사람이 상당히 적다는 것입니다. 여기에 영감으로 쓰여진 구약과 관련하여 그들의 선조를 정죄하는 죄를 지었습니다. 그들은 바빌론이 교황의 로마를 의미하고 궁극적으로 배교한 기독교를 의미한다는 종교 개혁자들의 결론을 받아들이거나 또는 결론내렸습니다. 그러나 계시록 14장 8절에 "바벨론"이 교황 제도를 가리킨다는 암시가 있습니까? 전혀 그렇지 않습니다. 우리는 이 성경은 그것이 말하는 것을 의미하며 우리가 그것을 이해하는 데 도움이 되는 세상 역사의 연대기가 필요하지 않다고 믿습니다. 그럼 무엇일까요? "예루살렘"을 예루살렘을 의미하는 것으로 간주하는 것이 구약성서 예언에 대한 지성에 대한 시험이라고 생각한다면, "바벨론"을 로마나 배교한 기독교가 아니라 바벨론을 의미하는 것으로 이해한다면 우리는 이단자로 간주됩니까? 계시록에서 다음으로 바벨론을 언급하는 것은 요한계시록 16장 18,19절입니다:

[18]번개와 음성들과 우렛소리가 있고 또 큰 지진이 있어 얼마나 큰지 사람이 땅에 있어 온 이래로 이같이 큰 지진이 없었더라 [19]큰 성이 세 갈래로 갈라지고 만국의 성들 도 무너지니 큰 성 바벨론이 하나님 앞에 기억하신 바 되어 그의 맹렬한 진노의 포도주 잔을 받으매

방금 위에서 언급한 내용은 이 구절에도 동일하게 적용됩니다. 분명히 그것은 문자 그대로의 도시이며, 문자적인 지진에 의해 세 부분으로 갈라지게 된 것입니다. 만약 이 구절이 이것을 의미하지 않는다면 단순한 독자는 당황하여 계시록에서 등을 돌릴 것입니다. 이 큰 도시 바벨론이 문자 그대로임을 암시하는 것 이상이 우리가 유프라테스 강에 대해 읽었다면 문맥에서 발견할 수 있습니다(계 16:12). 필자에게는 이것으로 충분합니다. 독자를 위한 것이든 아니든 우리는 그것을 그대로 남겨두어야 합니다.

이제 요한계시록 17장에 이르렀습니다. 그리고 그 내용을 읽자 마자 우리는 눈에 띄는 차이점에 즉시 충격을 받습니다. 여기서 언어는 더 이상 문자 그대로가 아니라 상징적으로 이해되어야 합니다. 여기에서 용어는 평범하고 단순하지 않고 신비롭고 기이합니다. 그러나 하나님은 은혜로 손에 잡히는 도움을 주셨습니다. 그분은 여기에 "신비"(5절)가 있다고 말하십니다. 더욱이 그분은 우리를 위한 상징의 대부분(전부는 아닐지라도)

을 설명하십니다. 9,12,15,18절들을 살펴보십시요. 이러한 도움이 제공되므로, 일반적인 개요를 파악하는 것이 어렵지 않습니다.

요한계시록 17장에 나오는 중심인물은 "큰 음녀", "붉은 빛 짐승", "열 뿔" 입니다. 이 짐승은 분명히 계시록 13장의 첫 번째 짐승입니다. "열 뿔"은 " 열 왕"(계 17:12)으로 언급되어 있습니다. 그렇다면 "큰 음녀"는 누구를 의미합니까? 이 질문에 대한 답을 제공하는 데 큰 도움이 되는 "큰 창녀", " 여자", "창녀의 어미"에 관한 많은 진술이 있습니다.

첫째, 큰 음녀는 "많은 물 위에 앉아있다"라고 말하고 있는 데(계 17:1), 계시록 17:15에서는 많은 물이 백성과 무리와 나라와 방언을 의미한다고 합니다.

둘째, "땅의 왕들이 그녀와 음행하였다"(계 17:2)라고 말합니다.

셋째, 그녀는 "붉은 색 짐승"(계 17:3)의 지원을 받습니다. 요한계시록 17:8에서 이 짐승에 대해 말한 것으로부터 그가 마지막 세계를 다스리는 제국을 통치할 적그리스도임이 분명합니다.

넷째, 그 여자는 "자색 옷과 홍색 옷을 입고 금과 보석으로 꾸몄다"(계 17:4).

다섯째, "그 이마에 이름 쓴 것이 있으니 곧 비밀: 큰 바벨론"(계 17:5).

여섯째, 그 여자는 "성도들의 피와 순교자들의 피에 취하였느니라"(계 17:6).

일곱째, 마지막 구절에 "네가 본 여자는 땅의 왕들을 다스리는 큰 성이라"라고 되어 있습니다.

이러한 일곱 가지 요점은 우리에게 이 음녀에 대한 분석된 요약을 제공합니다.

가장 널리 받아들여지는 해석은 계시록 17장의 음녀가 로마 카톨릭 제도를 묘사한다는 것입니다. 그녀가 처녀로 가장했지만 가장 끔찍한 영적 음행을 저질렀다는 사실을 가지고 주장합니다. 겸손과 굴욕을 당하셨지만 머리 둘 곳이 없으셨던 복되신 분과 달리 로마교는 은과 금을 탐내며 사치를 과시했습니다. 그녀는 성도들의 피와 불법적인 성관계를 가졌습니다. 계시록 17장의 음녀와 로마 카톨릭 제도 사이의 다른 유사점이 지적될 수 있습니다. 그러면 이러한 것들에 대해 우리는 무엇을 말해야 합니까?

요한계시록 17장과 로마 카톨릭의 역사 사이의 대응점들은 단순한 우연의 일치라고 하기에는 너무나 많고 뚜렷합니다. 의심할 여지 없이 교황은 계시록 17장에 있는 상징적 예언의 성취를 이루었습니다. 그리고 거기에는 암흑 시대 내내 하나님의 백성을 위한 실질적인 가치가 있었습니다. 그것은 무시하기에는 너무 분명한 경고를 그들에게 제시했습니다. 그것은 왈도파(그리고 다른 많은 사람들)의 의복을 로마 카톨릭의 더러움으로 더럽혀지지 않게 하는 수단이었습니다. 그것은 루터와 그의 동시대 사람들이 하나님의 진리에 명백히 반대되는 것과 분리되었을 때 하나님의 계시된 뜻에 따라 행동했다는 그들의 믿음을 확증해 주었습니다. 그러나 그럼에도 불구하고 이 예언에는 로마 카톨릭에 적용되지 않는 다른 특징이 있으며, 이는 우리로 하여금 완전하고 최종적인 성취를 다른 곳에서 찾도록 강요합니다. 이러한 것들 중에 두 가지만 골라서 설명할 예정입니다.

계시록 17장 5절에서 바벨론은 "땅의 음녀와 가증한 자의 어미"라고 칭해집니다. 이것은 로마 카톨릭에 대한 정확한 설명입니까? 로마 카톨릭 이전에는 음녀로 칭할 수 있는 것이 없었습니까? 교황은 "이 땅의 가증한 것들"의 어머니인가? 성경이 성경을 해석하도록 해야 합니다. 열왕기상 11장 5-7절입니다:

[5]이는 시돈 사람의 여신 아스다롯을 따르고 암몬 사람의 가증한 밀곰을 따름이라 [6]솔로몬이 여호와의 눈앞에서 악을 행하여 그의 아버지 다윗이 여호와를 온전히 따름 같이 따르지 아니하고 [7]모압의 가증한 그모스를 위하여 예루살렘 앞 산에 산당을 지었고 또 암몬 자손의 가증한 몰록을 위하여 그와 같이 하였으며

요한이 계시록을 썼을 때 교황권은 존재하지 않았기 때문에 로마 카톨릭에게 먼저 존재하였던 모든 "가증한 것"에 대해 책임을 물을 수 없습니다. 계시록 17장 2절에서 우리는 "땅의 왕들이 그녀와 음행을 저질렀다"는 "큰 음녀"에 대해 읽습니다. 이것이 로마에 온전히 적용될 수 있습니까? 아시아의 왕들과 아프리카의 왕들이 교황과 음행을 저질렀습니까? 이탈리아의 교황이 넓은 영토를 다스린 것은 사실이지만, 그들의 종교적 영향력에 영향을 받지 않은 땅이 많이 남아 있는 것도 사실입니다.

이 두 가지 점만 보아도 우리는 교황권의 출현보다 오래 전부터 어떤 교황보다도 훨씬 더 광범위한 영향력을 행사한 어떤 것으로 돌아가야 한다는 것이 분명합니다.

그렇다면 이것은 무엇인가? 어디에서 찾을까요? 답은 어렵지 않습니다. "바빌론"이라는 단어가 필요한 열쇠를 제공합니다. 바빌론은 우리를 느부갓네살 시대뿐만 아니라 니므롯 시대로 우리를 데려갑니다. "바벨론"이 시작된 것은 구스의 아들 시대입니다. 그리고 시날 평야에서 악의 검은 시내가 흘러나와 땅의 모든 부분에 도달하였다. 그때부터 그곳에서 우상 숭배가 시작되었습니다. 히슬롭 박사는 "두 개의 바빌론"이라는 그의 책에서 열방의 모든 우상숭배 체계가 바벨 왕국의 시작(창 10:10)인 그 강력한 반역에 의해 세워진 것에 기원을 두고 있음을 결정적으로 증명했습니다. 그러나 필자는 이것에 대해서 지금 길게 이야기 할 수는 없습니다.

독자들은 이 책의 13장에 있는 니므롯에 대한 글을 참조하시기 바랍니다.

바벨론은 하나님에 대한 반역으로 세워졌습니다. 니므롯이 그가 세운 그 도시에 붙인 바로 이름은 Bab-El(밥엘) 즉 "하나님의 문"을 의미했기 때문에 그가 우상 숭배자였음을 증명합니다. 따라서 니므롯은 하나님이라고 하는 모든 것 위에 자신을 높이기로 작정했습니다(살후 2:4). 이것이 모든 우상 숭배의 근원이요 기원이었습니다. 이교적인 카톨릭, 교황의 카톨릭 시스템은 이러한 부패한 근원에서 나온 오염된 흐름 중 하나에 지나지 않습니다. 즉 이 부정한 창녀의 어머니의 더러운 "딸" 중 하나일 뿐입니다. 이제 요한계시록 17장으로 돌아가겠습니다.

요한계시록 17장 5절입니다:

그의 이마에 이름이 기록되었으니 비밀이라, 큰 바벨론이라, 땅의 음녀들과 가증한 것들의 어미라 하였더라(계 17:5)

필자는 영어 번역가들이 (자신의 권한으로) "mystery"라는 단어를 큰 대문자로 표기하여, 이것이 이 음녀의 이름의 일부인 것처럼 보이게 하여 많은 사람들을 오도했다고 믿습니다. 이것은 실수임을 확신합니다. "비밀"이 그녀의 "이름"이 아니라 "여자" 자신과 관련되어 있다는 것은 계시록 17:7에서 분명합니다:

천사가 이르되 왜 놀랍게 여기느냐 내가 여자와 그가 탄 일곱 머리와 열 뿔 가진 짐승의 비밀을 네게 이르리라(계17:7)

"신비"라는 단어는 신약에서 두 가지 방식으로 사용됩니다.

첫째, 사람으로는 측량할 수 없지만 하나님께서 설명하신 비밀입니다. 마태복음 13:11; 로마서 16:25, 26; 에베소서 3:3,6 등을 참조하십시오.

둘째, "비밀"이라는 단어는 표징 또는 상징을 의미합니다. 에베소서 5장 32절에서 그 의미는 이러합니다:

[31]그러므로 사람이 부모를 떠나 그의 아내와 합하여 그 둘이 한 육체가 될지니[32]이 비밀이 크도다 나는 그리스도와 교회에 대하여 말하노라(엡 5:31-32)

또한 요한계시록 1장 20절에서 우리는 "일곱 별의 비밀(표징 또는 상징)"을 볼 수 있습니다.

네가 본 것은 내 오른손의 일곱 별의 비밀과 또 일곱 금 촛대라 일곱 별은 일곱 교회의 사자요 일곱 촛대는 일곱 교회니라(계 1:20)

우리가 보았듯이 "신비"라는 용어는 신약성경에서 두 가지 의미를 가지고 있으며 그것이 계시록 17장 5절에서는 "여자"와 관련하여 이중적인 의미를 갖고 있다고 믿습니다. 그것은 상징과 비밀, 즉 이전에 밝혀지지 않은 것을 의미합니다. 이에 따라 여자에게 주어진 이름은 "큰 바벨론"과 "땅의 음녀와 가증한 자의 어머니"라는 이중 이름이라는 점에 유의해야 합니다. 그러면 이 이중 이름을 가진 여자는 누구를 상징합니까? 요한계시록 17장 18절입니다:

또 네가 본 그 여자는 땅의 왕들을 다스리는 큰 성이라 하더라(계17:18)

이제 이것의 의미를 파악하려면 계시록에서 "is"와 "are"라는 단어는 거의 항상 (상징적 부분에서) "나타냄을"를 의미한다는 것을 명심해야 합니다. 따라서 요한계시록 1장 20절에서 "일곱 별은 일곱 교회의 사자요 일곱 촛대는 일곱 교회를 나타냄"을 의미합니다. 그래서 계시록 17장 9절에서 일곱 머리는 일곱 산을 나타냅니다. 계시록 17장 12절에서 열 뿔은 열 왕을 나타냅니다. 요한계시록 17장 15절에서 물은...백성들을 나타냅니다. 따라서 요한계시록 17장 18절에서 "네가 본 여자는 그 큰 도성이니라"라고 합니다. "여자는 그 큰 성을 나타냄"을 의미합니다. 그러면 "큰 도성"은 무엇을 의미합니까?

위에서 우리가 방금 말한 것과 일치하여, 즉 요한계시록 17장 5절의 "신비"라는 용어는 이중적인 의미를 가지고 있으며, 여자는 이중 이름을 가지고 있으므로, "큰 도시"는 의미의 적용에 있어서 이중적인 의미를 갖는다고 믿습니다.

첫째, 이것은 유프라테스 강 유역의 시날 땅에 미래에 건설될 문자적인 의미의 도시를 의미합니다. 이것에 대한 증거는 앞의 장에서 다루었으므로 여기서 잠시 멈출 필요가 없겠습니다. 바벨론은 계시록에서 여섯 번(중요한 숫자) 언급되었습니다. 그 이름이 문자 그대로 이해되지 않는다는 암시는 어디에도 없습니다.

두 번째로, "큰 성"(이름 없음)은 우상 숭배 체계를 의미합니다. "음녀들의 어미"는 니므롯 시대의 바벨론에서 시작된 우상 숭배의 체계를 말하며 또한 미래에 나타나서 절정에 이르고 종말을 맞이할 또 다른 바벨론을 말하는 것입니다.

이것은 우리가 생각하기에 분명하고 표면적입니다. 그렇다면 지금까지 그토록 철저하게 가리워진 비밀이 여기서 밝혀지는 것은 무엇이고 어떤 것을 말하는 것입니까?

우리의 마지막 질문에 대한 답을 구하는 데 있어 계시록에 또 다른 "여자"가 있다는 점에 주목하는 것이 중요합니다. 이 여자와 17장의 이 여자 사이에는 몇 가지 눈에 띄는 비교와 생생한 대조가 있습니다. 그 중 몇 가지를 살펴보겠습니다.

첫째, 요한계시록 12장 1절에서 우리는 "해의 옷을 입은 한 여자가 있고 그 발 아래는 달이 있고 그 머리에는 열두 별의 면류관을 썼더라"는 것을 읽습니다(cf. 창 37:9). 마찬가지로 17장의 여자는 "땅의 왕들을 다스리는 자"로 묘사됩니다(계 17:18).

둘째, 계시록 12장에 나오는 이 여자는 어머니입니다. 왜냐하면 그녀는 모든 민족을 다스릴 남자 아이를 낳기 때문입니다(계 17:5). 반면에 17장의 여자는 "창녀들의 어미"입니다.

셋째, 요한계시록 12장 3절에는 "머리가 일곱이요 뿔이 열"인 큰 붉은 용에 대해 말하고 있습니다. 그는 어린양의 신부인 그 여자를 핍박합니다(계 12:14). 그러나 현저하게 대조적으로 17장의 여자는 "일곱 머리와 열 뿔을 가진"(계 17:3) 붉은 짐승이 도움을 주고 있습니다.

넷째, 요한계시록 19장 7절에서 12장의 여자는 어린양의 아내로 불린다(계 12:7). 반면 17장의 여자는 악마의 음녀입니다.

다섯째, 요한계시록 19장의 신부는 "깨끗하고 흰 세마포 옷을 입는다"(계 19:8). 반면에 19장의 음녀는 자주색과 주홍색 옷을 입고 그녀의 손에 "가증한 것과 그의 음행의 더러운 것이 가득한 황금잔을 들고 있습니다(계

19:4).

여섯째, 어린양의 신부는 큰 도시, 곧 거룩한 예루살렘과도 뗄레야 뗄 수 없는 관계입니다(계 21:10). 그래서 요한계시록 17장의 창녀는 큰 도시인 바빌론과 연결되어 있습니다.

일곱째, 순결한 여자는 어린양과 영원히 함께 거할 것입니다. 반면에 음녀는 불못에서 끝없는 고통을 겪을 것이다.

순결한 여인이 누구를 상징하는지 정확히 알게 되면 그녀와 비교되고 대조되는 타락한 여인을 쉽게 식별할 수 있게 됩니다. 전자가 누구를 의미하는지에 관해서는 의심의 여지가 거의 없습니다. 그것은 신실한 이스라엘입니다. 그녀는 인자를 낳습니다. 유다는 우상 숭배 때문에 예수님의 성육신 당시 포로가 된 불충실한 열 지파와 대조됩니다.

그러므로 계시록 19장과 21장에는 어린 양의 아내인 신부가 구속받은 이스라엘이지 교회가 아니라는 것을 분명히 보여주는 많은 것들이 있습니다. 예를 들어 요한계시록 19장 6,7절에서 어린양의 혼인 기약이 이르러 찬양이 터져 나올 때 큰 무리는 다음과 같이 외칩니다:

[6]또 내가 들으니 허다한 무리의 음성과도 같고 많은 물 소리와도 같고 큰 우렛소리와도 같은 소리로 이르되 할렐루야 주 우리 하나님 곧 전능하신 이가 통치하시도다 [7]우리가 즐거워하고 크게 기뻐하며 그에게 영광을 돌리세 어린 양의 혼인 기약이 이르렀고 그의 아내가 자신을 준비하였으므로

"알렐루야(신약성경에는 이 장 외에는 어디에도 나오지 않음)는 "주를 찬양하라"를 의미하는 독특한 히브리어 표현이다.

두번째, 결혼, 혼인잔치라는 단어는 마태복음 22:2, 3, 8, 11, 12절에서 나온 단어이고 그곳에서 이스라엘이 보입니다.

세번째, 그리스도의 신부는 자신을 준비한다는 것에 주의를 기울이십시오:

우리가 즐거워하고 크게 기뻐하며 그에게 영광을 돌리세 어린 양의 혼인 기약이 이르렀고 그의 아내가 자신을 준비하였으므로(계 19:7)

이것과 대조적으로 에베소서 5장 26절에서는 그리스도께서 교회를 준비시킨다고 한다:

[25]남편들아 아내 사랑하기를 그리스도께서 교회를 사랑하시고 그 교회를 위하여 자신을 주심 같이 하라 [26]이는 곧 물로 씻어 말씀으로 깨끗하게 하사 거룩하게 하시고 [27]자기 앞에 영광스러운 교회로 세우사 티나 주름 잡힌 것이나 이런 것들이 없이 거룩하고 흠이 없게 하려 하심이라(엡 5:25-27)

마태복음 23:39절에서 또한 이스라엘이 자신을 준비하고 있음을 보라.

내가 너희에게 이르노니 이제부터 너희는 찬송하리로다 주의 이름으로 오시는 이여 할 때까지 나를 보지 못하리라 하시니라(마 23:39)

네 번째로 요한계시록 19장 8절입니다:

그에게 빛나고 깨끗한 세마포 옷을 입도록 허락하셨으니 이 세마포 옷은 성도들의 옳은 행실이로다 하더라(계 19:8)

교회는 여기에서 고려되는 시대보다 수 년 전에 세마포 옷을 입었을 것입니다.

다섯째, "어린양의 혼인 기약이 이르렀음"(계 19:7) 에 주목하십시오. 그 시점은 예수님은 하늘을 떠나 세상을 향하십니다(계 19:11). 하지만 교회는 아버지 집에서 그 일이 일어날 즈음에는 적어도 7년(아마도 40년 이상) 그와 함께 있었을 것입니다.

여섯째로 계시록 21:9, 10에서 어린 양의 아내는 그 큰 성, 거룩한 예루살렘과 떼려야 뗄 수 없는 관계에 있으며, 이어지는 설명에서 우리는 그 성의 열두 문에 이스라엘 자손의 열두 지파의 이름이 기록되어 있음을 보게 됩니다(계 21:12). 확실히 그것은 우리에게 보여지는 교회가 아니라는 결정적인 증거입니다.

일곱 번째, 계시록 21:14에서 우리는 그 성의 성벽의 열두 기초에 "어린양의 열두 사도의 이름"(참조, 마 19:28)이 있다고 말합니다. 거기에 교회가 상징적으로 묘사되어 있었다면 사도 바울의 이름이 생략되었을 것이라고 생각할 수 있습니까?

그렇다면 요한계시록 12장, 19장, 21장에 나오는 순결한 여인이 신실한 이스라엘을 상징한다면, 타락한 여인(전자와 비교되고 대조되는)은 믿음 없는 이스라엘을 상징하지 않겠습니까? 그러나 그렇다면 왜 그녀를 큰 도성 바빌론과 그토록 친밀하게 연결합니까? 계시록의 순결한 여인도 어떤 도성과 불가분의 관계에 있음을 기억하는 것이 여기에서 도움이 될 것입니다. 요한계시록 21장 9절에서 일곱 천사 중 하나가 요한에게 다음과 같이 말했습니다:

일곱 대접을 가지고 마지막 일곱 재앙을 담은 일곱 천사 중 하나가 나아와서 내게 말하여 이르되 이리 오라 내가 신부 곧 어린 양의 아내를 네게 보이리라 하고(계21:9)

그리고 바로 이어지는 구절입니다:

성령으로 나를 데리고 크고 높은 산으로 올라가 하나님께로부터 하늘에서 내려오는 거룩한 성 예루살렘을 보이니(계 21:10)

따라서 이 둘은 분리되어 있지만 밀접하게 연결되어 있습니다. 어린양의 신부는 거룩한 예루살렘에 거할 것입니다. 따라서 여기 계시록 17장에서 음녀는 도시 바빌론과 밀접하게 관련되어 있습니다. 요한계시록 17장의 음녀와 관련된 많은 증거 중 하나는 배교한 이스라엘이 이사야서 1장에서 발견된다는 것입니다. 이사야 1장 21절입니다:

신실하던 성읍이 어찌하여 창기가 되었는고 정의가 거기에 충만하였고 공의가 그 가운데에 거하였더니 이제는 살인자들뿐이로다

이어지는 구절에서 만군의 여호와께서 이스라엘에게 말씀하시고 이는 마지막 때에 만연할 상태를 묘사하고 있습니다. 이스라엘의 죄를 고발한 후, 주님은 "내가 나의 대적을 풀어주고 나의 원수에게 원수를 갚아 주겠다"고 선언하신다. 분명히 이것은 환난 기간과 관련이 있습니다. 그런 다음 주님은 계속해서 "내가 내 손을 돌이켜 네 찌꺼기를 깨끗하게 하리라" 고 말씀하신 다음, "그 후에는 네가 의의 성읍, 신실한 성읍이라 일컬음을 받으리라"고 덧붙이십니다. 그렇다면 하나님께서 이스라엘의 불충성때문에 이스라엘을 "음녀"라고 부르신 것이 얼마나 분명합니까? 더 많은 증거에 대해서는 예레미야 2:20; 3:6,8; 에스겔 16:15; 20:30; 43:8, 9; 호세아 2:5 등을 참조하시기 바랍니다.

필자는 다음으로 이스라엘 사람들이 마지막 때에 바벨론과 앗수르 땅에 거할 것임을 증명하는 몇 가지 구절을 살펴보고자 합니다. 예레미야 50장 4~7절입니다:

[4]여호와의 말씀이니라 그 날 그 때에 이스라엘 자손이 돌아오며 유다 자손도 함께 돌아오되 그들이 울면서 그 길을 가며 그의 하나님 여호와께 구할 것이며 [5]그들이 그 얼굴을 시온으로 향하여 그 길을 물으며 말하기를 너희는 오라 잊을 수 없는 영원한 언약으로 여호와와 연합하라 하리라 [6]내 백성은 잃어 버린 양 떼로다 그 목자들이 그들을 곁길로 가게 하여 산으로 돌이키게 하였으므로 그들이 산에서 언덕으로 돌아다니며 쉴 곳을 잊었도다 [7]그들을 만나는 자들은 그들을 삼키며 그의 대적은 말하기를 그들이 여호와 곧 의로운 처소시며 그의 조상들의 소망이신 여호와께 범죄하였음인즉 우리는 무죄하다 하였느니라(렘 50:4-7)

이 구절들은 분명히 야곱의 환란 때의 마지막 날들을 다루고 있습니다. 이어지는 50장 8절입니다:

너희는 바벨론 가운데에서 도망하라 갈대아 사람의 땅에서 나오라 양 떼에 앞서가는 숫염소 같이 하라(렘 50:8)

그런 다음 다음 구절 9절에서 이유가 나와 있는데, 이는 바벨론에 있는 충실한 유대인들이 빨리 탈출하라는 부르심의 긴급성을 보여줍니다:

보라 내가 큰 민족의 무리를 북쪽에서 올라오게 하여 바벨론을 대항하게 하리니 그들이 대열을 벌이고 쳐서 정복할 것이라 그들의 화살은 노련한 용사의 화살 같아서 허공을 치지 아니하리라(렘 50:9)

예레미야 51장 44절에서 주님은 다음과 같이 말씀하십니다:

내가 벨을 바벨론에서 벌하고 그가 삼킨 것을 그의 입에서 끌어내리니 민족들이 다시는 그에게로 몰려가지 아니하겠고 바벨론 성벽은 무너졌도다

이어서 충성스러운 유대인들이 바빌론에 있는 그들의 배교한 형제 무리로부터 스스로를 분리하라는 요청이 이어집니다.

나의 백성아 너희는 그 중에서 나와 각기 여호와의 진노를 피하라

이사야 11:11; 27:13절; 미가 4:10절 등, 이 모든 구절들은 이스라엘이 마지막 때에 바벨론과 밀접하게 연결되어 있음을 보여줍니다.

과거의 학생들이 이스라엘이 예언의 잠금을 해제하는 열쇠라는 것과 열방이 야곱의 후손의 운명에 영향을 미칠 때만 언급된다는 것을 발견한 것은 헤아릴 수 없는 도움이 되었습니다. 애굽 사람과 갈대아 사람 외에 옛적에 강한 민족이 더 있었으나 그들의 역사가 택하신 민족의 역사와 상관이 없으므로 성령이 그들을 지나치셨습니다. 같은 이유로 바벨론, 메디아-바사, 그리스, 로마 제국이 다니엘서에서 그토록 두드러지게 주목받는 이유를 설명합니다. 그들은 하나님께서 당신의 변덕스러운 백성을 넘겨주신 원수였습니다. 이 원리들은 예언서들을 연구하는 이들에 의해 널리 인정을 받았고, 따라서 마지막 예언서를 연구하는 사람들이 그 원리들을 적용한 사람들이 거의 없다는 것이 더 이상하게 느껴집니다.

이스라엘은 계시록의 열쇠이며 열방은 이스라엘의 운명에 직접적인 영향을 미치기 때문에 그 안에서만 언급됩니다. 계시록의 궁극적인 의도는 네로, 샤를마뉴, 나폴레옹과 같은 사람들이나 이슬람과 카톨릭과 같은 체계를 주목하지 않는 것입니다. 이 "큰 도성"인 바벨론이 아직 배교한 이스라엘의 고향이 아닌 한 바빌론에 대해 그렇게 많이 언급되지 않을 것입니다. 긴 시간이 필요했지만 이러한 예비적인 고찰 후에, 우리는 이제 요한계시록 17장과 18장에서 제공하는 몇 가지 세부 사항을 검토할 준비가 되었습니다. 지금 여기에서는 단순한 개요를 제공하는 것 이상을 할 수 없으며, 그렇게 하기 위해서는 계시록 18장을 추가적으로 다루는 것이 필요합니다.

[1]또 일곱 대접을 가진 일곱 천사 중 하나가 와서 내게 말하여 이르되 이리로 오라 많은 물 위에 앉은 큰 음녀가 받을 심판을 네게 보이리라 [2]땅의 임금들도 그와 더불어 음행하였고 땅에 사는 자들도 그 음행의 포도주에 취하였다 하고(계 17:1,2)

이 예언의 마지막 성취에서 "큰 음녀"는 마지막 때 즉 다니엘의 칠십이레 때에 배도한 이스라엘을 묘사합니다. 배도한 이스라엘을 비유하는 불충성스러운 여자의 모습은 성경에서 흔히 볼 수 있습니다. 예레미야 2:20; 3:6; 에스겔 16:15; 20:30; 43:8,9; 호세아 2:5 등을 참조하십시오. 그녀는 두 가지 이유 때문에 여기에서 "큰 음녀"로 불립니다.

첫째, 나중에 보여주겠지만 그녀가 결국 과거에는 없던 맘몬을 숭배할 것이기 때문입니다.

둘째, 짐승과의 우상숭배적 동맹 때문입니다.

사도는 여기에서 그녀의 "심판"을 보여줍니다. 이것은 계시록 12장에 나오는 순결한 "여자"가 보존될 것이라는 내용과 대조됩니다. 배도한 이스라엘은 아직 "많은 물 위에"("백성," 등, 계 17:15) 앉을 것이며 땅의 왕들이 그와 음행할 것이라는 사실들은 다음 장에서 고려하도록 남겨 두겠습니다.

[3]곧 성령으로 나를 데리고 광야로 가니라 내가 보니 여자가 붉은 빛 짐승을 탔는데 그 짐승의 몸에 하나님을 모독하는 이름들이 가득하고 일곱 머리와 열 뿔이 있으며 [4]그 여자는 자주 빛과 붉은 빛 옷을 입고 금과 보석과 진주로 꾸미고 손에 금 잔을 가졌는데 가증한 물건과 그의 음행의 더러운 것들이 가득하더라(계 17:3-4)

짐승 위에 여자가 앉아있다는 것은 그녀가 짐승을 다스릴 것이라는 의미가 아니라 짐승이 그녀를 지지할 것임을 암시합니다. 여기서 배도한 이스라엘들이 궁극적으로 언급되는 이유는 유대인들이 더 이상 열방의 꼬리가 아니라 머리가 될 주님의 천년왕국을 사탄이 모방한 것이다. 마귀가 이것을 어떻게 가져올 것인지는 계시록 18장을 검토할 때 나타날 것입니다. 짐승의 지원을 받은 결과(계 17:3), 배도한 이스라엘은 세상의 권세와 영광으로 높이 들리게 될 것입니다(계 17:4).

그의 이마에 이름이 기록되었으니 비밀이라, 큰 바벨론이라, 땅의 음녀들과 가증한 것들의 어미라 하였더라(계 17:5)

다시 세워진 바벨론은 니므롯 시대의 첫 번째 바빌론에 그 근원을 둔 다양한 우상 숭배의 제도와 체계들이 정점에 달할 것입니다. 가장 영향력 있는 유대인들이 마지막 때에 모일 곳은 바로 이 도시입니다. 그곳에서 유대인 금융가들은 이 땅의 정부들을 통제할 것입니다. 바벨론에 있는 배교한 이스라엘이 메시야 왕국인 천년왕국이 세워지기 전에 "자주색과 주홍색"(왕족과 지상의 영광의 상징)으로 옷을 입어야 한다는 것은 실제로 어느 선지자도 밝히지 않은 비밀이었지만, 이제 계시록에서 알려졌습니다.

또 내가 보매 이 여자가 성도들의 피와 예수의 증인들의 피에 취한지라 내가 그 여자를 보고 놀랍게 여기고 크게 놀랍게 여기니(계 17:6)

마지막 언급은 또 다시 마지막 때에 배도한 이스라엘에 관한 것입니다.

경건한 유대인들을 가장 무자비하게 대적하는 적들은 다름 아닌 배도한 유대인 형제들이 될 것이다. 이 책의 9장에서 다룬 누가복음 18장에 관한 글을 참조하십시오.

주께서 또 이르시되 불의한 재판장이 말한 것을 들으라

여기에서 보여지는 것은 로마 카톨릭이 아닙니다. 당시 로마의 미움을 받던 요한이 어찌하여 로마가 정사와 영광을 옷 입고 성도의 피에 취한 것을 이상히 여기겠느냐? 그러나 땅의 왕들(삼천 년 동안 그 악의 원수들)이 이스라엘과 음행하게 하고 그 나라의 배도한 사람들이 육체를 따라 자기 형제들인 사람들의 피에 취하게 되는 것은 요한을 놀라게 한다.

천사가 이르되 왜 놀랍게 여기느냐 내가 여자와 그가 탄 일곱 머리와 열 뿔 가진 짐승의 비밀을 네게 이르리라(계 17:7)

이어지는 해석에서 "여자"보다 "짐승"에 대해 훨씬 더 많이 언급된다는 점에 유의해야 합니다. 필자는 그 주된 이유가 18절에서 여자가 "땅의 왕들을 다스리는 큰 성"을 상징한다고 말하고 계시록 18장에 이어지는 장에서 그 도시가 더 완전한 주목을 받기 때문이라고 믿습니다.

[9]지혜 있는 뜻이 여기 있으니 그 일곱 머리는 여자가 앉은 일곱 산이요 [10]또 일곱 왕이라 다섯은 망하였고 하나는 있고 다른 하나는 아직 이르지 아니하였으나 이르면 반드시 잠시 동안 머무르리라 [11]전에 있었다가 지금 없어진 짐승은 여덟째 왕이니 일곱 중에 속한 자라 그가 멸망으로 들어가리라

여기에 지혜가 있는 마음이 있습니다(계 17:9): 계시록 13:18절의 반복은 이 두 장을 확인하고 연결합니다. 계시록 17:9에서 "마음"으로 번역되고 계시록 13:18에서 '이해'로 번역된 단어는 같은 단어이다. 지혜는 이해하고 분별력을 말한다. 환상으로 보이는 것은 짐승이지만 그것은 야생의 짐승을 말하는 것이 아니라 마지막 때에 사탄의 권능을 덧입은 초인간적 능력의 최종인물을 말한다(Dr. E. W. Bllinger).

9절은 지혜라는 단어로 끝나야 합니다. 이어지는 구절은 10절에 속하는 것입니다. 이 구절에 대해 신뢰할 수 있는 여러 번역본을 따르는 R.V 성경은 다음과 같이 번역합니다:

일곱 머리는 여자가 앉아 있는 일곱 산이요 그것들은 일곱 왕이다

이것은 로마 시가 세워진 일곱 언덕을 언급하는 이 일곱 산에 관한 사람들이 선호하는 해석을 즉시 처분합니다. 성령님은 일곱 산이 일곱 왕을 나타낸다고 분명히 말씀하십니다. 이 일곱 왕 중에서 "다섯 명이 망했고 하나는 있고(요한이 묵시록을 썼을 때 여섯 번째가 존재함), 다른 하나(일곱 번째)는 아직 오지 않았습니다. 계시록 17장 11절입니다:

전에 있었다가 지금 없어진 짐승은 여덟째 왕이니 일곱 중에 속한 자라
그가 멸망으로 들어가리라

그리고 계시록 17장 11절에서 우리는 "그리고 전에 있었다가 있지 않은 짐승도 자기도 여덟 번째요 일곱 중에 속하나니 멸망에 들어가느니라"고 읽습니다. 그 구절들에 대해서는 뉴톤이 쓴 "계시록에 대한 고찰들"을 참조하는 것이 최선입니다.

이 구절은 분명히 세상의 주권이 주님과 그분의 주권이 이루어 질 때까지 예언적인 땅에 존재했거나 존재할 다양한 형태의 행정 정부 또는 왕권에 대해 우리의 생각의 방향을 돌리기 위한 것입니다. 우리는 인간통치 정부의 역사를 새롭고 놀라운 형태를 도입함으로써 마무리 지을 인물을 공공연히 다루는 장을 발견할 것으로 기대한다. 그 형태는 새롭고 과거와 연결되어 있지 않고 그것은 이전 시대의 경험에서 도출된 원칙에 기초하여 건설될 것이며 인류의 태초의 노력에 위대함의 기초를 가질 것이기 때문입니다. 그는 여덟 번째가 될 것이지만 그는 일곱 왕 중에서 나올 것입니다.

여호와 앞에서 능력의 사냥꾼으로 일컬어지는 그의 타고난 에너지와 대담함을 가지고 있었습니다. 황량하고 정복되지 않은 땅, 숲의 짐승들과 수많은 다른 어려움과 위험에 둘러싸인 인간에게 에너지는 필수적이다. 필수적인 에너지는 매우 자연스럽게 첫 번째 형태로 왕권을 부여했으며, 따라서 그의 혈통은 솟아났다고 할 수 있다. 그의 왕국의 시작은 바벨이었다. 니므롯의 패권은 이전에 존재했던 어떤 제도에서 파생된 것이 아니다. 니므롯은 후에 나타난 느부갓네살과 같이 하나님의 선물로 받은 것도 아니며 다른 사람으로부터 물려받은 것도 아니다. 니므롯은 하나님없이 자신의 힘으로 권력을 차지했다. 니므롯이 나라를 세운 시날 땅에는 문명 그리고 발전에 있어서 큰 진전이 있었습니다. 바빌론 사람들의 놀라운 의복 그리고 갈대아인들의 살인들 그리고 학식에 대해 알고 있습니다. 그러나 그들의 지배는 하나님의 백성인 이스라엘의 시험이 온전히 될 때까지, 하나님의 손에 의해 억압되고 중단되었습니다. 그들은 그들이 땅에서 최고의 권세를 받기에 합당한 지에 대해서 증명할 것인지를 보게 될 것이었습니다.

이스라엘의 통치형태는 다윗과 솔로몬의 치세에서 본 것과 같은 신정통치입니다. 그들은 온전하지 못했지만 장차 오실 이의 모형이었습니다. 왕은 자신이 다스리는 사람들로부터 독립적이고 통제를 받지 않았지만,

하나님께는 의존적이었습니다. 하나님은 성전에 거하시며 언제나 의논을 하기에 가까이 계셨고 그분의 법이 최종 항소 기준으로 제시되었다. 왕은 하나님과 백성 사이에 서서 그들의 직무나 종이 되지 않고 그들의 판단의 표현이 되지 않고 그들의 의지의 반영이 되지 않았습니다.

오직 그 자신이 위로부터 받은 원칙으로 그들을 다스리는 것이었습니다. 그러나 하나님과 동행하는 이와 같은 권세의 소유는 육신으로는 사람에게서 볼 수 없는 거룩함을 요구하므로 곧 상실되었습니다. 신적인 재가는 여러번 탐이 났었고 주님의 기름부은 자로 가정했습니다. 이방의 마지막 큰 왕은 과연 이 이상을 할 것입니다. 그는 하나님의 자리를 차지할 것입니다. 그는 북쪽 회중의 산에서 말하기를 지존자와 같다고 할 것입니다. 하지만 이 모든 것은 승인되지 않은 것입니다.

공식적으로 하나님에 의해서 세워진 이방인 왕조의 세번째 형태는 느부갓네살이라는 사람을 통해서입니다. 그는 이스라엘의 군주들처럼 그에게 절대적인 주권을 부여되었지만, 하나님이 그와 함께 하지는 않았습니다. 느부갓네살과 그의 후계자들은 자신들이 원하는 대로 행사할 수 있는 권력을 위임받았습니다. 하지만 최종적인 책임은 추후에 하나님께서 물을 수 있지만 말입니다. 여기에서 이방인의 고통스러운 역사를 추적할 필요는 없습니다. 권력의 역사에 관해서는 이방인의 군주가 처음부터 하나님을 알지 못하여 의지할 수 없고 연약하여 홀로 설 수 없다고 말하는 것으로 충분합니다. 그들이 다스리는 사람들의 질투와 증오에 노출되었습니다. 질투는 종종 그들의 악에 의해서 얻어진 것이 아니라 그들보다 열등한 어떤 것들에 의해서 발생된다는 것을 발견할 필요가 있습니다.

따라서 권력의 성격은 시대에 따라 악화되어 왔습니다. 마침내 이 후의 왕들은 국민을 권력의 기초와 원천으로 하는 데 동의할 뿐만 아니라 주어진 규칙에 묘사된 대로 권력을 행사하는 데에 복종하게 되었습니다. 니므롯의 독재, 이스라엘의 신정 통치, 느부갓네살의 전제적 권위, 페르시아의 귀족 군주제, 알렉산더와 그의 후계자들의 군사 군주제는 모두 요한이 이 환상을 보았을 때 세상에는 존재하지 않았습니다. 이 모든 방법들이 시도되었습니다. 이것들 중 어느 것도 인간의 목적들에 대해서 응답하는 것이 없었습니다. 이제 또 다른 형태가 일어났습니다. 절반은 군사적이고 절반은 군주제인 철제 로마제국의 카이사르입니다. 다섯은 무너졌고 하나는 있고 다른 하나는 미래입니다. 아직 이르지 아니하였으니 그것이 등장하면 좀 더 지속해야 합니다.

또 다른 것은 아직 이 구절을 성취하기 위해 왔다고 말할 수는 없지만 일곱 번째가 상업주의라고 믿는 경향이 있습니다. 단 한 가지 예외가 있다면 종말이 오기 전에 마지막으로 보여야 할 형태가 올 것이며, 이러한 형태 아래서 바벨론의 체계가 성숙하게 되는 것입니다. 숫자적으로 사람들에 의해 결정되는 것이 아니라 특정 계급, 재산 소유에 의해 결정되는 계급에 의해 결정되는 군주제는 부의 축적과 상업 권력의 성장에 적합한 형태임이 분명합니다. 그것은 개인 기업의 자유를 과도하게 구속하지 않으면서 재산에 대한 최상의 보안을 제공하기 때문입니다.

지면이 부족하기 때문에, 중간에 있는 몇몇 구절을 생략해야 하며, 이 장을 마무리하면서 계시록 17:18에 대한 간단한 설명을 하고자 합니다:

또 네가 본 그 여자는 땅의 왕들을 다스리는 큰 성이라 하더라

이 구절은 음녀가 한 도성를 상징한다고 알려줍니다. 이 도시의 이름은 요한계시록 14:8; 16:19; 17:5; 18:2; 10, 21에서 여섯 번, 즉 사람의 수로 불려졌다는 것은 확실히 의미심장합니다. 반면 새 예루살렘은 하나님의 수로서 세 번(계 3:12; 21:2; 10) 언급된다. 그러므로 바빌론은 문자 그대로 이해되어야 하고 그렇지 않으면 우리는 하나의 형상을 나타내는 다른 하나의 형상의 변칙성을 갖게 될 것입니다. 그러나 여기에서 여자가 도시를 나타낸다고 말한 바로 그 사실로부터 우리는 그녀가 문자적 의미가 아니라 비유적이라는 것을 알게 됩니다.

다음 장에서 필자는 요한계시록 17장에 대해서 좀 더 살펴보고 계시록 18장에 대해 몇 가지 설명을 하고자 합니다.

제15장
적그리스도와 바빌론
(계시록 18)

앞의 장에서 필자는 요한계시록 17장에서 "큰 음녀"와 "큰 바벨론"이 비록 밀접하게 연결되어 있지만 분명히 구별되고 전자는 후자를 나타내는 것을 보여주려고 노력했습니다. 계시록 17장이 담고 있는 상징적 예언의 많은 특징이 이미 놀라운 성취를 이루었습니다. 하지만 여전히 그 모든 다양한 용어의 완전한 실현은 아직 미래에 있고 이루어지지 않았습니다. 필자는 또한 우리 독자들에게 예언의 어려운 문제의 대부분에 대해서 이스라엘이 해결책을 제공한다는 것을 상기시켰고, 이것은 성경의 마지막 예언서인 계시록을 더 광범위하고 면밀히 연구될수록 점점 더 분명해지고 있습니다. 50년 전 주석가들의 대다수는 요한계시록 7장의 전반부를 "영성화"하고 거기에 언급된 이스라엘의 12지파를 교회를 지칭하는 것으로 해석했습니다. 하지만 이것은 오랫동안 신뢰를 받지 못했습니다. 따라서 계시록 12장에 등장하는 여자를 교회를 상징하는 것으로 해석하던 대중적인 해석들도 많은 사람들에 의해서 버림을 받았습니다. 요한계시록 19장과 21장에 나오는 '어린양의 아내', '신부'도 교회보다 이스라엘을 말한다는 사실을 깨닫는 성경을 연구하는 이들이 늘어나고 있습니다.

교회가 신부라는 것(성경 어디에도 확인되지 않은 진술)은 천 년 이상 동안 교황에 의해 교묘하게 선포되어 왔으며 그 전통은 개신교에도 전체적으로 울려 퍼지게 되었습니다. 그러나 우리가 말했듯이, 이에 대해 진지하게 의문을 제기하는 사람들, 참으로 그것을 거부하고 대신에 구원받은 이스라엘이 새 이스라엘이 신부가 될 것이라고 선언하는 사람들이 꾸준히 증가하고 있습니다. 이 진리가 더욱 분명해지면 필자는 그 큰 음녀가 배도한 교회가 아니라 배도한 이스라엘이라는 것도 명백해질 것이라고 믿습니다. 이스라엘의 미래는 광범위한 주제입니다. 왜냐하면 그것에 대해 말하는 성경구절이 많기 때문입니다. 더욱이 그것은 심오한 관심의 주제이며, 이제는 예언적인 이었던 것들이 곧 역사적인 것이 될 것이기 때문에 더욱 그렇습니다.

지난 25년 동안의 시온주의 운동은 몇몇 이상주의자들의 실현 불가능한 이상 그 이상입니다. 그것은 팔레스타인에 유대인의 재건을 위한 길을 꾸준히 준비하고 있습니다. 시온주의자들이 많은 유대인들의 눈살을 찌푸리게 된 것은 사실이며, 그것에 대한 아주 좋은 이유가 있습니다. 하나님의 때는 아직 완전히 무르익지 않았으며, 많은 야곱의 후손들의 돈만 바라는 정신이 그것을 일시적으로 가지도록 허락하셨습니다. 현재 그 땅과 유럽 주요 국가의 수도에서 편안하게 정착하고 번영하고 있는 수백만 명의 유대인들은 현재의 위치에 만족하고 있습니다. 돈에 대한 사랑은 감정적 고려보다 중요합니다. 시온주의는 그들의 탐욕에 아무런 매력이 없습니다. 팔레스타인에서 농부가 되기 위해 뉴욕, 런던, 파리, 베를린의 시장과 마트를 떠나는 것은 충분히 매력적이지 않습니다. 맘몬은 이제 고대에 금송아지를 숭배했던 자들의 후손 대다수의 신이 되었습니다.

현재 팔레스타인에 정착하기를 진정으로 열망하는 사람들은 러시아, 헝

가리 등에서 억압받는 사람들 뿐입니다. 그러나 곧 태도의 변화가 있을 것입니다. 지금도 희미한 조짐이 있다. 팔레스타인의 인구가 증가함에 따라 터키와 아라비아의 약탈로부터 안보의 전망이 더 밝아지고 국가가 발전하고 상업적 영토 확장의 가능성이 눈앞에 다가옴에 따라 상류층 유대인인들은 골든타임을 빨리 보고 쟁취할 것입니다. 여행을 다한 뒤에도 삽과 괭이 외에는 아무것도 없을 때 팔레스타인으로 이주하기를 열망하는 미국 유대인은 거의 없을 것입니다. 그러나 병원, 대학, 은행이 문을 열고 문명의 모든 상업적 부속물이 다윗의 땅에서 자리를 찾으면, 수 많은 다윗의 후손들이 그곳으로 급격하게 얼굴을 돌릴 것입니다. 많은 돈이 흘러들어간 높은 재정은 탐욕스러운 히브리인을 끌어들이는 자석입니다.

팔레스타인이 완전한 유대 국가가 되면 논리적 귀결을 예측하는 것은 어렵지 않습니다. 필자는 데이빗 바론(David Baron)의 훌륭한 스가랴 주석을 인용하고자 합니다. 스가랴 주석의 5장의 내용입니다. 독단으로 치닫지 않고 또한 계시록에 나와있는 바벨론의 정체성과 중요성을 의심하지 않으면, 문자적인 바벨론의 부흥과 미래의 심판의 가정외에는 만족스럽게 설명된 성경구절이 없다는 것을 확신합니다. 그곳 바벨론은 불경건한 문명의 모든 요소의 중심이며 구체화가 될 것이며, 특히 세계 상업의 주요 중계점이 될 것입니다.

"이러한 확신으로 우리는 과거의 문자적인 바벨론에 대해서 구약의 예언들이 지난 과거에 온전히 이루어진 적이 없다는 그 사실에 주로 인도되었습니다. 구약성경은 바벨론의 멸망 그리고 이스라엘의 회복과 축복이 미래에 있다고 연결짓고 있습니다. 그리고 시대의 징조를 면밀히 관찰하는 사람에게는 오늘날의 일들이 성경에서 예언된 대로 매우 급격하게 발전하고 있다는 것은 매우 인상적입니다. 필자 앞에 놓여 있는 월간일지에서 말하는 세계의 정치적, 상업적 그리고 종교적 글들은 현재 점점 더 인류의 고향인 메소포타미아에 집중되고 있다고 씁니다. 유대 민족의 조상이 이주한 약속의 땅의 나라로서, 유대인의 생각과 염원을 담고 있기도 합니다."

많은 시온주의자와 다른 유대인들이 참여할 준비가 되어 있는 바로 이 지역에 유대인 자치 국가를 건설하기 위해 유대인 영토주의자들이 터키 정부와 최근에 진행한 협상의 결과가 무엇이든 간에, 다른 작가의 말에는 너무나 많은 진실이 있습니다. 유대인과 같은 장사에 수완이 발달한 사람들 상당수가 팔레스타인에 다시 세워졌을 때 그들에게 유프라테스 강은 런던에서 템즈강, 독일에서 라인강처럼 필요했을 것입니다. 유프라테스 강은 아시아의 중부와 북부 지역에서 티그리스와 유프라테스로 흘러들어오는 상업은 말할 것도 없이, 이스라엘에게 있어서 인도양과 소통하는 큰 교통 통로가 될 것입니다. 그것은 아시아의 중부와 북부 지역에서 티그리스와 유프라테스로 흘러드는 상업은 말할 것도 없고, 인도양과 연결되는 이스라엘의 큰 교통 통로가 될 것입니다. 그 강의 상인들은 지상의 위대한 인물들이라고 말할 수 있는 그 강둑에서 아무런 도시가 생기지 않는 일은 이상한 일이다.

스가랴 5장은 요한계시록 18장과 가장 밀접하게 관련되어 있으며, 전자를 이해하는 것은 후자를 연구하는 데 매우 중요하므로 여기에서 간단히 고려하지 않을 수 없습니다. 그러나 먼저 스가랴의 처음 네 장의 내용을 가능한 한 적은 글로 요약해 보겠습니다.

첫째, 간략한 서론 후에 하나님의 눈이 항상 이스라엘 위에 있다는 것을 보게 됩니다(슥 1:7-17).

[7]다리오 왕 제이년 열한째 달 곧 스밧월 이십사일에 잇도의 손자 베레갸의 아들 선지자 스가랴에게 여호와의 말씀이 임하니라 [8]내가 밤에 보니 한 사람이 붉은 말을 타고 골짜기 속 화석류나무 사이에 섰고 그 뒤에는 붉은 말과 자줏빛 말과 백마가 있기로 [9]내가 말하되 내 주여 이들이 무엇이니이까 하니 내게 말하는 천사가 내게 이르되 이들이 무엇인지 내가 네게 보이리라 하니 [10]화석류나무 사이에 선 자가 대답하여 이르되 이는 여호와께서 땅에 두루 다니라고 보내신 자들이니라 [11]그들이 화석류나무 사이에 선 여호와의 천사에게 말하되 우리가 땅에 두루 다녀 보니 온 땅이 평안하고 조용하더이다 하더라 [12]여호와의 천사가 대답하여 이르되 만군의 여호와여 여호와께서 언제까지 예루살렘과 유다 성읍들을 불쌍히 여기지 아니하시려 하나이까 이를 노하신 지 칠십 년이 되었나이다 하매 [13]여호와께서 내게 말하는 천사에게 선한 말씀, 위로하는 말씀으로 대답하시더라 [14]내게 말하는 천사가 내게 이르되 너는 외쳐 이르기를 만군의 여호와의 말씀에 내가 예루살렘을 위하며 시온을 위하여 크게 질투하며 [15]안일한 여러 나라들 때문에 심히 진노하나니 나는 조금 노하였거늘 그들은 힘을 내어 고난을 더하였음이라 [16]그러므로 여호와가 이처럼 말하노라 내가 불쌍히 여기므로 예루살렘에 돌아왔은즉 내 집이 그 가운데에 건축되리니 예루살렘 위에 먹줄이 쳐지리라 만군의 여호와의 말이니라 [17]그가 다시 외쳐 이르기를 만군의 여호와의 말씀에 나의 성읍들이 넘치도록 다시 풍부할 것이라 여호와가 다시 시온을 위로하며 다시 예루살렘을 택하리라 하라 하니라(슥1:7-17)

둘째, 그분의 눈은 이스라엘의 원수와 황폐하는 자들에게도 있습니다(슥 1:18-21).
셋째, 이스라엘의 미래의 축복(2)과 정결함(3)에 대한 확신이 주어집니다.
넷째, 이스라엘의 회복에 뒤따를 축복에 대해 배웁니다(4).
다섯째, 배도한 이스라엘의 형벌을 볼 수 있습니다: "날으는 두루마리"는 사악한 유대인의 멸망을 상징합니다(슥 5:1-4).

그런 다음 스가랴 5장 5-11절에는 "에바"의 환상이 등장합니다. 현재는 이 환상의 두드러진 특징들에 관심을 기울여야 합니다.

첫째, 선지자는 유대인들 사이에서 건조물에 대한 가장 큰 측정 수단인 "에바"를 본다. 따라서 그것은 상업의 자연스러운 상징이 될 것입니다. 다음으로, 에바가 "나가다"(슥 5:5, 6)라고 두 번 언급됨을 볼 수 있습니다.

[5]내게 말하던 천사가 나아와서 내게 이르되 너는 눈을 들어 나오는 이것이 무엇인가 보라 하기로 [6]내가 묻되 이것이 무엇이니이까 하니 그가 이르되 나오는 이것이 에바이니라 하시고 또 이르되 온 땅에서 그들의 모양이 이러하니라

앞의 모든 환상이 예루살렘과 그 백성에 관한 것이기 때문에, 이것은 유대 상업의 중심지가 팔레스타인에서 다른 곳으로 옮겨져야 한다는 것을 의미하는 것으로 밖에 볼 수 없습니다. 다음으로, 에바 한 가운데에 "한 여자"가 숨겨져 있는 것을 볼 수 있습니다(슥 5:7).

이 에바 가운데에는 한 여인이 앉았느니라 하니 그 때에 둥근 납 한 조각이 들리더라

스가랴 5장 5절과 6절에서 "여자"가 보이지 않기 때문에 우리는 "숨겨진"이라고 표현합니다. 그녀를 보기 위해서는 납으로 덮인 덮개(참조, 스가랴 5:8)를 들어 올려야 합니다. 에바 속에 감추어진 이 여자는 요한계시록 17장과 18장에 완전히 잘 드러난 여자입니다. 다음으로 에바의 덮개를 다시 닫기 전에 "악"(불법)이 에바에 던져진 것을 볼 수 있습니다. 그 다음에 이어지는 내용에서, "여자"와 "악"이 그 안에 갇힌 이 에바를 보게 되는데, 그것은 팔레스타인에서 "시날 땅"(슥 5:11)으로 신속하게 옮겨집니다.

[10]내가 내게 말하는 천사에게 묻되 그들이 에바를 어디로 옮겨 가나이까 하니 [11]그가 내게 이르되 그들이 시날 땅으로 가서 그것을 위하여 집을 지으려 함이니라 준공되면 그것이 제 처소에 머물게 되리라 하더라

그 목적은 "집을 지으라"라는 표현에서 알 수 있듯이 정착된 처소를 위해서입니다. 마지막으로 우리는 "그것이 (시날 땅에) 자기 터 위에 세워질 것"이라고 확신합니다. 이 환상이나 예언에는 다음이 포함되어 있습니다. 그 후에 확장되고 발전된 그 세균은 요한계시록 17장과 18장에서 이 상업 체계를 위해 세워진 "집"이 "큰 바벨론"임을 보여줍니다. 먼저 이스라엘의 신실한 자들과 믿음이 없는 자들과 관련된 일련의 예언들 가운데서 우리는 계시록의 타락한 여인이 다름 아닌 배도한 이스라엘이라는 또 다른 분명하고 독립적인 증거를 가지고 있습니다.

뉴턴의 스가랴 5장은 바벨론의 미래에 대해 이해하는 데에 도움이 되고 우리에게 조명을 비춰 줍니다. 그의 설명은 너무 탁월하기에, 이에 다음과 같이 인용합니다:

만약에 사람의 힘이 다시 유프라테스 지역에 쏟을 수 있도록 허용이 된다면, 만약에 바벨론 땅에 다시 잠깐의 번영이 허용된다면, 성경 어딘가에서 그러한 사건을 암시할 것으로 예상할 수 있습니다. 성경은 아직 성취되지 않은 사건에 대해 말하고 있는데, 그 사건의 장면은 바벨론 땅이 될 것입니다. 내가 언급하는 구절은 스가랴 5장의 끝 부분에 있습니다.

이 놀라운 구절에서 예언된 사건이 아직 성취되지 않은 채로 남아 있다는 것은 바벨론이 그 타격을 받은 후에 점차적으로 약화되었을 때, 스가랴가 예언했다는 사실에서 충분히 분명합니다. 스가랴는 바벨론이 페르시아의 손에 넘어간 후에 살았습니다. 그 이후로 모든 사람이 인정하는 것처럼 바벨론은 재건이 아니라 쇠퇴의 길을 걸었습니다. 그때부터 지금까지 바벨론에는 집을 짓는 일이 없고 아무것도 세워지지 않았습니다. 더욱이 시날 땅에는 측량하는 에바가 없습니다. 그러나 곧 시날 땅에 에바를 세우고 집을 지을 것이며 거기 그 기초 위에 견고히 세워질 것입니다.

에바는 상업의 상징입니다. 그것은 상인의 상징입니다. 앞의 구절에서 에바는 "나가다"로 묘사됩니다. 즉 에바의 주권적인 영향력이 열방에 스며들어 그들의 제도를 형성하는 힘으로서 그 자체에서 파생된 특성을 그들에게 각인시키는 것을 나타냅니다. 다시 말해서 상업은 통치하기 위한 기간입니다. 그것은 준비를 결정하고 이스라엘과 예언한 땅의 방식을 정할 것입니다. 그것이 통제하는 모든 나라의 모습은 상업적일 것입니다. 또한 이것이 온 땅에 걸친 그들의 모습(또는 면모)일 것입니다.

그것에 대한 주제는 깊은 관심을 가지고 있으며 세부 사항에 대해 자세히 설명하고 싶은 유혹을 받습니다. 그러나 그러한 일은 거의 필요하지 않습니다. 과거에 대한 일반적인 지식을 갖고 있고 오늘날 세계의 정치적 상황에 대해 조금이라도 알고 있는 사람이라면 누구나 지난 2~3세기 동안 목격한 급진적인 변화를 잘 알고 있습니다. 천 년 동안 교회(자칭 교회)는 유럽 정부를 통제했습니다. 종교 개혁 이후에는 귀족이 고삐를 잡았습니다. 19세기의 전반부 동안에는 민주주의 원칙이 더 널리 보급되었습니다. 그러나 지난 2~3세대 동안 이 나라들과 유럽의 주요 국가의 정부 기관은 자본가들이 다스렸습니다. 최근에는 노동당이 이러한 시도를 했지만 지금까지는 거의 성공하지 못했습니다. 스가랴 5장과 요한계시록 18장에 비추어 볼 때 오늘날의 상황은 매우 중요합니다. 문명화된 세계에서 정책과 운명을 점점 더 지배하고 있는 것은 상업입니다.

만약 우리의 시선을 세상을 향하여 보다보면, 오늘날 이 땅 나라들 앞에 상업의 이미지라는 하나의 큰 목표가 있다는 것을 발견할 수 있다. 그것은 마치 여성이 남성의 마음에 행사할 수 있는 모든 매혹적인 영향력으로 그들을 끌어들이는 것과 같다. 각자의 한 가지 큰 목표는 이 강력한 여주인의 호의를 얻는 것입니다. 세계 강국은 상업적 패권을 위한 거대한 투쟁에 참여하고 있습니다. 이를 위해 제분소가 건설되고, 공장이 세워지고, 벌목이 되고, 땅이 파종되고, 수확이 거두어지고 배가 출항합니다. 세계 시장을 장악하기 위한 이러한 투쟁 때문에 국가들은 손을 뻗어 국경을 확장하고 있습니다(Dr. Haldeman). 최근의 전쟁은 상업적 질투로 인해 발생했습니다. "배상" 문제의 근본 문제인 "해협" 문제, 유럽에 대한 미국 차관의 취소 또는 상환 요구는 각각 상업적 고려 사항으로 돌아갑니다.

60년 전에 상업이 오늘날의 주권적인 영향력이 아니냐는 질문을 받았습니다. 만일 우리가 지상의 주요 국가들의 기치를 특징적으로 나타내는 상징을 새기도록 요청받는다면, 에바보다 더 적절한 장치가 있을 까요? 이것이 오늘날 얼마나 더 적절할 수 있겠습니까? 이것이 요한계시록 18장에 묘사된 것과 같이 어떻게 길을 준비하고 있고 곧 향할 것인지는 관찰하는 것이 어렵지 않습니다. 계시록 18장 23절입니다:

등불 빛이 결코 다시 네 안에서 비치지 아니하고 신랑과 신부의 음성이 결코 다시 네 안에서 들리지 아니하리로다 너의 상인들은 땅의 왕족들이라 네 복술로 말미암아 만국이 미혹되었도다(계18:23)

여기에서 상인들은 땅의 왕족들로 묘사되고 있습니다. 이것이 400년 전에는 사실이 아니었습니다. 당시에는 성직자들이 "땅의 왕족들"이었기 때문입니다. 백년 전에는 귀족이 "땅의 위인들"이었습니다. 그러나 오늘날에는 어떻습니까? 길거리의 사람들에게 지금 살아 있는 사람들 중 위대한 사람 몇명을 선택하라고 요청해 보십시오. 누구를 선택할 것 같습니까? 그리고 뒤에 서 있지만 "상인"과 하나가 되는 사람은 누구입니까? 금융가가 아닌가요? 그리고 선두에 있는 사람은 누구입니까? 세계의 거대한 은행 시스템을 점점 더 지배하고 있는 이들은 누구입니까? 그러한 지식과 정보를 잘 아는 모든 사람은 알고 있습니다. 그들은 유대인입니다. 그러므로 느부갓네살의 꿈에 있는 형상의 머리(바벨론 제국을 상징함)가 금으로 되어 있어야 하고 마지막 바벨론이 "황금 성"(사 14:4)으로 불려야 한다는 것은 얼마나 심오한 의미가 있습니까?

그리고 이 모든 것이 다시 요한계시록 17장에 대한 우리의 해석을 잘 확증해 줍니다. 즉 "그녀의 손에 금잔을 들고 있는"(계 17:4) "큰 음녀"는 배도한 이스라엘이고 그 "큰 도시"는 이제 곧 유프라테스 강둑에 건설될 것입니다. 세상의 부가 히브리인의 금고를 급속히 채우고 있다는 것은 아직 완전히 분명하지 않습니다. 지금은 시날 땅에 세워지기 전에 "에바 한가운데"에 있는 "여자"의 모습만 알 수 있었습니다. 그러나 이것이 분명해지기까지는 그리 오래 걸리지 않을 것입니다. 마지막 때에 "그 여자가...그 큰 성을 나타낸다"(계 17:18)는 것이 완전히 드러날 것입니다. 이것은 계시록 17:5의 말씀을 설명해 주고 있습니다. "큰 바벨론"이라는 단어가 "음녀의 이마"에 기록되어 있음을 보여 줍니다.

[4]그 여자는 자주 빛과 붉은 빛 옷을 입고 금과 보석과 진주로 꾸미고 손에 금 잔을 가졌는데 가증한 물건과 그의 음행의 더러운 것들이 가득하더라 [5]그의 이마에 이름이 기록되었으니 비밀이라, 큰 바벨론이라, 땅의 음녀들과 가증한 것들의 어미라 하였더라(계17:4-5)

이제, 모든 사람에게 명백할 것입니다! 배교한 이스라엘은 당시 세상의 부를 통제하는 바빌론으로 의인화된 것입니다.

그리고 적그리스도는 이와 관련하여 어떤 역할을 할 것입니까? 바빌론과 배교한 이스라엘과의 관계는 어떠할 것입니까? 하나님의 말씀은 이러한 질문들에 대해 침묵하지 않으십니다. 우리는 이제 그것에 대해 하나님의 답을 구합니다. 적그리스도와 바벨론의 관계에 관하여 성경은 매우 명백합니다: 그는 "바벨론의 왕"이 될 것이고(사 14:4) "앗수르의 왕"(사 10:12)이 될 것입니다. 배교한 이스라엘과의 관계에 관해서는 그것은 더 복잡한 문제이며 더 자세한 고려가 필요할 것입니다. 그러므로 이 주제의 이 흥미로운 부분에 대해 별도의 장(다음 장)을 할애할 것입니다. 여기서는 요한계시록 17장과 18장에 대해 간략하게 다룰 것입니다.

요한계시록 17장은 배교한 이스라엘과 적그리스도의 관계를 세 가지 측면에서 제시합니다. 첫째, 적그리스도는 음녀를 지원합니다. 계시록 17장 3절을 보면 붉은 색 짐승을 탄 음녀를 보게 됩니다. 필자는 이것이 다니엘 9장 27절과 평행을 이룬다고 믿습니다.

그가 장차 많은 사람들과 더불어 한 이레 동안의 언약을 굳게 맺고 그가 그 이레의 절반에 제사와 예물을 금지할 것이며 또 포악하여 가증한 것이 날개를 의지하여 설 것이며 또 이미 정한 종말까지 진노가 황폐하게 하는 자에게 쏟아지리라 하였느니라 하니라(단9:27)

이 구절은 미래에 나타날 왕이 이스라엘과 언약을 맺을 것이라고 말합니다. 이 계약, 동맹 또는 조약은 그녀를 보호할 것입니다. 다니엘 9장 27절에서 그 언약이 다시 부활한 로마 제국의 우두머리로 있는 자에 의해 맺어진 것이라고 말하는 것은 의미심장합니다. 그것은 계시록 17장 3절에서 그를 머리가 일곱이요 뿔이 열이라고 묘사한 기록과 상응합니다.

곧 성령으로 나를 데리고 광야로 가니라 내가 보니 여자가 붉은 빛 짐승을 탔는데 그 짐승의 몸에 하나님을 모독하는 이름들이 가득하고 일곱 머리와 열 뿔이 있으며(계17:3)

적그리스도는 더 이상 "작은 뿔"이 아닙니다. 그는 이제 이 땅의 영광과 지배권을 획득한 적그리스도입니다. 따라서 그는 한동안 유대인을 옹호하고 그들의 이익을 보호할 것입니다.

둘째, 계시록 17장은 배교한 이스라엘이 땅의 왕들에게 흥미를 일으키는 것으로 묘사합니다. 요한계시록 17장 2절에 의하면 땅의 왕들이 그녀와 함께 음행할 것이라는 것을 알 수 있습니다.

땅의 임금들도 그와 더불어 음행하였고 땅에 사는 자들도 그 음행의 포도주에 취하였다 하고(계 17:2)

이것은 중요한 항목인데, 계시록 18:3에서 어떻게 반복되는지 주목하십시오.

그 음행의 진노의 포도주로 말미암아 만국이 무너졌으며 또 땅의 왕들이 그와 더불어 음행하였으며 땅의 상인들도 그 사치의 세력으로 치부하였도다 하더라

이것이 계시록 17장 16절을 설명하는 역할을 한다고 필자는 믿습니다:

네가 본 바 이 열 뿔과 짐승은 음녀를 미워하여 망하게 하고 벌거벗게 하고 그의 살을 먹고 불로 아주 사르리라

짐승이 음녀에게 등을 돌리고 미워하고 멸망시키는 것은 음녀가 짐승에게 충성을 다하지 않기 때문입니다. 배교한 이스라엘은 짐승의 보호에 만족하지 않고 열 뿔을 가진 자와 경쟁하는 위치를 열망할 것입니다. 음녀가 이 일에서 성공했다는 것은 17장의 마지막 구절에서 알 수 있습니다.

또 네가 본 그 여자는 땅의 왕들을 다스리는 큰 성이라 하더라

배교한 이스라엘이 땅의 왕들을 어떻게 다스릴 것인지에 관해서는 다음 장에서 다루도록 하겠습니다.

셋째, 요한계시록 17장은 배도한 이스라엘이 궁극적으로 짐승과 그의 열 뿔들에게서 미움을 받을 것임을 알려 줍니다(계 17:16). 12절은 열 뿔이 열 왕들임을 알려 줍니다. 이것은 많은 사람들에게 실제적인 어려움을 제시했습니다. 계시록 17장 16절에서는 다음과 같이 말합니다:

네가 본 바 이 열 뿔과 짐승은 음녀를 미워하여 망하게 하고 벌거벗게 하고 그의 살을 먹고 불로 아주 사르리라

반면에 계시록 18장 9절은 다음과 같이 말합니다:

그와 함께 음행하고 사치하던 땅의 왕들이 그가 불타는 연기를 보고 위하여 울고 가슴을 치며

그러나 이것의 어려움의 해결책은 매우 간단합니다. 그 어려움은 "땅의 왕들"을 "열 뿔"과 혼동함으로써 만들어집니다. 그들의 왕국은 고대 로마 제국의 영토 안에 있습니다(참조 단 7:7). "땅의 왕들"은 훨씬 더 넓은 지역에 대한 표현이며, 북미 및 남미와 같은 왕국을 포함합니다. 중국과 일본, 독일과 러시아 등 사실상 모두 고대 로마 제국의 경계 밖에 있습니다. 배교한 이스라엘이 "땅의 왕들"과 함께 그 짐승과 "열 왕들"에 대한 증오심을 불러일으키는 것은 흥미로운 일입니다. 이 장을 끝맺으면서 필자는 요한계시록 17장과 18장과 구약의 선지자들 사이의 많은 놀라운 언어적 상응에 주의를 기울이고자 합니다:

1. 요한계시록 17:1과 예레미야 51장 13절입니다.

또 일곱 대접을 가진 일곱 천사 중 하나가 와서 내게 말하여 이르되 이리로 오라 많은 물 위에 앉은 큰 음녀가 받을 심판을 네게 보이리라(계17:1)

많은 물 가에 살면서 재물이 많은 자여 네 재물의 한계 곧 네 끝이 왔도다(렘51:13)

2. 요한계시록 17장 2절과 예레미야 51장 7절입니다:

땅의 임금들도 그와 더불어 음행하였고 땅에 사는 자들도 그 음행의 포도주에 취하였다 하고(계17:2)

바벨론은 여호와의 손에 잡혀 있어 온 세계가 취하게 하는 금잔이라 뭇 민족이 그 포도주를 마심으로 미쳤도다(렘51:7)

3. 계시록 17:4절과 예레미야 51장 7절입니다:

그 여자는 자주 빛과 붉은 빛 옷을 입고 금과 보석과 진주로 꾸미고 손에 금 잔을 가졌는데 가증한 물건과 그의 음행의 더러운 것들이 가득하더라(계17:4)

바벨론은 여호와의 손에 잡혀 있어 온 세계가 취하게 하는 금잔이라 뭇 민족이 그 포도주를 마심으로 미쳤도다(렘51:7)

4. 요한계시록 17장 15절과 예레미야 51장 13절입니다.

또 천사가 내게 말하되 네가 본 바 음녀가 앉아 있는 물은 백성과 무리와 열국과 방언들이니라(계17:15)

많은 물 가에 살면서 재물이 많은 자여 네 재물의 한계 곧 네 끝이 왔도다(렘51:13)

5. 요한계시록 17:16절과 예레미야 51장 58절입니다:

네가 본 바 이 열 뿔과 짐승은 음녀를 미워하여 망하게 하고 벌거벗게 하고 그의 살을 먹고 불로 아주 사르리라(계17:16)

만군의 여호와께서 이와 같이 말씀하시니라 바벨론의 성벽은 훼파되겠고 그 높은 문들은 불에 탈 것이며 백성들의 수고는 헛될 것이요 민족들의 수고는 불탈 것인즉 그들이 쇠잔하리라(렘51:58)

6. 요한계시록 17장 18절에서 큰 성을 대표하는 여자가 "땅의 왕들을 다스리는" 것을 볼 수 있습니다. 이사야서 47장 5절에서 바벨론은 "왕국의 여인"이라고 불린다.

또 네가 본 그 여자는 땅의 왕들을 다스리는 큰 성이라 하더라(계 17:18)

7. 요한계시록 18장 2절과 이사야 13장 21절입니다:

힘찬 음성으로 외쳐 이르되 무너졌도다 무너졌도다 큰 성 바벨론이여 귀신의 처소와 각종 더러운 영이 모이는 곳과 각종 더럽고 가증한 새들이 모이는 곳이 되었도다(계18:2)

오직 들짐승들이 거기에 엎드리고 부르짖는 짐승이 그들의 가옥에 가득하며 타조가 거기에 깃들이며 들양이 거기에서 뛸 것이요(사13:21)

8. 요한계시록 18장 4절과 예레미야 51장 45절입니다:

또 내가 들으니 하늘로부터 다른 음성이 나서 이르되 내 백성아, 거기서 나와 그의 죄에 참여하지 말고 그가 받을 재앙들을 받지 말라(계 18:4)

나의 백성아 너희는 그 중에서 나와 각기 여호와의 진노를 피하라(렘51:45)

9. 요한계시록 18장 5절과 예레미야 51장 9절입니다:

그의 죄는 하늘에 사무쳤으며 하나님은 그의 불의한 일을 기억하신지라(계18:15)

우리가 바벨론을 치료하려 하여도 낫지 아니한즉 버리고 각기 고향으로 돌아가자 그 화가 하늘에 미쳤고 궁창에 달하였음이로다(렘 51:9)

10. 요한계시록 18장 6절과 예레미야 50장 15절입니다:

그가 준 그대로 그에게 주고 그의 행위대로 갑절을 갚아 주고 그가 섞은 잔에도 갑절이나 섞어 그에게 주라(계18:6)

그 주위에서 고함을 지르리로다 그가 항복하였고 그 요새는 무너졌고 그 성벽은 허물어졌으니 이는 여호와께서 그가 행한 대로 그에게 내리시는 보복이라 그가 행한 대로 그에게 갚으시는도다(렘50:15)

11. 요한계시록 18장 7절과 이사야 47장 8절입니다:

그가 얼마나 자기를 영화롭게 하였으며 사치하였든지 그만큼 고통과 애통함으로 갚아 주라 그가 마음에 말하기를 나는 여왕으로 앉은 자요 과부가 아니라 결단코 애통함을 당하지 아니하리라 하니(계18:7)

그러므로 사치하고 평안히 지내며 마음에 이르기를 나뿐이라 나 외에 다른 이가 없도다 나는 과부로 지내지도 아니하며 자녀를 잃어버리는 일도 모르리라 하는 자여 너는 이제 들을지어다(사47:8)

12. 요한계시록 18장 8절과 이사야 47장 9절입니다:

그러므로 하루 동안에 그 재앙들이 이르리니 곧 사망과 애통함과 흉년이라 그가 또한 불에 살라지리니 그를 심판하시는 주 하나님은 강하신 자이심이라(계18:8)

한 날에 갑자기 자녀를 잃으며 과부가 되는 이 두 가지 일이 네게 임할 것이라 네가 무수한 주술과 많은 주문을 빌릴지라도 이 일이 온전히 네게 임하리라(사47:9)

13. 요한계시록 18장 21절과 예레미야 51장 63, 64절입니다:

이에 한 힘 센 천사가 큰 맷돌 같은 돌을 들어 바다에 던져 이르되 큰 성 바벨론이 이같이 비참하게 던져져 결코 다시 보이지 아니하리로다(계18:21)

[63]너는 이 책 읽기를 다한 후에 책에 돌을 매어 유브라데 강 속에 던지며 [64]말하기를 바벨론이 나의 재난 때문에 이같이 몰락하여 다시 일어서지 못하리니 그들이 피폐하리라 하라 하니라 예레미야의 말이 이에 끝나니라(렘51:63-64)

14. 요한계시록 18장 23절과 이사야 24장 8-10절입니다:

등불 빛이 결코 다시 네 안에서 비치지 아니하고 신랑과 신부의 음성이 결코 다시 네 안에서 들리지 아니하리로다 너의 상인들은 땅의 왕족들이라 네 복술로 말미암아 만국이 미혹되었도다(계18:23)

[8]소고 치는 기쁨이 그치고 즐거워하는 자의 소리가 끊어지고 수금 타는 기쁨이 그쳤으며 [9]노래하면서 포도주를 마시지 못하고 독주는 그 마시는 자에게 쓰게 될 것이라 [10]약탈을 당한 성읍이 허물어지고 집마다 닫혀서 들어가는 자가 없으며 (사 24:8-10)

15. 요한계시록 18장 24절과 예레미야 51장 49절입니다:

선지자들과 성도들과 및 땅 위에서 죽임을 당한 모든 자의 피가 그 성 중에서 발견되었느니라 하더라(계18:24)

바벨론이 이스라엘을 죽여 엎드러뜨림 같이 온 세상이 바벨론에서 죽임을 당하여 엎드러지리라(렘51:49)

이러한 평행과 상응은 너무 명확하여 필자의 설명이 필요하지 않습니다. 독자가 여전히 요한계시록 17장과 18장의 바빌론이 배교한 기독교를 둘러싸고 있는 카톨릭의 궁극적인 발전이라고 주장한다면, 이 주제를 더 이상 논의하는 것은 무의미합니다. 그러나 우리는 대다수의 독자들이 계시록의 바빌론이 구약의 예언에서 말한 바빌론, 즉 "니므롯 땅"에 문자 그대로 재건된 도시라는 사실에 만족할 것이라고 믿습니다(미 5:6):

그들이 칼로 앗수르 땅을 황폐하게 하며 니므롯 땅 어귀를 황폐하게 하리라 앗수르 사람이 우리 땅에 들어와서 우리 지경을 밟을 때에는 그가 우리를 그에게서 건져내리라(미 5:6)

그 도시는 탐욕의 산물이 될 것입니다. 그것이 곧 우상숭배입니다(골 3:5).

그러므로 땅에 있는 지체를 죽이라 곧 음란과 부정과 사욕과 악한 정욕과 탐심이니 탐심은 우상 숭배니라(골3:5)

그리고 그 성은 배도한 이스라엘의 집이 될 것입니다.

第16장
이스라엘과 적그리스도

지난 3~4세대 동안 하나님의 백성들이 이스라엘의 미래를 다룬 성경의 예언에 상당한 관심을 기울인 것은 감사의 근거가 됩니다. 이러한 예언을 영적으로 해석하여 현재 세대의 교회에 적용했던 이전의 방법들은 대다수의 전천년설을 주장하는 이들에 의해 폐기되었습니다. 꾸준히 증가하는 성경 연구생들과 함께 우리가 가졌던 이스라엘이 한 국가로서 구원을 받고(롬 11:26), 조상들에게 주신 하나님의 약속이 예수의 메시아적 통치(롬 9:4) 아래서 문자 그대로 성취될 것이라는 것은 이제는 해결된 질문입니다. 수세기 동안 이 땅에서 속담이었던 예루살렘은 “큰 왕의 성”(마 5:35)으로 알려지게 될 것입니다. 메시야의 보좌가 거기에 굳게 설 것이요, 모든 민족이 모이는 곳이 될 것입니다(슥 8:23; 14:16-21). 그러면 멸시받는 야곱의 후손은 열방의 머리가 되고 더 이상 꼬리가 되지 않을 것입니다(신 28:13). 그러면 여호와께서 오래 전에 택하신 백성은 하나님이 이 땅에서 다스리시는 통치 정부의 중심이 될 것입니다. 그러면 오랫동안 열매가 맺히지 않는 무화과나무가 이제는 꽃이 피고 싹이 나고 열매가 온 지면에 가득할 것(사 27:6)이 될 것입니다. 이 모든 것은 하나님의 경륜의 진리에 대해 조금이라도 아는 사람들 사이에는 알려진 상식입니다.

그러나 이스라엘 자손을 기다리고 있는 이러한 영광스러운 미래를 선포하는 동일한 예언의 말씀에는 이 독특한 백성의 역사에서 또 다른 이야기도 들어 있습니다. 아직 성취되지 않은 부분으로, 과거의 어떤 경험보다 어둡고 슬픈 역사의 시기를 말하는 것입니다. 구약과 신약 모두 유대인들이 겪을 고난의 시기가 과거의 고난보다 훨씬 더 가혹할 것이라고 분명히 말하고 있습니다. 다니엘 12장 1절입니다:

그 때에 네 민족을 호위하는 큰 군주 미가엘이 일어날 것이요 또 환난이 있으리니 이는 개국 이래로 그 때까지 없던 환난일 것이며 그 때에 네 백성 중 책에 기록된 모든 자가 구원을 받을 것이라(단12:1)

그리고 마태복음 24장 21, 22절입니다:

21이는 그 때에 큰 환난이 있겠음이라 창세로부터 지금까지 이런 환난이 없었고 후에도 없으리라 22그 날들을 감하지 아니하면 모든 육체가 구원을 얻지 못할 것이나 그러나 택하신 자들을 위하여 그 날들을 감하시리라(마 24:21-22)

이렇게 이스라엘이 미래에 고난을 받는 이유나 원인은 다음과 같습니다.

첫째, 하나님은 아직 이스라엘 자손의 조상의 죄를 충분히 다루지 않으셨습니다. 솔로몬과 이스라엘의 왕들이 범죄했을 때, 그들은 그들의 축복을 잃어버렸습니다. 솔로몬이 다스렸을 때의 영광은 사라졌고 그 권세는 이방 나라에 주어졌습니다. 이스라엘이 반역하는 동안 이방나라는 이 땅에서 일어나서 통치하였습니다. 그 중 첫 번째는 느부갓네살 왕이 다스리던 갈대아 제국이었습니다. 주님께서 이방인의 때라고 하신 기간은 느부갓네살이 예루살렘을 함락한 때부터 시작됩니다. 그것은 시작부터 끝까지 예루살렘을 짓밟는 것과 일치하는 기간입니다.

예루살렘은 이방인의 때가 차기까지 이방인에게 짓밟히게 됩니다. 그러므로 느부갓네살과 그의 뒤를 이은 이방 제국들은 예루살렘의 죄의 결과로 우월함을 얻었을 뿐입니다. 그리고 이방나라들이 그러한 탁월함을 부여받은 이유는 그들이 예루살렘을 징계하기 위함이었습니다. 이방인들에 대한 목적이 다 이루어진 이후에는 그 이방인들은 그들 자신의 악으로 인해서 타작 마당의 겨처럼 처벌될 것입니다. 이것에서 우리는 하나님께서 이 땅에서 이루시는 경륜이 유대인들을 중심으로 돌고 있다는 또 다른 증거를 가지고 있는 것입니다."(B.W.Newton).

이스라엘이 앞으로 겪게 될 고통의 또 다른 이유는 메시아를 거부한 데 있습니다. 무엇보다도 그리스도는 다음과 같은 분이십니다:

내가 말하노니 그리스도께서 하나님의 진실하심을 위하여 할례의 추종자가 되셨으니 이는 조상들에게 주신 약속들을 견고하게 하시고(롬 15:8)

그리스도는 오직 이스라엘 집의 잃어버린 양에게(마 15:24) 보냄을 받았습니다. 그리고 놀라운 은혜로 그들 가운데 거하셨습니다. 그러나 예수님은 환영받지 못했습니다.

자기 땅에 오매 자기 백성이 영접하지 아니하였으나(요 1:11)

그들은 그분을 영접하지 않았을 뿐만 아니라 그분을 멸시하고 거부했습니다. 그들은 이유 없이 그를 미워하였습니다. 그분에 대한 그들의 적의가 너무나 강렬하여 그들은 한 목소리로 “그를 버리고 십자가에 못 박으소서”라고 외쳤습니다. 그리고 그리스도의 거룩한 피가 흘려지고 주님이 저주받은 자의 죽음으로 돌아가실 때까지는 그분에 대한 그들의 지독한 악의가 진정되지 않았습니다. 그리고 이러한 것들에 대해 이스라엘은 아직 하나님께 보응을 받지 않았습니다. 복수는 하나님의 것이며 하나님께서 친히 갚아 주실 것입니다. 아직 하나님의 아들을 죽인 일에 대한 완전한 복수가 이루어지지 않았습니다. 구원의 날에 이러한 일이 일어날 수는 없을 것입니다. 그러나 구원의 날은 머지않아 끝나고 하나님의의 진노의 큰 날(계 6:17; 욜 2:11)이 올 것입니다. 그 때에 하나님은 그의 가혹한 심판으로 이 땅을 방문하실 것이며 열방은 그리스도를 십자가에 못 박은 것에 대한 몫으로 마땅히 받아야 할 의로운 보복을 결코 피하지 못할 것입니다. 가장 가혹한 형벌을 받을 자들은 그 범죄의 주역들이다. 유대인들에게 임할 하나님의 심판의 형태는 변하지 않는 보상의 법칙을 온전히 따를 것입니다. 즉 그들이 뿌린 대로 그들이 거둘 것입니다. 이것은 예수께서 분명히 확증하셨습니다:

나는 내 아버지의 이름으로 왔으매 너희가 영접하지 아니하나 만일 다른 사람이 자기 이름으로 오면 영접하리라(요 5:43)

하나님의 참된 그리스도를 거절했기 때문에 이스라엘은 적그리스도를 영접할 것입니다. 데살로니가후서 2장 7절입니다:

불법의 비밀이 이미 활동하였으나 지금은 그것을 막는 자가 있어 그 중에서 옮겨질 때까지 하리라(살후 2:7)

여기서 열거한 원칙이 배교한 기독교에도 더 광범위하게 적용될 수 있지만 여기서 직접적인 언급은 유대인에 대한 것이라고 믿습니다. 하나님께서 죄의 사람인 적그리스도가 나타나서 그의 무서운 행로를 가도록 허락하신 주된 이유는 범죄한 이스라엘에게 형벌을 내리기 위함입니다. 이것은 이사야 10장 5-6절에서 분명히 가르쳐 줍니다:

[5]앗수르 사람은 화 있을진저 그는 내 진노의 막대기요 그 손의 몽둥이는 내 분노라 [6]내가 그를 보내어 경건하지 아니한 나라를 치게 하며 내가 그에게 명령하여 나를 노하게 한 백성을 쳐서 탈취하며 노략하게 하며 또 그들을 길거리의 진흙 같이 짓밟게 하려 하거니와(사 10:5-6)

이 책의 9장에서의 예레미야 6장 26-27절 그리고 15장 8절에 대한 간략한 설명을 참조하십시오. 유대인들은 팔레스타인으로 돌아가 여전히 돌이키지 않은 상태에서 국가적 지위를 되찾아야 한다는 사실을 명심해야 합니다. 의심할 여지 없이 이것을 입증하는 많은 구절이 있습니다. 예를 들어, 에스겔 22장 19-22절입니다:

[19]그러므로 주 여호와께서 이와 같이 말씀하셨느니라 너희가 다 찌꺼기가 되었은즉 내가 너희를 예루살렘 가운데로 모으고 [20]사람이 은이나 놋이나 쇠나 납이나 주석이나 모아서 풀무 불 속에 넣고 불을 불어 녹이는 것 같이 내가 노여움과 분으로 너희를 모아 거기에 두고 녹이리라 [21]내가 너희를 모으고 내 분노의 불을 너희에게 불면 너희가 그 가운데에서 녹되 [22]은이 풀무 불 가운데에서 녹는 것 같이 너희가 그 가운데에서 녹으리니 나 여호와가 분노를 너희 위에 쏟은 줄을 너희가 알리라

이사야 18장 1-6절은 주님께서 어떻게 유대인들을 예루살렘으로 모아서 그곳에서 새와 짐승의 먹이가 될 것인지를 설명해 줍니다:

[1]슬프다 구스의 강 건너편 날개 치는 소리 나는 땅이여 [2]갈대 배를 물에 띄우고 그 사자를 수로로 보내며 이르기를 민첩한 사절들아 너희는 강들이 흘러 나누인 나라로 가되 장대하고 준수한 백성 곧 시초부터 두려움이 되며 강성하여 대적을 밟는 백성에게로 가라 하는도다 [3]세상의 모든 거민, 지상에 사는 너희여 산들 위에 기치를 세우거든 너희는 보고 나팔을 불거든 너희는 들을지니라 [4]여호와께서 내게 이르시되 내가 나의 처소에서 조용히 감찰함이 쬐이는 일광 같고 가을 더위에 운무 같도다 [5]추수하기 전에 꽃이 떨어지고 포도가 맺혀 익어갈 때에 내가 낫으로 그 연한 가지를 베며 퍼진 가지를 찍어 버려서 [6] 산의 독수리들과 땅의 들짐승들에게 던져 주리니 산의 독수리들이 그것으로 여름을 지내며 땅의 들짐승들이 다 그것으로 겨울을 지내리라 하셨음이라(사 18:1-6)

스가랴의 마지막 장은 유대인들이 불신앙으로 그들의 땅으로 돌아간다는 불가피한 결론으로 이어집니다. 왜냐하면 그들의 민족적 개종이 예루살렘에서 일어났다면(슥 12:10), 그들은 회심하지 않은 채 그곳으로 돌아갔을 것이기 때문입니다. 적그리스도가 나타날 즈음에는, 이미 많은 유대인들이 팔레스타인에 있었고, 아주 번영하고 있을 것입니다. 그렇다면 적그리스도와 유대인의 관계는 어떠할 것인가?

이 질문에 대한 자세한 답변을 제공하는 것은 결코 쉬운 일이 아니며 기껏해야 잠정적으로 답할 수 있을 것입니다. 의심할 여지 없이 이것과 관련된 주제에는 많은 세부 사항들이 있으며, 그것들에 관한 예언이 성취될 때까지 해소되지 않을 것입니다. 오늘날 우리는 구약의 성도들이 그리스도의 오심을 예언한 많은 구절에 대해 했던 것처럼 적그리스도에 관한 예언과 관련하여 거의 같은 입장을 취하고 있습니다. 그 예언들의 어려움은 그 구절을 그것들이 성취될 순서대로 배열하고, 그리스도가 낮아짐을 당할 것을 말한 구절과 그분의 받으실 영광을 예언한 구절을 구별하는 것이었습니다. 비슷한 난관이 우리에게도 있습니다. 적그리스도에 관한 예언의 순서를 확인하는 것은 실질적인 문제입니다. 그러한 구절들을 이스라엘과 관련한 것으로만 한정한다 해도, 우리는 그 구절들을 경건한 남은 자들에 관한 구절과 다수의 배교한 이들과 관련된 구절을 구별해야 합니다. 그리고 또한 우리는 적그리스도가 참 그리스도로 가장하는 시기에 관한 예언과 그가 종교적 가식의 가면을 벗은 후 그의 생애의 마지막 단계에서 그를 묘사하는 예언을 분리해야 합니다.

적그리스도가 이스라엘을 다루는 것과 관련하여 예언에서 가장 먼저 계시된 것은 적그리스도가 이스라엘과 언약을 맺는 것입니다. 이것은 다니엘 9장 27절에 언급되어 있습니다:

그가 장차 많은 사람들과 더불어 한 이레 동안의 언약을 굳게 맺고 그가 그 이레의 절반에 제사와 예물을 금지할 것이며 또 포악하여 가증한 것이 날개를 의지하여 설 것이며 또 이미 정한 종말까지 진노가 황폐하게 하는 자에게 쏟아지리라 하였느니라 하니라(단 9:27)

여기의 많은 사람들은 바로 유대 민족의 대중일 수 밖에 없습니다. 왜냐하면 이스라엘이 예언의 주요 주제이기 때문입니다. 이 언약을 맺는 인물은 앞의 절의 "나타날 왕"으로 묘사된 인물은, 다시 회복된 로마제국의 머리입니다.

그러므로 너는 깨달아 알지니라 예루살렘을 중건하라는 영이 날 때부터 기름 부음을 받은 자 곧 왕이 일어나기까지 일곱 이레와 예순두 이레가 지날 것이요 그 곤란한 동안에 성이 중건되어 광장과 거리가 세워질 것이며(단9:25)

예순두 이레 후에 기름 부음을 받은 자가 끊어져 없어질 것이며 장차 한 왕의 백성이 와서 그 성읍과 성소를 무너뜨리려니와 그의 마지막은 홍수에 휩쓸림 같을 것이며 또 끝까지 전쟁이 있으리니 황폐할 것이 작정되었느니라(단9:26)

따라서 이 왕인 적그리스도와 대다수의 유대인 사이의 관계는 처음에는 분명한 친밀함과 공적인 동맹관계일 것입니다. 이 언약은 이스라엘에게 강요된 것이 아니라 적그리스도의 후원을 구하면서 이스라엘이 자발적으로 맺은 것이라는 사실이 이사야 28장 18절에서 분명합니다. 여기서 하나님은 진노하셔서 그들에게 다음과 같이 말씀하십니다:

너희가 사망과 더불어 세운 언약이 폐하며 스올과 더불어 맺은 맹약이 서지 못하여 넘치는 재앙이 밀려올 때에 너희가 그것에게 밟힘을 당할 것이라(사28:18)

이것이 다니엘 2장 43절의 열쇠를 제공한다고 필자는 믿습니다.

왕께서 쇠와 진흙이 섞인 것을 보셨은즉 그들이 다른 민족과 서로 섞일 것이나 그들이 피차에 합하지 아니함이 쇠와 진흙이 합하지 않음과 같으리이다(단 2:43)

큰 형상에 대한 느부갓네살의 환상과 다니엘에게 주어진 해석은 팔레스타인과 관련된 땅을 누가 통치할 것인지에 대한 역사를 개략적으로 설명하고 있으며, 다니엘서에 있는 다른 환상에 더 자세한 내용이 나와 있습니다. 하나님이 이 땅에서 다루시는 역사는 예루살렘을 중심으로 돌고 있습니다. 하나님께서 이 나라들의 예언적 역사를 전하기 위해 택하신 방법은 이 원칙과 엄밀히 일치한다.

이 나라들은 세상의 주도권을 쥐고 일어나서 예루살렘을 차지하게 되는 데 선지자들 특히 다니엘은 그들의 역사를 어떻게 되는 것에 대한 역사를 기록하라는 명을 받습니다. 우리는 그 나라들의 역사가 처음부터 끝까지 세밀하고 연속적으로 주어졌을 것이라고 예상했을 수도 있지만, 그 대신에 그것은 예루살렘과 관련해서만 주어집니다. 예루살렘이 마침내 로마군에 의해 함락되고 국가적 지위를 유지하는 것을 잃어버리고 말자, 이방 제국의 모든 자세한 역사는 중단되었습니다. 그 이후로 세계 역사상 가장 중요한 인물들이 많이 나타났습니다. 샤를마뉴가 등장했고 나폴레옹도 있었었습니다. 많은 왕과 정복자들이 등장하고 왕국이 세워지기도 하고 전복되는 일들을 겪었지만 성경은 이러한 이방인의 연대기에 대해서는 조용히 넘어가고 있습니다. 왜냐하면 예루살렘이 나라를 잃어버리고 국가라는 체계가 중단되었기 때문입니다. 그래서 1800년 전에 이방 나라의 역사에 대한 세부적인 내용들에 대한 언급이 중단되었습니다. 그것들은 여전히 중단된 상태이며, 예루살렘이 다시 국가적 위치를 차지할 때까지 재개되지 않습니다. 이스라엘이 다시 나라로 세워진 이후에, 이방인의 역사가 다시 자세히 언급될 것이고, 그들의 마지막 위대한 왕인 적그리스도의 영광과 통치가 설명될 것입니다. 적그리스도는 특히 예루살렘과 그 땅과 관련이 있는 것으로 밝혀졌습니다. 다니엘서 전체의 주제는 예루살렘에 대해서 이방 나라를 도구로 사용해 표출되는 하나님의 진노입니다 (B.W. Newton "Aids to Prophetic Inquiry").

다니엘서에서 성령님이 주도했던 방법은 예루살렘에 대한 이방인의 지배에 대한 일반적인 개요를 우리에게 알려주는 것입니다. 이것은 2장의 형상에 대한 환상에서 볼 수 있습니다. 그리고 두 번째로 이러한 개요를 채우기 위해서 그 책의 마지막 6장이 제공되었습니다. 우리가 지금 더 특별히 우려하는 것은 전자에 관한 것입니다. 다니엘 2장에서 말한 예언의 환상들은 대부분 이미 역사가 되었습니다. 금으로 된 머리(바벨론), 은으로 된 가슴과 팔(메대-바사), 청동으로 된 배와 넓적다리(그리스), 철의 다리(로마) 등은 이미 사람 앞에 나타났습니다. 그리고 "발의 형상"에서 얼마는 쇠요 얼마는 진흙인 이미지는 여전히 미래의 시간과 관련이 있습니다. 다리와 발 사이의 틈은 다니엘 9장 24-27절의 69번째와 70번째 "이레" 사이의 틈에 해당합니다. 현재의 시대에서 이스라엘은 팔레스타인 땅 밖에 있고 이방인들 사이에 흩어져 있는 시대입니다.

그렇다면 발의 이미지에서 "철과 진흙" 발가락은 무엇을 상징합니까? 형상의 이 부분이 정확히 70번째 이레와 일치한다는 점을 염두에 두면 해석에 중요한 열쇠가 됩니다. 다니엘 9장 26, 27절은 칠십 째 이레를 다룹니다. 아직 일주일이 남아있습니다. 이 구절들은 (회복된 로마 제국의) 황태자가 유대인들과 7년 동안의 언약을 맺는 것에 대해 말하고 있습니다.

26예순두 이레 후에 기름 부음을 받은 자가 끊어져 없어질 것이며 장차 한 왕의 백성이 와서 그 성읍과 성소를 무너뜨리려니와 그의 마지막은 홍수에 휩쓸림 같을 것이며

또 끝까지 전쟁이 있으리니 황폐할 것이 작정되었느니라 [27]그가 장차 많은 사람들과 더불어 한 이레 동안의 언약을 굳게 맺고 그가 그 이레의 절반에 제사와 예물을 금지할 것이며 또 포악하여 가증한 것이 날개를 의지하여 설 것이며 또 이미 정한 종말까지 진노가 황폐하게 하는 자에게 쏟아지리라 하였느니라 하니라

따라서 칠십 이레에 관한 예언은 우리에게 두 가지 두드러진 주제, 즉 적그리스도를 머리로 하는 로마인과 언약을 맺은 배도한 이스라엘을 우리에게 제시합니다. 이제 다니엘 2장으로 돌아가서 우리는 형상에 대한 왕의 꿈을 해석할 때 선지자가 "철"이 "네번째 왕국, 로마"(40절)를 상징했음을 알 수 있습니다. 로마는 바빌론, 페르시아 그리고 그리스의 뒤를 있습니다. 열 개의 발가락이 있는 발의 모양은 이 로마 제국의 마지막 모습을 미리 보여줍니다. 따라서 “철로 된 발”의 이미지가 나타내는 것은 옛 로마제국이 다스리던 영토를 그 사람들이 차지할 것이라는 신적 권위를 우리는 가지고 있습니다. 한마디로 "철"은 이방인을 상징합니다. 특히 그 땅에서 "열 왕"을 자신의 지배아래 놓은 이방인을 상징합니다.

그러면 "흙"은 누구를 상징합니까? 여기에서 필자는 만장일치로 진흙을 민주주의의 상징으로 받아들이는 주석가들과는 의견을 달리하고 헤어져야 합니다. 필자가 아는 한, 그 흙을 민주주의라고 주장하는 그들 중 누구도 그들의 해석을 뒷받침하는 단 하나의 텍스트도 증거로 제공하지 않았으며, 말씀이 유일한 권위이므로 우선 그것을 살펴보아야 합니다. 성경은 그 자신을 해석하는 해석자임을 확신하면서, 그 ‘흙’이 상징적으로 사용될 때 다른 성경구절에서는 무엇을 의미하는지 살펴보겠습니다. 이사야 64장 8절은 마지막 때의 남은 자의 부르짖음입니다:

그러나 여호와여, 이제 주는 우리 아버지시니이다 우리는 진흙이요 주는 토기장이시니 우리는 다 주의 손으로 지으신 것이니이다(사 64:8)

예레미야 18장에 또한 동일한 인물이 등장합니다. 그곳에서 선지자는 토기장이의 집으로 내려가라는 명령을 받았고, 그곳에서 토기장이가 그릇을 만드는 것을 보았습니다.

[1]여호와께로부터 예레미야에게 임한 말씀에 이르시되 [2]너는 일어나 토기장이의 집으로 내려가라 내가 거기에서 내 말을 네게 들려 주리라 하시기로 [3]내가 토기장이의 집으로 내려가서 본즉 그가 녹로로 일을 하는데 [4]진흙으로 만든 그릇이 토기장이의 손에서 터지매 그가 그것으로 자기 의견에 좋은 대로 다른 그릇을 만들더라 [5]그 때에 여호와의 말씀이 내게 임하니라 이르시되 [6]여호와의 말씀이니라 이스라엘 족속아 이 토기장이가 하는 것 같이 내가 능히 너희에게 행하지 못하겠느냐 이스라엘 족속아 진흙이 토기장이의 손에 있음 같이 너희가 내 손에 있느니라(렘 18:1-6)

어떤 그릇은 토기장이의 손에 의해 파괴되었다가, 또 다시 다른 그릇으로 만들어집니다. 분명히 이것은 과거와 미래의 이스라엘의 모습입니다. 이것에 대한 해석은 예레미야 18장 6절에 명시되어 있습니다:

여호와의 말씀이니라 이스라엘 족속아 이 토기장이가 하는 것 같이 내가 능히 너희에게 행하지 못하겠느냐 이스라엘 족속아 진흙이 토기장이의 손에 있음 같이 너희가 내 손에 있느니라(렘 18:6)

이렇듯 "진흙"이 이스라엘에 대한 하나님의 상징이라는 것이 얼마나 분명합니까? 따라서 적그리스도의 왕국인 다시 재건된 부활한 로마제국은 부분적으로는 이방인이 될 것이고 부분적으로는 유대인이 될 것이다. 그리고 이것이 우리가 기대해야 하는 것이 아니겠습니까? 그것이 적그리스도가 위조할 그의 나라의 특성일 것입니다. 시편 2:6-8절, 이사야 11:10절, 42:6절, 그리고 요한계시록 11장 15절 등은 천년동안 우리 주님께서 다스리실 그 나라의 이중적 성격을 분명히 드러냅니다.

[6]내가 나의 왕을 내 거룩한 산 시온에 세웠다 하시리로다 [7]내가 여호와의 명령을 전하노라 여호와께서 내게 이르시되 너는 내 아들이라 오늘 내가 너를 낳았도다 [8]내

게 구하라 내가 이방 나라를 네 유업으로 주리니 네 소유가 땅 끝까지 이르리로다(시 2:6-8)

그 날에 이새의 뿌리에서 한 싹이 나서 만민의 기치로 설 것이요 열방이 그에게로 돌아오리니 그가 거한 곳이 영화로우리라(사 11:10)

나 여호와가 의로 너를 불렀은즉 내가 네 손을 잡아 너를 보호하며 너를 세워 백성의 언약과 이방의 빛이 되게 하리니(사 42:6)

일곱째 천사가 나팔을 불매 하늘에 큰 음성들이 나서 이르되 세상 나라가 우리 주와 그의 그리스도의 나라가 되어 그가 세세토록 왕 노릇 하시리로다 하니(계 11:15)

적그리스도가 유대인과 이방인 모두와 밀접하게 관련될 것이라는 사실은 우리가 이전 장들에서 거듭거듭 증명했습니다. 요한계시록 9:11은 그 점을 확증하기에 충분합니다.

그들에게 왕이 있으니 무저갱의 사자라 히브리어로는 그 이름이 아바돈이요 헬라어로는 그 이름이 아볼루온이더라(계 9:11)

그러므로 우리는 죄의 사람인 적그리스도가 통치할 왕국을 구체적으로 묘사하는 형상의 부분이 "철"과 "점토"로 구성되어야 한다는 사실을 발견하고 놀라지 말아야 합니다. 그렇지 않으면 이상하게 지나갈 것입니다. 다니엘 2장에서 "진흙"이 단 아홉 번 언급되었다는 사실은 참으로 놀랍습니다. 아홉은 심판의 수입니다. 다니엘서 2장 43절입니다:

왕께서 쇠와 진흙이 섞인 것을 보셨은즉 그들이 다른 민족과 서로 섞일 것이나 그들이 피차에 합하지 아니함이 쇠와 진흙이 합하지 않음과 같으리이다

이 구절은 주석가들을 몹시 당황하게 했습니다. 필자는 위의 구절이 유대인과 이방인 사이에 다가올 친밀함을 가리킨다고 믿습니다. 배교한 유

대인(부패한 여자의 지체)은 "사람의 씨, 곧 이방인"과 섞일 것입니다. 이 것은 계시록 17장에 등장하는 큰 음녀에 의해서 확대되어 집니다.

[1]또 일곱 대접을 가진 일곱 천사 중 하나가 와서 내게 말하여 이르되 이리로 오라 많은 물 위에 앉은 큰 음녀가 받을 심판을 네게 보이리라 [2]땅의 임금들도 그와 더불어 음행하였고 땅에 사는 자들도 그 음행의 포도주에 취하였다 하고(계 17:1-2)

다니엘 2:43절은 계시록 17:16절에 설명되어 있습니다:

왕께서 쇠와 진흙이 섞인 것을 보셨은즉 그들이 다른 민족과 서로 섞일 것이나 그들이 피차에 합하지 아니함이 쇠와 진흙이 합하지 않음과 같으리이다(단 2:43)

네가 본 바 이 열 뿔과 짐승은 음녀를 미워하여 망하게 하고 벌거벗게 하고 그의 살을 먹고 불로 아주 사르리라(계 17:16)

하박국 2장에는 위의 말을 확증하고 적그리스도 자신을 "진흙"과 연결시키는 놀라운 구절이 있습니다. 이 구절은 하박국 2장 3절에서 시작하는데 히브리서 10:37, 38절에서 인용되며, 주님의 재림 직전의 기간을 다루고 있습니다.

이 묵시는 정한 때가 있나니 그 종말이 속히 이르겠고 결코 거짓되지 아니하리라 비록 더딜지라도 기다리라 지체되지 않고 반드시 응하리라(합 2:3)

[37]잠시 잠깐 후면 오실 이가 오시리니 지체하지 아니하시리라 [38]나의 의인은 믿음으로 말미암아 살리라 또한 뒤로 물러가면 내 마음이 그를 기뻐하지 아니하리라 하셨느니라(히 10:37-38)

하박국 2장 4절과 5절에는 적그리스도에 대한 묘사가 있고, 하박국 2장 6절은 다음과 같이 말합니다:

[4]보라 그의 마음은 교만하며 그 속에서 정직하지 못하나 의인은 그의 믿음으로 말미암아 살리라 [5]그는 술을 즐기며 거짓되고 교만하여 가만히 있지 아니하고 스올처럼 자기의 욕심을 넓히며 또 그는 사망 같아서 족한 줄을 모르고 자기에게로 여러 나라를 모으며 여러 백성을 모으나니 [6]그 무리가 다 속담으로 그를 평론하며 조롱하는 시로 그를 풍자하지 않겠느냐 곧 이르기를 화 있을진저 자기 소유 아닌 것을 모으는 자여 언제까지 이르겠느냐 볼모 잡은 것으로 무겁게 짐진 자여

위의 구절은 배도한 이스라엘과의 이 "교만의 사람"과 하는 친분을 분명히 나타냅니다. 하박국 2:6-8절은 이사야 14:9-12절과 평행을 이룹니다.

[6]그 무리가 다 속담으로 그를 평론하며 조롱하는 시로 그를 풍자하지 않겠느냐 곧 이르기를 화 있을진저 자기 소유 아닌 것을 모으는 자여 언제까지 이르겠느냐 볼모 잡은 것으로 무겁게 짐진 자여 [7]너를 억누를 자들이 갑자기 일어나지 않겠느냐 너를 괴롭힐 자들이 깨어나지 않겠느냐 네가 그들에게 노략을 당하지 않겠느냐 [8]네가 여러 나라를 노략하였으므로 그 모든 민족의 남은 자가 너를 노략하리니 이는 네가 사람의 피를 흘렸음이요 또 땅과 성읍과 그 안의 모든 주민에게 강포를 행하였음이니라(합 2:6-8)

[9]아래의 스올이 너로 말미암아 소동하여 네가 오는 것을 영접하되 그것이 세상의 모든 영웅을 너로 말미암아 움직이게 하며 열방의 모든 왕을 그들의 왕좌에서 일어서게 하므로 [10]그들은 다 네게 말하여 이르기를 너도 우리 같이 연약하게 되었느냐 너도 우리 같이 되었느냐 하리로다 [11]네 영화가 스올에 떨어졌음이여 네 비파 소리까지로다 구더기가 네 아래에 깔림이여 지렁이가 너를 덮었도다 [12]너 아침의 아들 계명성이여 어찌 그리 하늘에서 떨어졌으며 너 열국을 엎은 자여 어찌 그리 땅에 찍혔는고(사 14:9-12)

이사야 14장은 지옥에서 땅의 우두머리들에게 조롱 당하는 적그리스도를 잠깐 볼 수 있습니다. 왜냐하면 적그리스도도 역시 그들의 무서운 운명을 피할 수 없었기 때문입니다. 하박국 2장 5절입니다:

그는 술을 즐기며 거짓되고 교만하여 가만히 있지 아니하고 스올처럼 자기의 욕심을 넓히며 또 그는 사망 같아서 족한 줄을 모르고 자기에게로 여러 나라를 모으며 여러 백성을 모으나니

적그리스도는 다수의 이스라엘과 연맹을 맺었지만 즉 두꺼운 진흙을 신었지만, 이스라엘의 남은 자들이 적그리스도를 망하게 할 것이다(합 2:8).

마지막 때에 배도한 이스라엘이 더 이상 이방인들로부터 분열되지 않고 이방인들에게 미움을 받지 않을 것임을 보여주는 또 다른 성구가 이사야서 2장에 나와 있습니다. 이사야 2장 6절입니다:

주께서 주의 백성 야곱 족속을 버리셨음은 그들에게 동방 풍속이 가득하며 그들이 블레셋 사람들 같이 점을 치며 이방인과 더불어 손을 잡아 언약하였음이라

이 장의 문맥은 아주 흥미가 있다. 그것은 천년왕국 직전에 팔레스타인의 있는 유대인들에 대한 가장 생생한 그림을 제공한다. 처음의 다섯 구절은 우리에게 천년왕국의 장면을 보여줍니다. 이것은 이사야의 예언에서 자주 볼 수 있었던 경우입니다. 또한 산들의 정상에 주님의 집이 세워지는 상황들을 보게 됩니다. 이것은 12절에서 명확합니다. 12절은 천년왕국 앞에 있는 "주의 날"의 기간을 정의해 줍니다. 여호와의 날이 비치기 직전에 팔레스타인 땅의 상황을 설명하는 부분이 이사야서 2장 6절로 시작됩니다. 이사야서 2장 5-10절입니다:

[5]야곱 족속아 오라 우리가 여호와의 빛에 행하자 [6]주께서 주의 백성 야곱 족속을 버리셨음은 그들에게 동방 풍속이 가득하며 그들이 블레셋 사람들 같이 점을 치며 이방인과 더불어 손을 잡아 언약하였음이라 [7]그 땅에는 은금이 가득하고 보화가 무한하며 그 땅에는 마필이 가득하고 병거가 무수하며 [8] 그 땅에는 우상도 가득하므로 그들이 자기 손으로 짓고 자기 손가락으로 만든 것을 경배하여 [9]천한 자도 절하며 귀한 자도 굴복하오니 그들을 용서하지 마옵소서 [10]너희는 바위 틈에 들어가며 진토에 숨어 여

호와의 위엄과 그 광대하심의 영광을 피하라

이 가장 흥미로운 구절은 배도한 이스라엘이 이방인들과 친밀한 관계에 있게 될 것이라는 것입니다. 배도한 이스라엘은 음녀로서 막대한 부를 소유한 자가 될 것입니다. 그녀가 우상 숭배에 빠지게 될 것이라는 것입니다. 이스라엘의 도덕적 상태는 이사야 2장 11-17절에 기록되어 있습니다:

[11]그 날에 눈이 높은 자가 낮아지며 교만한 자가 굴복되고 여호와께서 홀로 높임을 받으시리라 [12]대저 만군의 여호와의 날이 모든 교만한 자와 거만한 자와 자고한 자에게 임하리니 그들이 낮아지리라 [13]또 레바논의 높고 높은 모든 백향목과 바산의 모든 상수리나무와 [14]모든 높은 산과 모든 솟아 오른 작은 언덕과 [15]모든 높은 망대와 모든 견고한 성벽과 [16]다시스의 모든 배와 모든 아름다운 조각물에 임하리니 [17]그 날에 자고한 자는 굴복되며 교만한 자는 낮아지고 여호와께서 홀로 높임을 받으실 것이요

"거만한 외모", "거만한 사람", "높고 교만함" 등에 대한 반복적인 언급에 주목하십시오. 이사야서 2:6-9절을 읽은 다음에 스가랴 5장을 읽으면 우리는 그것과 요한계시록 17장 사이의 연결 고리를 볼 수 있습니다. 이사야서 2장은 유대인이 엄청난 부의 소유자임을 보여줍니다. 유대인들은 이방인들과 죄악의 있는 교제를 나누며, 전반적으로 우상에 빠지게 됩니다.

스가랴 5장은 에바 한 가운데 있는 여자로 등장하는 배교한 이스라엘의 이주를 보여줍니다. 그녀의 재산은 시날 땅으로 옮겨집니다. 요한계시록 17장과 18장은 이러한 이동의 궁극적인 결과를 알려줍니다. 그녀는 많은 물위에 앉아 있는 것으로 묘사됩니다(계 17:1). 많은 물은 백성과 나라들과 방언들을 나타냅니다(계 17:15).

또 일곱 대접을 가진 일곱 천사 중 하나가 와서 내게 말하여 이르되 이리로 오라 많은 물 위에 앉은 큰 음녀가 받을 심판을 네게 보이리라(계 17:1)

또 천사가 내게 말하되 네가 본 바 음녀가 앉아 있는 물은 백성과 무리와 열국과 방언들이니라(계 17:15)

이러한 백성과 열국들은 그녀의 재정적인 수입에 기여함으로써 그녀를 도울 것입니다. 국가들이 대출을 받기 위해 만든 거대한 채권이 빠르게 유대인의 손에 들어가고 있습니다. 그리고 의심할 여지 없이 나라들로부터 걷어들이는 이자로 말미암아 유대인들은 곧 세계에서 가장 부유하게 될 것이다. 유럽을 반쯤 파산시킨 것은 머지않아 그 여인을 자주색과 진홍색과 금과 보석과 진주로 장식하는 데 사용될 것입니다(계 17:4).

둘째, 여자가 짐승 위에 앉아 있는 것을 볼수 있습니다(계 17:3). 이것은 적그리스도가 그녀를 보호하기 위해 그의 큰 통치정부의 권력을 사용할 것임을 의미합니다. 이것이 이스라엘과 7년 언약을 맺는 적그리스도에 대해서 말하는 다니엘 9장 27절과 어떻게 조화를 잘 이루는지에 대해 언급할 필요가 없습니다. 그러면 불쌍한 눈먼 이스라엘은 천년왕국이 왔다고 믿게 될 것입니다. 더 이상 지친 발의 사람들과 노숙자 이방인이 없을 것입니다. 그러나 그는 세계에서 가장 큰 도시의 여주인일 것입니다. 더 이상 가난하고 궁핍하지 않고 땅의 부를 소유한 자입니다. 더 이상 나라들의 "꼬리"가 아니라 재정적 채권자이자 독재자로서 열방을 다스립니다.

더 이상 크고 강한 자들에게 멸시를 받지 아니하고 땅의 왕들이 그들을 찾을 것입니다. 육신이 원할 수 있는 것을 아무도 막지 못했습니다. 거짓 평화의 왕이 그들의 후원자입니다. 그렇습니다. 눈이 먼 이스라엘은 마침내 천년왕국 시대가 도래했다고 결론지을 것입니다. 그것은 하나님의 아들이 이 땅에 재림함으로써 시작될 그 축복된 때를 마귀가 모방한 것입니다. 그러나 이 사탄의 주문은 오래가지 못할 것입니다. 무례하게 깨질 것입니다.

셋째, 요한계시록 17장은 열 뿔과 짐승이 창녀에게 등을 돌리고 그녀의 재물을 빼앗고 그녀의 영광을 탈취하는 것을 보여줍니다(계 17:6).

또 내가 보매 이 여자가 성도들의 피와 예수의 증인들의 피에 취한지라 내가 그 여자를 보고 놀랍게 여기고 크게 놀랍게 여기니(계17:6)

이것은 또한 구약의 예언과 일치합니다. 그것에 따르면 적그리스도는 이스라엘과 맺은 언약을 깨뜨릴 것이라는 것을 말하고 있습니다. 시편 55편 20절입니다:

그는 손을 들어 자기와 화목한 자를 치고 그의 언약을 배반하였도다(시55:20)

이사야 33장 8절도 또한 참조하십시오. 적그리스도가 이 언약을 어기는 것은 하나님의 계획이 이루어지는 것에 불과합니다. 수천 년 전에 여호와께서는 이사야를 통해 배도한 이스라엘에 대해 다음과 같이 말씀하셨습니다:

너희가 사망과 더불어 세운 언약이 폐하며 스올과 더불어 맺은 맹약이 서지 못하여 넘치는 재앙이 밀려올 때에 너희가 그것에게 밟힘을 당할 것이라(사 28:18)

경건한 유대인의 남은 자들과 적그리스도의 관계에 관해서는 이전 장들에서 이미 논의했습니다. 예루살렘에 대한 적그리스도의 마지막 공격과 아마겟돈 골짜기에서의 적그리스도의 패배와 전복이기도 합니다. 배도한 이스라엘과 짐승과 짐승을 따르는 모든 이방인 추종자들은 멸망될 것입니다. 이스라엘의 충실한 남은 자들과 그들의 도움이 필요한 때에 그들과 친구가 되어준 이방인들은 다윗의 자손이신 주님의 천년 왕국에서 그들의 몫을 받게 될 것입니다(마태복음 25장). 이와 같이 하나님께서는 미래를 밝혀주시고 "곧 일어날 일"을 우리에게 알리기를 기뻐하셨습니다. 더 확실한 예언의 말씀을 더 많은 관심을 가지고 경건하게 연구하는 우리들이 되기를 바랍니다. 그리고 점점 더 깊어지는 감사가 우리의 마음을 채우고 우리의 입술로 표현되기를 바랍니다. 왜냐하면 지금 믿음으로 말미암아 은혜로 구원을 받은 모든 사람은 아버지의 집에서, 모든 공포와 함께 큰 환난이 세상에 닥칠 때, 우리의 복되신 주님과 함께 있을 것이기 때문입니다.

결 론

적그리스도에 관한 이 책을 마무리하면서 필자는 여전히 다루어지고 차지할 땅이 매우 많이 남았다(요 13:1)는 사실을 알고 있습니다. 필자는 현재 성령님이 조명해주시는 빛 안에서 그리고 다소 제한된 지면이 허용하는 범위 안에서 본 책의 주제에 대해 포괄적인 개요를 제시하려고 노력했습니다.

그러나 개요 이상으로 더 이상 다루지는 못했습니다. 이 주제에 대해서 관심있는 독자와 연구자들을 위한 아주 광범위한 범위가 남아있고 그들은 스스로 세부적으로 연구하고 그 부분들을 채울 수 있을 것입니다. 필자는 이것을 많은 사람들이 할 것이라고 믿습니다. 적그리스도라는 주제는 엄숙하지만 흥미로운 것들로 가득 차 있습니다. 의심의 여지없이 적그리스도라는 주제는 새로운 것이며 따라서 일부 독자들에게는 신비로울 것입니다. 이러한 사람들에게는 첫 번째 장으로 돌아가서 전체 책을 다시 읽을 것을 요청합니다. 하나님께서 마귀가 하나님을 대적하고 하나님의 백성을 핍박할 그의 걸작을 내놓는 것을 여전히 허락하실 것이라는 사실은 그리 놀라운 일이 아닙니다.

각 시대별로 모든 아벨에 대해 가인이 있었습니다. 모든 모세와 모든 침례 요한에게는 얀네와 얌브레가 있습니다. 지금의 경륜의 시대에도 그러했습니다. 밀을 뿌리고 난후에 가라지를 뿌리는 일이 뒤따랐습니다. 환난기간에도 그러할 것입니다. 이스라엘의 충실한 남은 자가 있을 뿐만 아니라 불충한 무리도 있을 것입니다. 그리고 하나님의 그리스도께서 그의 왕국을 세우기 위해 이 땅에 재림하시기 직전에, 하나님께서는 그의 대적에게 자신의 왕국을 세울 거짓 그리스도를 낳게 하실 것입니다.

그리고 이를 위한 하나님의 시간은 멀지 않습니다. 아모리 사람의 죄악이 가득 찼을 때(창 15:16) 하나님께서 그들을 진멸하실 것을 명하셨습니다(신 7:1, 2). 그리고 이스라엘의 반역(단 8:23)과 기독교의 허물(살후 2:11, 12)은 하나님의 진정한 그리스도를 거절한 자들이 사탄의 그리스도를 영접할 때에야 비로소 그때가 가득차게 될 것입니다. 그때에 하나님은 천사를 통하여 복수하시며 다음과 같이 말씀하실 것이다:

또 다른 천사가 성전으로부터 나와 구름 위에 앉은 이를 향하여 큰 음성으로 외쳐 이르되 당신의 낫을 휘둘러 거두소서 땅의 곡식이 다 익어 거둘 때가 이르렀음이니이다 하니 (계 14:15)

이것이 적그리스도라는 주제를 그토록 엄숙하게 만드는 것입니다.

하나님께서 적그리스도에 관하여 나타내시기를 기뻐하신 것은 육신의 호기심을 충족시키기 위해 계시된 것이 아니라 우리의 일상생활에 매우 중요한 것이기 때문입니다. 우선 이러한 것들에 대한 합당한 이해는 우리로 하여금 우리의 마음을 진지하게 살피게 하고, 우리의 소망이 세워진 기초를 주의 깊게 살펴보고, 그것이 견고한 반석 그리스도 예수 위에 놓여있는지, 변화하는 인간 감정의 모래, 인간의 결의, 자기 계발을 위한 인간의 노력에 놓여 있는 지 살펴보아야 합니다. 이 문제는 셀 수 없을 정도로 심각하고 엄중하며, 우리는 그것에 대해 확신할 여유가 없습니다. 우리가 단순히 구원받기를 바라는 것만으로는 충분하지 않습니다. 믿음의 완전한 확신이 없으면 충분하지 않습니다. 말할 수 없이 엄숙한 것은 데살로니가후서 2장 8-12절에서 말하는 것입니다:

[8]그 때에 불법한 자가 나타나리니 주 예수께서 그 입의 기운으로 그를 죽이시고 강림하여 나타나심으로 폐하시리라 [9]악한 자의 나타남은 사탄의 활동을 따라 모든 능력과 표적과 거짓 기적과 [10]불의의 모든 속임으로 멸망하는 자들에게 있으리니 이는 그들이 진리의 사랑을 받지 아니하여 구원함을 받지 못함이라 [11]이러므로 하나님이 미혹의 역사를 그들에게 보내사 거짓 것을 믿게 하심은 [12]진리를 믿지 않고 불의를 좋아하는 모든 자들로 하여금 심판을 받게 하려 하심이라(살후 2:8-12)

위의 구절에는 필자와 독자가 자신을 시험할 수 있는 세 가지 요점이 있습니다.

첫째, 나는 진리를 믿습니까? 당신의 말씀은 진리입니다. 나는 하나님의 참되심에 대해서 인을 쳤습니까? 나는 하나님의 말씀을 나 자신에게 적용하고 내 마음에 받아들였습니까? 나는 성경말씀이 계시하는 구주를 개인적으로 영접했습니까?

둘째, 나는 불의한 것을 즐거워하고 있습니까? 불의한 행위를 하는 것과 불의 안에서 그것을 즐거워하는 것 사이에는 엄청난 차이가 있습니다. 성경은 모세에 대해서 다음과 같이 말합니다:

[24] 믿음으로 모세는 장성하여 바로의 공주의 아들이라 칭함 받기를 거절하고 [25]도리어 하나님의 백성과 함께 고난 받기를 잠시 죄악의 낙을 누리는 것보다 더 좋아하고 (히 11:25)

성경은 또한 다음과 같이 말합니다:

그들이 이같은 일을 행하는 자는 사형에 해당한다고 하나님께서 정하심을 알고도 자기들만 행할 뿐 아니라 또한 그런 일을 행하는 자들을 옳다 하느니라(롬 1:32)

그래서 우리 앞에 있는 구절이 여기에 있습니다. 진리를 믿지 않는 자들은 불의를 기뻐하는 자입니다. 그리고 여기에 불신자와 진정한 신자 사이의 중요한 차이점 중 하나가 있습니다. 참된 신자는 잘못에 사로잡힐 수 있고, 그리스도와의 교제가 깨질 수 있으며, 심각한 죄를 지을 수 있지만, 그렇게 한다고 해서 그는 그 불의함 안에서 즐거움을 얻지는 않습니다. 그 대신에 그는 자신이 빠진 바로 그 불의를 미워하고 주님께 그토록 불명예스러운 일을 행한 것에 대해 몹시 슬퍼할 것입니다.

셋째, 나는 '진리의 사랑'을 받았습니까? 나는 하나님의 말씀을 단순히 의무가 아니라 기쁨으로 매일 읽고 있습니까? 말씀을 읽는 것이 단지 양심을 만족시키기 위해서가 아니라 그것이 내 마음을 기쁘게 하기 때문입니다. 단순히 그 내용에 대한 지식을 얻기 위해 쓸데없는 호기심을 만족시키는 것이 아니라, 무엇보다도 성경의 저자되신 분을 더 잘 알기를 원하기 때문입니다. 나는 시편 기자처럼 다음과 같이 말할 수 있습니까?

[16]주의 율례들을 즐거워하며 주의 말씀을 잊지 아니하리이다 [143]환난과 우환이 내게 미쳤으나 주의 계명은 나의 즐거움이니이다(시 119:16, 143)

악인은 어둠을 사랑합니다. 그러나 하나님의 백성은 빛을 사랑합니다! 그러므로 여기에 우리가 모든 독자들에게 자신을 정직하게 성찰하고 그가 믿음 안에 있는지 알아보도록 열렬히 간청하는 세 가지 시험이 있습니다. 말로 표현할 수 없는 끔찍함은 다른 선택의 여지가 없다는 것입니다.

왜냐하면 성경은 진리를 믿지 않는 자들, 불의를 기뻐하는 자들, 진리의 사랑을 받지 아니하는 자들에 대해 "이러므로 하나님이 그들에게 강한 미혹을 보내사 그들이 거짓을 믿게 하여 그들 모두가 저주를 받게 하려 함이라"라고 말씀하셨습니다. 다시 강조합니다. 만일 우리가 적그리스도에 관해 성경이 가르치는 바, 즉 그의 성품, 그의 직업, 그의 방식 등을 발견하기 위해 부지런히 성경을 연구한다면, 우리가 적그리스도에 대해 더 많이 알면 알수록 세상에 있는 많은 적그리스도의 예표들을 알아차릴 준비가 더 잘 될 것입니다. 그것들은 오늘날, 지금에 시대에 있어서 죄의 사람인 적그리스도의 출현과 이력을 위한 길을 준비하고 있습니다.

우리가 사탄의 계략에 대해 무지해야 할 이유가 없습니다. 우리가 그리스도의 사도로 가장하는 적그리스도의 거짓 사도들에게 속는다면 정당한 변명이 될 수 없습니다(고후 11:13). 그리스도인들은 세상에 등장한 많은 거짓 선지자들에게 미혹되어서는 안 됩니다(요일 4:1). 하나님께서 우리를 일깨우기 위해 그리고 원수의 교묘한 속임수로부터 우리를 보호하기 위해 기록하신 것들을 부지런히 연구한다면 그들은 미혹되지 않을 것입니다.

다시 한번 강조합니다. 우리가 예언의 말씀에 부지런히 주의를 기울이고 그 말씀의 엄숙한 경고를 마음에 새기면 그 결과 우리는 반기독교적인 모든 것에서 우리 자신을 분리시킬 수 있게 될 것입니다.

14너희는 믿지 않는 자와 멍에를 함께 메지 말라 의와 불법이 어찌 함께 하며 빛과 어둠이 어찌 사귀며 15그리스도와 벨리알이 어찌 조화되며 믿는 자와 믿지 않는 자가 어찌 상관하며 16하나님의 성전과 우상이 어찌 일치가 되리요 우리는 살아 계신 하나님의 성전이라 이와 같이 하나님께서 이르시되 내가 그들 가운데 거하며 두루 행하여 나는 그들의 하나님이 되고 그들은 나의 백성이 되리라 17그러므로 너희는 그들 중에서 나와서 따로 있고 부정한 것을 만지지 말라 내가 너희를 영접하여(고후 6:14-17)

이러한 요구는 동료 그리스도인들로부터 스스로를 분리하라는 의미가 아닙니다. 어떻게 그럴수 있겠습니까? 성경은 스스로 모순되지 않습니다. 하나님의 말씀은 분명하게 다음과 같이 말씀하십니다:

모이기를 폐하는 어떤 사람들의 습관과 같이 하지 말고 오직 권하여 그 날이 가까움을 볼수록 더욱 그리하자(히 10:25)

그러나 모이기를 폐하지 말라고 하신 바로 그 말씀은 또한 우리에게 "열매 없는 흑암의 일에 참예하지 말라"(엡 5:11)라고 명하십니다.

너희는 열매 없는 어둠의 일에 참여하지 말고 도리어 책망하라(엡 5:11)

하나님께서는 당신의 백성이 어둠의 왕의 계획을 추진하는 데 도움이 되는 것을 금하셨습니다.

마지막으로, 우리는 이 땅에서 가장 무서운 행로를 보일 미래에 나타날 인물에 관한 성경의 가르침을 기도하는 마음으로 읽습니다. 그가 어떻게 세상의 왕좌에 오르고 인간사의 감독이자 독재자가 될 것인지에 대해 배웁니다. 사탄이 그에게 강력한 능력을 덧입게 하고 어떻게 하나님과 그의 이름을 지닌 모든 것을 공개적으로 불경하게 할 것인지 알게 됩니다. 그리고 그때에 하나님께서 세상에 내리실 말할 수 없이 두려운 심판과 적그리스도와 그의 모든 추종자들에게 닥칠 두려운 운명을 우리가 알게 됩니다. 우리의 마음은 우리 속에서 격동될 것입니다. 이에 우리는 주저하지 않고 우리의 목소리를 높여 경고할 것입니다. 세상은 무엇을 기다리고 있는지 전혀 알지 못합니다. 열방은 자신들을 위해 무엇이 준비되어 있는지 알지 못합니다. 이스라엘 조차도 그들 앞에 있는 어두운 밤을 분별하지 못합니다. 그러나 하나님께서 곧 하실 일에 관해 우리에게 알려주셨듯이, 침묵하는 것은 분명히 범죄일 것입니다. 하나님께서 알려주시기를 기뻐하신 모든 사람들의 목소리는 하나님께서 "속히 이루어질 것"이라고 선언하신 일들에 대해 엄숙하고 연합된 간증으로 제기되어야 합니다.